武汉商学院资助出版

宴会设计与管理

YANHUI SHEJI YU GUANLI

张红云 ◎ 编著

中国·武汉

内 容 简 介

本书阐述了宴会概述、宴会组织、宴会场境、宴会台型、宴会台面、宴会出品、宴会菜单、宴会服务、宴会运营等九个方面的内容。全书理论阐述简明扼要,逻辑严密清晰,文字通俗易懂,收集了多个宴会的典型案例与实例,操作流程清晰,操作规范明确,具有很强的实践操作性。

本书可以作为酒店管理专业、餐饮管理专业等相关专业的教材,也可作为餐饮业中高级管理人员的业务学习用书。

图书在版编目(CIP)数据

宴会设计与管理/张红云编著. —武汉:华中科技大学出版社,2018.12(2025.7重印)
ISBN 978-7-5680-4570-4

Ⅰ.①宴… Ⅱ.①张… Ⅲ.①宴会-设计 ②宴会-商业管理 Ⅳ.①TS972.32 ②F719.3

中国版本图书馆 CIP 数据核字(2018)第 266295 号

宴会设计与管理 张红云 编著
Yanhui Sheji yu Guanli

策划编辑:牧　心
责任编辑:苏克超
封面设计:孙雅丽
责任校对:张会军
责任监印:周治超
出版发行:华中科技大学出版社(中国·武汉)　　电话:(027)81321913
　　　　　武汉市东湖新技术开发区华工科技园　　邮编:430223
录　排:华中科技大学惠友文印中心
印　刷:河北虎彩印刷有限公司
开　本:787mm×1092mm　1/16
印　张:17.5　插页:1
字　数:371千字
版　次:2025年7月第1版第6次印刷
定　价:86.00元

本书若有印装质量问题,请向出版社营销中心调换
全国免费服务热线:400-6679-118　竭诚为您服务
版权所有　侵权必究

前　言

　　宴会设计与管理是酒店管理专业的一门专业课程，以培养本专业学生的宴会设计与管理能力为主要目的。通过本课程的学习，使学生能够树立科学的宴会设计观与宴会管理方法，掌握系统的宴会设计的基本理论和基本技能，并能够将其灵活地应用到实践中，进行不同类型的宴会设计，解决设计与管理中遇到的实际问题，制定符合宴会任务及其目标要求需要的宴会实施方案，从而培养学生的设计能力、应用能力和创造能力。

　　为了体现本书科学性、规范性、先进性和实用性的原则，本书在编写过程中力图将宴会设计的最新研究成果融入课程体系中，将设计理论与最近几年来的宴会设计典型案例融合在一起。在内容安排上分为九章，分别是宴会概述、宴会组织、宴会场景、宴会台型、宴会台面、宴会出品、宴会菜单、宴会服务、宴会运营。

　　本书在编写过程中，得到了同行、同仁们的鼓励和帮助，特别是得到了许多认识与不认识的前辈和时贤们的帮助，是他们的研究成果为我拓展了思路，并成为我编写此书参考和借鉴的资料，没有他们的帮助，完成本书的编写会艰难很多。在此，谨向所有帮助过我的人表示衷心的感谢！

　　虽然我一直担任相关课程的教学工作，也为编写本书尽心尽力，但限于水平，书中难免有不足之处，望大家包涵。

作　者
2018 年于武汉

目 录

第一章　宴会概述 …………………………………………………………… 1
　第一节　宴会知识概述 …………………………………………………… 1
　第二节　宴会设计概述 …………………………………………………… 18
　第三节　宴会设计的两种模式 …………………………………………… 26
第二章　宴会组织 …………………………………………………………… 33
　第一节　宴会部的功能与作用 …………………………………………… 34
　第二节　宴会部组织机构的设置 ………………………………………… 35
　第三节　宴会部组织人员的配备 ………………………………………… 41
　第四节　宴会部工作职责 ………………………………………………… 46
第三章　宴会场景 …………………………………………………………… 52
　第一节　宴会场景知识 …………………………………………………… 54
　第二节　宴会厅房形象设计 ……………………………………………… 61
第四章　宴会台型 …………………………………………………………… 91
　第一节　中式宴会台型设计 ……………………………………………… 92
　第二节　西式宴会台型设计 ……………………………………………… 101
第五章　宴会台面 …………………………………………………………… 113
　第一节　宴会餐台知识 …………………………………………………… 113
　第二节　宴会台面设计 …………………………………………………… 118
第六章　宴会出品 …………………………………………………………… 135
　第一节　宴会出品构成 …………………………………………………… 135
　第二节　宴会出品设计 …………………………………………………… 144
第七章　宴会菜单 …………………………………………………………… 169
　第一节　宴会菜单知识 …………………………………………………… 169
　第二节　宴会菜单设计流程与要求 ……………………………………… 176
第八章　宴会服务 …………………………………………………………… 193
　第一节　中式宴会服务设计 ……………………………………………… 193
　第二节　西式宴会服务设计 ……………………………………………… 215
　第三节　宴会酒水服务设计 ……………………………………………… 225

1

第四节 宴会服务实施方案的编制 ……………………………………… 233

第九章 宴会运营 …………………………………………………………… 240
第一节 宴会预订管理 ……………………………………………………… 241
第二节 宴会成本管理 ……………………………………………………… 253
第三节 宴会生产质量管理 ………………………………………………… 262

参考文献 …………………………………………………………………… 273

第一章 宴会概述

案例导入

中国古代著名文人宴

晋穆帝永和九年（353年）农历三月初三，"初渡浙江，便有终焉之志"的王羲之，曾在会稽山阴的兰亭（今绍兴城外的兰渚山下），与名流高士谢安、孙绰等四十一人举行风雅集会。与会者临流赋诗，各抒怀抱，抄录成集，大家公推此次聚会的召集人、德高望重的王羲之写一序文，记录这次雅集，即《兰亭集序》。《兰亭集序》又名《兰亭宴集序》《兰亭序》《临河序》《禊序》和《禊帖》，记叙兰亭周围山水之美和聚会的欢乐之情，抒发作者对于生死无常的感慨。

第一节 宴会知识概述

一、宴会的含义

宴会又称燕会、筵宴、酒会，是人们为了社会交往的需要并根据预订计划而举行的群体聚餐活动。《说文解字》的解释："宴"，安也，其本义是"安逸、安闲、安乐"，引申为宴乐、宴享、宴会；"会"的本义是聚集、集合，在宴会中衍化为"众人参加的宴饮活动"。

人们习惯上将宴会与宴席视为同义词，但这两个词既有共同点又有区别。宴席一词的产生是和古人的居住条件和生活习惯分不开的。古人饮食宴飨"皆跽坐而食"，并一直延续至桌椅的出现。在夏商周时期，人们将芦苇等材料编织成席子铺在地上，饮食宴飨时跽坐于席上。由于铺席于地时有先铺后加的区别，编席子的材料有所不同，编成的席子有粗细大小之分，人们将先铺在地上用蒲草、苇草编成的垫子叫筵，加铺于筵上的用蕉草编成的垫子叫席。通常筵大席小，筵长席短，筵粗席细，宴席之名始于此。人们在宴飨时，先讲究"铺宴席"，而后再"陈尊俎，列笾豆"，又由于用酒以成礼，宴席上还必须陈设酒器和饮酒，因此，宴席的本义衍生为"酒筵"、"酒席"，并一直沿用至今。现在所说的宴席，是指宴会活动时人们食用的肴馔及其台面的统称。

表 1-1 是宴席与宴会的区别。

表 1-1　宴席与宴会的区别

区别点	宴　　席	宴　　会
含义不同	宴席的含义较窄。 宴席是具有一定规格质量的一整套菜品，又引申为整桌酒菜的代称	宴会的含义较广。 宴会是主办者为了达到一定目的，设计和组织的宴饮聚会，包括宴会环境、厅房布置、家具、餐具选择、餐台布置、菜点制作与宴会服务等内容
内容形式不同	宴席注重菜品内容。 宴席仅指丰盛菜肴的组合，是宴会活动的内容之一	宴会既注重菜品内容又注重聚餐形式。 宴会有宏大的场面和隆重的礼仪，除了"吃喝"外，还有"致祝酒词"、"歌舞表演"、"播放音乐"、"灯光设计"、"礼仪安排"等诸多内容
规模不同	参加人数相对较少，一般 1～2 桌称宴席。 方桌台面习惯安排 8 个席位，圆桌台面以 10 人为主，意味着十全十美、团团圆圆	宴会人数多、规模大。宴会以"桌"为单位，3 桌以上才称为宴会。 根据桌数不同，分为小型宴会（10 桌以下）、中型宴会（10～30 桌）和大型宴会（30 桌以上）
经营环节不同	宴席仅需经过宴席预订、菜单设计、台面设计、菜点制作和接待服务等环节	宴会经营环节复杂，除宴席经营环节外，还包括宴会场景设计、台型设计、宴会程序设计、礼仪设计、娱乐设计、宴会运营管理等内容
席位安排、场面不同	宴席注重席位座次安排。不同席位代表着就餐者的不同身份，即主宾、随从、陪客与主人，有时还表示客人的辈分或职位	宴会强调突出主桌或主宾席区。 主桌的席次、座次安排与宴席相同

二、宴会的特点

（一）宴会的基本特点

1. 聚餐式

聚餐式是指宴会的饮食方式，具体表现在以下几个方面：采用多人聚集在一起，边吃边交流的进餐形式，人数根据需要可多可少，有十来人的，也有几百人的、几千人的，甚至上万人的；进餐有围在桌子周围的，也有站立的、可以在餐厅内自由走动的；有在室内的，也有在室外的。正规的宴会，赴宴者有主要宾客、随行人员、陪客和主人，主人是宴会的东道主，主要宾客是宴会的中心人物，随行人员是伴随主宾而来的客人，陪客是主人请来陪伴客人的人。

2. 计划性

计划性是指实现宴会的手段。为了实现举宴设筵的社会交往目的，宴会举办者需要对宴会提前做总体谋划。如果是由酒店承办这些宴会任务，就必须将举宴者的意愿细化成可以操作的宴会计划或者是宴会实施方案。例如，承办一个大型宴会，宴会设计师要根据主办者的要求，对方方面面的工作进行整体规划与细节设计，如菜单设计、菜品制作、宴会厅场景布局、台型设计、台面摆设、接待礼仪、服务规程、运转流程等。一次成功的宴会，首功在宴会设计。

3. 规格化

规格化是指宴会的内容。在古代，规格是与人的社会地位紧密联系在一起的，人的等级与地位越高，饮食的规格也越高。例如，清代宫廷宴会分满席和汉席，满席分六等之别，汉席分三等并有上中之别，对每一种满席、汉席，清廷明文规定入宴对象及其相匹配的炊具、餐具、用料、馔品，不得逾制而为。

现代餐饮企业经营宴会，特别强调宴会的档次和规格化。在菜品组合方面，要求品种多样，配套成龙，调配均衡，制作精细，食具精致，形式美观，上席有序，适口性强。在餐厅服务方面，要求环境布置优美，席面摆设得当，服务员服务规范，热情周到，让宾客感到愉快，物超所值。

4. 社交性

社交性是指宴会的作用。宴会作为社会交往的一种工具被人们广泛应用于社会生活中，发挥着独特的作用。人们借亲朋聚会、结婚庆寿、酬谢恩情、欢度佳节、乔迁置业、迎来送往、商务合作、国家庆典、国际交往等走到一起，欢聚一堂，聚饮会食，满足社会交往的需要。

(二)宴会的文化特征

1. 精品追求

"精",是宴会文化的内在品质。孔子曰"食不厌精,脍不厌细",反映了我们的祖先对于餐饮的精品意识。当然,这可能仅仅局限于某些贵族阶层,但是这种精品意识作为一种文化精神,却越来越广泛、深入地渗透、贯彻到现代整个宴会活动过程中。原料的选择、口味的烹调、菜式的搭配乃至宴会环境的营造、餐具用品的挑选,都体现着一个"精"字。

2. 美轮美奂

"美",是宴会文化的审美特征,贯穿在宴会活动过程的每一个环节中。宴会饮食活动形式与内容的完美统一,给人们带来审美愉悦和精神享受。对于宴会美的追求,首先是味美。孙中山先生说"辨味不精,则烹调之术不妙",将对味的审美视作烹调的第一要义。美还体现在菜的色美、形美、器美、环境美、人员美等方面。

3. 情感交流

"情",是宴会文化的社会心理功能。吃喝是人际情感交流的媒介,边吃边喝边聊天,可以交流信息、沟通情感。朋友离合、送往迎来,可在饭桌上表达惜别与欢迎的心情;感情风波、人际误解,也可借酒菜平息,是一种极好的心理按摩。中华宴会饮食之所以具有"抒情"功能,是因为"饮德食和、万邦同乐"的哲学思想和由此而出现的具有民族特点的饮食方式。

4. 礼仪礼节

"礼",是宴会文化的伦理道德体现。中国传统文化讲礼,生老病死、送往迎来、祭神敬祖都有礼。礼是一种秩序和规范,更是一种精神文化,一种内在的伦理道德。礼的精神贯穿于饮食活动全过程中,从而构成中国饮食文明的逻辑起点。宴会中待客的迎往送来、座席的方向、箸匙的排列、上菜的顺序、菜肴的摆放等都体现着礼。

中国宴饮文化博大精深、源远流长。精、美、情、礼,分别从不同角度概括了宴会活动所蕴含的餐饮品质、审美体验、情感沟通和人际关系等社会功能的独特文化意蕴,也反映了宴会文化与中华优秀传统文化的密切联系。精与美侧重于宴席的形象和品质,而情与礼则侧重于饮食的心态、习俗和社会功能。它们相互依存、互为因果。唯其精,才能有完整的美;唯其美,才能激发情;唯有情,才能有符合时代风尚的礼。四者环环相生、完美统一,形成中华宴会文化的最高境界。

案例:陕西餐饮店推出 58 元"习连套餐"

2014 年 2 月 19 日,西安昆明路,丰庆宫推出习主席请连战吃饭的套餐,四小份凉菜，肉夹馍、biang biang（注：该字笔画太多，文中字体太小，故用拼音代替）面和羊肉泡馍。

据报道，2月18日，中共中央总书记习近平会见中国国民党荣誉主席连战，在钓鱼台国宾馆养源斋设家宴款待连战伉俪。由于两人是陕西老乡，在席间还用家乡话交谈，家宴的饭菜则是陕西特色的羊肉泡馍、肉夹馍以及biang biang面。一时之间，"陕西套餐"引起了网友的极大关注。记者了解到，其实家宴上还有陕西凉皮呢。

不少网友对习近平的家宴点赞。网友"衣啸天"说："去年庆丰包子，今年羊肉泡馍，这才是舌尖上的中国。"

2013年12月28日，习近平在北京市西城区庆丰包子铺排队买包子，花了21元。之后不少市民慕名而来，点用"主席套餐"，并合影留念。

一、家宴揭秘

饭菜是在京的陕西厨师做的。

据知情人士透露，羊肉泡馍、肉夹馍、biang biang面都是由在京的陕西厨师所做，这是在北京做陕西特色饭菜最地道的厨师。除了这三样外，家宴上还有陕西名吃凉皮。

据报道，由于"biang"字难写，习近平还特别用小纸条写下来送给连战。

习近平款待连战伉俪时，习近平的夫人彭丽媛作陪，参加者包括国民党副主席林丰正、蒋孝严以及中共中央办公厅主任栗战书、国台办主任张志军等人。

连战夫人连方瑀与彭丽媛从喜爱的音乐开始聊起，谈到对艺术文化的看法，以及家庭生活情况；由于连战次子连胜武又添一子，连方瑀相当高兴，与彭丽媛谈及孙子和育儿经。

二、专家释疑

问：为啥吃陕西小吃？

答：让连战体验家乡风味，没把他当外人。

习近平用家宴款待连战，引起社会关注，为何用陕西小吃款待连战？

享受国务院特殊津贴的专家、饮食文化学者王喜庆说，习近平以家宴宴请连战，首先把连战当成了一家人来对待，肉夹馍等陕西特色吃食，能给人一种家乡风味的体验。

外交学院院长助理、教授王帆说，这体现了两岸一家亲的关系，如同走亲戚一样亲近，如同老朋友见面，营造出一种特殊的氛围。

外交学院国际关系研究所教授李海东说，家宴款待连战体现了双方关系特别近，可以推心置腹地谈心，不把对方当外人，增进私人友谊。

问：家宴与国宴有啥区别？

答：家宴比较随意，有时主人会下厨。

国宴是国家元首或政府为招待国宾、其他贵宾或在重要节日为招待各界人士而举行的正式宴会。与国宴相比，家宴时间一般比较长，而且具有随意性和亲切感，交谈内容可以更随意。

王帆说，家宴一般没有特定的菜谱。与国宴等正式的宴请不同的是，家宴一般是家里的特色菜，有时候是厨师做，有时候主宾来了兴致，也会下厨露一手。

问：家宴为啥没在家吃？

答：不一定在家吃，用家乡的东西宴请也算家宴。

从报道看，习近平宴请连战是在钓鱼台国宾馆。那么家宴是不是一定要在家里吃呢？

王喜庆说，家宴可以是在家中设便宴招待客人，也可以在特定环境下，用家乡的东西来宴请客人。家宴种类很多，可以是家人一起吃饭，也可以是在家的一种商务活动。不能笼统地说家宴就是家常菜，这与请客人的身份、类型、级别和商务活动的需求相关。

家宴具体设置什么菜品，没有严格要求，主要是特色吃食，当然还有个人的口味习惯。核心的内涵是将自己最得意的东西，呈现给客人。

谈及陕西人在家宴请客人的习惯，王喜庆说，陕西人的宴请方式与陕西政治、经济、文化、人文、地理、物产、气候等密切相关。譬如，陕西盛产小麦，面食不可或缺；陕西人性格豪爽，喜辣，油泼辣子可以上桌；陕西地处北方，盛产牛、羊肉，就会出现牛、羊肉泡馍。

三、商家反应够快的

陕西省有餐馆推出58元"习连套餐"。

昨日，习近平家宴的"陕西套餐"一经曝出，引起社会广泛关注。陕西省两家餐馆还立即推出"习连套餐"。

第一家餐馆的套餐由"蒜片黄瓜、炝拌莲菜、老陕拆骨肉、冻冻肉"四样凉菜和肉夹馍、泡馍、biangbiang面组成，套餐价为58元。该店总经理宋文静说："国家领导人宴请贵宾时用陕西特色小吃，坚定了我们振兴陕菜的决心。"宋文静觉得套餐经济实惠，应该能受到市场的欢迎。另一家餐馆推出的套餐组合是"肉夹馍（煮馍）＋biangbiang面（哔面）＋海带丝、炝白菜、酸辣筋、卤汁牛肉四个凉菜"，定价也是58元。该店董事长武英杰说，这样的套餐能吃好吃饱。

还有餐馆也在酝酿推出套餐，除了臊子面、肉夹馍外，还准备再加上擀面皮、蜂蜜粽子。

（资料来源：陕西两家餐馆推出58元"习连套餐"[EB/OL]．新华网．2014-02-20 [引用日期2014-02-20]．）

三、宴会的类型

（一）宴会的分类

宴会可按不同标准做多种类型的划分。

1. 按菜式组成划分（见表1-2）

表1-2　按菜式组成划分宴会

形式	特　点
中式宴会	菜点以中式菜品和中国酒水为主，对生产加工人员的技艺要求较高。 环境气氛、台面设计、餐具用品、就餐方式等反映中华民族传统饮食文化气息，如最具代表性的餐具是筷子，餐桌为圆桌，就餐方式为共餐式、有民族音乐伴奏等，突显出浓郁的民族特色。 服务程序和礼仪都较复杂，具有中国特色。 适应面广，既适用于礼遇规格高、接待隆重的高层次接待，又适用于一般的民间聚会
西式宴会	菜点以欧美菜式为主，饮品使用西洋酒水。 环境布局、厅堂风格、台面设计、餐具用品、音乐伴餐等均突出西洋格调，如使用刀、叉等西式餐具，餐桌为长方形，采用西式台面布置，采取分食制等。 采用西式服务，席间播放背景音乐，服务程序和礼仪都有严格要求。 宴席形式多样，如正式宴会、自助餐会、冷餐酒会、鸡尾酒会等。 根据菜式与服务方式的不同，又可分为法式宴会、俄式宴会、英式宴会和美式宴会等。 随着日、韩菜式的兴起，日、韩式宴会在我国亦被纳入西式宴会范畴
中西合璧宴会	是融合了中式宴会与西式宴会的菜品组合、宴席摆台、菜点制作、服务方式和就餐方式等特点的一种新型宴会，使人耳目一新，深受宾客欢迎。 菜肴风味有中、有西，还有中西混合；餐具有筷子和刀叉；客人自主取菜，也有厨师现场烹调、切割和派菜。 宴会形式有中西合璧正式宴会、鸡尾酒会、冷餐酒会（含自助餐会）等。分为立餐（不设座）和座餐（设座或部分设座）两种形式，现在比较流行的是全部设座

2. 按接待规格和隆重程度划分（见表1-3）

表1-3　按接待规格和隆重程度划分宴会

形式		特　　点
正式宴会		是在正式场合举行的、礼仪程序严格、气氛热烈隆重的高规格的宴会。有时安排乐队奏席间乐。宾主均按身份排位就座。对排位、餐具、酒水、菜肴的道数及上菜程序有严格规定。 正式宴会有：公务正式宴会如国宴、地方政府宴；民间正式宴会一般以婚宴、高档商务宴居多。根据举办形式、服务程序等不同，有下列形式的宴会
	餐桌服务式宴会	就餐环境考究，有完备的服务设施，通过餐厅装修、场地布置、台面设计来烘托气氛。 宴席菜单设计精美，多数情况要派发请柬。 菜品、酒水规格要求高。对服务员装束、仪态有严格要求。 提供全套餐桌服务，礼仪与服务程序都十分讲究。 宾主就餐服饰比较讲究，并都按身份排位就座。 一般在中午或晚上进行。 如参加人数较多，则要设主宾桌（即主桌）
	冷餐会	属于自助式宴会，常用于各种隆重的大型活动。举办场地选择余地大，气氛热烈隆重，形式自由灵活，规模可大可小，规格可高可低。 台型布置多样，不排席位，菜点、酒水摆放在餐桌上，供客人自由取食、站立用餐，以便沟通交流。 菜品丰富多彩，菜点以冷食为主
	鸡尾酒会	冷餐会的一种形式。酒会举行的时间、地点灵活。 自由选食，站立进餐。宾客来去自由。 以饮为主，以吃为辅。酒水主要为鸡尾酒
	茶话会	以饮茶、吃点心为主的欢聚或答谢的座餐式宴会，是正式宴席中最简便的一种招待形式。简便而不失高雅，气氛随和而热烈，近年来国内许多大型接待活动已由传统餐桌服务式宴会向茶话会过渡，体现了人们简朴务实的时代风尚。 场地、设施要求简单。通常设在会议厅或客厅，厅内设茶几、座椅，一般不排席位，但有贵宾出席时可考虑将主人与贵宾安排坐在一起，其他人随意就座。 饮品以茶为主，略备茶点、水果，不设酒馔。茶叶、茶具的选择，应考虑季节、茶话会主题、宾客风俗与喜好等因素。如春、夏、秋季举行茶话会一般用绿茶，冬季举行茶话会用红茶；接待欧美宾客的茶话会用红茶，接待日本及东南亚宾客的茶话会用绿茶；某些接待外国客人的茶话会，有时以咖啡代替茶叶，其组织和安排与茶话会相同
便宴		相对于正式宴席而言，是一种非正式宴会，用于非正式场合的日常友好交往宴请。 形式比较简便，不讲究礼仪程序和接待规格，不排席位，不作正式讲话，气氛较随意、亲切，对菜品数量无严格要求，菜单设计随客人要求而定

3. 按宴会性质与主题划分（见表1-4）

表1-4 按宴会性质与主题划分宴会

形　式		特　点
公务宴会		是政府部门、事业单位、社会团体以及其他非营利性机构或组织因交流合作、庆功庆典、祝贺纪念等有关重大公务事项接待国内外宾客而举行的宴会。接待活动围绕宴会公务活动主题来安排。 　　宴会形式可以是规范的正式宴会，也可以是简便的鸡尾酒会、冷餐会或茶话会，也可以是中西结合式的宴会。 　　讲究礼仪，注重环境设计。由于宴会主题与公务活动有关，主客方都是以公务身份出现，因此注重礼仪形式，环境布置也同宴会主题相协调，如在餐厅中放置或悬挂宴请方和被宴请方的标志或旗帜等。 　　接待规格与宾主双方的身份相一致，宴请程序相对固定，如开宴前的祝酒致辞、席间祝酒和宴会结束后的安排等都有相应的惯例。 　　地方政府宴会对地方来说是高规格的宴会，通常菜肴安排为1冷菜、4～8热菜、1汤、3点心、1水果、1主食，菜肴以地方特色菜与时令菜为主，菜单设计时要考虑客人与主要陪同者的需求，宴会设计要突出当地的特点与风貌
国宴		是一国元首或政府首脑为国家重大庆典，或为外国元首、政府首脑到访而举行的正式宴会，是接待规格最高、礼仪最隆重、程序要求最严格、政治性最强的一种宴会。国宴是一种特殊的公务宴会，是公务宴会的最高级形式。 　　政治性强，礼仪礼节特殊而隆重。国宴设计既要体现民族自尊心、自信心、自豪感，又要体现国家和各民族之间的平等、友好、和睦气氛。另外，负责外交事务的部门和人员通常要负责安排和组织宴会的接待工作。 　　环境高贵典雅，气氛热烈庄重。国宴从环境布置、宴席乐队、与宴人员和服务人员的装束、言谈举止都必须显示出热烈、庄严的气氛。宴会场所悬挂国旗，安排乐队演奏双方国歌及小型文艺节目等，双方元首或政府首脑席间致辞、祝酒等。在环境布置、宴席台面、菜单设计、服务程序上突出本国的民族特色，又要考虑宾客的宗教信仰和风俗习惯
国宴	庆典类国宴	是由国家元首或政府首脑举行的庆祝庆典宴会，如国庆招待会。请柬、菜单及座位卡上均印有国徽，宴会厅内悬挂国徽和国旗，宴会开始时奏国歌，国家领导人发表重要讲话，席间乐队演奏乐曲。 　　形式多为宴会或中西自助餐，场面宏大，主桌人数较多
	欢迎（送）国宴	是国家元首或政府首脑为欢迎来华访问的外国国家元首或政府首脑而举行的正式宴会。 　　请柬、菜单和座位卡上印有国徽，宴会厅内悬挂两国国旗。宴会开始时先奏宾客方国歌，然后奏本国国歌。主、宾先后致辞，席间乐队演奏乐曲。 　　宴会时间掌握在45～75分钟以内，菜肴为1冷菜、4热菜、1汤、3点心、1水果、1主食。各类规格不能随意变更
	接待类国宴	是国家元首或政府首脑为国际或国内的重大活动而举行的宴会。如为感谢外国专家，为表彰全国劳动模范、科技界精英，为接待在我国举行的大型国际峰会的重要与会代表，或为接待大型国际体育赛事的重要官员等，中国国家主席或中国政府总理举行国宴款待

续表

形　　式		特　　点
国宴	迎春茶话会	在中国传统节日春节，为迎接新年的到来，由国家元首或政府首脑举行的迎春茶话会，邀请各界人士同欢同庆，相互拜年，气氛轻松、欢快、随意，伴有演出，以茶水、点心、小吃、水果为主
商务宴会		是各类企业和营利性机构或组织为了一定的商务目的而举行的宴会。既可以是为了建立业务关系、增进了解或达成某种协议而举行，也可以是为了交流商业信息、加强沟通与合作或达成某种共识而举行。 在环境布置、菜品选择上突出与迎合双方共同的喜好，表现双方的友谊，使商务洽谈在良好的气氛与环境中进行。 宾主边宴饮边洽谈，要及时与厨房沟通，控制好上菜节奏。 宴请过程中如果出现洽谈不顺利的局面，服务人员应利用上菜、分菜、斟酒、送毛巾等服务暂时转移一下双方注意力，缓和一下气氛
亲情、庆贺宴会		是以体现个体与个体之间的情感交流为主题的宴会，主题与公务和商务无关，主办者和被宴请者均以私人身份出现。 宴会目的有亲朋相聚、洗尘接风、红白喜事、乔迁之喜、周年志庆、添丁祝寿、逢年过节等，表达各自的思想感情和精神寄托。 亲情、庆贺宴会设计的基本原则是尊重个性、突出情感以及个性化服务
	婚宴	婚宴是婚礼的组成部分，是人们在举行婚礼时为宴请前来祝贺的亲朋好友和祝愿婚姻幸福美满而举办的宴会。 环境布置、台面与餐具的选择均应突出喜庆吉祥的气氛，如用吉祥喜庆的红色；突出新郎新娘的主桌位置；保持餐桌间距离，便于新郎新娘与来宾相互敬酒；同时还要考虑不同地区和民族的风俗习惯。 婚宴类型有： ①传统型婚宴。菜式丰富实在，菜名吉祥如意，道数较多，追求吃剩有余。 ②排场型婚宴。比较富裕的家庭的婚宴，菜式要求既有传统观念的菜式，又有流行名贵菜，菜式反差大，道数较多，追求排场。 ③浪漫型婚宴。菜式要求组合随意，喜欢流行菜，道数不讲究，追求过程。 ④玫瑰型婚宴。爱自己做主的普通型婚宴，喜欢流行菜，道数按常规，菜肴选择中低档价位。 ⑤华丽型婚宴。菜式要求有传统豪华的菜式，既讲究规格，又要大气，追求排场。 ⑥传统知识型婚宴。菜式精致细巧，编制讲究，菜肴命名高雅，要有民族传统，又要透出文化品位。 ⑦海归派婚宴。菜式实用、简捷、清淡，色彩素雅，讲究仪式，中西合用。 ⑧简约式婚宴。菜式要求家常实用，价格实惠，数量适当
	寿宴	寿宴即生日宴，是人们为纪念出生日和祝愿健康长寿而举办的宴会。一般五十岁前称为生日宴，五十岁后称为寿宴。在我国一些地区，在小孩出生满一个月时，有宴请亲朋以示庆贺的习惯，俗称"满月酒"，是一种特殊的生日宴。 菜品选择突出健康长寿主题，如冷菜拼盘采用松鹤延年，主食配寿桃、寿面等。随着中西文化的不断交流，人们在生日宴席上配以生日蛋糕，庆祝程序也中西合璧，如点、吹蜡烛，唱生日歌等

续表

形　式		特　点
亲情、庆贺宴会	纪念宴	是人们为了纪念与自己有密切关系的某人、某事或某物而举办的宴会。环境设计要突出纪念对象的标志，如照片、文字或实物，以烘托出思念、缅怀的气氛，菜品和用具的选择亦要表现出怀旧的格调
	节日宴	突出节日喜庆气氛。节日宴是人们为欢庆法定或民间节日、沟通感情而举行的宴席活动。通常选用具有节日特点的装饰物来布置宴会厅，如圣诞节用圣诞树、彩灯、彩球、圣诞老人图画，员工戴圣诞小红帽，选一名身材高大、和蔼可亲的服务员装扮成圣诞老人，为来宾发放圣诞礼物，同客人合影留念等。春节可张贴春联、悬挂彩灯、摆放金橘树等。 设计节日宴席菜单。针对不同节日的特点及各个节日所处的季节，推出既沿袭传统习俗又新颖独特的菜单，吸引宾客前来消费。 设计娱乐演出节目。如组织乐队演奏、邀请歌星、影星前来助兴，组织有奖竞猜、席间抽奖，派发神秘礼物等。服务员要坚守岗位，不为热闹场面所吸引，不被节目吸引而驻足旁观，保证宴席服务质量
	家庭便宴	是在家中款待客人的宴席。礼仪与程序较为简单，不排席位，菜品可由主妇亲自下厨烹调，家人共同招待，菜品道数亦可酌情增减，气氛轻松、随和、亲切。 家庭便宴是最不正式、应用最广的一种宴会形式，却最能增进人们之间的情感交流。即便是各国政要亦常以这种形式宴请来宾
会友聚餐宴会		是宴请频率最高的宴会，公请、私请都有，要求与形式多样，追求餐厅装饰新颖，宴会的举办者对酒店的特色要求较高
	嘉年华会	主要包括企业、团体欢度佳节的联欢，团体的年会团聚，以及企业内部的节庆等。宴会特点是开会、宴饮、交流与娱乐多种目的的综合。布置应突出主题，符合主办单位的要求。菜式按标准而定，流行菜式较受欢迎。宴会规模大，要求多，变化快。宴会一般在年底举行
	同学、友人聚会	志同道合的朋友相会、团聚，强调共同的情趣。聚宴次数多、要求多，主人身份不明确，客人身份差异较大，但是很平等。菜式随意，氛围轻松，菜肴档次高低差异很大。就餐环境以小包房为主，追求就餐环境、氛围和情趣。服务上尽量不要打扰客人
	行业年会	是松散型的每年一度的年会活动后的用餐。参加宴会的人数不易控制，时多时少，宴会的要求不是很高，但出席的客人社会地位较高。服务要规范化，出菜要快，通常要求有停车场地

4. 按规模大小划分（见表 1-5）

表 1-5　按规模大小划分宴会

形式	特　　点
小型宴会	规模在 10 桌以下，参加人数相对较少。 按照主宾的要求进行认真设计、严格操作，都能收到很好的效果
中型宴会	规模在 11 桌至 30 桌，参加人数较多。 在菜单设计、组织安排上要针对客人的要求，精心设计，按程序操作
大型宴会	规模在 31 桌以上，参加人数很多。 有特定的主题，参加人数众多，工作量大，要求高，组织者必须具有较高的组织能力

5. 按价格档次划分（见表 1-6）

表 1-6　按价格档次划分宴会

形　式	特　　点
高档宴会	价格昂贵，是普通宴会价格的几倍甚至十几倍，多为山珍海味或高档、稀有原料，菜肴制作精细，就餐环境豪华和服务讲究。其中最为高档的是豪华级宴会
中档宴会	价格在高档宴会与普通宴会之间，烹饪原料多采用一般的山珍海味、鸡、鸭、鱼、虾、肉、蔬菜等，菜肴制作较讲究，餐厅环境和服务较好
普通宴会	价格较低，烹饪原料以常见的鸡、鸭、鱼、肉、蛋、蔬菜等为主。菜肴制作注重实惠，讲究口味，餐厅的环境及服务相对要低于中、高档宴会

6. 按礼仪划分（见表 1-7）

表 1-7　按礼仪划分宴会

形式	特　　点
迎送宴	是人们为了给亲朋好友接风洗尘或欢送话别而举办的宴会。接风洗尘宴要突出热烈、喜庆的气氛，体现主人热情好客以及对宾客的尊敬与重视；围绕友谊、祝愿和思念的主题来设计。特点是规模小、喜安静、重叙谈、讲面子

续表

形式		特点
酬谢宴		是为了感谢曾经得到过的帮助，或为了感谢即将得到的帮助而举行的宴会。这类宴会的特点是为了表达自己的诚意，故宴会要求高档、豪华，环境优美、清静
	谢师宴	是学生毕业、学徒满师，新生活将要开始，为了表达对老师或师傅的感激，并再次聆听老师或师傅的临别赠言而举办的宴会。要求环境清静优雅，菜式清淡秀丽，道数不多，选料讲究，上菜速度不快，服务规范
	答谢宴	为表示对他人的帮助或请求他人帮助而设宴感谢。菜肴和服务要让客人感受到主人的殷勤与诚意
	升迁宴	是因职务变化、工作变迁，原共事的同仁相聚相送，新单位同事表示欢迎而举行的聚会。此类宴会比较放松，菜式比较随意，饮酒较多，用餐时间较长

7. 按菜品构成特征划分（见表1-8）

表 1-8　按菜品构成特征划分宴会

形式	特点
仿古宴	将古代特色宴席融入现代文化而产生的宴会新形式。对历代的宴席形式、宴席菜品、宴席礼仪加以挖掘、整理、吸收、改进、提高和创新，如"仿唐宴"、"孔府宴"、"红楼宴"、"满汉全席"，深受宾客青睐
风味宴	宴席就餐环境、宴席台面、餐具、菜品、原料、烹调技法、就餐与服务方式具有鲜明的地方特色和民族风格，有的甚至带有一定的宗教色彩的宴会。 按地方风味来分，有川菜宴席、粤菜宴席、湘菜宴席、清真宴席等；按原料特殊风味来分，有海鲜宴席、野味宴席、药膳宴席等；按特殊烹调方法来分，有烧烤宴席、火锅宴席等；按某一国家的菜品来分，有法式宴席、日式宴席、泰式宴席等；按菜点来分，有风味菜肴宴席、风味小吃宴席，如西安饺子宴、四川风味小吃宴等
全类宴席	全类宴席也称"全席"、"全料席"。 一是指宴席的所有菜品均以一种原料，或者以具有某种共同特性的原料为主料烹制而成，如全鸡席、全鸭席、全猪席、全牛席、全羊席、全鱼席、全素席、豆腐席等。通常情况下"全席"是指这种含义。 二是指凡有座汤的宴席，在座汤之后跟上四个座菜的宴席称为全席，座菜多为蒸菜。 三是专指"满汉全席"
素席宴	一种特殊的全类宴席，也称"斋席"，指菜品均由素食菜肴组合而成的宴席

8. 按其他标准划分（见表1-9）

表1-9 按其他标准划分宴会

形式	特　　点
按时间分	如早茶、午宴和晚宴。早茶和午宴带有工作性质，如交谈、会谈。正式宴会一般安排在晚上进行
按形式分	如鸡尾酒会、冷餐酒会、茶话会、招待会，目的是收集、发布消息，广泛接触、交友，不拘泥于形式，是现代社会常用的一种宴会形式
按季节分	特定的季节、特定的环境、特定的文化氛围，是这类宴会的主、宾共同喜好与感兴趣的氛围。如迎春宴、中秋佳节宴、除夕宴、圣诞宴等

9. 我国古代传统宴席的宴饮形式（见表1-10）

表1-10 我国古代传统宴席的宴饮形式

形式	特　　点
游宴	或备酒果登高，或携带馔肴聚集于名胜之地饮宴游乐。官宦和文人学士多有此好。历代不少诗人的优秀作品，都是在游宴时兴之所至、命笔而成的
船宴	设宴于游船上，宫廷和官府多用这种形式饮宴。五代时，后蜀国君孟昶的妃子花蕊夫人有《宫词》百首，其中记船宴的就有八首。南宋时城临安的"湖船"，即为举办船宴的场所。清顾禄《桐桥倚棹录》、李斗《扬州画舫录》等书都有关于船宴的记载
军宴	《资治通鉴》载："大中十一年……延心知之，因承勋军宴。"说的便是宴于军中的宴会
曲宴	多指宫中私下举行的筵宴。礼仪较为简单，参加的人也不多，吃喝都较随意，可以像曹植诗中描绘的那样"乐饮过三爵，缓带倾庶羞"
其他宴会	高宴：泛指盛大的宴会。 玳筵：以玳瑁装饰坐具的盛宴。 金华宴：富丽的酒宴。 琼筵：珍美的宴席。 玄熟：帝王的御宴或道教称仙境的宴会。 红筵：即盛宴。 玄宴、幽宴：在幽静的处所举行宴会等

（二）宴席命名

宴席命名，古今中外名目繁多，内容丰富，寓意深刻，风格各异。宴席命名时要求突出主题，突显特色，体现内涵，具有文采，如表1-11所示。

表 1-11　宴席命名依据

命名依据	特　点
地方风味	如川菜风味宴、粤菜风味宴、鲁菜风味宴、苏菜风味宴、上海风味宴等。 有明显的地域特色。菜品纯正，风味地道，配有具有地域特征的环境布置、餐具摆设。体现中国饮食文化博大精深、品种繁多、风味各异的鲜明特色
菜品数目	如八大席、重九席、三扣九蒸席、五福捧寿席、八仙过海席等。 注重菜肴的数量，菜肴的道数越多档次越高。在乡镇民间较为流行，现今旅游点上的农家宴有时还会采用
头菜原料	如燕菜宴、鱼翅宴、海参宴等。 宴席头道主菜（又称台柱）原料体现了宴席的档次与价格。头菜要求用料名贵、烹制精美。头菜一旦确定，其他菜肴则可按需到位
烹制原料大类	如海鲜宴、湖鲜宴、野味宴、山珍宴等。 由于选用同一大类原料，要求原料充足，品种较多，能烹调出不同风味的菜肴，显示厨艺高超、调味谐和、情趣盎然
主要用料	如河蟹宴、全羊宴、烤鸭宴、全鱼宴、长鱼宴、刀鱼宴、海参宴、菌菇美食宴、水产美食宴、素食美食宴等。 选用相同的原料为主料，配以不同的辅料，烹调方法各异，充分发挥一物多吃的神韵，每种菜品所变的仅是配料、调料、烹调方法和造型；制作工艺难度较大，要做到"主料不变中有变，变中主料不能变"
风景名胜	如长安八景宴、洞庭君山宴、羊城八景宴、西湖十景宴等。 宴席菜点用名胜风景命名，菜式做工考究、工艺装饰很强，配合宴会厅内布置的书画，使人有一种流连忘返的感觉
环境、厅房布置	如田园风光席、皇家宫廷席、山城景色席、湖上船舫席等。 充分利用酒店或周边的环境，以景色为主，配合当地的特产，营造出一个特殊的用餐氛围，很有特色与情趣
历史渊源	又称仿古宴会，如三国宴、红楼宴、满汉宴、孔府家宴等。 将古代具有特殊意义的一些宴会注入现代文化而产生的宴会，继承了我国历代名宴的形式、礼仪、菜品制作的精华，进行改进与创新
席面布置	如孔雀开屏席、万紫千红席、百鸟朝凤席、返璞归真席等。 利用台面艺术化的布置，偏重台面与菜点组合，菜肴艺术，席名典雅，寓意吉祥，有很强的象征意义，人情味浓厚

续表

命名依据	特 点
宗教信仰	如清真宴、全素宴等。 按照宗教禁忌，严格选择原料，制作菜肴。在宴会厅、台面的布置中也应考虑这种因素
时令季节	如春令宴席、秋令宴席、冬令宴席、端午宴、中秋宴等。 从就餐环境布置、原料、烹饪方法和餐饮文化等方面体现时令季节的特点
民族	如蒙古族全羊席、朝鲜族狗肉宴、白族乳扇宴等。 从就餐环境、原料构成、烹调方法等方面突出民族特色
喜庆	有民间举办的婚宴，如百年好合宴、龙凤呈祥宴、珠联璧合宴、金玉良缘宴、永结同心宴等，以及乔迁之喜等庆祝宴。 如国家、政府因重大节日或事件而举办的宴会：国庆招待宴、庆祝香港回归十周年宴、庆祝西藏铁路通车竣工宴等
生日寿辰	如满月喜庆宴、百天庆贺宴、周岁快乐宴、十岁风华宴、二十成才宴、花甲延年宴、百岁高寿宴等
纪念	如纪念××大学建校100周年宴、纪念××120周年诞辰宴等
迎送	欢迎××国家总统访华宴、欢送外国专家回国宴、欢迎××先生接风洗尘宴、欢送××先生话别宴等
节日	以国内外各种节日设计出主题新颖、风格各异的宴会。 如春节、元宵节的全家团聚宴、恭喜发财宴、元宵花灯宴等，五一劳动节、国庆节的旅游休假宴、欢度国庆宴等，中秋节的中秋赏月宴、丹桂飘香宴等，圣诞节的圣诞平安宴、圣诞快乐宴等
名人、名著	突出以古今名人、名著等命名的宴会。 如东坡宴、宫保席、谭家席、大千席、孔府宴、随园宴、乾隆御膳宴等
文化名城	如荆州楚菜席、开封宋菜席、洛阳水席、成都田席等。 突出地域文化特色
某一技法和食品功能特色	这种宴会命名目前较为流行，人们举办宴会招待亲朋好友，不但注重形式，还讲究宴会的特色、环境、气氛，注重营养、养生等要求。 如铁板系列宴、砂锅系列宴、烧烤系列宴、火锅系列宴等，以及延年益寿宴、滋阴养颜宴、美容健身宴等
创新	给客人新、奇、特的感觉，深受客人的欢迎。 如中西合璧宴、游船水产宴、山珍野味宴等

案例：《红楼梦》中的宴会活动及类型

以通常的标准加以统计，《红楼梦》中的宴会描写共有 20 余处，大致可以分为生日宴会、节日宴会、喜庆宴会、游赏宴会四种类型。

1. 生日宴会

生日是一个人生命历程的周期性刻度，一个群体中不同个体的生日宴会的展开，犹如一个时间流程，从中可以折射出特定个体在群体中的地位，以及整个群体的聚散兴衰之命运。在《红楼梦》的男性人物中，描写最为详细、最为精彩、最富有激情与诗意的是第六十二至六十四回宝玉的生日宴会。另外，第十一、十六、二十六回分别写到宁府中的贾敬、荣府中的贾政以及客居贾府的薛蟠的生日宴会，但都相当简略。女性人物所举行的宴会中，以宝钗最为隆重，一人独占两次，分别见于第二十二、一百零八回。其次为凤姐、贾母二人，分别见第四十三至四十四、七十一回。此外，比较重要的还有第八十五回黛玉的生日宴会，但远无宝钗的生日宴会隆重，这从一个侧面反映了两人在贾府世俗世界中的不同地位。

2. 节日宴会

在农业文明时代，节日受到普遍重视，节日的依次变迁，循环往复，既构成了宇宙的生命秩序，也构成了人类的生命节律。深受传统文化的影响，《红楼梦》中特别重视春秋两大季节中的元宵节与中秋节，第十七至十八回元春省亲宴会标志着贾府的烈火烹油之盛，作者特意安排在元宵佳节。第五十三至五十四回的元宵节日宴会，第七十五至七十六回的中秋节日宴会，在小说中占有特别重要的地位，都以详写处理。第三十一回的端阳节日宴会则只是略写。

3. 喜庆宴会

古人凡遇家人中举、升迁等喜事，都要举行宴会予以庆祝。《红楼梦》中第十七至十八回元妃于元宵佳节省亲，是喜庆宴会与节日宴会的合一，但重在喜庆宴会。第八十五回贾政升迁及第四十五、四十七回赖大儿子升迁等，都属于喜庆宴会。

4. 游赏宴会

此类宴会的目的主要在于游乐与观赏，而且常常两者合而为一。若细加分析，其中又有以下四种不同情况。一是以观赏为主，如第五回因梅花盛开，宁府尤氏治酒设宴，邀请荣府贾母、邢夫人、王夫人、凤姐、宝玉等人过去赏花；第九十四回原已枯萎的海棠花突然于十一月重新开放，贾母命人预备酒席，大家赏花，皆为重在观赏的宴会。二是以游乐为主，如第二十八回冯紫英做东宴请宝玉、薛蟠、蒋玉菡等饮酒行令唱曲，以此取乐；第九十三回临安伯一时高兴，邀请贾府贾赦、宝玉等至家听戏，热闹热闹；第一百一十七回邢大舅、王仁、贾蔷、贾芸等于贾家外书房设宴饮酒行令唱曲说笑话，以此取乐，都是重在游乐的宴会。三是游乐与观赏合一。第三十八回湘云做东于藕香榭举行螃蟹宴，第四十九至五十回宝玉与众女子于芦雪庵野炊饮酒，赏雪吟诗……都是集游乐与观赏于一体。四是比较独特的梦游所经历的宴会。第五回贾宝玉梦游太虚幻境，在翻阅金陵十二钗又副册、副册、正册之后，便被警幻仙子带进一室，"有小丫鬟来调桌安椅，设摆酒馔。真是：琼浆满泛玻璃盏，玉液浓斟琥珀杯。更不用再说那肴馔之盛。"宝玉先饮"千红一窟"之名茶，继饮"万艳同杯"之名酒。饮酒间，又聆听了《红楼梦》十二支曲，歌毕，警幻仙子感叹"痴儿竟尚未悟！"且见宝玉"朦胧恍惚，告醉求卧"，便命撤去残席……这一宴会既出于梦境，又授于天意，可以称之为"天宴"或"梦宴"，自非人间宴会可比。

此外，《红楼梦》中也写到其他一些宴会，如第九十七回贾政离家出外任职，"大家举酒送行，一班子弟及晚辈亲友，直送至十里长亭而别"，属于饯别宴会，但此类宴会在《红楼梦》全书中只此一次，而且仅以此二句概括了事，故可略而不述。

（资料来源：梅新林."旋转舞台"的神奇效应——《红楼梦》的宴会描写及其文化蕴义［J］.红楼梦学刊，2001（1）：1-25.）

第二节　宴会设计概述

案例：2012 年诺贝尔晚宴流程及介绍

2012 年 12 月 10 日，在瑞典首都斯德哥尔摩音乐厅举行了传统的诺贝尔奖颁奖仪式，仪式之后在斯德哥尔摩市政厅举行诺贝尔晚宴，包括瑞典皇室成员及各项诺贝尔奖得主在内的 2200 多人出席晚宴。极富特色的菜肴和创造性的娱乐表演，为晚会增色不少。

一、斯德哥尔摩的诺贝尔晚宴

音乐厅的仪式结束之后，在斯德哥尔摩市政厅举行诺贝尔晚宴。晚宴的节目单遵照传统进行，首先，19∶00 整，皇室成员和其他贵宾沿着宏伟的楼梯进入蓝色大厅。在此之前，贵宾先在市政厅的王子长廊先面见皇室成员。

在司仪之后入场的是两名女性侍者，然后是国王、皇后与诺贝尔基金会董事会主席马库斯·斯托屈，以及晚宴的主持人等。入场仪式过程中以及在稍后的出场仪式过程中，由马提亚斯·瓦格演奏风琴。伴奏的还有多来和米卡埃尔·爱玛森演奏的小号。

1901 年在大饭店魔镜大厅举行的第一届诺贝尔晚宴有 113 名来宾。今天的诺贝尔晚宴则有将近 1220 名客人。

二、当天晚上的菜单和娱乐

负责今年菜单的是 Audreas Hedlund（2002 年最佳瑞典厨师）和糖果制作人 Conrad Tyrsen（2009 年最佳瑞典糖果制造人），以及甜点和巧克力制作人 Ted Johansson。负责此宴会的是市政厅饭店，主要包括总经理 Egon Persson、厨师 Gunnar Eriksson 和首席执行官 Maria Stridh。诺贝尔基金会的美食顾问是 Fredrik Eriksson，艺术指导是 Langbro Vardshus。

只有 19：00 所有来宾都已经入座后才公布菜单。负责晚宴菜肴的人员包括大约 40 名厨师和 260 名侍者。餐桌上会摆放为了纪念诺贝尔奖九十周年而制作的诺贝尔餐具，餐具由瑞典设计师卡琳·比克斯特、贡纳·赛伦和英格丽德·德绍设计。蓝色大厅将布置超过 60 张餐桌，铺上大约 470 米的亚麻布，餐桌的布置需要不少于 7000 套陶瓷餐具、5400 套玻璃餐具以及 10000 套银餐具。

晚宴的余兴表演已经安排好，由 Tilde Bjorfors 指导、Cirkus Cirkor 表演。合奏的服装已经由安娜·博纳维尔设计，其同事丽芙·彼得森和萨拜娜·诺沃特尼协助设计。

咖啡和饮料端上来之后，蓝色大厅上方的楼梯和栏杆上将聚集大量的学生，这些学生来自瑞典各个地方的学院和大学。

三、2012 年诺贝尔晚宴背后的创造性团队的详细介绍

Fredrik Eriksson 是 Langbro Vardshus 饭店的老板，十多年来一直是诺贝尔基金会的烹饪顾问。32 年前，他在市政厅的厨房工作，当时还只是诺贝尔晚宴的见习厨师。他之前还担任过主厨。作为诺贝尔晚宴的烹饪顾问之一，他对之前年份的晚宴给予了高度评价，并致力于在之前的基础上不断改善。

Eriksson 与 Gert Klotzke 一起负责厨师、诺贝尔基金及斯德哥尔摩市政厅之间的联络。在菜单选择过程中，Eriksson 偏向于成分与现代性。他与其他顾问一起筹划如何在一个晚上为那么多人提供丰盛的美食。在挑选厨师的过程中，顾问需考虑候选人在高科技、大规模食品烹饪等方面的经验。尽管 Eriksson 并不参与当晚的烹饪，但他很了解厨师们的紧张心情，令他最为紧张的是如何使 1200 多道主菜从厨房到达餐桌时仍保持温度。他担心的另一个问题是如何正确将菜品的娱乐元素与上菜过程中的错综复杂的动作编排到位，例如确保鼎鼎有名的"甜食游行"顺利进行。

主厨 Andreas Hedlund，2002 年瑞典年度厨师，担任市政厅饭店的烹饪经理。Hedlund 从 4 月就开始研究诺贝尔菜单，而且必须在脑海中反复演绎很多限制：提供足够的营养、一丝不苟的时间表及市政厅提出的满足最大容量的限制。例如，精

确划分出了厨师的工作空间，因为每位厨师需要约110厘米宽的空间才能正常工作。除了与诺贝尔基金的烹饪顾问合作进行烹饪实验外，Hedlund 还在最近几个月实验了盛宴菜肴的各种烹饪方法，目的在于查看这些菜肴是怎样变化的。根据 Hedlund 的经验，最大的挑战是无法对诺贝尔菜单进行全规模的测试："你不能邀请1000多位朋友到这里。"

甜点师 Conrad Tyrsen 与 Ted Johansson 从5月底开始设计宴会的甜点。最初，他们一点也没有想过厨房必须拿出的甜点数量，而是想着做一个大甜点，这样一来1200多位来宾都可以享用一样的甜点。

为此，他们进行了大量实验，试着铸造了特殊的模具来简化烹饪，这样一来，在诺贝尔晚宴前5天准备就可以了。在联合实验过程中，甜点与开胃酒及开胃菜与主菜搭配。

四、致感谢词

咖啡和利口酒端上后，由晚会主持人 Emma Johansson 做介绍，诺贝尔奖获得者致感谢词。依照"诺贝尔次序"，每类诺贝尔奖获得者仅有一位。

（资料来源：http：//book.sina.com.cn/news/c/2012-12-08.）

一、宴会设计的内涵

（一）宴会设计的定义

宴会设计是根据宾客的要求和承办酒店的物质条件及技术条件等因素，对宴会场景、宴席台面、宴会菜单及宴会服务等进行统筹规划，并拟出实施方案和细则的创作过程。

宴会设计既是标准设计，又是活动设计。所谓标准设计，是指对宴会这个特殊商品的质量标准（包括服务质量标准、菜点质量标准）进行的综合设计；所谓活动设计，是指对宴会这种特殊的宴饮社交活动进行的设计。

（二）宴会设计的作用

1. 计划作用

宴会设计方案就是宴饮活动的计划书，它对宴饮活动的内容、程序、形式等起到计划作用。举办一场宴会，要做的事情很多，从与顾客洽谈到原料采购，从环境布置、卫生清洁到餐桌摆台、灯光音响，从菜单设计、菜品加工到上菜程序、酒水服务……所有这些涉及餐饮部乃至酒店的部门和岗位，都需要统一计划、统筹安排，防止出现各行其是的无序状态。

2. 指挥作用

一个大型宴饮活动既要统一指挥，又要让每一位员工发挥工作主动性。宴会设计方案制定并下达以后，各部门、各岗位的员工就能够按照设计方案中规定的要求去做了。采购员按照菜单购买原料，厨师根据菜单加工烹调，服务员根据桌数、标准及其他要求进行摆台、布置……宴会设计方案就像大合唱的指挥棒，指挥着所有宴会员工的操作行为和服务规范。

3. 保证作用

宴会是酒店出售的一种特殊商品，这种商品既包含有形成分——菜点，也包含无形成分——服务。既然是商品，就有质量标准。宴会设计如质量保证书，厨师、服务员等根据已设计的质量标准去做，才能确保宴会质量。

（三）宴会设计的特点

1. 菜点配置精美，价格档次多样

精品追求是宴会菜点的文化特征。菜点的原料、烹制、装盘都要精致美观无比。宴会以食品、饮料销售为主，其档次高低由客人的支付能力来决定。高档宴会标准可达人均数千元，中档宴会标准从人均几百元至千余元不等，低档宴会标准人均只有几十元或上百元。宴会管理要适应客人多层次的消费需求，广泛组织客源，并尽可能增加高档宴会销售。宴会形式不一，有些宴会需要豪华的装饰与音响布置，有些则只需一般桌椅陈设及视听设备即可，如餐会、鸡尾酒会等。

2. 氛围高雅精致，服务舒适方便

宴会厅房布置豪华，使用名贵餐具，出品精良，利润要求也较高。宴会客人的身份、地位较高，客人的期望值较高，服务要求也高。这就要求宴会必须十分重视环境布置、台型设计、座次安排、设备配置、菜单设计和服务质量管理等各个方面的工作。为使场面隆重，在会场布置上需费心思，如增设舞台、红地毯、花卉、气球、灯光、特效、乐队、娱乐节目表演等，营造出宴会的华丽气氛。

3. 参加人数众多，用餐标准统一

一切宴会，少则十余人，多则数百人、上千人。众多客人同时就餐，每桌宴席用餐标准统一，使用完全相同的菜单，在同一时间内要求提供相同的、大量的餐饮服务。要求宴会部在人力、物力、出品、服务等方面统筹安排，统一指挥，协同行动，完成任务。

4. 工作繁复多变，横向配合密切

宴会部不仅承担宴会接待工作，在大宴会厅还能举办各种会议、讲座、展览等多功能的活动。宴会部与其他部门的横向配合频繁：有营销部门的环境布置；绿化部门的台面花草设计，厅房的绿色植物布置；公共卫生部门的宴会等待区、公厕的及时卫生保洁；工程部门的舞台灯光布置、话筒音乐的控制播放、多媒体设备的调试；保安部门的客人停车安排，现场的客人安全等，都需要宴会部的现场协调检查与配合。

5. 频繁研发新产品，持续推介新品

老客户、回头客的多少，是衡量宴会部的服务质量、产品质量的一个重要标准。客人具有"喜新厌旧"心理，为满足宾客追求新鲜感和个性化的需求，要不断研发、创新、推销宴会新产品，内容包括厨房出品、厅房布置、服务方式等。

6. 积极推销预订，周密统筹安排

餐厅是连续营业的，而宴会则断续进行。宴会的原料、烹调、厅堂和服务的准备工作面广，须花费较多的物力、人力和精力，需要较长时间的准备，因此大部分宴会都要事先预约。而在节假日来临时，赴宴客人又很多，这就更需要预订，统筹安排。

（四）宴会设计的要求

1. 主题突出

宴会都有目的，目的就是主题。围绕宴饮目的，突出宴会主题，乃是宴会设计的宗旨。如国宴目的是国家间相互沟通、友好交往，在设计上要突出热烈、友好、和睦的主题气氛。婚宴目的是庆贺喜结良缘，设计时要突出吉祥、喜庆、佳偶天成的主题意境。

2. 特色鲜明

宴会设计贵在特色，可在菜点、酒水、台面、服务方式、娱乐、场景布局等方面予以表现。不同的进餐对象，由于其年龄、职业、地位、性格等不同，其饮食爱好和审美情趣各不一样，因此，宴会设计不可千篇一律。

宴会特色的集中反映是其民族特色、地方特色或本酒店的浓厚风格特征。通过地方名特菜点、民族服饰、地方音乐、传统礼仪等，展示宴会的民族特色或地方风格，反映一个地区或民族具有淳朴民俗风情的社交活动。

3. 安全舒适

宴会既是一种欢快、友好的社交活动，也是一种颐养身心的娱乐活动。赴宴者乘兴而来，为的是获得一种精神和物质的双重享受，因此，安全和舒适是所有赴宴者的共同追求。宴会设计时要充分考虑并防止如电、火、食品卫生、建筑设施、服务活动等方面不安全因素的发生，避免顾客遭受身心损害。优美的环境、清新的空气、适宜的室温、可口的饭菜、悦耳的音乐、柔和的灯光、优良的服务是所有赴宴者的共同追求，构成了舒适的重要因素。

4. 美观和谐

宴会设计是一种"美"的创造活动，宴会场景、台面设计、菜点组合、灯光音响，乃至服务人员的容貌、语言、举止、装束等，都包含美学内容，体现了一定的美学思想。宴会设计就是将宴会活动过程中所涉及的各种审美因素，进行有机组合，达到一种协调一致、美观和谐的美感要求。

5. 核算科学

宴会设计从其目的来看，可分为效果设计和成本设计。在做设计时，既要满足宾客的办宴目的、达到令其满意的效果，也要考虑企业的成本核算与利润。

二、宴会设计的要素

在进行宴会设计时，需要考虑以下五个要素。

（一）人员

主要包括宴会设计者及餐厅服务人员、厨师、宴会主人、宴会来宾等。宴会设计者是宴饮活动的总设计师、总导演、总指挥，其学识水平、工作经验是宴会设计乃至宴会举办成功与否的关键。餐厅服务员是宴会设计方案的具体实施者，要根据服务人员的具体情况，做出合理的分配和安排。厨师是宴会菜品的生产者，要充分了解厨师的技术水平和风格特征，然后对宴席菜单做出科学、巧妙的设计。宴会主人是宴会产品的购买者和消费者，在进行宴会设计时一定要考虑迎合主人的爱好，满足主人的要求。宴会来宾是宴会最主要的消费者，宴会设计时要充分考虑来宾的身份、习惯等因素，进行有针对性的设计。

（二）条件

宴会举办过程中所需要的各种设备是宴会设计的前提和基础，包括餐厅桌、椅、餐具、饰品、厨房炊具，尤其是各种食品原料等。宴会设计必须紧紧围绕这些硬件条件进行，否则，脱离实际的设计肯定是要失败的。

（三）环境

宴会举办的环境，包括自然环境和建筑装饰环境等。环境因素影响宴会设计。繁华闹市临街设宴与幽静林中的山庄别墅设宴、豪华宽敞的大宴会厅与装饰典雅的小包房设宴、金碧辉煌的现代餐厅设宴与民风古朴的竹楼餐厅设宴的设计都不一样。

（四）时间

时间因素包括季节、订餐时间、举办时间、宴会持续时间、各环节协调时间等。季节不同，宴席菜点用料有别；中餐与晚餐也有一定的差异；订餐时间与举办时间的间隔长短，决定宴会设计的繁简；宴会持续时间的多少，决定服务方式和服务内容的安排；大型或重要宴会 VIP 活动内容的时间安排与协调，影响整个宴饮活动的顺利进行。

（五）目的

宴会为何事而办，达到何种目的。不同的宴会，其环境布置、台面设计、菜点安排、服务内容是不尽相同的，宴会设计要因事设计，设计方案要突出和针对宴会主题，不可偏离或雷同。

（六）价格

宴会设计要根据宴会主人的不同宴席标准来设计不同档次的菜单，同时，要考虑人工、原料、管理等成本，对菜点等进行精确的核算，以保证获得较高的毛利率和正常盈利。

三、宴会设计的内容

宴会设计的内容如表 1-12 所示。

表 1-12　宴会设计的内容

设计项目	具 体 体 现
场景设计	大环境。宴会所处的特殊自然环境，如海边、山巅、船上、临街、草原蒙古包、高层旋转餐厅等。 小环境。宴会举办场地在酒店中的位置，宴席周围的布局、装饰，桌子的摆放等
餐台设计	根据客人进餐目的和主题要求，将各种餐具和桌面装饰物进行组合造型的创作，包括台面物品的组成和装饰造型、台面设计的意境等
台型设计	根据宴会主题、接待规格、赴宴人数、习惯禁忌、特别需求、时令季节以及宴会厅的结构、形状、面积、空间、光线、设备等情况，设计宴会的餐桌排列组合的总体形状和布局
菜单设计	要以人均消费标准为前提，以顾客需要为中心，以本单位物资和技术条件为基础设计菜谱。其内容包括各类食品的构成设计、营养设计、味型设计、色泽设计、质地设计、原料设计、烹调方法设计、数量设计、风味设计等
酒水设计	"以酒佐食"和"以食助饮"是一门高雅的饮食艺术。酒水与宴会的档次相一致，与宴会的主题相吻合，与菜点相得益彰

续表

设计项目	具体体现
流程设计	对整个宴饮活动的程序安排、服务方式规范等进行设计，其内容包括接待程序与服务程序、行为举止与礼仪规范、席间乐曲与娱乐杂兴等设计
安全设计	对宴会进行中可能出现的各种不安全因素的预防和设计，其内容包括顾客人身与财物安全、食品原料安全、就餐环境安全和服务过程安全等方面的设计

四、宴会设计的程序

宴会设计的程序如表 1-13 所示。

表 1-13　宴会设计的程序

程　序		要　求
获取信息	信息内容	获取宴会时间、价格、对象、意图、规模、条件等信息，做到"八知三了解"（知出席人数，知宴会桌数，知宴席标准，知主办单位，知宾主身份，知客人国籍，知开宴时间，知菜式品种及出菜顺序；了解宾客风俗习惯，了解客人生活禁忌，了解宾客特殊要求），各种信息都要准确、详细、真实
	获取途径	有顾客提供的，有酒店主动收集的
分析研究	认真分析	全面、认真分析研究信息资料，了解其特点和作用
	精心构思	突出宴会主题，满足顾客要求，具有独特个性
起草方案	专人起草	富有经验的宴会设计人员综合多方面的意见和建议，负责起草详细、具体的设计草案。可制定出 2~3 套可行性方案供选择
	初步审定	草案由主管领导或主办单位负责人初步审定
修改定稿	倾听意见	倾听主办单位负责人或具体办事人员的意见与建议，对草案进行反复修改，尽量满足其合理要求
	修改定稿	由主管领导或主办单位负责人最后定稿。设计方案既要切合实际、又要富有创意
严格执行	下达方案	召集各部门负责人开会，设计方案以书面形式向有关部门和个人下发，明确职责，交代任务
	执行方案	根据设计方案，敦促落实执行
	调整方案	执行中若情况发生变化，则应及时予以调整

五、宴会设计人员应具备的文化知识

宴会设计人员应具备的文化知识如表 1-14 所示。

表 1-14　宴会设计人员应具备的文化知识

类　目	要　求
饮食烹饪知识	一套宴席菜单中包括各类菜品二十余种，从酒店成百上千道菜品中精心选配而成。宴会设计人员要掌握菜肴知识，包括每道菜的用料、烹调方法、味型特点等，熟知不同菜点的组合、搭配效果
成本核算知识	掌握宴会成本核算知识，根据客人宴会价格标准，对宴会的直接成本和间接成本做出科学、准确的核算，确保正常盈利
营养卫生知识	了解各种食物原料的营养成分状况、烹调对各营养素的影响、各营养素的生理作用，以及宴会菜肴各营养素的合理搭配和科学组合等
餐饮服务知识	有丰富的餐饮服务经验和服务技能，掌握宴会服务规律，设计切合实际、便于操作的宴会服务流程
心理学知识	顾客由于年龄、性别、职业、信仰、民族、地位等各不相同，文化修养、审美情趣、饮食心理各异。掌握顾客的餐饮消费心理，投其所好，避其所忌
民俗学知识	"十里不同风，百里不同俗"。要充分展示本地的民风民俗，同时也要适应客人的生活习俗和禁忌，切不可冲犯
美学知识	宴会设计要考虑时间与节奏、空间与布局、礼仪与风度、食品与器具、菜肴的色彩与装盘等内容，都需要美学原理作指导
文学知识	好的菜名可起到先声夺人的效果，食者未尝其味而先闻其声；许多菜肴的民间传说也蕴含着浓厚的文学色彩，这需要有一定的文学修养
历史学知识	对历史文化、社会生活史有一定的了解，探讨饮食文化的演变和发展，挖掘和整理具有浓郁地方历史文化特色的仿古宴，创新风格古朴、品位高雅的宴席
管理学知识	宴会方案的设计与实施都属于管理问题，包括人员管理、物资管理、成本管理、现场指挥管理等。必须掌握管理学原理、餐饮运行规律以及宴会服务规程

第三节　宴会设计的两种模式

所谓模式，是指事物构成有序性系统的标准样式。宴会设计模式就是构成宴会有序性设计系统的标准样式。根据设计的性质及其创新程度，一般可将宴会设计分为两种不同的设计模式，即常规性宴会设计模式和创造性宴会设计模式。

一、常规性宴会设计模式

(一) 常规性宴会设计的定义

常规性宴会设计就是根据明确的宴会任务及其目标要求,套用现成的某种宴会格局,凭借丰富的设计经验,直接形成宴会实施方案的规划过程。

(二) 常规性宴会设计的特点

1. 设计对象是经常再现的宴会任务

在饭店企业的宴会经营活动中,每天都会碰到宴请聚餐、迎来送往的酒宴,承接婚宴、寿宴、团圆宴及其他喜庆宴会任务,这类宴会是司空见惯的"老面孔",再现几率较大。

以婚宴为例,扬州市除农历的五至七月外,其余逢农历初六、十六、二十六这样的"六六大顺"的"吉日",市区各星级酒店、社会大型餐饮店承接的宴会基本上都是结婚喜宴。据报道,有的大酒店一年中仅承办的结婚喜宴就多达2万~5桌。由此可见,常规性宴会设计的对象,是再现几率较大的宴会任务。

2. 设计的目标要求具有相似性

由于承接的宴会任务在价格水平、饮宴方式、菜品认同上并没有质的区别,因此,在设计的目标要求上也具有相似性。

3. 设计的内容具有相对稳定性

相近的设计任务、相似的目标要求,随之产生的是相对稳定的设计内容。以宴会菜单设计为例,通常是根据不同的价格水平,设计在风味特色上大同小异的系列宴会菜单,以便供顾客选择。例如表1-5所示的两张婚宴菜单,就是同一档次的两种菜单。

表1-5 婚宴菜单

婚宴菜单(A):百年好合宴	婚宴菜单(B):天长地久宴
精美八小碟	精美八小碟
鸿运乳猪盘	潮州卤水拼
上汤焗龙虾	金蒜大龙虾
鱼翅海参羹	鸡火鱼翅羹
姜葱炒肉蟹	姜葱炒花蟹
脆皮炸乳鸽	脆皮双喜鸽
黑椒牛仔骨	粽香糯米肉
金丝蒸鲜鲍	XO酱鲍澳带
云腿海石斑	清蒸石斑鱼
鲍汁扣灵菇	茶树菇牛柳
珍菌扒菜胆	上汤小菜心
鲜参炖野鸭	火瞳老鸭煲
扬州蛋炒饭	瑶柱蛋炒饭
美点双辉映	美点双辉映
木瓜哈士蟆	红枣哈士蟆
时令水果盘	时令水果盘

从以上两张婚宴菜单不难发现，相同或相近的菜品占多数，真正不同的菜品只占少数。饭店企业常常把同类宴会进行分档次、成系列的设计，此即套宴。例如，套装婚宴设计有两种形式，一种是只按档次设计套宴，还有一种是以庆祝结婚年限来区分档次设计套宴，如天赐良缘宴、珊瑚婚宴、明珠婚宴、翡翠婚宴、银婚宴、钻石婚宴、金婚宴等。又如，套装寿宴、套装合家欢乐宴、套装生意兴隆宴、套装年夜饭……每一套系列中，分出价格档次的差别，在同一价格档次中，再分出几种不同的菜单。这样的设计，在内容上具有明显的相似性和稳定性的特点，可以保证反复重演。餐饮企业运用这种"以不变应万变"、"一次设计打天下"的方法，在面对纷至沓来的常规宴会任务时，才会显得应付自如、游刃有余。

4．设计的结果具有可预见性

在常规性宴会设计中，相对稳定的设计内容是经过宴会实践反复验证的，为大多数消费者接受的。设计人员积累了丰富的设计经验，所以，在设计中，一般是直接套用现成的宴会格局，便直接进入各部分的细节设计，例如编排宴会菜单、设计菜点工艺规程和服务规程，在此基础上进行综合，形成设计方案，根据设计任务要求进行检查与完善。这个设计过程是快捷的，设计结果是可以预见的，是能令人满意或基本满意的。

（三）常规性宴会设计模式

根据对常规性宴会设计特点的分析，其设计步骤可用图1-1来表示。

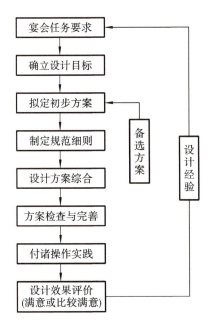

图1-1　常规性宴会设计模式图

二、创造性宴会设计模式

(一)创造性宴会设计的定义

创造性宴会设计就是根据新的宴会构思及其确立的目标要求,在没有先例可以参照的情况下,经过反复否定和实验,构造新的宴会实施方案的过程。

(二)创造性宴会设计的特点

1. 设计构思新颖奇特

创造性宴会设计首先是一种有新的创意的设计。这种"新",表现在构思的新上。只有构思新,才会孕育并产生新的、"前所未有"的宴会。例如,"饺子宴"的创制,源于西安解放路饺子馆张兴寿老师傅的"灵光一闪":人家搞这个宴会,那个席面,咱们就不能搞它几种饺子宴?这是一个前人没有想过更没有去做过的事,因为在常人眼里,饺子是充饥的小吃,在正式宴席上只是充当微不足道的配角,哪能登"大雅之堂"呢?又比如,扬州"红楼宴",是源于著名红学家冯其庸先生把扬州菜和红楼菜结合起来的红学新思考。仿唐菜点"仿唐宴"的出现,也是源于烹饪研究人员有感于唐代菜点史料的价值而萌发的想法。

2. 设计过程是一个反复否定的过程

要把新颖的创意用于实实在在的宴会上,其间还有很多艰苦细致的工作要做,甚至要经历失败的煎熬。

下面提供的是一例饺子宴菜单和一例全笋宴菜单:

西安饺子宴菜单—龙凤宴

油酥寿桃　四喜临门　天花群味　八宝拜寿　金钱鱼肚　五彩缤纷
御膳墨珠　双鱼戏饺　糖醋玉香　肉笋蒸饺　香菇玉兰　麻酱鲍鱼
燕窝汤　　香菇里脊　鸡米番茄　干贝煎饺　花边菜葭　冬蓉蒸饺
虾仁蒸饺　海三鲜　　蚕豆香　　甲鱼蒸饺　冬笋山鸡　丹顶翡翠
绣球干贝　童鸡双味　望天豆蓉　碧海藏珍　精制水饺　太后火锅

宜宾全笋宴

冷菜:宣腿笋片　发菜笋卷　酱烧笋丁　玉笋脆肚　卤炸冬笋　虾仁笋花
彩盘:竹海风光

热菜：金钱竹荪　锅贴冬笋　笋燕鲜贝　吉庆鱼花　糖醋冬笋　凤翅鱿鱼卷　玉笋鸭卷　五彩笋丝　脆笋果羹　酸辣笋衣

小吃：宜宾燃面　午时粑　叙府发糕　千层饼

饭菜：鱼香笋丝　烧拌冬笋　碎米冬笋　笋烧白

上述两例宴会菜单是已经完成的设计，从设计创意、构思走到这一步，把饺子从只能充作小吃的地位，提升为由30道饺子品种构成的饺子宴，其变幻之妙几乎不可思议。笋子从只能做配菜的地位，焕然成为以笋为先、菜菜见笋的全笋宴，其构造之功令人赞叹不已。这一结果却经历了一个充满变数、反复否定的过程。

3．需要集体协作和反复实验

任何一个新的、未知的宴会设计，如果仅仅靠个人的设计智慧、经验、技能是难以完成的。从众多创造性宴会实例来看，其成功都和一个集体分不开，和实验的支撑分不开。扬州"红楼宴"的研制小组，是由著名红学家、烹饪专家、美食家和厨师组成的；西安"饺子宴"的技术研制小组，是由有"饺子大王"美誉的张兴寿老师傅主持，由相关领导、专家、面点师、青年艺徒组成的。这就是说，创造性宴会设计必须有研制组或课题组这样的集体作为依托。

4．具有多重价值取向

如果说宴会设计是推动饮食文化创造和宴会发展的重要手段的话，那么创造性宴会设计必然呈现出经济的、文化的、心理的、历史的、社会的、审美的等多方面的意义，这是毋庸置疑且被一再证明的事实。"饺子宴"、"红楼宴"、"孔府宴"、"三头宴"……所有创造性宴会皆如此。

在扬州，如果品尝"红楼宴"，人们会为它的魅力所折服。在典雅的红楼餐厅里，身着清代服装的服务员，依次奉上"大观一品"、"贾府冷碟"、"宁荣大菜"、"怡红细点"，娓娓述说着它们各自的文化背景，包含的典故，不仅使人领略其中的滋味，还启发人悠悠遐想，耳畔不时传来优雅轻扬的古筝乐曲声，沉浸在如此诗化、欢乐的饮宴氛围之中，身心是何等的充盈和愉悦。冯其庸教授为此题诗云："天下珍馐属扬州，三套鸭子烩鱼头。红楼昨夜开佳宴，馋煞九州饕餮侯。"

（三）创造性宴会设计模式

创造性宴会设计模式图如图1-2所示。

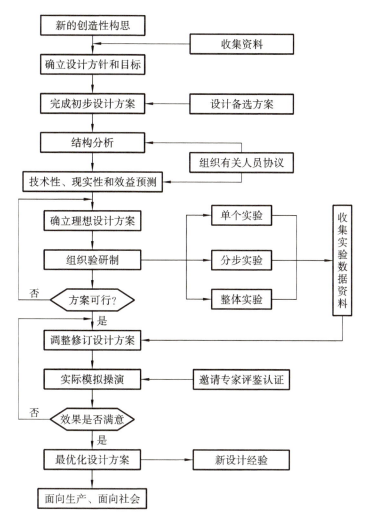

图 1-2　创造性宴会设计模式图

思考与练习

1. 从网络上或电视上选择一个高级别的宴饮活动，了解宴饮活动的相关信息，并从专业角度给予分析。

目的：通过实际案例的分析让学生了解宴会设计的特点及要求。

要求：小组调查，提交调研报告，并进行 PPT 展示。

2. 根据学生的实习经历，探讨在酒店实习中接触到的宴会工作，从宴会的筹备、实施、应急措施等方面进行讨论，并与其他同学分享感受。

目的：通过回顾经历过的宴会工作，结合本章内容，加深对宴会设计工作的认识。

要求：小组讨论，并与其他同学分享感受。

3. 写一篇小短文：如果我想成为一名优秀的宴会设计人员，我需要学习哪些知识？

目的:通过思考与写作,增加对宴会设计工作的了解。

要求:个人作业,提交小短文。

4. 选择当地高星级酒店宴会部,调查宴会部受客人欢迎的主题宴会,并对其设计进行比较分析。

目的:通过实地调查让学生了解宴会及其特点。

要求:小组调查,提交调研报告,并进行 PPT 展示。

5. 上网查找近期比较有名的名人宴请活动,收集相关信息并与同学分享、讨论。

目的:通过关注名人宴请活动来了解宴会市场动态。

要求:小组作业,分工合作,提交小组分析报告。

6. 与当地一家酒店联系,参观酒店宴会部。

目的:通过实地参观,增加学生对酒店宴会主要举办场地的了解与认知。

要求:小组作业,提交参观照片。

第二章 宴会组织

案例导入

中华第一桌

2001年10月21日在上海举办亚太经合组织（APEC）第九次领导人非正式会议，这次世纪盛会，会议种类繁多，各种宴会也很多，共有19次重大宴请，50多次非正式宴请。

其中规格最高、要求最严的是"中华第一桌"，20位世界政坛主要领袖人物同聚一桌，在我国宴会史上是绝无仅有的。宴会由上海锦江集团承办，安排在上海科技馆四楼的近800平方米的宴会厅内，气度繁华，雍容华贵，大气中透着洋气。

预期设计的是中餐西吃的形式与餐桌"三高潮"——盘龙南瓜雕盖、现场操作片皮鸭和鲜果冰雕盅。菜谱是红木架子作底座，玻璃上刻着英文菜单，上面是古色古香的卷轴，展开后可看到由书法家书写的中文菜单。"中华第一桌"对中餐西吃的方法进行了精炼与提高。采用西式菜单结构：冷菜、汤、热开胃菜、小盘（鱼）、大盘（主菜）、点心水果。冷菜从原有的6寸共吃冷菜围碟，改成2寸各吃围碟。热菜装盘也采用西式格局，每人一份，菜肴制作使用中式烹饪技法。对我国中餐宴会的各吃进行了重大改良，对中菜西吃，从观念上给予了全新的改变，它更符合了国际餐饮业潮流。菜名是藏头诗，别具一格，体现了中华文化的内涵和底蕴：相互天地蟠龙腾（冷龙虾）、互助互惠相得欢（鸡茸羹）、依山傍水螯匡盈（炒虾蟹）、存抚伙伴年丰余（煎鳕鱼）、共襄盛举春江暖（烤填鸭）、同气同怀庆联袂（美点盘）、繁荣经济万里红（冰果盅）。七句词出自《史记》、《汉书》等经典著作，将菜单每句首字连词，形成了"相互依存，共同繁荣"——2001年中国APEC会议所倡导的宗旨和目标。

第一节　宴会部的功能与作用

一、宴会部的功能

宴会部的功能不仅仅是以饮食为中心的餐宴占主体地位，它的经营项目呈现出多样化：有会议、研讨班、展销会、时装表演、新闻发布会等。因此，虽说是宴会部，但其实际用途早已大大地超越了原有的界限。宴会部管辖的餐厅，除了各种风格的小厅外，一般为多功能厅，它具有多种用途，且面积较大、设备齐全、舒适美观，可以根据客人的不同需求开展多种多样的经营活动。多功能厅常设有活动墙板，可以根据需要调节大小，同时宴会部还备有活动舞台、活动舞板、视听设备、会议设备等。这些优良完善的设备、设施，为客人进行各种规格、各种形式的活动提供了有力的保障和极大的方便。

从经营活动的内容来看，宴会经营项目主要有以下三大类。

（1）以饮食为主的宴会活动，包括各种规格、形式的中、西式宴会、酒会，通常有结婚喜宴、满月宴、寿宴、谢师宴、毕业餐会、庆功宴、官方宴会等等。

（2）以会议为主的活动，一般都称作会务，包括各种规格、形式的国际性、地区性会议，各种形式的学术会议、各种研讨会、商品展销会、新产品发布会、记者招待会、新年茶话会等。会议租用厅堂费用并不比宴会低，而消费成本不高。

（3）以娱乐为主的经营活动，包括歌友会、舞会、文艺演出、时装表演等等。

有时上述三种活动形式交叉结合进行，更为多样。由此可见，宴会部的利用可谓五花八门，这些场合的服务工作都是宴会部门负责。除了展览会、商品演示会、展销会等是由举办单位自行布置会场之外，其他所有会务都是以宴会部门为中心进行的，他们要布置会议室、研讨班、国际会议会场等。会务因形式和内容不同，其准备和布置方式也大相径庭。

以上是酒店宴会部中经常举行的主要宴会及会务。暂时不论宴会，即便在会议、展览会等非宴会场合，其运作也不仅限于会议或展览，而是常常伴有饮食活动。如会议中间休会时要供应咖啡、点心等，或会后招待客人用餐，有时在展览会上也会向与会者提供咖啡或茶水服务。因此宴会及其他会务都需要准备餐饮服务工作。

二、宴会在酒店经营中的作用

（一）宴会是重要的营业项目与利润来源

宴会经营是酒店经营活动中较重要的营收项目。通常宴会包房和多功能厅不仅在人员配备上占有优势，其面积也几乎占酒店餐厅总面积的 35%～50%，甚至更多。大小厅房数量多，功能变化亦多，因而能承接绝大部分的宴会接待任务。它不但要保证在店客人的使用，通常还有 70%～80% 的外拉任务。由于宴会厅营业面积大，接待人数多，消费水平高，加之宴会的毛利率高，是酒店餐饮收入的重要来源之一。因此，宴会经营需要不断开拓新的市场，开发符合市场需求的新产品，不断地吸引外来消费人群，以保证完成酒店的营收计划指标。

（二）宴会经营是酒店形象的窗口

由于宴会接待的人数多，活动影响大，服务质量要求高，所以宴会餐厅成了宣传酒店的最佳场所，是酒店重要的形象窗口。酒店宴会大多是伴随着商业、社交和特殊需要举行的，如公司推销产品、新闻发布、洽谈业务、签订合同、招待政府官员、举行会议及庆祝生日、进行结婚纪念活动等。有些宴会的宾客地位比较高，常常是新闻媒介宣传报道的焦点。在进行新闻报道的同时，也宣传了酒店，扩大了酒店的影响，提高了酒店的声誉。更重要的是，与宴的所有宾客对宴会的评价将会扩大酒店的影响。

（三）宴会经营是酒店管理水平与特色的集中体现

在酒店里，宴会经营主要是由宴会部承担的，宴会部的工作人员通过组织宴会来提升组织管理能力。而宴会菜品制作、菜品特色、宴会厅服务及其特色是厨师和服务员技能技术水平的体现，也是酒店经营特色的体现。通过宴会活动，可以培训厨师和服务员队伍，提高优质服务水平，彰显酒店经营特色，提升酒店竞争能力。

酒店的宴会部不仅承担着宴会的接待工作，在大型宴会厅还要求办各种会议、讲座、展览、文艺演出等多功能的活动。由于有较多的大型接待任务，宴会部与其他部门的横向配合比较频繁，绿化部门的台面花草设计，厅房的绿色植物布置，公共卫生部门的宴会等待区、公厕的卫生保洁，工程部门的舞台灯光布置，话筒音乐的控制播放，电脑部门的多媒体设备的调试，保安部门的客人停车安排，现场的客人安全等，都需要宴会部统一组织、统一指挥，需要宴会部与其他部门的通力合作、现场协调，以保证顺利、圆满地完成宴会接待任务。所以说，宴会经营是酒店总体管理水平的集中反映。

第二节　宴会部组织机构的设置

宴会部经营活动灵活多样，餐饮服务又不同于餐厅，要管理好这样一个部门，必须建立一个良好、高效运转的组织机构，这是有效开展业务经营活动的组织保证。管理学家指出，领导的职责就在于成功地设计一种组织，并委派最恰当的人选，然后致力于按照组织原则促使大家去达到目标。宴会部组织机构就是这种组织原理的具体运用。

一、宴会部组织机构设置原则

宴会部组织是由各种职责或职位所组成的一个阶梯性的机构，在构思宴会部组织机构时，要根据本酒店宴会部的规模、等级、经营要求、生产目标以及设置原则等内容来确定组织的层次及生产的岗位，使宴会部组织机构充分体现其生产功能，并做到明确职务分工，上下级关系，岗位职责，有清楚的协调网络，以及人员科学的劳动组合，使宴会部的每项工作都有具体的人去直接负责和督导。

由于宴会部的规模和管理模式的差异，其组织机构也有各种形式。在设置组织机构时，应根据本企业宴会部的实际情况（规模、经营目标、设施、人员、厨房的布局等），考虑各种可供选择的方案，进行比较分析，为宴会部提供参考，使新设置的宴会部组织机构真正能起到生产与管理的纽带作用。

以下对宴会部组织机构设置的一般原则作简单介绍，供宴会部设置组织机构时参考。

1. 根据业务需要设置组织机构

酒店宴会部主要负责的业务大致为中西式宴会、酒会、国际性会议及展示会等，工作内容大体相似，通常包括宴会预订、菜单设计、食品饮料管理、厨房加工烹调、宴会厅服务等业务活动。虽然工作内容差异不大，但不同的宴会部门经营状况不一，餐饮销售所占的比例也有差异，经营各有特色和侧重点。因此，宴会部应依据各自的实际情况，从业务需要出发设置组织机构，即把这些业务功能委派给具体的下属业务部门，使组织中每一位置的设置都有充分的依据。

2. 确定有序的指挥链，避免多头指挥

酒店宴会业务的工作环节较多，需要通过众多员工的分工合作、共同努力才能完成。因此，其组织机构必须保证各种业务活动能在统一指挥下步调一致，克服和避免摩擦，保持本部门内及与其他部门之间的信息交流始终保持畅通，使各项决定、各种指令得以顺利贯彻实施。

在组织上，要形成一个有序的指挥链，要保证一位职工只接受一位上级指挥，不宜同时受多人指挥，各级、各层次的管理者也只能按级、按层次向本人所管辖的下属发号施令。这并不意味着管理者只能有一个下属，而是专指上下级之间，上报下达都要按层次去进行，不得越级。有些宴会部经理往往喜欢去餐厅或厨房亲自处理一些员工工作中的错误，而不愿通过下级管理者（宴会主管或领班）去处理。

这样做的结果是，员工们分不清谁是他们的直接领导，导致有些员工一有问题或矛盾就去找宴会部经理，从而降低了宴会主管或领班的威信。

案例：小张的困惑

小张是某五星级商务酒店的餐饮服务生。某日，该酒店承接了一项非常重要的大型国际会议。小张的领班孙某在晚宴之前进行了详细的接待计划安排，考虑到在用餐高峰时客流量较大，领班孙某特别安排两位领位员，原本负责值台的小张被领班安排和小王合作，在餐厅入口处做领座员，餐饮总监也在现场作指导。可是就在用餐高峰期之前，餐饮总监发现某包厢准备还不到位，于是临时让小张去该包厢做好卫生及相关准备的扫尾工作。小张一见是总监的命令，不敢怠慢。可当小张做好包厢工作回到餐厅入口处时，客流量已经很大了，小王一个人无法应付，导致不少客人产生不满情绪。领班对小张擅自离开岗位给予严厉批评，并称事后将追究其相应责任。而小张简直是一肚子的冤枉，自己明明是被餐饮总监调用的，并不是擅自离岗，领班的批评让他觉得很委屈。

请根据案例回答以下问题：

（1）小张应听谁的指挥？餐饮总监是否对小张有直接指挥权？为什么？

（2）领班对小张的处理是否正确？面对餐饮总监发出的命令，小张可否拒绝？

案例分析：小张应该听从领班指挥，餐饮总监没有直接指挥小张的权力。餐饮总监应该直接指挥餐饮部经理，指挥小张属于越权指挥。多头领导会造成下属无所适从的局面。当酒店员工因过失造成客人不悦时，有一定级别的负责人应代表酒店向客人道歉，以缓解客人的愤懑情绪。领班不必先责怪员工，而是应解决当务之急。酒店管理者应加强部门之间的协调能力，树立团队合作精神，加强实习生服务操作方面的培训。

3. 逐级授权，分级负责，权责分明

在设置组织机构时，必须在划清责任的同时，赋予对等的权力。要做到逐级授权、分级负责，权责分明，以保证各项业务活动有条不紊地进行。责任是权力的基础，权力是责任的保证。责任和权力不相适应，管理人员就无法正常地从事各项管理工作。宴会部组织必须要有一个最高权威，同时从最高权威到组织中的每个人之间，要有一个明确的权力层次，这样可使每位员工清楚自己应对谁负责，以及谁对自己负责。宴会部的最高权威是宴会部经理，直接下属是宴会厨师长或宴会厅经理，宴会部经理如果把生产管理的责任交给下属，那也就必须放手让下属去履行职责，而不应事事干涉，样样插手。同时也必须明白，虽然权力和责任已经委派给下属，但宴会部经理最终应当对下属的行为负责。如果下属做出了错误的决定，宴会部经理不能推脱责任。

4. 缩短指挥链，减少管理层与提高效率相结合

宴会部组织机构是为业务生产经营活动服务的。组织机构的规模、形式和内部结构必须在满足生产、管理需要的前提下，将人员减少到最低限度，以保证各级管理人员之间和职工之间有快捷、正确的信息渠道。应尽可能缩短指挥链，减少管理层，能够用最少的人力去完成任务，不应有任何不必要或可有可无的位置，不应因人设事。用最少人力的目的是为了减少内耗，提高效率，保证效益。因此，宴会部配备的人员数量与所承担的任务要相适应，机构内部分工粗细得当，职责明确，每人有足够的工作量，工作效率高，应变能力强。同时，一个管理者的指挥幅度，即其指挥的下属职工人数，不应超出其实际能力，一般以指挥5～12人为宜。

上述四项原则，不是互相孤立的，而是相互联系、相互影响的。所以，在设置宴会部组织机构时，应灵活运用上述原则，做到以生产服务为中心，以效益为目的，把餐饮产品质量及服务质量放在首位。

二、宴会部组织机构形式

由于各酒店宴会部的经营规模不同，宴会在餐饮销售中所占的比重不同，宴会部的组织机构也不相同。但组织的目的则是一致的，即提供最佳宴会服务及获取营业利润。

1. 按独立建制分类

（1）不设宴会部。中小型酒店只有接待零点的餐厅和包间，没有大型宴会厅，一般不专设成建制的宴会部，宴会的销售、出品、服务等生产与管理均由餐饮部负责。

（2）专设宴会部。大型酒店有一至若干个宴会厅以及众多包间，经营面积大，餐位数量多，工作要求高，营业额与利润高，与其他部门联系广，可专设成建制的宴会部。

2. 按领导体制分类

（1）一级管理部门。宴会部由酒店总经理领导，是与餐饮部平级的酒店一级管理部门。它适合宴会场所面积大、宴会任务多、接待规格高的大型酒店。其内部组结构较为复杂，有3～4个部门，如销售预订部门、宴会厅服务部门与宴会厨房部；管理层级有3～4个层次，如部门经理、主管、领班与服务员，有20多个工作岗位，如图2-1所示。

（2）二级管理部门。宴会部是隶属于餐饮部的二级管理部门，适合一般的大型酒店，宴会部内部组织机构较为简单，如图2-2所示。

3. 按酒店产品管理体系分类

1）产销一体制模式

产销一体制模式有以下两种形式。

（1）三部制（见图2-3）。餐饮部下设宴会销售部、宴会服务部、宴会厨房部。这类组织机构的产品设计与生产流程是：由厨房部根据生产能力与业务水平开出基本菜单，宴会销售部提出价格标准，宴会服务部提出客人对酒店产品的要求，餐饮部拍板决定。宴会销售部拿着基本菜单与客人商谈或外出销售，如客人有特殊要求，先谈一个初步价

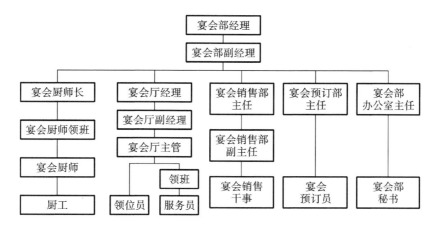

图 2-1　独立于餐饮部的宴会部组织机构

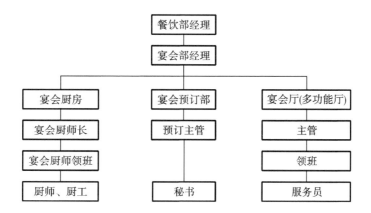

图 2-2　隶属于餐饮部的宴会部组织机构

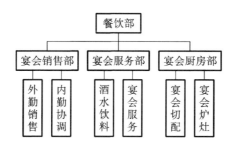

图 2-3　产销一体制三部组织机构图

格,然后请厨房部开出新的菜单,给客人确认。任务确定后,按客人的要求由宴会销售部制作任务单分发给各部门,餐饮部进行检查督促。该模式的特点是餐饮部对酒店下达的营业指标、产品质量负全责,宴会部的营收计划、产品开发、成品质量、市场推广等都由餐饮部督导完成。生产程序由餐饮部按酒店下达的营业指标,由厨房部设计产品,宴会销售部负责将产品销售给客人。该模式的长处在于对产品的生产能力比较了解,内部程序比较流畅,酒店产品与客人的交流比较直接,内部管理不复杂,客人的临时变化比较容易得到满足,产品的独立性较强。其短处在于酒店总体资源利用率不高,销售渠道利用不足,营业指标的完成取决于餐饮部的工作能力,酒店的集体支撑较少,团队精神较弱,对酒店的综合产品开发不力,应对市场变化的能力较弱。此类组织机构较适用于中小型酒店。

（2）二部制（见图2-4）。餐饮部下设宴会部与厨房部。这类组织机构的产品设计与生产流程是:宴会部按照餐饮部的价格政策与既定的目标市场,对潜在客户进行市场调查,了解他们的价格承受力、产品规格、产品要求,先制定出产品的初步目录,然后与厨房部商讨如何制作,并确定产品的组合范围。宴会预订组在接到预订或外出销售任务时按产品的组合范围,根据客户的需求任意组合成客人满意的产品,然后制作任务单分发下去,各部门按任务单生产。该模式的特点是市场适应性较强,变化快,客人的需求较容易得到满足,大型、小型酒店都能采用此结构;但是对人选的业务能力要求很高,宴会经理需要对宴会销售、宴会服务、厨房生产过程在专业上非常熟悉,以单兵作战为主,酒店的集体支撑较少,团队精神较弱。

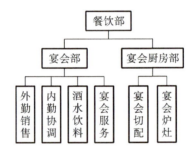

图2-4　产销一体制二部组织机构图

2）产销分体制模式

酒店成立餐饮部与营销部,如图2-5所示。餐饮部下设宴会协调部、宴会服务部、酒水饮料部、宴会厨房部、管事部,营销部下设客房销售部和宴会销售部。餐饮部是生产部门,负责酒店餐饮产品的生产,对酒店的餐饮产品生产起着技术上的保证作用。营销部负责酒店餐饮产品的开发与销售,按照市场的需求与变化,结合酒店的实际情况,组织酒店各部门来进行开发与销售。该模式的特点是对市场变化反应灵敏,酒店资源整合力强,销售机遇多,产品的开发能满足酒店市场的总体要求,各部门的职责明确;弱点是营销部对餐饮部不同时段的生产能力了解不够。

各酒店的规模、档次、市场目标、营运模式等不同,酒店的组织机构也不尽相同,选用何种组织机构,应视酒店的实际情况而定。

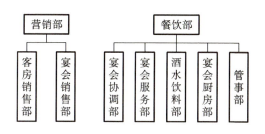

图 2-5 产销分体制组织机构图

第三节 宴会部组织人员的配备

案例:"宴会嫂"——北京中国大饭店宴会厅一道靓丽的风景线

酒店宴会厅和包间的服务员,一般都是长得"亭亭玉立"的"宴会姐"和"伟岸挺拔"的"宴会少"。可是最近几年,中国的人口红利逐渐减少,酒店面临用工困难的实际情况,尤其是面容姣好、年纪较轻的一线员工很难招聘,更难留住。北京中国大饭店在用工招聘的年龄、身材等条件上进行了创新,招用了一批工作认真、气质较好的大龄下岗女工进入酒店餐饮部门工作,成为名副其实的"宴会嫂",有的甚至是"宴会妈"。这些大嫂、大妈们待人和蔼可亲,态度勤奋踏实,工作认真细致。她们在工作中的出色表现得到了客人的好评,也为酒店解决了用工困境。近些年来,"宴会嫂"已逐渐被一些大型酒店学习采用,成为国内酒店业中一道亮丽的风景线。

宴会部组织人员的配备就是通过适当而有效的选拔、培训和考评,把合适的人员安排到组织机构中所规定的各个岗位上去,以保证经营目标的顺利完成。

宴会部要完成各项生产计划和利润指标,除了需要先进的硬件设备和设施外,更重要的是从事宴会的工作人员须具备良好的素质和专业技术。这是因为,人是组织机构中的核心,占主导地位,如果没有一支素质较好、技术过硬的员工队伍,那么就无法谈及提高企业知名度、保证宴会部餐饮产品质量,更无法去实现宴会部所规定的经营目标。

一、宴会部人员配备的方法

1. 根据宴会部的设置要求,寻找最合适的人选

任何人都有其长处和短处,具有不同的性格、不同的兴趣爱好、不同的学历,在不同的工作环境中,会有不同的专长。在岗位人员的选择上要做到知人善任,只有这样,

才能真正挖掘出每个人的潜力。

2. 用开展岗位竞争的方法来选择人才

宴会部的工作岗位,由于生产经营的需要,有的岗位劳动强度较大,而有的岗位劳动强度较小,因此就带来了这样一个问题:有的岗位许多人争着干,而有的岗位很少有人愿意去干。对于这种状况,可以开展竞争,用考核的手段择优录取。开展公平竞争,既可促进员工不断进取,又可增强责任感,有利于人才开发和宴会部的管理。

3. 采用人才互补来加强岗位建设

从管理心理学角度来看,把具有各种不同专长或性格各异的人合理搭配,就会形成一个最佳的人才结构,从而减少内耗。互补包括年龄的互补、性格的互补、知识的互补、技能的互补等。只有使每个人各显其长、互补其短,才能构成一个理想的生产结构和管理结构。

二、宴会部组织机构中的人数配备

合理地配备宴会部人员数量,是提高劳动生产效率、降低人工成本的途径,是满足宴会部生产经营的前提。做好宴会部人数的确定工作,对于正确处理宴会部人员与宴会部工种之间以及宴会部人员与宴会部设备之间的关系,调整与改善宴会部生产经营过程中的组织形式,合理组织各岗位之间的分工协作,加强岗位责任制,充分发挥每个员工的积极性,都有着积极的作用。

1. 劳动定额

人员配备要坚持精干高效的原则,用最少的人、办最多的事、产生最大的效益,这是社会化大生产的基本要求。岗位设置和人员配备要保证各项工作的顺利开展,不能"有事无人干,有人无事干",克服分工过细、人员过多,防止"一线紧、二线松、三线肿"的效率低下现象。为此,要制定科学合理的劳动定额。劳动定额是员工在一定营业时间内应提供的服务或应生产制作的餐饮产品数量。劳动定额应根据酒店确定的服务或产品质量标准及工作难度等内容来制定。通常按上班 8 小时来计算,厨师在 8 小时内应烹制 80~120 份菜肴;对餐厅服务人员按早、午、晚三餐营业时间来计算,如早餐 2 小时、午餐 3 小时、晚餐 4 小时等,要求每小时接待 20 位点菜客人。

2. 人员配备数量

(1)酒店档次。由于酒店星级标准、宴会厅档次、服务水准等不同,因此所需人员数量有很大的差异,如表 2-1 所示。

表 2-1　宴会厅员工数量

星级标准	宴会厅餐位	餐座率	每餐位人数	总人数	服务员（60%）	厨师（40%）
五星级	300	80%	0.2	60	36	24.0
四星级	300	80%	0.15	45	28	18.0
三星级	300	80%	0.12	36	22	14.4
一、二星级	300	80%	0.10	30	18	12.0

（2）部门规模。结构独立的宴会部管辖范围广、专业化程度高，人员就多。隶属于餐饮部的宴会部，有关人事劳动、培训、工程、财务、采购、烹制等工作均由其他相关职能管理部门负责，人员相应要少一些。

（3）接待规格。接待规格高，菜肴质量及服务要求高，员工相对要多。一桌高档宴席需3位员工服务，分别负责传菜、分菜、斟酒水。宴会档次较低，消费水平也较低，菜肴质量及服务要求不太讲究，所需员工数相对要少一些。

（4）餐位数及餐座率。营业面积大，餐位多，翻台次数多，餐座率高，所需的服厨师就要多，反之则少。

（5）经营时间。经营时间长、餐别多（早餐、午餐、晚餐和消夜），所需员工就多，反之则少。

（6）设备设施。宴会厅大、包间多、接待能力强，使用频率高，用人就多，分工就细，组织机构必然较大。

（7）淡、旺季。淡季用人要少一些。旺季用人要多一些。旺季时可用一些钟点工、实习生，保证宴会部旺季正常运转。

（8）其他因素。例如，工作程序的合理流畅，员工素质的高低，主管领班的业务能力强弱，接受宴会任务的明确程度，准备工作时间的长短，酒店开业时间的长短，人力资源政策的不同，员工对工作程序的理解程度等。

3. 人员配备方法

人员配备方法如表2-2所示。

表 2-2　宴会部人员配备方法

人员配备方法	适用岗位与计算公式
接待人次定员法	适用于各种类型的餐厅、酒吧服务员岗位。 计算公式：岗位人数＝（餐厅餐位数×餐厅上座率×每日班次）÷（接待定额×计划出勤率）×（7÷5）

续表

人员配备方法	适用岗位与计算公式
餐位比例定员法	根据餐饮企业等级、规模,按餐位数确定人员数量: 国内高档餐饮企业一般是15个餐位配1名餐饮生产人员;高级宴会10座圆桌配备2~3名服务员;包间10座圆桌配备1名服务员;大厅零点每20个餐位配备1名服务员
看管定额确定法	根据机器设备需要开动的数量、员工的看管定额和设备的开动班次等因素来计算定员人数,适用于餐饮企业的炒菜厨房、管事部的洗碗工、设备维修工、清洁工等岗位。 计算公式:岗位人数=(设备台数×每日班次)÷(看管定额×计划出勤率)×(7÷5)

(1)餐厅服务员配备。可采用接待人次定员法与餐位比例定员法来配备人员。

(2)宴会预订人员配备。宴会销售不仅销售宴会,还须销售餐厅的其他产品,因此在人员配备上要通盘考虑。通常每100~150个宴会餐位安排1名销售人员。

(3)宴会厨房人员配备。由于厨房管理方式的多样性,各厨房的人员配备方式不同,出菜要求不同,菜式不同,菜肴整体档次不同,人员配置比例数也不同。后厨人员与前台服务人员的比例一般为4∶6或3∶7左右。也可采用看管定额确定法来配备人员。

4. 用人制度

(1)弹性休假。实行弹性工作制,闲时休假;忙时不但不休假,而且要组织加班。忙时上班人数最多,闲时上班人数少些。可实行两班制或多班制,每人工作的时间一致,但上下班的时间可以不一致。

(2)计时工资。采用计时工资方法,降低劳动成本。

(3)灵活排班。餐厅最忙时段是中午13:00—14:00,晚上18:00—21:00,可将早中两个班都安排在这两个时段,也可采取不规则的上班时间和分段工作时间。

(4)一专多能。培训多面手,提高服务技能,以便在忙时抽调较闲工种的员工来支援。

(5)临时用工。"无固定员工队伍不稳,无临时员工用工不活"。酒店经营有季节性特点,宴会客人时多时少,旺淡季忙闲不均,如果宴会部全部使用正式工,生意清淡时也要照付工资,这样会大大增加人工成本,可适量聘用一些临时工、季节工、钟点工、餐饮院校实习生和内部钟点工等来应付旺季人员的缺口。高档宴会,可外聘宴会服务公司的专业服务员。

(6) 合并兼职。淡季工作量较小，许多工作不需要全职工，一些工作可以合并，一些工作可由管理人员兼任，如验收员与库房管理员工作合并。

(7) 淡季培训。利用淡季开展知识及业务培训、岗位练兵及其他活动，做到季淡人不闲。通过培训提高员工服务意识和服务技能，对临时工、钟点工加强培训，提高其服务操作技术水平及工作效率，这样既可降低人工成本，又能保证宴会的服务质量。

5. 班次安排

宴会的工作岗位较多，工作性质各异，因此应根据酒店的营业量及有关员工工作时间的法律规定来灵活、合理地排定班次。常见班次有以下几种。

1) 单班制

每天只要组织一班就可以完成工作任务的工作制，因大多数安排在白天，又称日班制。日班制大多分上、下午两段，每段4小时左右，也有8小时连续的，中午有半小时午餐时间。

2) 多班制

根据工作要求可分两班制、三班制及间隔班（跳班）制等。多班制最突出的问题是如何解决各班员工的倒班问题。由于人的生活习惯、生物钟影响及劳动条件等的关系，各个班次的工作条件有很大差别，其中夜班对员工的生活和健康都有较大影响，不适宜由一些员工固定长期上夜班，因此定期合理地倒班就显得特别重要。

(1) 倒班排班办法。一是正倒班。以三班制为例，正倒班是甲、乙、丙三班员工均按早、中、夜正顺序倒班，如表2-3所示。二是反倒班。以三班制为例，反倒班是甲、乙、丙三班员工均按早、中、夜反顺序倒班，如表2-4所示。

表2-3 正倒班排班表

班次	第一周	第二周	第三周	第四周	第五周
早	甲	丙	乙	甲	丙
中	乙	甲	丙	乙	甲
夜	丙	乙	甲	丙	乙

表2-4 反倒班排班表

班次	第一周	第二周	第三周	第四周	第五周
早	甲	乙	丙	甲	乙
中	乙	丙	甲	乙	丙
夜	丙	甲	乙	丙	甲

(2) 多班制作业要求。一是均衡搭配人员。各班的人数与技术力量要大致相当，以

保证每个班组生产的正常开展。二是严格交接班制度。下一班员工未到岗，上一班员工不能离开工作岗位。三是合理组织轮休。在顾全大局的前提下协调好轮休，尽量满足员工的需求。

为了确保交接工作顺利进行，某酒店制定了一份交接班制度，对交接班工作做了明确规定。具体情况如下。

"七交"：交任务完成情况；交质量要求和措施；交设备运行情况；交配件、工具数量及完好情况；交安全设备及措施；交为下班生产准备工作情况；交上级指示及注意事项。

"七不接"：任务不清不接；质量要求和措施不明不接；设备保养不好不接；配件、工具数不对不接；安全设备不正常不接，工作场所不整洁不接；原始记录不准不接；上班为下班准备工作做得不好不接。

案例：2012年诺贝尔晚宴工作人员配备

2012年12月10日，也就是诺贝尔日，在斯德哥尔摩音乐厅举行了传统的诺贝尔奖颁奖仪式，仪式之后在斯德哥尔摩市政厅举行诺贝尔晚宴，包括瑞典皇室成员及各项诺贝尔奖得主在内的2200多人出席晚宴。据诺贝尔官方网站介绍，负责确保晚宴顺利进行的工作人员包括一名餐饮经理，一名宴会厅经理，一名厨师长，8名侍者领班，210名男女侍者，5名专司倒酒的侍者，20名厨师，以及负责清洁和运输工作的约20名清洁人员。

（资料来源：揭秘2012诺贝尔奢华晚宴菜单及流程[EB/OL]. https://www.360doc.cn/article/535749_253381779.html.）

第四节　宴会部工作职责

宴会部是对职位、层级、任务、责任及权力的适当配置，以分工合作的方式完成宴会工作的执行。设置宴会组织机构的最终目的是为了有效地组织生产服务，使宴会部正常运转，各项工作都有具体人员直接负责，每项工作都有控制方法进行督导。因此，在确定了组织机构后就必须将各项生产任务定性、定量地落实到组织中去。制定工作职责和明确生产任务就是一种最有效的方法。

制定工作职责和任务，就是使各级岗位上的每个人都明确自己在组织中的位置、工作范围和工作职责，知道向谁负责，接受谁的工作督导，以及在工作中需要具备哪些技能才能完成自己的生产任务。因此，岗位职责是衡量和评估每个人工作的依据，是工作中进行相互沟通、协调的条文,是选择岗位人员的标准,同时也是实现宴会部高效率的保证。

以下是某酒店宴会部主要岗位的职责,仅供参考。

一、宴会部经理岗位职责

所属部门:餐饮部门。

服务单位:宴会部。

直属上司:餐饮部经理。

工作区域:宴会部办公室。

基本职责:对所有宴会活动方面的工作进行协调,负责制定与落实运营目标,并进行成本控制,使其符合酒店已设定的餐饮政策。

职责任务如下。

(1)每天需将职责分派给下属,以确保下列事项符合要求:

①食物品质及服务水准;

②所有设备的清洁与维护;

③所有人员的服装仪表;

④前台、后台部门的清洁卫生。

(2)协助餐饮部经理制定报告、预算、政策,并在升迁方面提供建议。

(3)负责宴会部所属厨房、餐厅、办公室的物资、设施及设备的管理。

(4)授权批准所有菜单价格以及房间、设备的租金折扣,而一切重要决定须由餐饮部经理签字确认。

(5)协调处理一切宴会娱乐方面的需求。

(6)指导宴会业务经理、服务经理及所属员工,并负责督导下列部门的培训工作:

①履行及督导培训课程;

②视需要制定新的服务标准。

(7)加强宴会部收支情况、维修情况的控制,加强设备保养。检查与督促开源节流的情况,不断提高经济效益,最大限度地降低损耗与浪费。

(8)学习同行先进经验,并与经常举办会议的政府机关、公司保持良好关系。

(9)与酒吧经理、主厨、餐饮经理及成本控制人员共同准备宴会菜单、酒水明细表、酒水价目表等。

(10)准备宴会部门的资本预算,并参与制作运营设备及创收器具的预算。

(11)与顾客保持良好的关系,建立完整的顾客档案。征询顾客意见,处理顾客投诉、抱怨并汇总,以分析宴会部服务品质与管理中存在的问题,随时提出改正措施。

（12）安排及参加每月的沟通会议，并与宴会部业务经理、服务经理和人事培训经理一起讨论部门的培训事宜。

（13）具有创新精神，不断开拓新思路以增加营业收入，提高服务质量，开发新市场以及提高运营声望。

（14）每周定期与主厨、宴会部业务经理、饮料部经理、服务经理及所有相关部门人员召开会议。

（15）督导客户资料的准确记录与正确保存，以配合季节性餐饮促销活动。

（16）参与构想季节性餐饮促销方案并协助促销。

（17）与部门员工维持良好关系，并确保与其他部门之间关系的和谐，取得上下级和其他部门的支持与配合。

（18）与业务部同仁保持联络。

（19）评估部门人员年度表现。

（20）参与人员的雇用，并适时完成试用期满后的报告。

（21）依市场情况随时调整并更新工作安排及经营策略。

（22）制定部门人员编制，安排员工培训，并根据业务需要合理组织、调配人员，以提高工作效率。

（23）每周参与餐饮会议及部门主管会议。

（24）参加维修、节省能源及消防安全会议。

二、宴会厅领班岗位职责

（1）岗位名称：宴会厅领班。

（2）岗位级别：（略）。

直接上司：宴会部经理。

（4）管理对象：宴会厅服务员。

（5）职责提要。

在宴会部经理的领导下，负责宴会服务管理工作，保证以舒适的环境和良好的服务来吸引客人，提高企业经济效益和社会效益。

（6）具体职责。

① 协助经理制定宴会服务标准与程序，督促下属履行岗位职责，确保优质服务。

② 根据客情，负责本班组员工的工作安排和调配。

③ 负责实施宴会厅员工的业务培训计划，负责下属员工的考核评估工作。

④ 妥善处理对客服务中发生的各类问题和顾客的投诉，主动征求顾客意见，及时向经理反馈有关信息。

⑤ 督导服务员正确使用宴会厅的各项设备和用品,做好清洁卫生和保养工作,控制餐具损耗,并及时补充所缺物品。

⑥ 督导员工遵守企业各项规章制度及安全条例,确保就餐环境清洁、美观、舒适。

⑦ 完成经理交办的其他工作。

(7) 任职条件。

① 热爱本职工作,有较强的事业心和责任心,工作认真负责。

② 掌握一定的宴会服务、菜肴、酒水、烹饪等方面的知识。

③ 有一定的组织和管理能力,具有熟练的服务技能,能用一门外语进行对客服务。

④ 具有高中以上学历或同等学力,具有 2 年以上宴会服务工作经历。

⑤ 身体健康,仪表端庄,精力充沛

三、宴会预订领班岗位职责

(1) 岗位名称:宴会预订领班。

(2) 岗位级别:(略)。

(3) 直接上司:宴会部经理。

(4) 管理对象:宴会预订员。

(5) 职责提要。

在宴会部经理领导下,全面负责宴会的推销、预订和安排工作,确保向顾客提供优质的宴会服务。

(6) 具体职责。

① 做好餐饮市场调查分析,掌握市场信息和餐饮动态,及时向宴会部经理提出餐饮销售的建议。

② 了解和掌握本企业、同类餐饮企业的餐饮新品种、销售方式及技巧。

③ 分析客源构成,了解顾客心理,主动宣传,适时推销。

④ 与顾客建立良好的合作关系,定期联络新老客户,加强宴会销售。

⑤ 负责督促下属认真执行与宴会预订相关的各项标准和各种宴会预订活动。

⑥ 协助经理完成大型宴会活动计划的制订工作。

⑦ 每天检查各种预订表格的编排和发送工作,确保信息沟通准确顺畅。

⑧ 负责宴会预订档案的建立,尤其是做好大型宴会和重点顾客档案的管理工作。

⑨ 协助制订本岗位培训计划,定期进行员工培训,提高员工的工作效率。

⑩ 负责本岗位员工的考勤考核,督促员工遵守企业各项规章制度。

⑪ 完成上级交办的其他工作。

(7) 任职条件。

① 热爱本职工作，有较强的事业心和责任心，工作认真负责。

② 掌握各种宴会的规格标准，熟悉本企业餐饮接待能力和餐饮特色，了解菜肴和酒水知识。

③ 具有较好的语言和文字表达能力，并具有较强的社交和外语会话能力。

④ 具有高中以上学历或同等学力，接受过餐饮服务专业培训。

⑤ 身体健康，仪表端庄。

案例：

武汉万达威斯汀酒店宴会部员工培训内容（节选）——宴会餐前临时工 30 分钟培训

1. 宴会厅工作纪律及工作守则

（1）穿制服禁止使用客用洗手间。

（2）禁止聚集聊天。

（3）熟悉宴会厅的一些设施设备（如饮水机、洗手间等）的位置，方便回答客人。

（4）客人需要任何物品和信息时，如不清楚，应尽快告知宴会部的相关员工或主管。

（5）严禁携带酒店和客人的物品离开酒店。

（6）保持亲切、诚恳的服务态度，要把自己当成酒店的一员。

（7）禁止在客人面前说笑、抓头、挠耳等不雅动作，服务过程中，不得使用手机。

（8）服务时举止优雅、合宜，不可将身体靠在桌子和墙上。

（9）当客人投诉或有疑问时，要第一时间告知宴会部的主管和经理。

（10）不可以在后场吃东西，不可以在宴会后区过道乱丢垃圾（如瓜子皮）。

（11）发现客人遗留物品，要第一时间告知宴会部的主管和经理。

2. 相关宴会的服务程序

（1）餐前了解客人的要求（如酒水分配及餐前小吃等）。

（2）不可以在边台聚集，要有正确的站立姿势，注重自己的仪容仪表。

（3）餐前准备，检查餐具是否干净、有无破损等。

（4）认识菜单菜品名称。

（5）准备站位，在面对大门口的 11 点位置迎接客人，微笑，向客人打招呼。

（6）询问客人是否需要饮料和酒水。

（7）上菜、分汤，在客人用餐期间询问客人是否可以把快要用完的大盘换成小盘或收走用完的大盘。

（8）席间服务，给客人换骨碟、烟灰缸，倒饮料和酒水。

（9）宴会结束后，收拾餐具时防止餐具破损，大小碟不可以混摆一起收，要先收小的餐具如筷子、饭碗、瓷勺、筷子架、骨碟等，然后再收大的盘子，最后用杯筐回收杯子，回收菜单、纸巾、牙签等可以回收的东西。

思考与练习

1. 到酒店进行调研，了解酒店宴会部的组织机构、人员配置、用工安排等情况。

目的：让学生对酒店宴会部有较深入的了解，知晓宴会部用人情况。

要求：小组作业，课堂分享。

2. 根据自己的实习经历，设计一份实习时所在岗位的排班表。

目的：让学生学习如何制定排班表，了解酒店排班方法。

要求：小组作业，课堂分享。

3. 员工招聘难、流失率高一直是酒店业的难题，请探讨如何解决酒店员工招聘难问题。

目的：让学生了解企业用人情况。

要求：小组作业，课堂分享。

4. 根据某酒店的实际情况，画出该酒店的宴会组织机构图，并写出宴会部各岗位的说明书。

目的：让学生了解宴会部的组织机构设置情况，以及岗位说明书是如何设计出来的。

要求：小组作业，课堂分享。

第三章 宴会场景

案例导入

宴会厅背景音乐

宴会厅里背景音乐的选择,应以轻柔舒缓的抒情音乐为主,如钢琴曲、小提琴曲、萨克斯独奏曲、民乐及小曲等。适合做宴会厅背景音乐的有:

一、萨克斯音乐

1.《回家》
2.《茉莉花》
3.《昨日重现》
4.《单身情歌》
5.《月亮代表我的心(新编抒情版)》
6.《宽慰的微笑》
7.《绿岛小夜曲》
8.《九百九十九朵玫瑰》
9.《雨一直下》
10.《罗密欧与朱丽叶》
11.《美酒加咖啡》
12.《爱我的人和我爱的人》
13.《天亮了》
14.《卡萨布兰卡》
15.《何日君再来》
16.《亲密爱人》
17.《泪的小雨》
18.《草帽歌(民歌新编)》
19.《几时再回首》
20.《永浴爱河》
21.《今晚你寂寞吗》

22.《味道》

23.《把心留住》

24.《永远的爱春风》

25.《樱花恋》

26.《黄玫瑰》

27.《风凄凄意绵绵》

28.《静夜》

29.《绿袖子》

二、理查德钢琴曲

1.《秋日的私语》

2.《爱的故事》

3.《爱的纪念》

4.《爱的协奏曲》

5.《爱情的故事》

6.《爱人的旋律》

7.《爱有多深》

8.《爱之梦》

9.《奔放的旋律》

10.《不论今宵或明天》

11.《出埃及记》

12.《第凡内早餐》

13.《在水一方》

14.《真诚爱你》

15.《直到永远》

16.《蓝色的爱》

17.《蓝色回旋曲》

18.《恋爱中的女人》

19.《乱世佳人》

20.《罗密欧与朱丽叶》

21.《玫瑰色的人生》

22.《绿野仙踪》

23.《我只在乎你》

24.《卡农》

第一节 宴会场景知识

一、宴会场景构成

宴会场景是指客人赴宴就餐时宴会厅房的外部环境和内部场地的陈设布置所形成的氛围与情景,给人造成强烈的身心感受。随着体验经济、感性消费时代的到来,宴会场景氛围在客人就餐心情、员工工作心境以及酒店企业形象等方面越来越显现出特有的作用。

(一)周边环境

环境与美食结合能够引起极大的味觉审美愉悦,饮食环境美是人们心灵美在物质上的表现,是人和集体的精神状态、文明水平和创造能力的反映。宴会周边环境有宏观环境与微观环境、自然环境和人文环境、外部环境和内部环境之分。酒店所处的地理位置、建筑风格、门厅设计等因素与当地自然环境、人文环境及其他建筑物融为一体,起到"锦上添花"的作用,营造出一种彼此融洽、相互衬托的环境气氛。周边环境是天成的,要靠人去合理选择和利用,这就是"借景"。名山胜水的景观,古风犹存的市肆,车水马龙的街景,别具一格的建筑群等,都可成为宴饮环境的组成部分。

案例:好的酒店环境让客人流连忘返

酒店环境与一般餐厅不一样,它有较大的用地面积和建筑面积,能够营造出直接经营面积外的优雅环境。客人无论用餐前或用餐后,都会在酒店内选择随意走动,好的酒店环境设计,会让客人感觉仿佛远离尘嚣,在繁忙的生活外找到片刻的放松。

广州花园酒店的绿化面积达到近50%,既有前花园又有后花园,还有空中花园、室内花园。具有岭南园林特色的后花园,犹如世外桃源,将流水、亭台、楼阁、草木、花鸟虫鱼等传统景观结合在一起,瀑布之下的小溪曲折通幽,汇入花园后部的月湖。在这样的环境下就餐,让客人流连忘返,满足其放松休闲的需求。

(资料来源:谭锐雄.集中式酒店流线设计研究[D].广州:华南理工大学,2010.)

（二）建筑风格

1. 宫殿式

宫殿式建筑风格的特点是以中国特有的古代皇家建筑为模式，外观雄伟庄严、金碧辉煌、富丽堂皇，色彩多以金黄、古铜色为基调，斗瓦角檐、雕梁画栋、彩绘画栋、彩绘宫灯甚是精美。宴会厅内布置、陈设与饭店外观浑然一体，色调不宜太多，可用绿色植物点缀以增加生气，营造出一种高贵大气的氛围。这类饭店的代表有北京仿膳饭庄等。这类饭店适合举办中国传统文化名宴、商务宴与寿宴等。

2. 园林式

园林式建筑风格是我国独具特色的宴会厅形式。宴会厅房融合在亭台楼阁、假山飞瀑之中，以幽、雅、清、静为特征。园林式宴会厅主要有三种类型：第一类是皇家园林，特点是富丽堂皇、金碧辉煌；第二类是江南私家园林，特点是小桥流水、曲径通幽、清淡优雅；第三类是岭南商界园林，特点是琳琅满目、五颜六色。园林式宴会厅有以下三种形式。一是园林中的餐厅。餐厅坐落在某一著名的园林之中，成为园林的有机组成部分。置身于此宴饮，有"开窗面秀色，把酒话春秋"之惬意。以北京颐和园"听鹂馆"、扬州个园"宜雨轩"为代表。但以奢华、昂贵为特色，以私密、高端为卖点的，深藏在园林、公园、景区、文物古建筑之中的一些高档私人会所，令普通人望而却步。国务院已严令要求立即采取果断措施，整治关停公园内的私人会所，还园于民、还景于民、还湖于民，而要多增加公益性、大众化的消费场所，确保景区公园更好地面向游客、服务群众。二是餐厅中的园林。餐厅中有假山真石、亭台楼阁、悬泉飞瀑，使客人仿佛置身于园林之中。这类餐厅以杭州"天香楼"为代表。三是园林式餐厅。园林与餐厅浑然一体，园林即餐厅，餐厅即园林，如许多新建的大型生态园餐厅。宴会厅与园林风格协调，讲究借景扬景，突出幽雅僻静的特点。主色调以中国绿、灰色为主，以宁静雅致为布置特色。这类餐厅适合举办家宴、文会宴、商务谈判宴等。

3. 民族式

根据中国各地域、各少数民族的不同文化习俗元素，突出民族特色，体现地域特征。如不同地域特征的楚文化、吴文化、齐鲁文化等餐厅；又如具有少数民族特色的傣族风味餐厅等。

4. 现代式

利用现代工业和科技发展的成果，以现代工业化产品材料为基础，讲究功能和经济，使建筑和室内陈设尽可能符合人的需要。以几何形体和直线条为特征，色彩鲜艳、线条流畅、简洁明快，给人以干净利落、舒适豪华的感受，符合现代人，尤其是年轻人的审美心理。这类建筑风格布置余地比较大，中式、西式、中西结合都适宜。

5．乡村式

乡村式也称农舍式，以天然材料装饰，用有乡土特色的工艺品装潢，布置简洁，充满乡土气息。其形式有三种：一是中国乡村式，充分体现一个地区传统文化习俗，如江南水乡民居、黄河沿岸窑洞、沿海地区渔乡、云南傣族竹楼、内蒙古草原蒙古包等；二是国外乡村式，形式多样，突出某一国家的乡村特色；三是综合式，采用两种或两种以上形式，集各家之长，综合形成一种新的风格形式。

6．西洋古典式

以外国风格进行装饰布置，可采用西方古典的罗马式、哥特式、文艺复兴式、巴洛克式、洛可可式，英国式、法国式、意大利式和西方现代风格的新艺术风格、现代主义风格、后现代主义风格等，突出某一国家风格，以吸引追求异域风情的体验者。

7．特殊式

为满足客人的猎奇心理和情感体验，可设计各类具有独特魅力的宴会厅房，如旋转餐厅、空中餐厅、石头餐厅、列车餐厅、飞机或航母豪华餐厅，书报餐厅、信息酒家、垂钓餐厅、木偶餐厅、绘画餐厅、运动餐厅、足球餐厅、拳击餐厅、野草餐厅、怪味餐厅，甚至有冰屋餐厅、鬼屋餐厅、监狱餐厅、恐怖餐厅、海盗餐厅等。

（三）宴会场地

宴会场地可分为两部分：固定不变部分与临时布置部分。

1．固定不变部分

宴会场地固定不变部分包括宴会厅空间面积大小、形状和虚实，天顶、墙壁、地板与宴会厅整体色彩，场地布置格局，室内家具陈设，灯具和灯光，以及工艺品装饰等。

这些陈设和装饰一旦完成，短期内不可能发生变化，不会因宴会主题的需要而随意改变，因此在建造、装饰宴会厅前要根据酒店经营风格与目标市场精心设计。

2．临时布置部分

宴会场地临时布置部分包括室内清洁卫生、空气质量、温度高低、灯光明暗、艺术品与移动绿化的布置，以及根据宴会主题临时布置的场景。这是宴会场地临时布置的重点部分，要充分调动和利用大型花卉、绿色植物的点缀，以及活动舞台、背景花台与展台的布置。

（四）宴会气氛

宴会气氛可分为外部气氛、内部气氛、有形气氛以及无形气氛。

1．外部气氛

气氛是指一定环境中给予人们某种强烈感觉的精神表现与景象。宴会厅所在酒店的位置、名称、建筑风格、门厅设计、周围环境和停车场等构成了宴会的外部气氛。外部气氛设计要反映出该酒店的种类、档次、经营特色，形成对顾客的吸引力。外部气氛要与内部气氛相辅相成，共同形成宴会厅的整体气氛。外部气氛通常在决策建造时由设计师、建筑师来完成，是"既定事实"，一般很难改变。

2. 内部气氛

宴会厅在酒店内的厅外环境，以及厅内的装潢陈设、家具选用、场地布置、餐台美化、花台布置、员工形象与服务设计等各种有形与无形氛围构成了宴会的内部气氛。营造内部气氛就是要营造一个舒适、优雅、整洁、方便的顾客就餐环境，使顾客身心愉悦。内部气氛的设计比外部气氛的设计要具体得多、重要得多，是宴会气氛设计的核心部分。

3. 有形气氛

有形气氛是指客人感官能感受到的宴会厅的各种硬件条件，如宴会厅的位置、外观、景色、厅房构造、空间布局、内部装潢，以及光线、色彩、温度、湿度、气味、音响、家具、艺术品等多种因素，它依靠设计人员的精心设计与员工的精心维护和日常保养。有形气氛与季节、节假日、营销活动等有密切关系。如在圣诞节时，在餐厅门口布置圣诞老人像或圣诞树，在橱窗上贴上雪花、气球等来烘托节日气氛，增强宴会厅的吸引力。

4. 无形气氛

无形气氛由员工的服务形象、服务态度、服务语言、服务礼仪、服务技能、服务效率与服务程序等构成，它是动态的宴会人际环境和文化环境，好的气氛能使客人的心理愉悦、满意。员工服饰是酒店企业文化的重要组成部分，服饰要突出主题，展示企业形象和员工形象。服饰风格式样必须与宴会主题和经营方式相吻合，与宴会场所的气氛相协调，同时要便于服务操作，具备挺括、吸汗、透气、耐脏、洗涤方便等特点；此外，必须量体裁衣，与服务员的身材相协调，体现出最佳的服务姿态和气质。

二、宴会场景设计

（一）宴会场景设计的意义及内容

1. 宴会场景设计的意义

宴会场景设计是按照宴会的特性和餐饮美学、人体工程学、环境心理学等基本原理对宴会场所的空间、色彩、灯光、音响、空气质量、温度与湿度、陈设布置、绿化等因素所进行的整体规划与管理。场景设计不仅是一个美学概念，同时还包括宴会厅房的合理性、经济性、创造性、适应性等概念。

场景设计是建立在四维时空概念基础上的，综合了科学技术和工艺美术的室内环境设计，强调的是艺术与科技的相互渗透，强调人与空间、人与物、空间与空间、物与空间、物与物之间的相互关系，强调现代科技、材料、工艺的综合应用效果，强调宏观气势与微观效果的结合，突出高效率、高休闲性、高物质文明的设计特色，使室内装饰在物理形态和心理感受上达到最佳的综合效果，以体现餐厅的主题和文化内涵。

场景设计要有利于饭店产品舒适度的提升，有利于饭店整体氛围的形成，有利于饭店管理与服务的提供，有利于客人获得舒适的感觉与美的享受，有利于饭店经营成本的控制，有利于环境保护和可持续发展，具有艺术性、文化性。

2. 宴会场景设计的内容

（1）宴饮功能设计。通过对餐厅的空间和比例进行规划，以满足餐厅宴饮的实用功能。

（2）装修装饰设计。使用不同的装饰材料，对餐厅空间的门面、顶面、墙面、地面进行造型设计和装饰，以及相关设备的配置和安装。

（3）物理环境与心理环境设计。对餐厅室内的体感温度、照明、采暖、通风、温湿度调节，以及人们在餐厅里的舒适感、愉悦感等物理与心理感受方面进行设计处理。

（4）陈设艺术设计。对餐厅内的绿化和饰品等方面进行设计和布置。

（二）宴会场景设计原则

1. 突出主题

遵循国家旅游局（现文化和旅游部）提出的中国旅游业的核心价值观——"游客为本、服务至诚"的理念，宴会场景设计要根据客人的设宴意图、宴会主题这根主线来展开。如婚宴场景设计，要求气氛喜庆祥和、热烈隆重，环境布置要喜庆、热闹，色彩以中国红为主色，通过大红"囍"字、龙凤呈祥雕刻、鸳鸯戏水图等布置来起到画龙点睛、渲染气氛、强化主题的作用。因为宴会形式不一，有些宴会需要豪华的装饰与布置（如婚宴、庆功宴、发布会、各类展示会等），可根据顾客要求，增设舞台、红地毯、花卉、气球、灯光、特效、乐团、背景等，以营造出宴会的华丽气氛；有些宴会则只需有一般桌椅陈设及视听器材即可，如说明会、培训会等。

2. 风格鲜明

掌握不同民族文化的思维模式和审美情趣，宴会场景设计要突出异国情调、民族风情与乡土风格，充分渲染地方文化精髓、弘扬乡土文化特色，还要突出本店个性文化，通过与众不同的鲜明风格来显示自身独特的魅力和吸引力，营造出一种巧夺天工、自然天成、幽静雅致的用餐环境。切忌盲目模仿、粗制滥造或者一味地追求西洋化、高档化。

3. 安全清洁

营造安全的进餐环境,保证客人与员工的人身财产安全、消防安全、建筑装饰及场地安全等。保证用餐区内宾客、产品、服务员的正常流动,设置安全通道以用于宾客疏散。家具、石材、木材和装修材料等必须使用环保材质,减少污染,形成良好的空间环境。吊灯、灯罩要牢固,墙面挂件要可靠,地砖不能打滑。清洁卫生是餐饮最基本、最起码的要求,要保证宴会环境方便、轻松与温馨,窗明几净,家具一尘不染,地面光洁明亮,厅内装饰与陈设布局要整齐和谐,井然有序,格调高雅;餐具洁净,没有水迹和指痕;员工服饰干净,手部、脸部清洁等,使客人在感官上产生舒适感、惬意感、愉悦感与美感。

4. 舒适愉悦

宴会厅力求营造安静轻松、舒适愉悦的环境氛围,给人以舒适惬意感,以颐养性情、松弛神经、消除疲劳、增进食欲,具体要求如表3-1所示。

表 3-1 宴会厅环境舒适愉悦的具体要求

类　　别	硬 件 要 求	软 件 要 求
眼观美	宴会厅空间宽敞;各种设施设备的造型、结构必须符合人体构造规律,形态美观;色彩丰富和谐;灯光明亮,造型美观;环境清洁卫生	员工要气质美、服饰美、化妆美、举止美、语言美和心灵美,让客人获得美的享受
耳听乐	一要杜绝噪声:安静令人舒适,嘈杂使人厌倦。二要增加乐音:有优雅的背景音乐,背景音乐要轻柔,内容符合宴会主题	员工上岗要做到"三轻"——说话轻、走路轻和操作轻;要讲柔声语言,使用礼貌用语
鼻闻香	一要杜绝异味:重点搞好公共卫生间、厨房、下水道、垃圾桶等处的清洁卫生。二要增加香味:保持空气清新,略带香味,可以喷洒空气清洁剂,多做一些绿化	员工上岗前要做好个人清洁卫生,不能有浓重的体味,不能吃有刺激味的食物
体感适	空间宽畅,便于顾客站、坐、行;餐桌、座位摆放适宜,如过密、拥挤,则会使人感到不舒服;室温适宜,符合人体要求;客人使用的家具所接触皮肤的面积要大,让人产生舒适感	员工为客人服务时要掌握正确的人际距离,既有亲切感,又不侵犯客人的隐私

5. 便捷合理

环境布置不仅要注重外表美观新颖，更要保证实用性与功能性。宴会厅空间要既宽敞舒适，又经济实用。设计时，在处理人与物之间的关系上，要以人的需求为主。如餐桌之间的距离要适当，桌、椅的间距要合理，以方便客人进餐、敬酒和员工穿行服务。在处理人与人之间的关系上，应扬主抑次，如席位、台型布置要突出主位与主桌，其他餐桌摆放要对称、均衡。如一厅之中有多场宴会，则要让每一家相对独立，以屏风或活动门相隔，避免相互干扰或增添不必要的麻烦。不能在同一包房里安排两个不同单位（或两拨不同客人）共同设宴。

6. 统一协调

整体空间设计与布局规划要做到统筹兼顾、合理安排，注意全局与部分之间的和谐、均匀、对称，体现出浓郁的风格情调。酒店的形象设计如名称、标识、标语、文字、标准色、广告文案等必须规范统一，宴会厅内部的空间布局、装潢风格与外观造型、门面设计、橱窗布置、招牌设计要内外呼应、浑然一体。内部各部分之间要格调统一，从房顶、墙面、地毯、灯具到壁画、挂件等艺术品的陈设要与经营特色协调。若有多个餐厅，则要有不同风格，以供客人选择，如大餐厅豪华高雅、富丽堂皇，小餐厅小巧玲珑、清静淡雅。就餐环境也应与宴席菜点协调。在典雅精致的高档酒店或豪华包间内，菜点也应是精巧雅致的，不要上"粗鱼笨肉"。同样，在怀旧色彩浓厚的"黑土地"、"红太阳"饭庄里，在乡镇公路边的餐馆中，"梅兰宴"之类的高档宴席也与环境不相协调。

7. 艺术雅致

从环境布置、色彩搭配、灯光配置、饰品摆设等方面营造出一种自然天成、优雅别致的用餐环境，体现宴会文化的主题和内涵，树立酒店经营形象。现代宴会尤其注重情趣，在宴会举办过程中与文化艺术有机结合，如播放背景音乐，观看歌舞表演、时装表演，欣赏相声、杂技等艺术，融食、乐、艺为一体，不仅提高了宴会的档次及服务质量，而且体现了中华民族饮食文化风采，陶冶情操，净化心灵。上海"红仔鸡"酒店的溜冰传菜服务，把静态的场景与动态的服务结合起来，给人以新奇之感。

8. 经济可靠

尽量用较少的投资获取最大的收益，使用费用较低且维修方便的设备、设施；最大限度地用自然采光或采用高效节能的照明设施；与饭店大堂共享喷泉流水等室内景观，以充分利用餐厅可用营业空间；充分利用餐厅面积，各种设计布置既要能为顾客提供舒适的环境，又不应占据太多营业空间，以免影响到接待能力和营业收入等。

第二节　宴会厅房形象设计

一、宴会厅房空间

（一）宴会厅房空间设计依据

1. 人体尺度因素

人体工程学是近几十年发展起来的新兴综合性学科，它是根据人体解剖学、生理学和心理学等特征，了解并掌握人的活动能力及极限，使生产器具、生活用具、工作环境、起居条件与人体功能相适应的学科。宴会场景、设施物品等设计都要以人为本，运用人体生理、心理计测手段和方法，研究人体结构功能、生理等方面与环境之间的合理协调关系，以适合人的身心活动要求，获得最佳使用效果。其目标是安全、健康、高效和舒适。对于酒店而言，应根据酒店接待对象的人体尺寸进行空间设计、环境氛围设计和设施设备设计，从而既能让顾客在一个舒适的环境中就餐，又能使酒店有限的餐厅面积最大限度地发挥其价值。

2. 酒店条件因素

（1）经营形式。不同性质的餐厅，如大型宴席厅、一般散客餐厅、快餐厅、自助餐厅、咖啡厅等；不同的餐饮风格，如中餐、西餐、日餐等，其面积指标各不相同。主题酒吧、主题餐厅因增加其他服务吸引物，其面积指标也较高。

（2）酒店等级。酒店等级不同，供应的菜肴、服务的水准就不同，宴会厅面积指标也不同。等级越高，所需面积越大。

（3）厅房形式。厅房门窗的位置、数量、大小、开启方向、柱子多少及柱子间距的不同，都对宴会厅面积的有效利用产生影响。小型餐厅由于受出入口多的影响，平均面积指标较大型餐厅要高，雅间单房因受四面墙壁的约束，其面积指标也较高。

（4）宴会档次。宴会档次越高，所需面积越大。如直径2米的圆桌，婚宴坐14人，普通宴会坐12人，高档宴会坐10人，中餐西吃的宴会坐8人。

（5）餐座形式。餐厅中常配置的餐座形式有单人座、双人座、四人座、火车式、圆桌式等，以满足家人、朋友等各类客人的不同需求。采用圆形餐台比采用方形餐台的面积指标要高。餐桌摆放形式不同，人均座位占用面积就不同。餐位的布局要根据餐厅的形状和有效运营面积来定，目前，大多数餐厅采用纵向式、横向式、纵横混合式。

（6）服务方式。服务方式包括宴席服务、自助餐服务、柜台餐饮服务、自选或超市餐饮服务等。服务方式不同，餐厅的面积指标也不同。如采用托盘式派菜服务要使用工作台或活动工作车，所占空间较大；采用分盘式服务只需较小的服务台。

3. 心理感受因素

固定空间、实体空间虽不可变，但通过合理的装饰布置能改变室内的"空间感"。影响心理空间感的因素有以下几种。

（1）色彩。色彩具有进退感，如暖色是向视觉方向靠近，从而使空间"变小"；冷色是向视觉方向后退远，从而使空间变大。就色彩的明度来说，浅色能使房间"变大"，深色则使房间"变小"。小餐厅想产生宽敞感，可用偏冷色调、明色调；大餐厅想产生亲切感，可使用暖色调。

（2）线型。水平线使空间向水平方向"延伸"，垂直线可增强空间的高耸感。狭窄空间，可选水平线型花纹的墙布或窗帘；高度偏低的房间，则用垂直线型。顶面深色使人感觉空间降低，顶面浅色使人感觉空间增高。

（3）图案。墙面图案花饰大，可使墙面"前提"，空间感觉小；而花饰小则可使墙面"后退"，空间感觉大。大空间采用大花纹，小空间采用小花纹。

（4）材质。质地粗糙的界面使人感觉往前靠，光滑界面感觉离人远；透明材料使空间显得开阔；大镜面给人以错觉，增加室内空间的纵深感。

（5）照明。直接照明使空间紧凑，间接照明使空间宽敞；吊灯使空间降低，吸顶灯使空间增高。

（6）陈设。墙上色彩淡雅、具有景深感的绘画或相片会增加墙面的深度，而色彩浓重、层次单一的画面会使墙面"前提"。

4. 空间分隔因素

（1）分隔要求。环境心理学的研究表明，人的活动都有私密性和尽端趋向，包括人们在相应空间内对视线、声音等方面的隔离要求，如选择包间、雅座（餐厅里靠墙、靠角上的卡座以及相对独立的半高隔断的座位）而不愿选择近门处、通道附近及人流密集处的座位。空间分隔，一要考虑厨房特点，传统的封闭式厨房与就餐区是隔开的；开放式的厨房是设在餐厅，展示在客人面前的。二要根据经营需要，如零点餐厅和宴会厅区域的分隔，雅间、包房占餐厅的比例（包间越多，总体的餐位数就越少）。三要满足客人的需要，使客人既能享有私密空间，又能感受整个餐厅的气氛。

（2）分隔方式。一是隔断性分隔，通过遮挡视线来分隔空间，如通过推拉式隔断、垂珠帘、屏风、帷幔、车厢席、高橱柜、矮墙等方式来进行有形化的分隔。二是象征性分隔，采用通透隔断、罩、栏杆、花格、框架、玻璃，以及利用家具、绿化、山石、水体、悬垂物等因素来分隔空间。三是无形性分隔，通过色调、光线、材质、音响、气味等创造良好的视觉效果。

（3）分隔艺术。宴会厅空间设计应处理好一度空间的"点"、二度空间的"线"、三度空间的"面"和四度空间的"体"的关系，给人以"立体效应"的综合美感。一要大小适宜。宴会厅大并不等于一流或完美。摆好宴席的宴会厅如果太拥挤或者太空旷都会影响用餐的气氛。大、中型宴会厅在宴席数量较少时，空旷面积不能太多，可以用推拉式活动墙、帘子、屏风、帷幔或用大型植物来加以隔断。同时在宴会厅举行多场宴会，则必须用隔断或屏风隔开，以免互相干扰。小型宴会厅则大多需要用窗外景色、悬挂壁画或放置盆景等以造成扩大空间的效果。二要有"围"有"透"。"围"指封闭紧凑，"透"指空旷开阔。宴会厅空间如果有围无透，会令人感到压抑沉闷；若有透无围，则会使人觉得空虚散漫。可用遮挡视线的墙壁、天花板、活动墙、屏风以及大型植物等来产生围的效果，也可采用通透隔断、罩、栏杆、花格、玻璃等象征性的分隔手法，通过人的联想与"视觉完整性"来感知分隔，还可采用开窗借景、风景壁画、山水盆景等产生透的感觉。

（二）宴会厅房空间面积指标

1. 餐饮功能区域

1）餐饮功能区域构成

空间的艺术样式要从属于空间的使用功能。

（1）营业区域。营业区域是指客人使用的中、西餐厅，宴会厅或多功能厅，雅间（又称包间），收银台，吧台等。

（2）公共区域。公共区域是指客人从大门通往酒店及餐饮各功能区域的通道和空间位置，包括门厅、迎宾区、候餐区、客人休息区、通道、走廊、楼梯、电梯、公卫生间等，要求减少障碍、保持畅通，强化导向功能。

（3）装饰区域。装饰区域是悬挂、摆放、陈设各种工艺品以及绿化的区域，主要目的是使客人赏心悦目。

（4）作业区域。作业区域包括员工作业的工作场所与辅助场所，通常有厨房、配餐间、储藏室、员工更衣室、分菜工作区、服务台、办公室、休息室等，这一区域虽与客人无关，但会影响员工的工作与心情。为了保证宴会服务工作的顺利进行，应配有备餐室或服务台，内设菜肴保暖设备、排菜台、制冰机、热水炉、面巾保温箱、餐具保洁橱柜、水池等设备。此外，还应设布草房，为了保证布件的干净卫生、平整，需配有布件保存处、脏布件堆放处、干净布件保管柜，以及更换布件的推车。

2）星级酒店餐饮功能要求

《旅游饭店星级的划分与评定》国家标准（GB/T14308—2010）规定了各星级饭店应具备的餐饮硬件设施的必备项目。

(1)二星级酒店。应有就餐区域,提供桌椅等配套设施,照明充足,通风良好。

(2)三星级酒店。应有与规模相适应的独立餐厅,配有符合卫生标准和管理规范的厨房。提供早、中、晚餐服务,提供与饭店接待能力相适应的宴会或会议服务。

(3)四星级酒店。应有布局合理、装饰设计格调一致的中餐厅;应有位置合理、格调优雅的咖啡厅(或简易西餐厅),提供品质较高的自助早餐;应有宴会单间或小宴会厅,提供宴会服务;餐具应按中外习惯成套配置,无破损,光洁,卫生;菜单及饮品单应装帧精致、完整清洁,出菜率不低于90%。四星级酒店应有专门的酒吧或茶室,酒吧可有不同类别,体现不同文化;茶室是中国文化集中体现的场所,在设计、氛围、用品、出品和服务等方面都有鲜明的专业要求。厨房位置合理、布局科学,传菜路线不与非餐饮公共区域交叉;厨房与餐厅之间采取有效的隔音、隔热和隔气味措施,进出门自动闭合。

(4)五星级酒店。餐厅布局合理、环境幽雅、空气清新、温度适宜。应有装饰豪华、氛围浓郁的中餐厅;应有位置合理、独具特色、格调高雅的咖啡厅,提供品质良好的自助早餐、西式正餐,咖啡厅营业时间不少于18小时;应有装饰豪华、格调高雅的西餐厅或风格独特的风味餐厅,均配有专门厨房;应有三个以上宴会单间或小宴会厅,提供宴会服务,效果良好;应有两种以上规格的会议设施,有多功能厅,配备相应的设施并提供专业服务。餐具应按中外习惯成套配置,材质高档,工艺精致,有特色,无破损、磨痕,光洁,卫生;菜单及饮品单应装帧精致、完整清洁,出菜率不低于90%。

2. 酒店餐饮面积指标

1)餐厅面积指标

餐厅面积应与酒店规模、等级、类型及所在地餐饮市场发展情况相适应。商务性饭店按每间客房0.5~1.0的比例配备餐座,若当地餐饮市场良好,可按每间客房1.2~1.5的比例配备餐座;会议型酒店按每间客房1.0~1.5的比例配备餐座;度假型酒店按每间客房1.5~2.0的比例配备餐座;酒吧、咖啡吧按每间客房0.25~0.50的比例配备餐座。

2)餐饮各功能区域面积指标

餐厅占餐饮区域面积的50%,客用设施(卫生间、过道)占7.5%,厨房占21%,清洗空间占7.5%,库房占8%,员工设施占4%,办公室占2%。

宴会厅、多功能厅面积指标如表3-2所示。

表3-2 宴会厅、多功能厅面积指标

宴会厅规模	面积/平方米	正餐宴会/(平方米/人)	冷餐宴会/(平方米/人)
小型	50	2.0~2.5	1.2~1.6
	100	1.8~2.0	1.2~1.5
中型	200	1.5~1.7	1.0~1.3

续表

宴会厅规模	面积/平方米	正餐宴会/（平方米/人）	冷餐宴会/（平方米/人）
大型	500	1.2～1.5	0.9～1.2
大型	1000	1.0～1.5	0.8～1.0

3）宴会厅房面积指标

有包房（摆放 1～5 桌的宴会厅）与多功能厅（摆放 5 桌以上）的大型宴会厅的净高为 4～5 米，小型宴会厅的净高为 2.7～3.5 米。宴会厅房型，1∶2∶1 比例的长方形使用率最高，正方形、圆形次之。空间要宽敞、舒适。出入门的净宽度不小于 1.4 米。严禁使用推拉门、卷帘门、转门和折叠门。

4）餐座面积指标

餐厅不要过分计较摆放桌子数量的多少，关键在于提高翻台率。不同档次、不同类型、不同功能餐厅的餐座面积如表 3-3 所示。餐座面积以平方米/座位为单位，指每个座椅以及平摊餐桌面积部分的投影面积加上其所占用的流动面积，包括客人通道、服务通道、表演空间等。其公式为：餐座面积指标＝每个餐座投影面积＋每个餐座面积/每桌餐座数＋平均每个餐座的流通面积。

表 3-3　不同档次餐厅与餐座面积指标　　　　　　单位：平方米/座位

档次	主餐厅、宴会厅	小餐厅	自动餐餐厅	咖啡厅	酒吧
高档	1.8～2.5	2.2	1.4	1.8	2
中档	1.5～2	2	—	—	—
低档	1.2～1.5	1.8	0.8	1.5	1.8

5）辅助厅房面积指标

（1）序厅。序厅面积应按照总面积的 1/6～1/3，或者按每人 0.2～0.3 平方米来计算。

（2）贵宾室。贵宾室应按宴会厅的大小及档次的高低来配备，小宴会厅也可在同一厅房内布置一个会客休息区域。贵宾室应紧靠宴会厅，配置沙发、茶几、电视机、报纸、杂志等，如有可能还可设立一个小酒吧。如果贵宾室空间较宽敞，还可作为小型会议室。

（3）衣帽间。大型宴会厅应配有存放客人衣帽的衣帽间，通常设在靠近餐厅进口处，由专门服务人员管理客人的衣物、帽子、手杖等用品。面积按每人 0.04 平方米计算，容量应能寄存宴会厅 75% 的客人的衣物。

（4）其他。配有专门的厨房，设有适当的家具储藏室，以存放不用或暂时闲置的家具,另设有服务间,提供茶水、杯具清理等服务。

6)餐厅布局方式

大餐厅应实行半开型的布局方式,桌椅位次的排列从入口处开始,先节约型、次普通型、再豪华型展开。座位布局可设计单人座、情人座、三人座、四人座、六人座、家庭座,以及火车式、圆桌式、沙发式等形式,以满足不同客人的需求。

7)电视音响设备布置

电视等收视设备应悬挂在距最近的餐位大于2米的距离,每一台收视设备的收视距离以8米为宜,即收视范围以收视设备为圆心呈75°角,8米长的扇形收视区。扬声器要分布匀称,高低适度。两个相邻扬声器距离建议小于15米,其功率不得低于3瓦,音量要适中,曲调选择要对路。

3. 动线通道面积指标

动线是顾客、服务员、服务车等在餐厅内流动、行进的方向和路线。通道是客人、服务人员在餐厅中的行走流动路线的空间以及物品动线空间。通道应流畅、便利、安全,切忌杂乱,从视觉上给人以统一的感觉。

1)顾客动线

顾客动线(见图3-1)要求具有舒适性、伸展性、易进入性,设计规则是以大门为起点,客人走向任何一张餐桌或包间的通道都要畅通无阻,采用直线为宜,避免迂回曲折绕道或从他人身后绕过,保证能在最快时间内到达。通道宽度以能让客人舒适行走为宜,1人为0.8米、2人为1.1~1.3米、3人为1.8米。大宴会厅要有主、辅通道,主通道的宽度不少于1.1米,辅通道的宽度不少于0.7米。

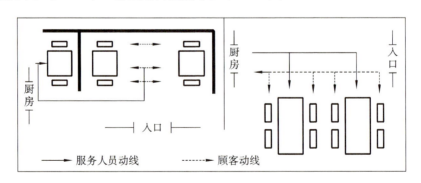

图3-1 顾客动线

2)员工动线

员工动线(见图3-2)有服务动线、传菜动线、收餐线,要求具有便利性、安全性、服务性。服务人员的动线长度对工作效率有直接影响,原则是距离越短越好,宜采用直线设计,避免曲折前进与往复路线。注意:一个方向的作业动线不要太集中。应严格区分客人与员工的动线,员工动线应避开客人动线,减少与客人相互交叉的路线,做到传菜口与收餐口分离。餐厅与厨房应尽量在同一楼层，两者之间的传菜通道长度不应超过40米。可设置"区域服务台"，既可存放餐具，又有助于服务人员缩短行走路线。所有通道均应考虑工作手推车的通行宽度。

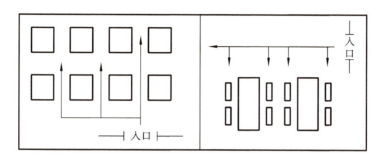

图 3-2 员工动线

3）物品动线

要求有隔离性、专用性、便利性。设计规则是要与上述两个动线完全隔离开来，最好另辟专用进出口及动线空间，以靠近厨房和储藏室为佳，可在最短时间内将物品及原料做最适当的处置，既节省人力、物力，又不影响客人就餐。

4. 公共区域面积指标

1）公共卫生间

公共卫生间是酒店的名片，其位置既要隐蔽又要易于找到；应该在排水方便的地方；要与厅同层，但切忌与厨房连在一起，以免影响顾客食欲。卫生间的标志应明显醒目、符合相关规定；符合男左女右习惯；视线要求避免直接看到，在卫生间外的任何公共位置都不应看到（无论直接看到还是从镜子中反射）卫生间的隔板与厕位。空间要能容纳3人以上，分前室、洗手、厕所三部分；室内过道宽度为1.2～1.5米。工具间面积为1～2平方米。

公共卫生间设施配置标准如表 3-4 所示。应使用低噪声马桶，冲洗出水噪声不超过55分贝，峰值不超过65分贝。无抽水时特别的声音和回气声，通常为连体式，必须是节水型产品。高线马桶规格为加长型、连体、喷射虹吸式马桶。

表 3-4 公共卫生间设施配置标准

性　别	马　桶	小 便 器	洗 手 盆
男	1个/100人	前厅卫生间：1个/25人	前厅卫生间：1个/15人，2个/16～35人，3个/36～65人，4个/66～200人；每增加100人增加3个
女	1个/50人	宴会厅卫生间：1个/40人	

2）楼梯与走廊

楼梯与走廊是各功能区域之间的连接通道，又是消防疏散通道，要严格按照国家防火规定执行。任何厅室的位置到最近疏散口的直线距离都不宜超过 300 米。走道宽度不小于 0.8 米,边走道净宽度不小于 0.8 米,其他走道净宽度不小于 1 米。各楼层的宽度按通过人数每 100 人不小于 1 米计算。如各楼层人数不等时,宽度可分段设计,但下层楼梯的宽度应按上楼层人数最多的一层计算,楼梯宽度不小于 1.2 米。楼梯间及走道应设有疏散指示标志,疏散指示标志的间距不超过 20 米,高度为 0.2~0.3 米,指示箭头应与疏散方向保持一致。

3)残疾人服务设施

在门厅及主要公共区域应设有残疾人出入坡道,相关标准如表 3-5 所示。三星级饭店应设置残疾人专用厕位;四星、五星级饭店应有残疾人专用卫生间。卫生间门宽度不应小于 0.9 米,应采用双向弹簧门。卫生间内的空地尺寸必须能够保证轮椅自如行动,通常轮椅旋转 360°时需要的面积为 1.5 米×1.5 米。洗脸盆高度不低于 80 厘米,镜面中心点高度为 1~1.2 米。马桶前应有不小于 0.8 米的空间,马桶高度为 0.45 米,安全抓杆由墙面计算不短于 0.75 米,应采用双抓杆的配置形式,抓杆距地面高度为 0.7 米。

表 3-5 关于每段坡度、最大高度和水平长度的规定

坡道坡度(高/长)	1/8	1/10	1/12
每段坡道允许高度/米	0.35	0.60	0.75
每段坡道允许水平长度/米	2.80	6.00	9.00

4)安全装置

安全装置包括烟感器、消防应急广播、喷淋设施、安全探头、消防灯具、停车场与回车线等。

(三)宴会厅房立面设计

宴会厅房立面设计包括门面(店面)设计、墙面设计、顶面设计、地面设计等。相关设计要求如表 3-6 所示。

表 3-6 设计要求

立面部位	设 计 要 求
门面(店面)设计	酒店门面不仅具有辨认功能,而且要有美观功能,还应有商品特征。独特、醒目的餐厅标志,使人一望即能感知,能展现餐厅独特的经营风格;门厅布置要别具一格,营造高雅的气氛,使人产生深刻而美好的第一印象。宴会厅的门面要豪华、厚实、宽敞、高大

续表

立面部位	设计要求
墙面设计	墙面是确定宴会厅主题和格调的重点，必须温暖、精致、舒适。墙面的色彩、图案、形式以及厅内装饰艺术陈列品要与宴会厅房的特色协调一致。墙面要选用符合消防要求、便于清洁维护的材质，如木质、石材、软包造型涂料、墙纸等。厅房内面积较大的墙面可通过摆放客户企业的标志板来进行遮挡，也可通过用不同颜色的立体灯光照明、布置装饰物、摆放大型绿色植物等手段来加以改变。雅间墙面应比宴会大厅更为精致，材质使用更为高档
顶面设计	宴会厅吊顶设计应有轻快感，在色彩、质地和明暗处理上应上轻下重；以素雅、洁净材料作装饰，要有层次感。可选用合适的吊灯作衬托，强调灯光效果。此外，吊顶的反光与吸音效果要好，无破损、脱皮、开裂、渗水，清洁美观
地面设计	地面要防滑、防磨、防污，既美观、艺术，又便于清洁。铺设物有地毯、地板、大理石等。豪华宴会厅一般使用地毯，地毯具有防滑和有弹性等优点，给人以温暖、愉悦、祥和、华丽的感觉，并能以自身的色彩和质地来美化环境和渲染气氛。地毯的色彩一般应明度偏深、彩度略低

二、宴会厅房气氛设计

（一）色调（色环境）

1. 色彩与宴会的关系

餐厅环境的色彩能影响人们就餐时的情绪。使用冷色、淡色可使餐厅显得宽敞一点；深色、暖色可使餐厅显得紧凑一些；柔和色彩则能造成幽静的气氛；暖色可增强食品的吸引力，促进人的血液循环和肌肉活动，从而有助于消化。因此大多数餐厅中的颜色以暖色为主，但在夜总会，宾客希望回避现实，装饰布置用冷色就比较好。色彩要与餐厅的主题相吻合，如海味餐厅用冷色的绿、蓝和白，能巧妙地表现航海的主题。快餐馆的色彩应鲜艳明快，鲜艳的色彩配以紧凑的座位、窄小的桌子、明亮的灯光、快节奏的音乐和人们的嘈杂声，能促使顾客在就餐后快速离开。若想延长顾客的就餐时间，就应该使用柔和的色调、宽敞的空间布局、舒适的桌椅、浪漫的光线和温柔的音乐来渲染气氛。色彩还与餐厅的位置有关，如在纬度较高的地带，餐厅应该使用暖色如红、橙、黄等，从而给顾客一种温暖的感觉；在纬度较低的地带，使用绿、蓝等冷色的效果最佳。

2. 宴会厅主色调配色方案

宴会厅色彩设计中，背景色、主体色和重点色的选择应遵循统一与变化的原则。

主色调的选择必须和餐厅主题相符合，颜色不宜太多，两种为宜，多了会给人凌乱的感觉。其他颜色为辅助色，辅助色的选择应是主色调同一色系的深浅变化，或在色调中相邻的颜色。

（1）华丽色调。主色为酒红色和米色。应用：沙发为酒红色，地毯为同色系的暗土红色，墙面用明亮的米色，局部点缀金红色和蓝色，如金门把手、壁灯架、蓝色花瓶等。

（2）娇艳色调。主色为粉红色和白色。应用：墙面装以粉色为主色的碎花仿丝绸壁纸，局部装镜面，家具为仿路易十五式的弯脚家具，油饰白色、雕饰金线，沙发与墙面用同一色调的华贵丝绸罩面，地毯用深粉红色，饰品中点缀一些橘红和翠绿色。

（3）硬朗色调。主色为黑白两色。应用：黑面抛光大理石地面，白色墙面，黑色真皮沙发，白色家具，点缀些红色、蓝色饰品。这样整个居室色彩的反差较大，黑白分明、红蓝对比，具有刚毅气质。

（4）轻柔色调。主色为奶黄色、白色。应用：奶黄色地面与墙面，象牙白色家具，室内配以大面积轻薄适当的提花涤纶做的垂地窗帘、帷幔，点缀少量嫩绿色、天蓝色饰品。阳光透过纱窗射入，整个气氛显得轻柔淡雅。

（5）高贵色调。主色为玫瑰色和灰色。应用：玫瑰色地毯和沙发，粉灰色墙面与银灰色家具，配以深紫色点缀品和绿色植物。

（6）清爽色调。主色为淡蓝色。应用：灰色地面，白墙、蓝色沙发及窗帘，局部用深蓝色、紫色衬托。

（7）喜庆色调。主色为红、橙等暖色。应用：深红色地毯、橘红色墙面，华贵的暖色织锦缎床罩和台布，挂上红纱宫灯，上金色烛台，贴上绚丽的剪纸。

（8）质朴色调。主色尽量用材料质朴的本色。应用：黄褐色的地板、棕色显木纹的家具，用棉布与亚麻织物，点缀一些具有乡土特色的粗器皿。

（9）青春色调。主色为绿色。应用：橄榄绿地面，草绿色墙面，浅绿色家具，天蓝色窗帘，点缀些粉红色、橘红色饰品。

3. **各类宴会厅色调设计**

（1）豪华宴会厅。为增加宴会热闹气氛，宜使用较暖或明亮的颜色，光线明亮柔和，以金黄和红黄光为主。灯具豪华、美观，富有民族特色，一般用吊灯和宫灯配合使用，并与宴会厅整体风格相吻合。地毯使用红色，增加富丽堂皇感。

（2）中餐宴会厅。正餐厅宜使用橙色、水红色为主调，辅以其他色彩，丰富其变化，以创造温暖热情、欢乐喜庆的环境气氛，迎合进餐者热烈兴奋的心理要求。

（3）西餐宴会厅。西餐厅的照明应适当偏暗、柔和，显示幽静、安逸、雅致的迷人情调；同时应使餐桌照度稍强于餐厅本身的照度，以使餐厅空间在视觉上变小而产生亲密感。可采用咖啡色、褐色、红色，色暖而较深沉，以创造古朴稳重、宁静安逸的气氛；也可采用乳白、浅褐之类，使环境明快，富有现代气息。

（4）快餐宴会厅。以明快为基调，因此以乳白、黄色等暖色调为宜，给人清新、畅快、舒适的感觉。

4. 宴会厅各部分的色彩调配

宴会厅房宜用暖色调，避免使用墨绿色、暗紫色、灰色及黑色，家具的形状、色调不宜与宴会厅基色太接近，不然颜色会"同化"，但也不能太突出。

餐具以选用中间色调为宜，加上白色台布，显得明亮，并能衬托出桌面上的菜肴。宴会厅内的装饰物，如盆景、艺术画、窗帘、花卉等饰品，不可太刺眼。

宴会厅各部分的色彩调配如表3-7所示。

表3-7 宴会厅各部分的色彩调配

餐厅部位	墙壁	门、窗帘	地毯、家具	备注
门厅	白色系列、浅黄色系列	浅黄色、浅红色及明亮色	浅红色系列、金色等明亮色	有迎客的温暖感
大堂、休息厅	白色、极浅灰色	浅雅蓝色、淡雅绿色、淡雅红色系列	蓝绿色、雅红色	创造高雅、华贵的环境气氛
中餐厅、西餐厅	奶油色、浅粉红色系列	鹅黄色、雅浅红色及明亮颜色	茶色、雅红色	提供增加食欲的环境
餐厅	红色系列、紫色系列	浅紫色系列、宝石蓝、绿色	玫瑰红色、玫瑰紫色	使人有兴奋热烈的感觉
多功能厅	极浅灰色	银色、浅蓝灰色	灰色系列、蓝色系列	中性色调能满足各种活动的需要

（二）光照（光环境）

1. 饭店各功能区域照明

照明既有实用意义，又有装饰和感官意义，饭店照明已从单纯的照明功能发展为一种创造舒适、优美环境的艺术形式。正确运用光色、照度，正确选用灯具、光源来配合室内环境的营造，是酒店尤其是宴会厅室内设计的重要内容。饭店各功能区域有不同的照明要求，同时，须符合建筑照明设计标准的相关规定，如表3-8所示。饭店的总服务台，导向系统与指示标牌，艺术品与挂画，床头，浴缸与淋浴间，马桶，云石台，橱柜等区位，必须设计专用目的物照明光源。

表 3-8　饭店各部位照度参考标准

类　　型		照度标准值/勒克斯	类　　型	照度标准值/勒克斯
前厅		500	主餐厅	200
总服务台		750～1000	西餐厅、酒吧区、舞厅	50
门厅、休息厅		200	大宴会厅、主餐厅柜台	300
客房	起居区域	75	会计室	300
	床头	150	厨房、洗衣房	200
	写字台	300	理发室	200
	卫生间	150	美容室	500
公共区域走廊、厕所		100	健身房、形体室、桑拿、游泳池	75
公共区卫生间洗面台		50	电梯间	75

2. 宴会厅光源

"光是色之母，色是光之子"。光照具有保障活动进行、改善空间关系、渲染空间气氛、体现风格特色、影响身心健康的作用。光源有自然光源（阳光）、人工光（电灯光源和烛光光源）和混合光源（自然光源与人工光源混合）三种形式。宴会厅光线要与室内环境的装饰风格相协调，以创造优美和谐的就餐环境。

（1）烛光。烛光属于暖色调，是餐厅传统光源，源于西餐餐台布置，可体现宴会的浪漫情调。红色烛光能使顾客、食物与酒水显得更漂亮，使聚会气氛更温馨，触发客人怀旧情绪。烛光适用于朋友聚会、恋人就餐、节日盛会、西式冷餐会、节日盛会、生日宴会等。

（2）白炽光。光色偏红黄，属于暖色调，其优点是显色性好，使食品看上去颜色自然；缺点是发光率低、寿命短、玻壳温度高、受电压和机械影响大。白炽灯是宴会厅主要光线，能突出厅房豪华气派，食品和人不易失真，形态自然。如果调暗光线，还能增加舒适感，营造朦胧美氛围，延长客人就餐时间。白炽光适用于高档餐厅的营业厅、包间、雅间、情侣座等。

（3）荧光。美国宾夕法尼亚州立大学饮食管理系卡罗琳·兰伯特博士认为，荧光显色指数较低，会缩短顾客的就餐时间。她说："尽管餐厅有舒服的桌椅、柔和的音乐和周到的服务，然而荧光的效果不一样。这种光线经济、大方，但缺乏美感。荧光中蓝色、绿色强于红色、橙色而居于主导地位，从而使人的皮肤看上去显得苍白，食品呈现灰色。"档次较高的宴会厅不宜采用荧光灯；中低档的餐厅采用荧光灯既可节约能源，又可显示一种平和的气氛；快餐厅采用荧光灯是提高客人流动率的一种策略。荧光在使用中可与白炽光混合使用，荧光照射在餐桌的外围部分，白炽光照射在餐桌的中心部分。

（4）彩光。彩光会影响人的面部、衣着，也会影响菜肴色彩，使用时要谨慎。在大型宴会厅中合理地使用吊在天花板上的舞台彩色射灯光线，按不同的时机来经常改变光线颜色，能起到烘托气氛的作用。红色光对家具、设施和绝大多数的食品都是有利的；桃红色、乳白色和琥珀色光线可用来增加热情友好的气氛；绿色和蓝色光通常不适合照射在顾客身上。

（5）自然光。自然采光不仅节约能源，而且在视觉上使人更为习惯与舒适。客人喜欢通透性较好、采光较好的餐厅，透明度高，可信度才高，客人能一目了然地看到餐厅的菜品、环境、气氛和服务状况，对其产生一定的吸引力。宴会厅如果临街靠窗，有落地玻璃门窗，可采用自然光，将人与自然景物联系在一起，扩张与丰富酒店的空间。采用自然光要有遮阳措施，以避免阳光直射所产生的眩光和过热的不适感，窗子需要安装窗帘，一方面可起到装饰点缀的作用，另一方面阳光透过窗帘产生漫射光，使光线柔和舒适，能够对活跃宴会厅内气氛、创造空间立体感和光影的对比效果产生重要作用。如果餐厅外有大阳台、草坪，让客人在大自然光线的沐浴之下就餐，则可使客人感到悠闲自得。选用光源的原则是节能、舒适和适用。餐厅采用何种形式的光源，受酒店档次、装潢风格、经营形式与建筑结构的制约，不同的酒店有着不同的灯饰系统。如中餐厅，根据中国人的传统心理，灯饰以金黄和红黄光为主，而且大多使用暴露光源，使之产生轻度眩光，营造热烈、辉煌的气氛；麦当劳、肯德基等西式快餐在中国作为一种休闲餐饮，因就餐的对象多为妇女、儿童，光源系统以明亮为主，有活跃之意；传统的西餐厅，为了适应西方人进餐时要求相对独立及较隐蔽的环境的心理要求，灯饰系统以沉着、柔和为美，同时应使餐桌照度稍强于餐厅本身的照度，创造出静谧、浪漫、雅致的情调。一般餐厅多用混合光源照明，咖啡厅、快餐厅用自然光源比重较大，高档宴会厅和法式餐厅用人工光源较多。

3. 照明强度

不论光线的种类如何，光的强、弱、明、暗，都会产生不同的效果，利用各种光线的强弱并配以色彩变化，可以突出各种菜肴的特色与美观，给就餐者留下深刻的印象，并产生食欲。昏暗的光线会延长顾客的就餐时间，而明亮的光线则会加快顾客的就餐。宴会厅要光线明亮，灯火通明。餐座周转率较高的餐厅光照度较强。各类餐厅、餐厅内的各空间的亮度也应不同，宴会厅亮于餐厅，餐厅亮于过道走廊，餐桌亮于其他区域，主灯灯光应集中于餐桌的菜肴上。灯光可调节变化，以形成不同的宴会气氛。色温与亮度的关系会影响餐厅气氛。电灯泡等色温低的光源带红色，使环境产生一种稳定的感觉；随着色温升高，逐渐给人一种从白到蓝的感觉，让人觉得爽快、清凉，同时带有一种动感的气氛。在同一空间环境中，如使用两种色差很大的光源，则光色的对比会出现层次化的效果。如果光色对比小，仅靠亮度层次而又必须取得最佳效果时，就要使用更高亮度的聚光灯。

4. 灯具装饰

灯光与不同造型的灯具艺术组合、系统使用，能显现出独特的魅力。灯具具有双重功能，既是照明工具，又是装饰设备，能营造宴会气氛。常见的灯具风格有古典西式（如蜡烛式、油灯式）、古典中式（如灯笼式）、日本式（如框式顶灯、竹木架式灯具）与现代式四种。根据室内装饰风格合理选择灯具样式，主要有吊灯（常使用于大厅、宴会厅和雅间，雅间安装时要安在餐桌的正上方）、吸顶灯（固定于顶棚上）、筒灯（镶嵌于顶棚中，简洁明快，无累赘感）、壁灯（常用于走廊、门厅、大厅的墙壁上）、射灯（局部集中照明在某些重要部位，如店名招牌、照片、字画、装饰品、景观等）、投光灯、消防灯、落地灯、艺术欣赏灯等灯具形式。灯具造型不宜繁多，但要有足够的亮度。可以安装方便实用的上下拉动式灯具，把灯具位置降低；也可以用发光孔，通过柔和光线，既限定空间，又可获得亲切的光感。灯具的档次高低、规格大小、比例尺寸、质地造型要与餐厅风格及档次协调。豪华灯具是专为饭店前厅、宴会厅定向设计的，采用镀金、贴金、水晶等贵重材料，制作工艺精良，体型较大，造型美观新颖，具有时代感，现场组装，有很强的装饰效果。

案例：宴会厅光环境设计

在餐饮空间光环境设计方面，需要按照宴会厅场景的不同类型再结合设计师的设计构思，选择亮度、色彩以及聚光角度等不同的灯具与光源。在酒店大堂以及多功能宴会厅等一些重要区域，需要配备电脑控制的一些调光系统，根据不同的场景、时间段等设置各种模式的灯光场景，来配合宴会厅场景使用。并使酒店的室内环境通过灯光来区分层次，达到亮暗区分明显的效果。但是在同一个宴会空间中，对餐桌、室内陈设以及局部墙面等均要采用统一色温的光源，从而使得宴会空间中光环境的色调相和谐。宴会厅是宴请贵宾的重要场所，因此要求选择庄严隆重、宫殿式的灯饰，一般情况下使用大型吸顶灯或吊灯，以及其他筒灯、射灯或多盏壁灯组成的灯具。这种灯饰的配套性很强，既有很强大的照度又有优美的光线，显色性也很好，还没有眩光，因此在宴会厅光环境设计中被广泛运用。

宴会厅空间较大，因此需要有较高的照度值，光照分布应该以顶棚光为主，常用大型水晶吊灯为主光源，在墙壁和立柱上安装有特色的装饰壁灯渲染气氛。结合宴会厅的不同功能，选用灯具的造型和色彩进行搭配，灯光要有多重显色指数，营造不同的餐饮空间光环境意境。

（资料来源：杨琴. 餐饮空间室内光环境意境塑造研究［D］. 合肥：合肥工业大学，2014.）

（三）空气（气环境）

1. 空气质量指标

空气环境是指空气的温度、湿度、风速和纯度。营造良好的空气环境直接关系到客人的健康和宴会产品的舒适度。人处于环境中，只要人体表面与环境存在温度差就会产生辐射换热，而空气的温度、湿度与气流速度均会影响辐射换热。

表3-9为餐厅空气调节设计与管理基本标准。

表3-9 餐厅空气调节设计与管理基本标准

区域	酒店档次	夏季			冬季			新风量（立方米/小时·人）
		温度/℃	相对湿度/（%）	风速/（米/秒）	温度/℃	相对湿度/（%）	风速/（米/秒）	
门厅	高档	24～26	55～65	≤0.30	18～30	30～40	≤0.30	≤10
	中档	26～28	55～65	—	16～20	30～40	—	—
	低档	28～30	60～65	—	14～16	≥30	—	—
餐厅	高档	21～24	50～60	≤0.25	20～22	40～50	≤0.15	≤30
	中档	23～26	50～60	—	18～22	40～50	—	—
	低档	28～30	55～65	—	16～18	≥30	—	—

（1）温度（热环境）。人体休息时体表温度为28～34℃，因此体感最舒适的温度应略低于体表温度，温暖的环境会给顾客以舒适、轻松的感觉。我国饭店在春秋两季室内外温度相差不大，夏冬两季温差较大，一般室内外温差不宜超过10℃。顾客因为职业、性别、年龄的不同而对宴会厅的温度有不同的要求。通常，女性喜欢的温度略高于男性，孩子所喜欢的温度低于成人，从事活跃职业的人喜欢较低的温度。厅房室内局部温度可根据客人的需求随时调节，气温过高或过低都会抑制人的食欲。

（2）湿度。空气湿度状况影响体感舒适度。湿度过小，空气干燥，利于人体表面汗液蒸发，但过于干燥，会使顾客心绪烦躁，从而加快人员流动；反之，湿度过大，汗液蒸发困难，会使顾客感到潮湿胸闷。宴会厅最佳湿度环境为40%～60%。

（3）风速。空气流动速度也影响舒适度，蒸发散热是随着气流速度的增大而增加的。当气流速度为零时，人体周围便会形成饱和空气层，阻止体表汗液蒸发，从而使人产生"闷"的感觉。在人体感到舒适的温度下，室内允许的空气流速为0.1～0.25米/

秒,其中 0.1~0.2 米/秒是一般情况下人体感到舒适的风速范围,0.2~0.25 米/秒是用于冷却目的而感到舒适的风速范围,大于 0.3 米/秒时会使人感到不适。

(4) 纯度。宴会厅房要空气清新,通风良好。开宴前要开窗或换气、通风,喷洒空气清洁剂。根据国家有关规定:厅内一氧化碳含量不超过 5 毫克/立方米,二氧化碳含量不超过 0.1 毫克/立方米,可吸入颗粒物不超过 0.1 毫克/立方米,新风量不低于 200 立方米/小时·人,用餐高峰期与就餐人多时,不低于 180 立方米/小时·人。气味是宴会厅空气环境中的重要组成因素,要做到"除臭增香"。气味通常能够给顾客留下深刻印象,顾客对气味的记忆要比视觉和听觉记忆更加深刻。厅房里弥漫着轻微的芳香,能使人愉悦,增强食欲;然而宴会厅内充满了污浊的气味或一些不正的气味,如油腻味、汗酸气味,则会降低人的食欲。员工应适当化妆,高度重视个人清洁卫生,上班前不能吃刺激味很重的食物,如葱、姜、蒜、韭菜等。

2. 改善空气质量的方法

(1) 绿色材料。装修、电器等都可能导致空气质量下降,这就要求餐厅装修时选择对环境污染少的、绿色、安全的材料,购置有质量保障的电器设备,尽可能减少污染的产生。

(2) 通风。这是改善空气质量最重要的方法。通风可以引入新鲜空气,排出余热、余湿、有害气体及粉尘。最简单的方法是保证每天半小时以上的开窗换气时间,有条件的最好安装通风换气设备,如空调、排风扇、空气清洁机等。

(3) 善用植物。植物是环境的美容师,具有吸收二氧化碳、释放氧气、吸附空气中的粉尘、净化空气、美化环境的重要作用,应充分予以利用。

(4) 空气清洁剂。许多空气清洁剂含有化学添加剂,可能会加剧空气的污染程度,所以要谨慎使用。但在某些特殊场所,如卫生间,还是建议使用高质量的空气清洁剂。

(四) 声音(声环境)

1. 杜绝噪声

噪声是危害人类的大敌,人长时间生活在 65 分贝以上的噪声环境里,轻则会导致注意力分散、思维迟钝、情绪烦躁不安、易感疲劳,重则会发怒、多疑,出现攻击性、侵犯性行为;85 分贝以上的高噪声甚至会影响人的听力,大于 130 分贝会导致耳聋。噪声会对宴会产品舒适度构成极大的影响。酒店各区域的噪声标准应严格控制在以下范围内:前厅在 45 分贝以下,客房为 35~45 分贝,餐厅在 45 分贝以下。

酒店噪声源于店外环境与店内的楼层走道、管道、空调送风口、冰箱、卫生间排风扇、烹调操作、顾客流动与喧哗声、杯碟碰撞声、音量过高的背景音乐以及大型设施设备等因素。因此,酒店选址应避免周围噪声干扰过大,酒店自身的建筑材料隔音性能要良好，可采用双道门、双层窗等方式尽量减少外部噪声传入店内。店内各房间的隔墙以及相邻房间的橱柜要用隔音材料，防止楼层之间、房间之间互相"串音"；相邻客房间的管线口要做隔音处理；客房走道应铺设地毯，客房门应加设隔音胶条；房内选用低噪声冰箱，卫生间的洁具不能漏水，排风扇音量要低；娱乐场所要远离住宿区与用餐区域；客房与宴会厅附近不能有声响过大的机器（如洗碗机、离心脱水机、锅炉等）；厨房与餐厅之间的过道要长且要设双道门，形成声锁来隔断噪声量。员工服务要做到"三轻"——走路轻、说话轻、操作轻，这样不仅能减少噪声，而且能使客人产生文雅感、亲切感，同时还可暗示那些爱大声说笑的客人自我克制。

2. 增加乐音

餐厅播放背景音乐不是为了欣赏，而是营造一种氛围与情调。背景音乐声响应若有若无，平均声压级应控制在 50 分贝以下，频率范围是 1100～6000 赫兹，播放特性应较为平直，不宜播放动态范围大的乐曲。扩音设备可采用口径为 16～20 厘米、功率为 5 瓦的纸盆扬声器，均匀地安装在顶棚上，其间距为 5～7 米。

（五）饰品（形环境）

1. 饰品作用

饰品也称摆设品、陈设品，宴会厅的饰品涉及建筑、家具、纺织品、日用品、工艺美术、浮雕、挂画、装饰品、盆景艺术等领域。饰品能加强室内空间的视觉效果，提高环境的艺术品位。饰品不仅具有赏玩作用，还有怡情遣兴、陶冶情操的效果，以及自我塑造和潜移默化等功能。

2. 饰品类型

（1）按实用性分类。第一类是装饰性饰品。陈设品本身没有实用价值，以纯观赏为主。一是艺术品，如书法、绘画、摄影、雕刻、塑像、陶器、古玩、玉器等。二是纪念品，如纪念章、纪念像、纪念服等，一般布置在主题餐厅。第二类是实用性饰品，如织物布件（如壁毯、挂毯、窗帘、台布、靠垫等）、装饰灯具、乐器、玩具、猜具、烟斗、扇子、瓶罐、烛台、农具、书籍、食品、服饰等。

（2）按陈设方式分类。第一类是挂件类饰品。一是字画，有国画、油画、水彩画、装饰画、以名词佳句为内容的书法条幅或横幅等。二是挂屏，有瓷板画、刺绣、木雕画、螺钿镶嵌画、漆雕画、壁画等。三是壁饰，有壁毯、陶瓷挂盘、砖雕、民间艺术品、生活日用品、刺绣、竹雕、木刻、漆绘等壁挂工艺品。第二类是摆件类装饰品。有一定艺术价值的古董、古玩、瓷器、玉雕、木雕、玩石、雕刻制品、盆景、工艺摆件、屏风及其他工艺品等。摆件因其高雅的色彩、造型、风格、质地和文化内涵，使空间弥漫着一种浓郁的文化氛围。

3. 饰品陈设方式

（1）空中悬吊。在空间较大的宴会厅中，通过空中悬挂织物来做装饰。织物具有柔软、分量轻、有安全感、品种繁多、色彩丰富、工艺简单、造价低廉等特点。如为营造节日喜庆气氛而布置的气球、彩带等装饰物，雅俗共赏，适用范围较广。某些绿色植物和装饰性灯具，也常用于悬挂陈设。

（2）墙面悬挂。挂件饰品悬挂有如下要求。一是突出主题。根据墙面艺术的需要和经济实力来选择品种，在质量和数量上要突出餐饮行业的特色和民族风格，以宣传和弘扬中华民族的优秀文化艺术为主，画面内容要照顾宾客的风俗习惯和宗教信仰。二是风格协调。无论采用何种方法点缀，饰品的材质、图案、色彩、样式等都要与宴会厅房整体美学风格相一致。宴会厅内饰品的种类和内容应有穿插，不宜雷同。比如主墙是大型山水国画，其他处就不宜再用山水画，可挂花鸟画、仕女画或选择其他墙饰品种。三是高雅精致。饰品宜少而精，素而雅，品位高，品相好。注意饰品不可过多而喧宾夺主，让宴会厅显得杂乱无章。四是大小得体。饰品大小要和厅内的墙壁面积，家具陈设的大小、高低相适应。大宴会厅适宜挂气势磅礴、笔墨刚健的名山大川、华丽多姿的花卉等大幅画；雅间挂雅致秀丽的花鸟画，才会显得气氛和谐，典雅舒适。五是高低适宜。为便于欣赏，国画可挂得略高一些，西洋画可挂得略低一些；笔墨淋漓的高山飞瀑、层峦叠嶂等山水画或大刀阔斧的写意花卉和宜于远看的绒绣花要挂得高一些；而适宜近看的工笔画可挂得低一些。六是美观安全。挂件要结实牢固，绳子要隐蔽在画框背面，不能外露，以免影响美观。

（3）落地摆放。大型装饰品如雕塑、瓷瓶等作为表现餐厅主题的重要元素，常落地布置在最引人注目的位置。品种要少而精，中心艺术品应有目的物照明光源配合，并配置必要的文字说明。

（4）橱架陈设。中小件饰品要摆放在专用的琴几或古董架上，正面要留有让人驻足观赏的空间面积。应注意摆件底座、罩子等附配件的精致度，如深色的橱架、衬布（盘）适宜置放浅色摆件；光滑的工艺品如瓷器、玻璃器皿、金银等采用粗糙的背景衬托，而粗糙的工艺品如陶器等宜采用光滑的背景衬托，以显示各自的质感特点。此外，摆件饰品在布置时要处理好与壁挂类饰物的空间格局关系，互相映衬，而不是彼此排斥。

（5）台面装饰。餐桌台面陈设考究，通过精美的餐具、艺术的摆放和台面中心的各种装饰造型来加强用餐时的愉悦气氛，如高档的餐桌椅、漂亮的餐桌布、别致的餐巾花、精致的烛台、美丽的插花，都能增添高雅气氛。

（六）绿化

1. 绿化作用

绿化是现代室内装饰的一大品类，是宴会厅房空间的最佳饰物。绿化有丰富的形象美、色彩美和风韵美，能增强宴会厅的艺术表现力，具有美化环境、增强气氛、净化空气、调节温度、分割空间、连接内外、提高规格、表情达意等作用。绿化装饰区域一般是在前厅、宴会厅外两旁、厅室入口、楼梯进出口、厅内边角或隔断处、话筒前、舞台边沿等处，以及宴会餐台上的鲜花造型或花台、花坛和展台外。

2. 绿化原则

（1）环境适宜原则。不同植物品类对光照、温度、湿度的要求均有差异。一般植物的适宜温度为 15～34 ℃，理想生长温度为 22～28 ℃。由于室内温度稳定，光照不足，二氧化碳含量高，因此要选择新陈代谢较慢，消耗水分营养较少，能适应室内生存环境的阴生观叶植物或半阴生观叶植物。

（2）比例适度原则。植物体积的大小和高度取决于室内空间的面积及高度。选植物高度应控制在厅房空间高度的 2/3 以内。短小植物是高 30 厘米以下的，矮生的一年及多年生花卉与蔓生植物，如景天、常春藤等，适宜于作为桌面、台几或窗台上的盆栽摆设。中型植物是高 30～100 厘米的草花及小落木，如君子兰、天竺葵等，用于雅间或大厅里位置相对较低的地方。大型植物是高 1～3 米的大型花草、灌木及一些小乔木，如锦葵、棕竹、茶花等，常用于大厅。特大型植物是高 3 米以上的南洋杉、榕树，常用在有多层共享空间的餐厅中庭。

（3）气氛适合原则。不同植物形态、造型表现出不同的风格、情调和气氛，如庄重感、雄伟感、潇洒感、抒情感、华丽感、幽雅感等，所选植物应与室内气氛一致。如现代感较强的餐厅宜用引人注目的宽叶植物，而小叶植物可用于传统餐厅。同时，花卉色彩要与室内色彩协调。在进行绿化装饰时，要选用应时应景的花卉草木，巧妙陈放在最佳位置，形成百花迎宾的热烈气氛。

（4）摆放美观原则。绿化植物应高低对称，摆放位置以不影响客人行走、不影响客人视线为宜。厅内布置花卉时，要将塑料布铺设于地毯上，以防水渍及花草弄脏地毯；给盆花浇水及擦拭叶子灰尘时也不能影响清洁卫生。凋谢的花草会破坏气氛，因此要细查花朵有无凋谢。如采用人造花装饰，虽然是假花、假草，但不可长期置之不理，蒙上灰尘的塑料花、变色的纸花都会让人不舒服。塑料花每周要水洗一次，纸花每隔两三个月要更新。尽量不要将假花、假树摆在客人伸手可及的地方，以免让客人发现是假物而大失情趣。

3. 绿化方法

（1）盆栽点缀。绿化以盆栽居多，盆栽品种有盆花、盆草、盆果、盆树等。喜庆宴会可选用季节的代表品种为主盆花，形成百花争艳的意境，以示热烈欢快的气氛；为求典雅，可用文竹、君子兰等观赏植物；依不同季节摆设不同观花盆景，如秋海棠、仙客来；叶类植物如马拉巴果、橡树、棕榈、葵树与苍松、翠柏等大型盆栽，其树形开阔雄伟，可点缀或排列在醒目之处，增加庄重之感。选用盆花要考虑各国各地花卉忌讳习俗，如日本忌荷花、意大利忌菊花、法国忌黄色花等。

（2）盆景艺术。盆景是用植物、石块等材料在盆中再现自然景色的一种艺术。它既是绿色饰品，又是民间工艺品，可分为两类：一类是树桩盆景，观赏植物的根、干、枝、叶、花、果的神态、色泽和风韵，可给人以艺术享受；另一类是山水盆景，通过栽枝点石仿效大自然的风韵神采、奇山秀水，塑造逼真小景，给人以"一峰则太华千寻，一勺则江湖万里"之感。

（3）立体绿化。一是墙面蔓绿。国际上酒店装潢流行植物墙，布置"垂直花园"，就是利用不同的墙面，按照植物在自然界的分布状态来种植各种具有不同特性的植物，其中80％是常绿植物，20％为季节性植物。二是天棚悬挂。利用天棚悬吊绿色明亮的柚叶藤等藤类植物及羊齿类植物等，组成立体式的绿化。

（4）艺术绿化。一是照明绿化。将灯具和绿化结合，产生引人注目的效果。如将植物设在暗处，在适当位置布置灯光，通过照明增强植物的观赏效果，同时增强室内空间的层次感和含蓄性。二是镜面绿化。在较为局促的空间环境，可在花草植物的后面配上镜子，通过镜面影像，使空间产生扩大感。倘若在天棚上同时设置反射玻璃，空间效果将变得更为奇妙。

（5）花坛花池。用山石水色构成假山，配以各种花卉与植物，组成各具特色的花坛花池。花坛花池的位置既有在宴会厅外建造的，也有在宴会厅内布置的。

（6）室外借景。通过室外造园手法，移植花草树木，设置奇山异石，将店外的湖光山色与绿化渗透引入室内，内外相通，相得益彰，形成另一番风景。

（7）台面插花。内容略。

（8）展台花台。内容略。

（七）山石

1. 艺术标准

"山因水活，水随山转"。室内山石以玲珑奇特为秀，山石与水相辅相成，互为补充、相互交融、相得益彰。山石形状千姿百态、各具性格，在中国园林艺术中历来占有重要地位。山石的艺术标准有：①"瘦"，即细长苗条，鹤立当空，孤峙无依；②"透"，即多孔洞而玲珑剔透；③"漏"，即有坑有洼，轮廓丰富，上大下小，呈现倒挂状；④"皱"，即纹理明晰，起伏多姿，呈分化状态。山石一般置于室外，构成宴会厅周围环境的一部分。

2. 造型形式

(1) 假山。根据室内空间尺寸确定假山的大小。假山不宜占据太多的室内空间，以免造成室内空间的局促感，从而失去假山的自然情趣。假山前，必须留出一定距离的观赏空间。

(2) 石壁。石壁要挺直、峭拔，壁面要有起伏，上大下小，有悬崖峭壁之势。

(3) 石洞。石洞可增加室内的自然情趣，但要注意位置适宜，恰到好处。要特别注意石洞与建筑环境的联系、过渡及绿化配置。洞的大小可视功能而定，若是观赏性的洞，以小而有趣为佳；若为通过式石洞，则要做得相对大些。

(4) 峰石。峰石是单独设置的山石。砌筑峰石要求上大下小，富有动感，同时还要平衡，不留人工制作痕迹。

(5) 散石。零散之石作为小品点缀在室内庭院中，可起到烘托环境气氛的作用。有时散石也被设置于溪岸两边，有的嵌入土内，有的半露出水面，有的立于草坪之上。在设置散石时，要注意其构成关系，要三五聚散、疏密得体、大小相间、错落有致。

(八) 水体

1. 水景作用

水体在环境艺术设计中具有增加空间活力、改善空间感受、增强空间意境、美化空间造型的作用，常被用于室内外的过渡空间和内庭空间。水体有动静之分。动水或奔腾而下、气势磅礴，或蜿蜒流淌、欢快柔情，具有较强的感染力；静水犹如明镜，清澈见底，具有宁静平和之感。若将水体与现代科学技术结合，更可创造出多姿多彩的造型，如现代雕刻喷水池、音乐喷水池、彩色喷水池等。若在厅房设置水景，则应注意体量和位置，不能影响厅房区域通道的流畅性。应最大限度地减少水流噪声、滴水外溢对厅房的影响，制作水景的材料应便于保洁。

2. 水景形式

(1) 水池。水池常与绿化和山石共同构成建筑景观，一般置于庭中、楼梯下、路旁或室内外中界空间处。室内水池可起到丰富和扩大空间的作用，室外水池能将周围景色在水中交相辉映，从而将不同内容和形式的建筑融为一体。

(2) 瀑布。一种垂直形态的水体，多采用水幕形式，配以山石、植物，共同构成组合景观，类似中国山水画的意境，动感强烈，飞流直下，在潺潺的水声配合下，成为环境中的主题和趣味中心。

(3) 涌泉。从地面、石洞或水中涌出的泉水，使静态的景观略增动感，起到丰富景观效果、调节动静关系的作用。常用于美食广场、大堂的装饰设计中。

（4）喷泉。种类颇多，尤其是现代喷泉结合了声、光、电效果，使喷泉显得更为新奇、更为好看。有些喷泉甚至具有演示功能，被众多高级装饰场所选用。

（5）落泉。将水引向高处，然后自上而下层层跌落下来，常和石级、草木组合造景，有时也可与山石、石雕相配合，构成有声有色的美妙场景，常用于广场中心及宾馆大堂内。

（6）涧溪。水体呈线状形态，多与山石、小品组合置景，溪水蜿蜒曲折，时隐时现，时宽时窄，变化多姿，常作为联系两景点的纽带，形式细腻而富有情感。

三、宴会厅房背景设计

（一）背景布置

1. 背景布置的作用

宴会厅房背景设计属于宴会场地临时性的布置，是表现宴会气氛的重要组成部分，它能通过颜色、字体、单位标志、口号、照片来反映宴会的主题。

2. 背景布置的方法

背景布置的方法有花台背景、屏风背景、绿色植物背景、造型背景、可变灯光背景等。有简易布置，如喜宴贴个"囍"字，寿宴安个"寿"字。大型的、复杂的背景需要搭建背景墙，有临时性的木架、固定性的铁架和可移动的铝合金架几种，配上蒙布，在布上饰以各类内容；也可使用大屏幕投影仪或电视幕墙集合背景板，利用高科技手段丰富多彩地展现宴会主题，效果更好。

（二）舞台搭建

1. 舞台搭建要求

（1）切合主题。针对各种不同的宴会类型，酒店备有各种设计图供顾客根据自身需求进行参考，也可根据客户预算、宴会主题设计不同类型、不同风格、不同种类的舞台造型。

（2）新颖独特。设计图包括花饰摆设、周边布置、讲台位置、行李台位置等图例，用计算机绘图方式制作，以增加顾客对实际布置的了解。每场宴会都要设计出独特新颖的舞台造型，创造适宜的宴会气氛。

（3）便于观看。舞台是吸引用餐客人眼球的兴奋中心。应把舞台设置在宴会厅中央，四周安排餐桌或将舞台设置在宴会厅一侧，在对侧安置餐桌。

（4）设施配套。有的舞台设计须布置相配套的后台与舞池、灯光音响设备。在顾客选定舞台设计式样后，接着要进行估价，并与顾客确认，再由销售部美工人员着手从事舞台设计及布置工作。

2. 舞台结构规格

（1）主台。用于主人与主客的讲话，应配有讲台与话筒，置于舞台的正中；舞台右侧（面向台下）设有两只立式话筒，供主持人与译员使用。在不设舞台的宴会中，可在主桌的右侧置放两只立式话筒，供主人与主客祝酒时使用。舞台与主桌应有一定的距离，供讲话用的舞台主人的椅背离舞台边缘不小于1.5米，演出用的舞台则不小2米。

（2）副台。副台供宴会伴宴乐队使用。如有中、西两支乐队，可在主台两侧搭建两个舞台，供他们分别使用；如是一支乐队，可在主台的对面搭建一个舞台，供他们使用。副台应小于、低于主台。副台需配备演奏员座椅、演出话筒。

（三）花台制作

花台是在大型喜庆宴会中经常采用的，用以渲染主题气氛的，用鲜花堆砌而成的，具有一定艺术造型的，供人观赏的豪华装饰。花台通常通过两种以上不同颜色的花卉或草本植物，整齐地排列在阶梯式台阶上，运用搭拼图案、字体的手段来反映主题，具有很高的观赏性与艺术性。

花台的制作要求如下。

（1）主题突出。宴会主题是花台设计的重点、焦点和核心，要根据宴会主题创作出不同类型、不同风格、不同意境的花台。如祝寿宴反映寿比南山的主题；新婚宴可用艳丽的红玫瑰拼成大红"囍"字来体现爱情、喜庆，突出花好月圆的主题；欢迎或答谢宴则用友谊花篮的图案来体现和平、友好。还可运用花卉的种类、色彩及形状的对比、配合来增强韵律效果，使主题更加鲜明。

（2）构图均衡。通过运用花材的高低、长短、疏密、虚实及花色深浅等因素的设计，达到形式上或视觉上的平衡感。构图要做到六条：高低错落（花材的穿插定植应高低起伏，前后错开，不应插在同一直线或横线上）、疏密有致（花与叶的安插应做到点、线、面相结合，空间安排得当）、虚实结合（以鲜花为实体，姿态鲜明，个性突出，绿叶和填充花作陪衬，不能喧宾夺主）、仰俯呼应（上下左右的花朵和枝叶要围绕整体中心，相互呼应，顾盼传神，既能反映作品的整体性，又能保持作品的均衡性）、上轻下重（陪衬枝叶小的、花朵小的、淡色的在上，陪衬枝叶大的、花朵大的、深色的在下，使作品保持均衡稳定，显得生机勃勃）、上散下聚（作品基部花材安插聚集，不宜分散，上部可适当展开）。如花型中间有一条对称轴线，在对称轴线两边进行花材组合，给人完全相等的感觉；但对称轴线两边花材组合，花量、形态色彩、长度等均不相同，通过技巧运用，使整个作品显示出稳定感。

（3）完整一致。花台是由每一种花卉、材质、颜色、形状、花器、配件组合成一个整体，达到平顺和谐的意境。花台风格的统一性，款式的协调性，颜色的匹配性，物品的恰当性，营造出造型生动活泼而协调统一的效果。变化太多，则会零乱；平铺直叙，则显得单调、呆板。故应在统一中求变化。花与花器、花材色彩、花材种类、花材大小及形状之间构成的美感，主要表现为色彩和线条的运用得当。将各种线形和块状花材和谐地组合，形成多而不乱、丰富柔和的协调美感。花台与台面、花台与花器要比例协调。花材宽度是花器的1.5～2倍，高度为0.3米，以不遮挡对面客人的脸部为准。花材与花器的色彩要和谐，容器的颜色不应鲜艳华丽，以免喧宾夺主。如艳美的大丽花，应配釉色乌亮的粗陶罐；素朴的细花瓷瓶，应配淡雅的菊花等。

（四）展台布置

1. 展台类型

在宴会厅入口处搭设展台，或将艺术作品布置在自助餐台，具有促销和观赏的作用。

（1）观赏型。观赏型展台由冰雕、黄油雕、巧克力雕、果蔬雕、食品模型、名贵餐具、中外名酒、个性插花等相互配合组成。这些艺术作品由厨房制作，旨在体现大型宴会或美食节活动的规模和场面。作品创作的原型可以来源于生活及乡土民情，其散发出温馨的人情味并流露出情感的寄托。如海鲜宴会展台以悬挂五颜六色三色旗的小渔船为载体，小渔船上方垂下坠有海螺的渔网，美人鱼跃上船头，大龙虾、黄油雕跃跃欲试，栩栩如生。展台与餐厅入口处布置福、禄、寿三大神像，以牡丹花开为主题的大型扇面相互穿插，寄予了富贵吉祥、一帆风顺等中国传统的良好祝愿。

（2）节日型。节日型展台是为中西方传统节日平添喜庆气氛而布置，旨在借节日做餐饮文章，刺激人们节日餐饮的消费欲。如春节展台的布置以大红色和金色为主色调，装饰物件有：金童玉女拜年彩瓷像，贴有"满"字的金坛、金钱鞭炮串、生肖玩具、金橘盆景、桃符对联、民间年画、钱袋、小红灯笼、年糕、饺子、馒头、糖果盒、红鲤鱼等。此外，"年年有余"、"恭喜发财"、"恭贺新禧"、"黄金万两"、"招财进宝"、"万事如意"、"福"等吉祥图案和文字在展台装饰中也是必不可少的。圣诞节展台的布置以红色、白色、绿色、蓝色为主色调，装饰物有圣诞树、圣诞花环、圣诞小星、小天使、圣诞礼物、圣诞烛台、麦秆编织、日月面具、玩具兵、松果、榛子、核桃、幸运星和琳琅满目的圣诞礼篮（圣诞红酒、树根蛋糕、圣诞老人巧克力、干姜饼、曲奇饼、圣诞布丁）等。

（3）促销型。促销型展台为促销活动而搭设，内容多为食品商、酒商赞助的样品和反映美食之乡的特产和纪念品等，展台规模较小，效果简洁明了，常用于以某类特色菜肴、饮品为主题的美食促销活动。

（4）作品型。作品型展台是指为举办厨艺交流、比赛、新闻发布会而专门设计布置的，向公众媒体开放，用于参观、陈列菜点的展示台，旨在弘扬饮食文化，展现名厨风采，领导餐饮潮流，推动菜肴的开发创新。

2. 布展要求

（1）突出主题，表现主题。装饰物必须围绕主题展开，摆放层次分明，高低错落有致，切忌杂乱无章。

（2）注重展台基座布置。展台基座要铺台布、围桌裙，并考虑装饰布的色彩、质感的搭配和衬托效果。

（3）强调展台光照设计。展台应光照明亮，突出主装饰物。

（4）凸显展台最佳朝向。根据餐厅和正门的位置特征，设计展台的朝向和观赏面。可设计成四面观赏型、三面观赏型或一面观赏型，以达到最佳视觉效果。

四、宴会厅房娱乐设计

（一）音乐佐餐

1. 音乐佐餐的作用

音乐佐餐是宴会厅的神韵所在。音乐对人有着刺激、调节、镇静等作用，能调整心理情绪、舒缓精神压力、消除身心疲劳、恢复精力体力。就餐时，适时播放优美、优雅的背景音乐，可促进人体内消化酶的分泌，促进胃肠蠕动，有利于食物消化；宴会厅中特定的音响效果能够营造独特的气氛，在餐厅中布置山水小景，泉水叮咚的声响使人如同漫步泉边溪畔，能使客人心情愉快，增强食欲；轻柔美妙的背景乐曲还可掩盖一些噪声。

2. 音乐佐餐的形式

音乐佐餐从表现形式上大致有背景音乐和乐师、小乐队表演等，从内容上可分为轻音乐、古典音乐、爵士乐、摇滚乐、流行乐等。乐队表演形式灵活多变，适应性较强，在渲染宴会主题的气氛中造就了乐队表演的现场感，增进了客人与乐队之间的情感交流。乐队形式有流行乐队、爵士乐队、摇滚乐队、管弦乐队等。中餐厅宜选用具有中国传统特色的乐曲，如广东音乐、江南丝竹等，可采用由古筝、扬琴、琵琶、二胡、笛子等组成的小型民乐队进行现场合奏或独奏，在《春江花月夜》《花好月圆》等名曲中营造轻松愉快的美好意境。法式餐厅通常由小提琴、中音提琴、吉他等组成乐队，可在宾客餐桌边即兴演奏，音乐题材以小夜曲、风情音乐为主，营造出温馨浪漫的情调。其中，以咖啡厅钢琴演奏最为普遍，清新悦耳的旋律在琴师富于变化的手指间静静地流淌、弥漫，格调高贵典雅。在酒吧及餐饮娱乐场所，流行音乐、爵士乐、摇滚乐等富有现代感和震撼感的音乐节奏给了现代人一个宣泄情感的空间。

3. 音乐佐餐艺术

(1) 融合宴会主题。音乐要融入宴会厅气氛,应根据不同餐厅主题、经营风格、营业时间来选播不同的背景音乐。宴会厅背景音乐旋律应以欢快、轻松为宜,这样能使就餐者在较松弛的状态下轻松地用餐;主题过于严肃的音乐不宜作为餐厅背景音乐。国宴演奏的仪式乐曲常用的有《中华人民共和国国歌》、《团结友谊进行曲》,欢迎来宾步入宴会厅时演奏《欢迎进行曲》,欢送主宾退席时演奏《欢送进行曲》。为欢迎外国政府首脑访华而举行的宴会上,仪式乐曲中还应奏客方国歌。席间演奏的乐曲有《祝酒歌》、《步步高》、《友谊中的欢乐》、《在希望的田野上》、《歌唱社会主义祖国》等;外事宴会席间乐曲则交替演奏宾主两国乐曲;生日宴播放《祝你生日快乐》,迎宾宴播放《迎宾曲》,婚宴播放《婚礼进行曲》。当然,宴会背景音乐还要注意乐曲播放的顺序。

(2) 符合宴饮环境。宴会背景音乐要符合宴会厅装潢风格。古典式餐厅配古典名曲,如《阳关三叠》、《春江花月夜》,能给人以富有古典韵味的意境美。民族式餐厅如云南傣族风味餐厅配上云南笙笛、葫芦丝乐曲,能使人感受到神秘的西双版纳气氛;粤菜餐厅用广东民乐做背景音乐就十分协调;九寨沟宴会厅以《神奇的九寨》、《神鹰》等歌曲做背景音乐能营造出一种美妙的餐饮氛围。西洋式、中西结合式餐厅的音乐设计,要依特定的意境加以选择,可播放西方古典音乐。特殊主题风格的餐厅应配以特殊主题风格的音乐,如在"红楼宴"上播放《红楼梦》主题音乐,在"毛氏菜馆"播放《东方红》、《浏阳河》等。

(3) 和合身心节律。心理学研究表明,餐厅播放节奏明快的音乐会使客人加快就餐时间,而节奏缓慢柔和的音乐会给顾客一种放松、舒适的感觉,从而能延长顾客的就餐时间。据此,快餐厅可播放节奏明快的音乐,加快客人就餐速度,增加客流量;咖啡厅、正餐厅与宴会厅应选用缓慢、抒情的音乐,忌播节奏较快、激烈的音乐或严肃及悲哀的乐曲,这类乐曲与人进餐时的生理节奏"反差"太大,不利于饮食健康。热情、优美、欢快、抒情的乐曲,如海顿交响曲和四重奏、莫扎特的钢琴协奏曲、肖邦的夜曲等,富于细腻委婉的亲切感,音量变化也不大,使人精神舒畅、松弛,是理想的宴会伴奏乐曲。我国历史悠久的古琴曲、江南丝竹乐合奏曲,音乐平和、优雅,也是上佳的宴会伴奏乐曲,且音量适中,使宾主既能听到乐曲又不影响交谈。青年人喜欢节奏稍快的乐曲,中老年人则以节奏较慢的乐曲为宜;还可利用进餐者人数的多少与营业高峰、低谷的关系,变换节奏不同的音乐。

(4) 适合欣赏水平。由于人的教育水平、文化修养、职业类别和兴趣爱好不同,其音乐欣赏水平也各不相同,因此要根据客人的音乐欣赏水平编排背景音乐。社会地位高、文化修养高的顾客,由于其年龄偏大和消费能力较强,他们喜欢布置高雅、环境舒适的高级中、西餐厅和气氛幽静的宴会厅，欣赏柔和优美的音乐及文雅的娱乐活动。在一场以农民为主的宴会上播放海顿的交响曲或莫扎特的钢琴协奏曲，与宴者肯定不会对这种陌生的音乐产生情感共鸣；如换上一段中国传统名曲或地方戏曲，则与宴者可能会情不自禁地哼上几句。接待外宾的宴会若安排吕剧、沪剧、豫剧等地方戏曲音乐，则外宾很可能会被这类陌生的音乐搅得心绪紊乱、不知所云。

案例：宴会背景音乐曲目

1. 国外

意大利：《我的太阳》、《重归苏莲托》、《小夜曲》、《黎明》、《倾心》、《美丽的乡村姑娘》等。

美国：《老橡树上的黄丝带》、《故乡之路》、《得克萨斯的黄玫瑰》、《红河谷》、《高高的洛基山》、《苏珊》等。

欧洲大陆：《蓝色的多瑙河》、《维也纳森林的故事》、《皇帝圆舞曲》、《溜冰圆舞曲》、《拉德斯基进行曲》、《春之声》、《杜鹃圆舞曲》等。

2. 中国

苏浙沪：《紫竹调》、《茉莉花》、《采茶舞曲》、《拔根芦柴花》、《太湖美》、《姑苏行》、《杨柳青》、《小小无锡景》、《月儿弯弯照九州》、《欢乐歌》、《云庆》、《三元》、《慢三元》、《慢六板》、《四合如意》等。

岭南：《雨打芭蕉》、《旱天雷》、《鸟投林》、《双声恨》、《赛龙夺锦》、《小桃红》、《平湖秋月》等。

巴蜀：《太阳出来喜洋洋》、《康定情歌》、《槐花几时开》、《尖尖山》等。

北方：《小放牛》、《走西口》、《小白菜》、《放风筝》、《对花》、《蓝花花》、《绣金匾》、《山丹丹花开红艳艳》等。

闽南、台湾：《丢丢铜》、《天乌乌》、《牛犁歌》、《杵歌》、《外婆的澎湖湾》、《乡间的小路》、《橄榄树》、《踏着夕阳归去》、《三月里的小雨》、《春天的故事》、《小茉莉》、《爱拼才会赢》、《浪子的心情》、《朋友情》等。

上海：《天涯歌女》、《何日君再来》、《夜来香》、《夜上海》、《给我一个吻》、《花好月圆》、《四季歌》等。

3. 民族

维吾尔族：《吐鲁番的葡萄熟了》、《阿拉木汗》、《掀起你的盖头来》、《送你一朵玫瑰花》、《花儿为什么这样红》、《达坂城的姑娘》等。

傣族：《吁腊呵》、《划龙船》、《弥渡山歌》等。

藏族：《阿妈勒俄》、《当哩哦》等。

彝族：《阿细跳月》、《彝族舞曲》、《阿诗玛》等。

4. 节日

中国春节：《春节序曲》、《步步高》、《喜洋洋》、《新春乐》、《金蛇狂舞》等。

圣诞节：《Silent Night》、《When a Child is Born》、《White christmas》、《We Wish You a Merry Christmas》、《O Holy Night》、《Jingle Bells》、《Silve Bells》等。

情人节：《Can You Feel the Love Tonight》、《I Will Always Love You》、《Casablanca》、《As Time Goes By》、《My Heart Will Go On》、《Without You》、《The Power of Love》、《Love Me Tender》、《My Funny Valentine》、《I Swear》等。

（二）观赏表演

1. 歌舞表演

歌舞艺术是以舞蹈为主要表现手段，并结合音乐、服饰、戏剧、美术、道具等元素来揭示主题、塑造人物形象的艺术种类。宴会中安排的歌舞表演，并不刻意追求舞美的专业化程度，而重在增添文化气息，渲染宴会气氛。

大型宴会一般观赏大型歌舞表演，歌舞表演有现代舞和民族舞两种形式。民族舞展现了一个国家和民族独特的艺术修养和精神风貌，并能将民间音乐、民族服饰、民俗风情等有机地糅合在舞美造型中，表演大多为本民族生活、爱情、历史、宗教的缩影，具有很强的吸引力和亲切感。要挖掘当地具有独特文化魅力的精品来吸引客人，如西安的唐朝歌舞、拉萨的藏族歌舞、云南的少数民族文艺表演等。大型歌舞表演要设专门舞台，由专职演员演出，节目编排、灯光音响、舞台设计等要经过精心组织和排练。

城市宴会流行时装表演，时装表演是通过时装模特的形体姿态和表演来体现服装整体效果的一种动态展示手段，其形式多种多样。欣赏型时装表演为酒店宴会所采用，在展现新潮与流行的同时，针对宴会主题，可以让宾客领略各具民族特色的服饰文化，并和民族歌舞结合在一起，美食艺术、服饰艺术、歌舞艺术都由宴会主题统率。

2. 曲艺表演

曲艺表演是流行于中国民间的娱乐表演项目，是民间宴会娱乐活动的最佳选择。

传统的曲艺表演项目主要有桌边魔术、木偶戏、皮影戏、小型杂技、武艺、驯兽表演、相声、说书、鼓书、滑稽戏，以及传统民间艺人手艺展示，如吹糖人、捏面人、刻图章、剪人像等民俗活动，内容健康活泼，短小幽默，富有吸引力，采取古今结合、传统与现代结合的形式。在宴会上为来宾刻一枚图章，剪一张人像，吹一个小糖人，可使现场气氛热烈高涨。其他形式还有很多，如主题晚会，客人参与的比赛活动，鼓励宾客充当角色，享受美食之余，能够欣赏、参与表演，是一件惬意的事情。

（三）自娱自乐

1．唱歌

唱歌是我国民间宴饮助兴最常见的一种方式，尤其在一些少数民族地区更是不可或缺的一项内容，如蒙古族有专门的酒宴歌，而且因席而异，婚嫁席上唱《天上的风》、《乃林道》、《远嫁歌》；会友席上唱《四海》、《查干诺尔》、《我的骏马》等。现代都市宴会包间有的设置卡拉OK，让客人酒足饭饱以后自娱自乐一番，身心得以放松，口福与心福同时得以满足。

2．跳舞

民间宴饮时，与宴者在就餐过程中或即兴歌唱，或即兴跳舞，或边歌边舞。跳舞场地不需很大，但对丰富宴饮活动内容、渲染宴饮热闹气氛起着重要的作用。

3．酒令

酒令是民间宴会增添情趣、活跃气氛、促进宾主情感交流的一种佐饮侑酒的助兴游戏，小说《红楼梦》里对此有详尽而生动的描述。考察历史，酒令实无定制，与宴者可依据座中情况加以发挥。酒令若是制得巧，自然会使宴乐无穷。

（四）厨艺展演

一些餐厅创造条件，把菜点的现场制作、技能展示与挂牌献艺作为餐厅创新表演项目，从偏重菜式的传统观念发展到将菜式与体验结合起来，把烹制过程与客前表演结合起来、融为一体，满足客人既要吃美食又要欣赏烹饪表演的雅兴，走出一条提供中餐表演服务的新路子。客前烹调表演是由传统的中餐服务糅合典型的西餐法式"桌边表演服务"而来。上海、北京等大城市的一些餐厅兴起"明炉明档"、"透明餐厅"，餐厅配有厨房，厨房与餐桌仅用一堵玻璃墙隔开，客人可观看厨师和服务员的绝技绝活表演，厨师当着客人的面将鲜活的山珍海味烹饪出来，客人在候餐的同时，也可一饱眼福，欣赏厨师的烹饪技艺，或许还能学上几招。烹调从后台走向前台，使菜肴后台制作的部分过程前台化，如北京的"龙须面"、山西的"刀削面"、广州的"铁板烧"和"醉虾"烹饪表演。

思考与练习

1．举行关于宴会厅房场景氛围的图片与视频展览。让学生通过互联网、专业杂志，搜索、收集各种具有独特风格的宴会厅的环境布置与场景设计案例的图片与视频，让学生评论其长处与不足。

目的：了解宴会厅房场景设计知识，亲身体验宴会厅房场景氛围。

要求：小组作业，课堂分享。

2. 教育学生养成职业习惯，到饭店住宿、就餐时注意拍摄酒店的装潢布置，对餐厅的空间布局、光线、色彩、温度、湿度、音响、家具、布草、艺术品陈列、绿化、山石、水体等方面进行分析。

目的：了解宴会厅房场景设计知识，亲身体验宴会厅房场景氛围。

要求：小组作业，课堂分享。

3. 学生到酒店实习时，组织每位学生参与一项宴会厅房的场景设计活动，并写出小论文进行交流。

目的：了解宴会厅房场景设计知识，亲身体验宴会厅房场景氛围。

要求：小组作业，课堂分享。

第四章　宴会台型

案例导入

2010年上海世博会晚宴

2010年4月30日晚6时许，上海国际会议中心，中国国家领导人伫立在华夏厅的红地毯中央，迎候前来出席上海世博会开幕式的外国贵宾。一幅巨大的背景板上，磅礴的旭日勾勒出中国国家馆、世博文化中心和浦东陆家嘴恢宏的建筑剪影。长长延伸的红地毯的另一端，陆续走上前来的有韩国、法国、巴勒斯坦、亚美尼亚、智利、哈萨克斯坦、荷兰、西班牙、欧盟等有关国家和地区的元首、政府首脑、议会领导人和国际组织代表及配偶。历时15分钟的迎宾仪式完毕后，国家领导人带领贵宾们步入上海厅，在中国经典名曲《喜洋洋》的欢快旋律中，盛大的欢迎宴会正式开始。

欢迎宴会上，党和国家领导人与各国元首、政府首脑等政要在主桌就座，主桌是一张长约20米的条形桌。其他贵宾分别在36张圆形桌就座，离主桌最近的7张圆形桌分别以玉兰、茉莉、月季、杜鹃、荷花、茶花、芙蓉等花卉的名称命名。宴会厅的背景墙画面以上海世博园的"一轴四馆"为核心元素，上方用中文和英文写着"中国2010年上海世界博览会欢迎宴会"。

据中新社报道，"宴会的菜品尽显'海派'风味，正餐包括芹菜塘鲤鱼、墨鱼子花虾、春笋扣豆苗、一品雪花牛。菜单中还有一道冷盘。餐后甜品为一道点心和一碟水果。宴会上配餐的红葡萄酒和白葡萄酒分别是中国山东生产的张裕干红和张裕干白。"新华网、人民网、中国2010年上海世博会官网以及新浪、网易、搜狐等各大媒体都在当晚第一时间转发了这条消息，海内外主流报纸纷纷在5月1日刊登这条消息。据了解，上海世博会欢迎宴会所选的张裕干红和干白，分别是张裕爱斐堡国际酒庄的赤霞珠和霞多丽。

欢迎宴会上，中国国家领导人在《欢聚世博盛会，共创美好未来》的祝酒辞中表示：世博会是荟萃人类文明成果的盛会，也是世界各国人民共享欢乐和友谊的聚会。诞生159年来，世博会把不同国度、不同民族、不同文化背景的人们汇聚在一起，沟通心灵，增进友谊，加强合作，共谋发展。世博会给国际社会留下了追求进步、崇尚创新、开放共荣、倡导和谐的宝贵精神财富，为推动人类文明进步发挥了重要而独特的作用。

发表祝酒词之后，中国国家领导人邀请外国贵宾举起酒杯，提议：为举办一届成功、精彩、难忘的世博会，为世界各国人民的团结和友谊，为人类文明发展进步，为各位嘉宾和家人身体健康，干杯。

（资料来源：中国新闻网，2012年4月12日。）

第一节 中式宴会台型设计

一、中式宴会基本台型设计

宴会台型设计是根据宴会主题、接待规格、赴宴人数、习惯禁忌、特别需求、时令季节和宴会厅的结构、形状、面积、空间、光线、设备等情况，设计宴会的餐桌排列组合的总体形状和布局。其目的是合理利用宴会厅条件，表现宴会举办人的意图，体现宴会规格标准，烘托宴会气氛，便于宾客就餐和员工席间服务。

中式宴会台型设计原则是"突出主桌，合理布局"。具体包括以下四点。第一，中心第一。突出主桌或主宾席。第二，先右后左。按国际惯例，主人右席客人的地位高于主人的左席。第三，近高远低。被邀请客人的身份高，则要离主桌近，身份低，则离主桌远。第四，方便合理。宴会台型应合理、美观、整齐、大方。

（一）小型宴会台型设计（1～10桌）

1. 一桌宴会台型设计

餐桌应置于宴会厅的中央位置，宴会厅的屋顶灯对准桌心。

2. 两桌宴会台型设计

餐桌应根据厅房的形状及门的方位而定，分布成横一字形或竖一字形，第一桌在厅堂的正面上位，如图4-1所示。

3. 三桌宴会台型设计计

如果宴会厅是正方形的，可将餐桌摆放成品字形；如果是长方形的，可将餐桌安排

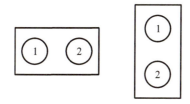

图 4-1 两桌宴会台型设计

成一字形，如图 4-2 所示。

图 4-2 三桌宴会台型设计

4. 四桌宴会台型设计

如果宴会厅是正方形的，可将餐桌摆放成正方形；如果是长方形的，可将餐桌摆放成菱形，如图 4-3 所示。

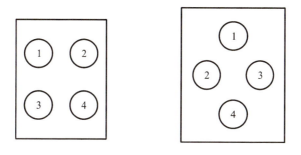

图 4-3 四桌宴会台型设计

5. 五桌宴会台型设计

如果宴会厅是正方形的，可在厅中心摆一桌，四角方向各摆一桌，也可摆成梅花形；如果宴会厅是长方形的，可将第一桌放于宴会厅的正上方，其余四桌摆成正方形，如图 4-4 所示。

6. 六桌宴会台型设计

长方形宴会厅可将餐桌摆放成三角形；长方形宴会厅可将餐桌摆放成长方形或梅花形，如图 4-5 所示。

7. 七桌宴会台型设计

正方形宴会厅可将餐桌摆放成六瓣花形，即中心一桌，周围摆六桌；长方形宴会厅可将餐桌摆放成一桌在正上方，六桌在下方，呈竖长方形，如图 4-6 所示。

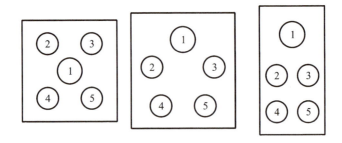

图 4-4　五桌宴会台型设计

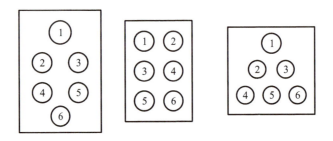

图 4-5　六桌宴会台型设计

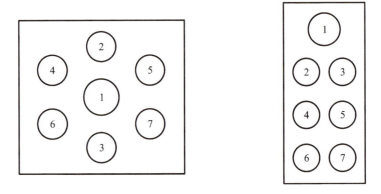

图 4-6　七桌宴会台型设计

8. 8～10桌宴会台型设计

将主桌摆放在宴会厅正面或居中摆放，其余各桌按顺序排列，或横或竖，可双排或三排，如图4-7至图4-9所示。

（二）中型宴会台型设计（11～30桌）

中型宴会台型设计（见图4-10至图4-11），可参考九桌、十桌宴会的台型设计。如果宴会厅够大，也可以将餐桌摆设成别具一格的图案。中型宴会无论将餐桌摆成哪一种形状，均应突出主桌。如果主桌由一主两副组成，则摆成一主宾桌与两副主宾桌。中型及中型以上宴会均应在主桌的后侧设讲话台和麦克风。

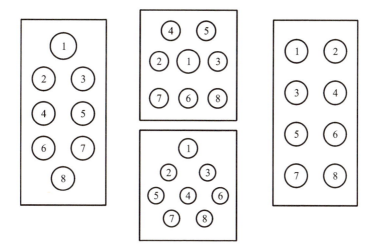

图 4-7　八桌宴会台型设计

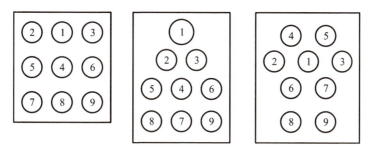

图 4-8　九桌宴会台型设计

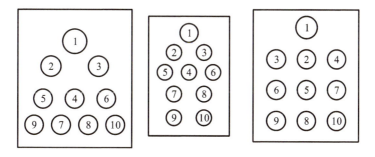

图 4-9　十桌宴会台型设计

(三) 大型宴会的台型设计 (31 桌以上)

大型宴会由于人多、桌多，投入的服务力量也大，为指挥方便，行动统一，应视宴会的规模将宴会厅分成主宾席和来宾席等若干服务区。

主宾区可以设一桌，用大圆桌或用一字形台、U形台等，也可以设三桌或五桌，即一主两副或四副。主宾餐桌位要比副主宾餐桌位突出，同时台面要略大于其他餐桌。来

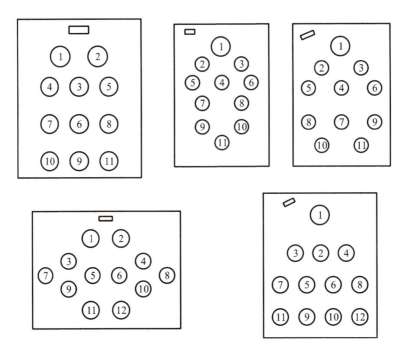

图 4-10 十一桌、十二桌宴会台型设计

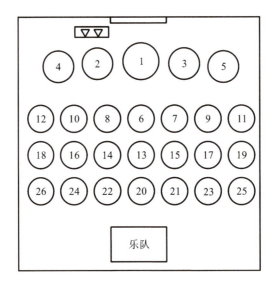

图 4-11 中型宴会台型设计

宾席区,视宴会的大小可分为来宾一区、二区、三区等。大型宴会的主宾区与来宾区之间应留有一条较宽的通道,其宽度应大于一般来宾席桌间的距离,如条件许可,至少为 2 米,以便宾主出入席间通行方便。

大型宴会要设立与宴会规模相协调的讲台。如有乐队伴奏,可将乐队安排在主宾席的两侧或主宾席对面的宴会区外围。大型宴会台型设计如图 4-12 所示。

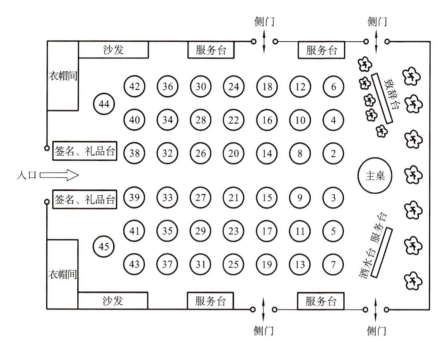

图 4-12 大型宴会台型设计

二、宴会台型设计注意事项

第一,大型宴会台型布局要根据宴会厅房的结构形状、面积大小以及宴会桌数、宴会档次等多种因素划分不同功能的空间区域。主要包括客人宴饮区域、服务辅助区域、讲话致辞区域、伴宴乐队区域、席间演出区域、绿化装饰区域等。

(1) 客人宴饮区域。宴会厅客人就餐区域。

(2) 服务辅助区域。

① 签名台、礼品台。多选用长条形餐桌,一般设在宴会厅大门外的地方。

② 备餐台。又称服务桌,作备餐、上菜、分菜、换盘之用。备餐台多靠边、靠柱摆放,与服务的餐桌要靠近,与宴会厅布局要协调,做到既整体美观又方便员工操作。一种是长条桌(可用小方桌、活动折叠桌拼接),大型宴会使用较多;另一种是带柜橱的服务桌,内部可以存放各种餐具,适合零点餐厅使用。备餐台的位置、大小统一,规格不小于 0.9 米×0.45 米,摆放整齐。根据餐桌数量、厅房面积和服务要求,可 2~4 桌配一个备餐台,主桌要专设备餐台。桌上备有客人需更换的餐具与酒水,分菜服务可在桌上进行,然后送给客人。

③ 临时酒水台。大型宴会可设临时酒水台,方便值台员取用。要精心布置酒水台,使之具有一定的装饰效果。酒水台的规格、数量、形状从实际出发,不做统一要求。

(3) 讲话致辞区域。设置主席台的宴会厅,台上要有表现宴会主题的横幅、徽章、标语、旗帜等布置，以表明宴会性质；不设主席台的宴会厅，要在主桌后面用花坛、画屏或大型盆景等布置宴会背景装饰墙。主席台上要配有立式话筒或简易讲台，必要时设台板以使讲话人更加醒目，并用鲜花盆栽簇围，盆栽高度一般不超过1米。

（4）伴宴乐队区域。有正规舞台的宴会厅，可将伴宴乐队区域设于舞台的左侧或右侧，一般不宜设在舞台正中，除非伴宴后有文艺演出或其他活动。无正规舞台的宴会厅，可将伴宴乐队安排在距宾客座席3～4米处的厅内后侧或左右两侧，太近会影响交流，太远又达不到伴奏效果。

（5）席间演出区域。无固定舞台的宴会厅，如有文艺演出或乐队演奏，可搭建临时舞台，场地可设于餐台正前方或餐厅的中间，铺上地毯，场地四周用花木围起或点缀。

（6）绿化装饰区域。一般是在厅外两旁、厅室入口、楼梯进出口、厅内的边角或隔断处、话筒前、花架上、舞台边沿等，宴会餐厅有时也布置鲜花。

第二，在进行宴会台型设计时，要区分主桌、副主桌与其他餐桌，要突出主桌。

主桌又称主台，俗称"1号台"，是供宴会主宾、主人或其他重要客人就餐的餐台，是宴请活动的中心部分。两桌以上的多桌宴会首先要确定主桌，主桌一般只设1个，安排8～20人就座。

主桌设在宴会厅的上首中心位置，一般面对大门、背靠主体墙面（指装有壁画或加以特殊装饰布置、较为醒目的墙面）。如受厅房限制，也可安排在主要入口的大门左侧或右侧的中间，将面向大门的通道作为主通道。如从会见厅到主桌不通过主通道时，还应有主宾通道。

桌面可用圆形台（直径至少为2米）或条形台（规格至少为2.4米×1.2米），根据所坐人数选择相应规格的台面，主桌台面应大于其他餐桌台面，中间不设转台，而摆花台、花坛或其他装饰台。主桌的餐椅、台布、餐具的规格均应高于其他餐桌。

参加贵宾较多时，可设若干副主桌。一般以圆台为主，席面大小在主桌与普通台面之间，直径为1.8米以上。

大型宴会其他餐桌的主次位置以离主桌的远近和方向来定，按近高远低、右高左低原则来排定桌号顺序。多选用圆台，每席坐10人，餐台直径为1.8米。中低档大型宴会由于受场地限制，也可选用略小一些的餐台。

第三，设计台型时需要按照宴会通知单告知的桌数、人数，选择大小一致、颜色一致、风格一致的圆桌、座椅，根据餐厅的面积、地形、门的朝向、主体墙面位置等设计台型布局，多而不拥挤，少而不能空旷。各桌台型应统一，主桌可例外。不规则、不对称的厅房，由于门多、有柱子，可通过设计改变和利用其短处。宴会桌数不同，则台型布局也不同。

第四，台型排列应整齐划一、间隔适当、合理布局、左右对称。所有的桌脚一条线，椅子一条线，桌布一条线，花瓶一条线，保持横竖成行（列），呈几何图形。餐桌间距应方便通行与服务。有主、副通道,方便客人进出和员工操作,主要通道比其他一般通道留得宽敞一些。大型宴会要设置 VIP 通道,以便贵宾入座。

第五,大型宴会除了主桌外,所有桌子都应编台号。台号是餐台位置的标识,可方便客人入座与员工服务。一般按剧院座位排号法编号,左边为单号,右边为双号,采用小写的阿拉伯数字印刷体。编排桌号时应照顾到宾客的风俗习惯,如有欧美宾客,则应避免使用 13 号。小型宴会也可用花名作为台号。台号号码架的高度不低于 0.4 米,使客人从宴会厅的入口处就可清楚看到,餐台少时可适当低一些。台号架一般放在餐台中央,也可放于主人、主宾餐位中间靠餐台内侧处。台号牌应保持清洁。

第六,举行宴会前,应画出宴会的整个场景示意图,并写出图示说明。完整的台型布局图包括宴会厅餐桌台型图编排,标明台号,还有服务台、装饰台、各种装饰品、乐队表演、植物摆放、宣传品展示的位置。较为简单的物品配置可直接在场景布置示意图上标出,复杂情况下则另列清单,以便有关人员逐一落实。绘制好的宴会台号图放置在入口的显眼处,方便客人查找餐桌号码和位置,避免其在宴会厅里四处寻找。宴会组织者根据宴会台号图划分员工工作区域,检查工作执行情况。宴会主人可按宴会台号图来安排所有客人的座位。

三、案例

案例 1:大型国际会议的宴会布局设计图(见图 4-13)

一场有 1120 人出席的高规格国际会议的大型宴会,宴会前主人与主客的讲话由 CNN 电视台向世界实况转播。宴会布局采用"一"字形台样,一正两副主席台,主台供主人与主客讲话使用,两侧副台分别供交响乐团和民族乐团的乐队使用。这样设计,既弥补了主席台两边的大片空白,又体现了整个宴会厅的气势。各类通道清晰。考虑到宴会人数可能出现的变化因素,后排留有变化的空间,按参加宴会人员数上下浮动 10%。

案例 2:有歌舞表演的中式宴会布局设计图(见图 4-14)

图 4-14 是一场有歌舞表演的宴会,由于酒店场地有限,宴会只能放在酒店的大吧(A 区)举行。但摆不下有 200 人参加的宴会的全部桌椅,只能借用三分之一的大堂(B 区)。由于 A 区比 B 区高 0.45 米,A 区的中心又有一个固定的小舞台,给宴会布局设计带来了一定的难度。宴会布局设计把原有的小舞台扩大,舞台后面立背景板,背景板后面不能利用的空间,作为演员的候场区。主桌用长条弯月形台,单面坐,方便观看演出。舞台两边的餐桌安排主办方的工作人员。B 区由于是

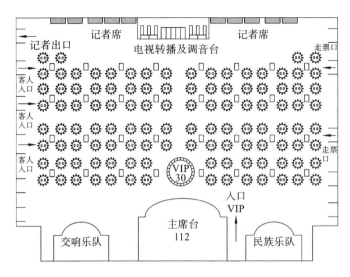

图 4-13　大型国际会议的宴会布局设计图

大堂公共区域,为减少干扰,两边立有高大的可双面看的宴会主办方的宣传立板,并留有可供住店客人出入的通道。宴会入口处用高大的绿色植物做屏障,以增强通透感,减少两边高大立板带来的压抑感。宴会布局设计还要考虑到客人与 VIP 客人的分道入口、演员出口、员工走菜线路等因素。

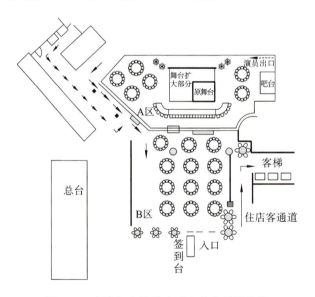

图 4-14　有歌舞表演的中式宴会布局设计图

案例 3:超大型宴会厅的中式国宴布局设计图(见图 4-15)

这次宴会客人仅有 230 多人,设计餐桌 23 桌,而超大型宴会厅面积达 5000 平方米,比正常宴会所需的面积大了 10 多倍。为了弥补视觉上太空旷的缺陷,宴会布局设计采用"品"字形排列,周边点缀一些绿色植物,在致辞台的正对面搭有乐队的演奏舞台,舞台稍稍拉出,拉近了纵向空间,使空间在感觉上缩小了许多。

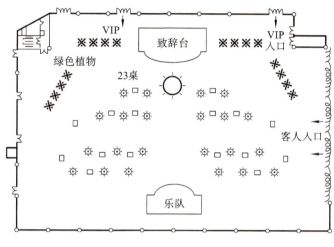

图 4-15　超大型宴会厅的中式国宴布局设计图

第二节　西式宴会台型设计

西式宴会一般使用长台。台型一般摆成一字形、马蹄形、T 形、正方形、鱼骨形、星形、梳子形等。宴会采用何种台型,要根据参加宴会的人数、餐厅形状以及主办单位的要求来决定。总的要求是左右对称、出入方便。西式宴会以中、小型为主,大型宴会采用自助餐形式。一般使用长餐桌,餐台由长台拼合而成。椅子间的距离不得少于 0.2 米,餐台两边的椅子应对称摆放。

一、西式正式宴会台型设计

(一) 台型形式

1. 一字形台、豪华型台、马蹄形台、T 形台

这些餐台适用于 20 人左右的宴会,一般设在宴会厅的中央位置,与厅房两侧的距离大致相等,餐台两端留有充分余地,一般应大于 2 米,便于服务操作。4 种台型如图 4-16 所示。

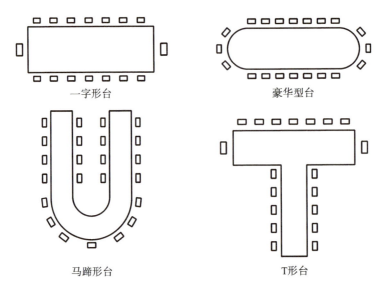

图 4-16 一字形台、豪华型台、马蹄形台和 T 形台

2. U 形台、E 形台、梳子形台和正方形台

U 形台横向长度应比竖向长度长一些；E 形台、梳子形台的翼的长度要一致；正方形台一般为中空，显得开阔疏朗。4 种台型如图 4-17 所示。

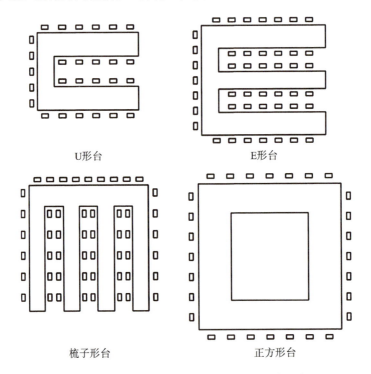

图 4-17 U 形台、E 形台、梳子形台和正方形台

3. 星形台、教室形台和鱼骨形台

星形台中间放圆桌，外侧放长方形餐桌，如光芒外射的星星；教室形台，主宾席用一字形长台，一般来宾席则用长方形餐桌或圆形餐桌；鱼骨形台，两侧餐桌对称排列。星形台、鱼骨形台的长方形餐桌皆可加长，教室形台纵横皆可加排长方形餐桌。人数较多的西餐宴会才有此类台型。3种台型设计如图4-18所示。

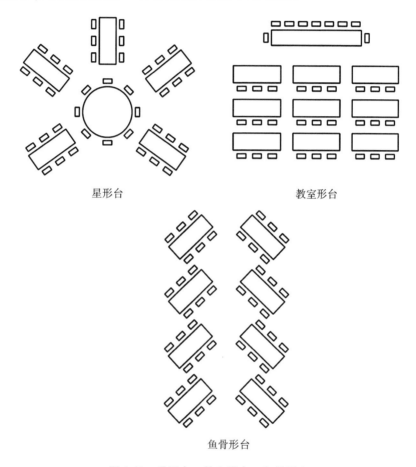

图 4-18 星形台、教室形台、鱼骨形台

4. 案例

案例1：单桌型西式宴席布局（见图4-19）

　　一间中间有柱子的西式宴会厅，利用柱子把厅分成两个区域：休息区（又分男女两个休息区）与用餐区。中间布置餐前鸡尾酒台，服务员可提供餐前酒服务，客人们也可在此调制自己喜欢的鸡尾酒。男主人餐位按习惯安排在壁炉前。在女主人餐位后面有自助生菜沙拉台，上主菜前客人们可以按需取用，女主人也可在此展示厨艺与好客之情。席间有钢琴伴宴，宴会结束后，撤去生菜，摆上咖啡、餐后酒、

巧克力等餐后小吃，便可成为餐后鸡尾酒会的场地。

案例2：多桌型西式宴席布局（见图4-20）

　　这是一场圣诞晚宴，要求晚宴中有演出，晚宴结束后还有舞会。舞台背景采用双层立板，两边的小立板是为了方便演员上下舞台，舞台前面的活动舞板既是舞台的舞池，也是舞台的延伸，从而加大了演出舞台的面积。为方便主宾观看演出，主桌是按课堂式安排，面向舞台，位置后移至近宴会厅中间，给人以同欢同乐的感觉。其他餐桌朝向基本都能看到舞台。由于舞会客人进出较为频繁，在设计中应充分考虑主、副通道的布局。

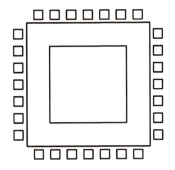

图4-19　单桌型西式宴席布局

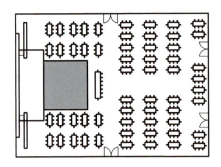

图4-20　多桌型西式宴席布局

二、西式冷餐会台型设计

（一）设计要点

（1）保证有足够的空间布置餐台，餐台数量应充分考虑客人的取菜进度，以免造成客人等候时间较长。每80~120人设一组菜台，500人以上可每150人设一组菜台。

（2）冷餐会餐台面积计算方法，应根据厨房装菜盘的大小与数量以及餐桌布置装饰物的大小与多少来决定。客人单边取菜餐台的宽度不能超过0.6米,两边取菜餐台宽度不大于0.6米+0.6米+中间装饰物的宽度。长度为:(菜盘长度+两菜之间的间距)×菜的数量。菜盘长度为:菜盘的寸数(1寸=3.33厘米)×2.54厘米。简便算法:一张常规标准的条桌(1.83米×0.45米)可放4个菜盘。

(3) 现场操作的菜点如豆腐脑、烤鸭等服务时间稍长。主菜如烤牛排等客人较受欢迎的菜点,为了避免拥挤,应设置独立的供应摊位。

(4) 为了突出主题,可在厅房的主要部位布置装饰台,通常是点心水果台。

(5) 冷餐会布局设计分为设座与不设座两种形式,所以其台型设计形式也各不相同。

(6) 客人取菜路线的流向。人流的交汇处应在取菜口上,而不能是取菜处的尾部,这是因为客人手持盛满菜肴的菜碟,穿过人群是比较危险的。客人取菜路线应与加菜厨师的路线分开。

(二)台型形式

冷餐会菜台拼搭的各类桌子尺寸必须规范,桌形的变化要服从实际需要。餐台分布匀称,餐桌可组合成各种图案进行摆放。

(1) U形长条类主菜台(见图4-21)。中间的空隙可以站立服务员,方便其为客人提供分菜服务,提高客人的流速。

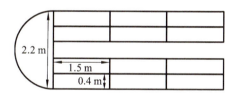

图4-21　U形长条类主菜台

(2) 步步高形长条类主菜台(见图4-22)。在相同的占地面积下拉长桌子的周长,增加同时取菜客人的数量,从而减少客人的等候时间。

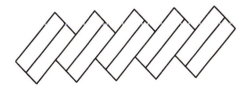

图4-22　步步高形长条类主菜台

(3) V形长条类主菜台(见图4-23)。从中间开始取菜的客人取完菜后,很自然地顺着台型分散开,减少因为客人手持盛满菜肴的菜碟穿过人群的危险。

(4) Y形长条类主菜台(见图4-24)。当从"Y"底部开始取菜的客人取完菜后,很

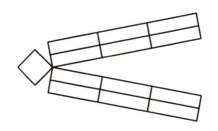

图 4-23　V 形长条类主菜台

自然地顺着台型分散开，而不会聚集在餐厅中间 180°后转，引起翻碟。

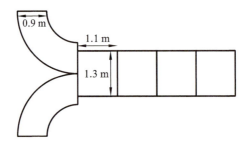

图 4-24　Y 形长条类主菜台

（5）串灯笼形长条类主菜台（见图 4-25）。与圆灯笼桌形配合布置，可营造出中式的喜庆氛围。

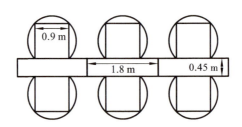

图 4-25　串灯笼形长条类主菜台

（6）长蛇形长条类主菜台（见图 4-26）。中间的大圆台的嵌入，使此台样成为菜台，带有装饰台功能，圆台处是摆放饰品的，此台样对仅排 1 组菜台的小型冷餐会很适合。

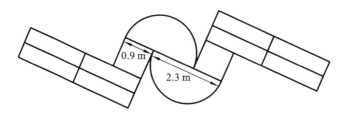

图 4-26　长蛇形长条类主菜台

（7）J 形组合长条类主菜台（见图 4-27）。由多块半圆形台面组合而成的台面，给人以动态的感觉。

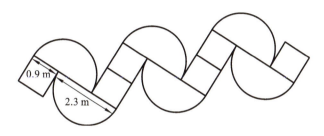

图 4-27　J 形组合长条类主菜台

（8）红灯笼形多类型主菜台（见图 4-28）。可当主菜台，也可当主饰台，适用于正方形厅房。

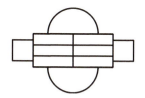

图 4-28　红灯笼形多类型主菜台

（9）车轮形中心类饰台（见图 4-29）。菜台中心抬高后可摆放大型黄油雕、冰雕等饰品。

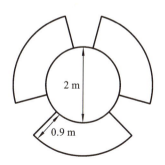

图 4-29　车轮形中心类饰台

（10）三角形中心类饰台（见图 4-30）。菜台中心以大型绿色植物为造型，降低布置成本。

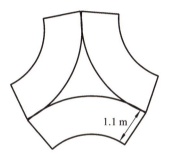

图 4-30　三角形中心类饰台

(11) 齿轮形中心类饰台（见图 4-31）。菜台中心以大型绿色植物为造型，在三处小间隙摆放小型绿色植物，使台面有机地分割成三个区域，更能突出菜肴主题。

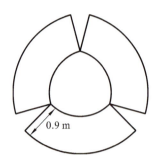

图 4-31　齿轮形中心类饰台

(12) 五星形中心类饰台（见图 4-32）。菜台中心抬高后可摆放大型黄油雕、冰雕等饰品，在间隙摆放小型绿色植物，它是饰品与植物组合装饰台。

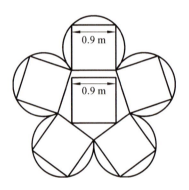

图 4-32　五星形中心类饰台

(13) W 形贴边类主菜台（见图 4-33）。在相同的占地面积下拉长桌子的周长，增加同时取菜客人的数量，后面的空隙可以站服务员，为客人提供分菜服务，提高客人的流速，从而减少客人的等候时间。

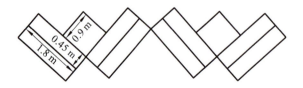

图 4-33　W 形贴边类主菜台

(14) 半灯笼形贴边类主菜台（见图 4-34）。菜台与饰台结合，与圆灯笼桌形配合布置，可营造出中国式的喜庆氛围。

(15) 蝙蝠形贴边类主菜台（见图 4-35）。后面较大的空间为厨师操作留下了余地。

(16) W 形嵌角类主菜台（见图 4-36）。紧贴厅房的四角，适合厅房面积较小的冷餐会。

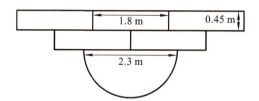

图 4-34 半灯笼形贴边类主菜台

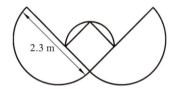

图 4-35 蝙蝠形贴边类主菜台

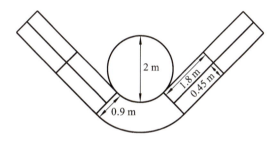

图 4-36 W 形嵌角类主菜台

（17）例 V 形嵌角类主菜台（见图 4-37）。利用厅房的四角，也可用于两组特色独立供应摊，菜台后面的空间布置绿色植物与员工的服务空间。

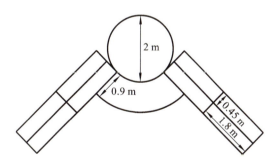

图 4-37 V 形嵌角类主菜台

（三）案例

（1）不设座冷餐会的布局设计要点。站立式就餐，时间不会很长，菜台设计要加快客人的流速；不用大圆桌与椅子，四周可摆少量椅子，供女宾和年老体弱者使用；空余区域较大，菜台的布局要松散，但相互间要有呼应；舞台设计要小，即使有演出也是独奏类的节目;最好不设主宾席,若设主宾席,可在厅室的前方摆上几组小餐桌,也可摆大圆桌或长条桌作为主宾席。

案例1:不设座冷餐会的布局设计之一(见图4-38)

菜台设计成"三羊开泰",是为迎接羊年的到来而举行的企业"尾牙"。由于人数较多,采用的是无座式自助餐。突出主桌,只在主桌设置座位。厅房中心与近主席台处留有较大的空间。菜台斜放是为了客人在餐台中心开始取菜后能顺势向两边闪开。餐台位置靠近入口,便于客人进入餐厅。由于没有演出,主席台较小,通过两边摆放大型绿色植物来拉大主席台的感觉。主席台对面摆放大型花台,通过花台的造型来反映主题。沿墙壁摆放的椅子是为年老者准备的。

案例2:不设座冷餐会的布局设计之二(见图4-39)

两组菜台布置。以横向面的设计较好,竖向设计会使主席台的位置比较拥挤,或取菜台较拥挤。由于主席台背景墙较长,可以通过摆放绿色植物与两边搭建立体装饰台来弥补。设计"一"字形菜台时,应注意客人取完菜后有个顺势拐弯的设计,不要让客人180°后转。此外,还需要有明显的主桌区域。

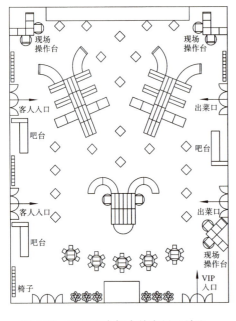

图4-38 不设座冷餐会的布局设计之一

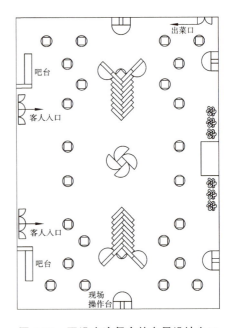

图4-39 不设座冷餐会的布局设计之二

(2)设座冷餐会的台型布局设计。主要有两种形式:一种是用小圆桌,每张桌边摆

6把椅子，在厅内布置若干张菜台；另一种是用10人桌面，摆10把椅子，将菜点和餐具按西餐美式用餐的形式摆在餐桌上。主桌可按出席的人数，用12～24人大圆桌或长条桌进行布置。无论是何种台面，菜台以摆放在宴会厅四周为佳。在人少、厅大的情况下，菜台也可放在中间，并在一角设置酒吧。

案例3：设座冷餐会的台型布局设计之一（见图4-40）

此为有柱子的宴会厅，合理地把柱子利用到菜台的中间，节省了很大的空间。设座冷餐会的酒水采用上桌服务，没设酒水台，但设计了服务员使用的接手桌。由于受柱子的影响，主通道设计为两条。

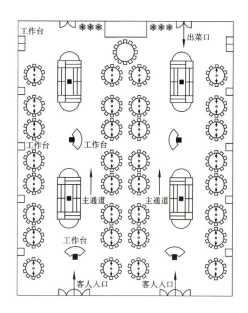

图4-40 设座冷餐会的台型布局设计之一

案例4：设座冷餐会的台型布局设计之二（见图4-41）

此为梯形宴会厅，为了解决人少、厅大的情况，将菜台设计在宴会厅的中间，通过X形的菜台设计，把宴会厅按客人的需求有机地分割为4个部分。

三、西式鸡尾酒会台型设计

鸡尾酒会在不同的时段，使用不同品种、数量的食品，选用不同的饮料、酒水，人数可多可少，地点随意，台型设计无定式。

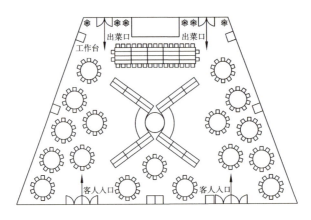

图 4-41 设座冷餐会的台型布局设计之二

1. 宴会前的鸡尾酒会

小型的鸡尾酒会可设在会见厅内,或利用宴会厅内一角现有的茶几设置,不设菜台,不设座位,在厅室的左右两侧摆上酒台,供服务人员送酒和备餐之用。食品由服务员持托盘派送。大型的鸡尾酒会则可在宴会厅前的中厅内进行,靠近中厅入口处安排酒水台,并在适当部位放一些酒吧高圆台,视厅房面积,约每 30 平方米内放一张。

2. 宴会后的鸡尾酒会

如为 50 人左右的小型酒会,场地可选择会见厅、行政酒廊、宴会厅的休息区域,可利用现成的沙发茶几,另设咖啡、酒吧台与小吃台。

3. 商务型鸡尾酒会

大型酒会按客人需要搭建舞台,供主人讲话和小型乐队演奏使用,舞台背景的布置要符合酒会的主题,会场内可放些直径为 1.3 米的圆桌(约每 30 平方米内放一张)或 0.9 米×0.9 米小方桌(约每 20 平方米内放一张),不放椅子。按照菜单与人数摆放酒台与小吃台,每 100 人摆放 1 张。酒台放在厅房的边上,最好靠近门口与主桌;小吃台安排在厅房的中间。

思考与练习

1. 收集酒店宴会厅举办大型宴会时的台型设计案例,并进行分析评价。
2. 请设计不同类型的宴会台型,要求具有针对性与特色。

第五章　宴会台面

案例导入

国色天香迎盛会：奥运贵宾欢迎宴　鲜花命名国宴桌
"牡丹"为主桌

2008年8月8日，胡锦涛同志在北京人民大会堂宴会厅为出席北京奥运会的贵宾举行欢迎宴会。

八日中午十二点半不到，在完成人民大会堂北大厅迎宾活动后，胡锦涛和夫人刘永清一同步入人民大会堂二楼的宴会厅。

宴会厅内灯火辉煌，在领位员的陪同下，各方贵宾逐次落座于九张大圆桌，每张桌的贵宾人数从二十五到二十七人不等。

每张桌子以鲜花为名，分别为牡丹、茉莉、兰花、月季、杜鹃、荷花、茶花、桂花、芙蓉，胡锦涛等分别在上述九桌就座。

"牡丹"桌上，国际奥委会主席罗格落座于胡锦涛的右侧，刘永清在胡锦涛左侧就座，与安娜·罗格夫人比邻。

这张桌子主宾共二十七人，其中还包括国际奥委会名誉主席萨马兰奇、美国总统布什夫妇、法国总统萨科齐、俄罗斯总理普京、巴西总统卢拉等人。

（资料来源：http：//news.hsw.cn，2008年8月8日。）

第一节　宴会餐台知识

一、宴会台面知识

（一）宴会台面类型与命名

餐台是供客人就餐的餐桌台面，又称素台、食台、台面、席面。

宴会台面有以下几种分类：

（1）按使用目的分类命名，有餐台、花台和展台；

（2）按台面风格分类命名，有中式宴会台面、西式宴会台面与中西合璧宴会台面；

（3）按台面的形状或构造分类命名，有中餐的圆桌台面、方桌台面、转台台面，西餐的直长台、T形台、M形台、"工"形台等；

（4）按每位客人面前所摆小件餐具件数分类命名，有5件餐具台面、7件餐具台面等；

（5）按台面造型及其寓意分类命名，有百鸟朝凤席、蝴蝶闹花席、友谊长存席等；

（6）按宴会的菜肴名称分类命名，有全羊席、全鸭席、鱼翅席、海参席、燕窝席等。

（二）几种宴会台面特点

1. 中式宴会台面

以圆桌台面为主，桌上摆放转盘，中央摆设鲜花，摆设10个座位，寓意十全十美。使用中式餐具，摆台件数根据宴会标准和菜单编排来配备，如7件头、9件头、12件头等，相对集中地摆放在每位客人餐位前，间距适当，美观大方，整齐一致。台面中心用各种艺术形式进行装饰造型。大型宴会因席面多，需进行台型设计。

2. 西式宴会台面

（1）正式宴会台面。根据赴宴人数多少确定餐台形状。使用西式餐具摆台。台面布置简洁、素雅，台面使用的花卉和布置的图案要根据进餐对象国别的不同而有所区别。

（2）冷餐酒会台面。摆放食品台和西式餐具，对台面进行艺术装饰与台型设计。按照是否摆放客人就座餐桌，可分为立式冷餐酒会台面与座式冷餐酒会台面两种。

3. 中西合璧宴会台面

这是兼有中、西式宴会台面优点的一种新型台面。它保持中餐菜式优点，吸收西菜用餐方式的长处。餐具由中餐使用的筷子、骨碟、汤碗与西餐使用的刀叉勺以及其他小件餐具和各种酒具组成。进餐方式以分餐为主，提供西餐美式服务（又称各客式分菜服务）。每道菜肴都在厨房或工作台边桌上分派装盘后，直接端给每位客人使用。对台面进行艺术装饰与台型设计。

4. 花台

花台又称艺术台面，是指用鲜花、绢花、盆景、花篮以及各种工艺美术品和雕刻物品（小件餐具有时也用来作为花台造型的工具）等点缀，构成各种新颖别致，融就餐与观赏、实用与艺术、食台与看台于一体的餐台。花台中央有主题装饰物以突出宴会主题，图案造型要结合宴席特点，色彩要鲜艳醒目，造型要新颖独特。开宴上菜前，客人欣赏完毕，可撤去中央装饰物（实行分餐制的可不撤）。这是目前酒店最常用的一种台面形式，一般用于中、高档豪华宴会。

5. 看台

看台又称观赏台、展台，设置在宴会厅大门入口处或中央处，是专供客人欣赏观看的装饰台面，以烘托宴会气氛、显示规格档次、展示服务工艺、愉悦客人身心。看台多用于特别高档的宴会。看台台面较大，根据宴会的性质、内容，用各种小件物品和各种花卉、盆景、食品雕刻、大型冰雕、面塑、彩灯、标花大蛋糕等装饰物品摆成各种图案造型。主体造型突出宴会主题，如婚宴的"龙凤呈祥"、寿宴的"松鹤延年"、钱行宴的"鲲鹏展翅"、洗尘宴的"黄鹤归来"、庆功宴的"金杯闪光"等。

二、台面设计知识

（一）宴会台面设计的含义

宴会台面设计又称宴会餐台设计、餐桌布置艺术，最初源于欧洲，于19世纪末20世纪初传入我国。宴会台面设计是饮食文化高度发达的产物，是现代文明进步的表现。根据宴会主题，采用多种艺术手段，对宴会台面的餐具等物品进行合理摆设，使宴会餐台形成一个完美的组合艺术形式。

宴会台面设计内容包括台面中心造型设计、餐具设计、餐巾花设计、宴席摆台基本技法与宴席席位设计等。宴会台面设计不仅是一门科学，而且是一门艺术。台面设计具有基本规律和共性，但各地、各酒店可根据用餐形式的不同，台面设计所用餐具数量、摆放方式也不必完全统一，可以创造独特的台面设计方式。

（二）宴会台面设计的作用

1. 衬托宴会气氛

宴会具有社交性和隆重性，讲究进餐气氛。酒店建筑水平和装饰风格，宴会厅环境，员工气质和服饰，以餐桌装饰与设计等，构成了营造宴会气氛的重要手段。当客人走进宴会厅，看到餐桌上造型别致的餐具陈设、千姿百态的餐巾折花、玲珑鲜艳的餐桌插花，隆重、高雅、洁净、轻松的气氛便跃然席上。

2. 反映宴会主题

通过台型、口布、餐具等的摆设和造型，巧妙地将宴会主题和主人愿望艺术地再现在餐桌上。如"孔雀迎宾"、"喜鹊登梅"、"青松白鹤"、"和平鸽"等台面，分别反映了"喜迎嘉宾"、"佳偶天成"、"庆祝长寿"、"向往和平"的宴会主题。

3. 显示宴会档次

宴会档次与台面设计档次成正比。一般宴会台面布置简洁、实用、朴素；高档宴会台面布置复杂、富丽、高雅。

4. 确定宾客座序

按照国际礼仪，通过对餐桌用品的布置来确定宾客座序，确定主桌与主位，如用口布来确定主人与其他客人的席位。内行而知礼节的客人一看到餐桌上的摆设，就知道自己该坐的位置。

5. 便于就餐服务

良好的台面设计既便于客人进餐，又易于员工服务。

6. 体现管理水平

摆台与装饰是宴会服务中一项技术性较高的工作，是餐饮员工必须掌握的一门基本功。台面设计是宴会设计的重要内容之一，一台精美的席面既反映出宴会设计师高超的设计技巧和服务员娴熟的造型艺术，又反映出酒店的管理水平和服务水准。

（三）宴会台面设计的原则

1. 特色原则

突出宴会主题，体现宴会特色，如婚庆宴席就应摆"囍"字席以及百鸟朝凤、蝴蝶戏花等台面，接待外宾就应摆设友谊席、和平席等。根据季节设计台面，如春桃、夏荷、秋菊、冬梅。根据不同宴会规格的高低决定是否设计看台、花台等装饰物，决定餐桌间距、餐位大小、餐具种类与品牌、服务形式，如较高级的宴席除摆放筷子、汤匙、吃碟和酒杯外，还需摆放卫生盘和各种酒杯。

2. 实用原则

餐桌间距、餐位大小、餐桌椅子高度与距离，餐具摆放，台面大小与服务方式，儿童顾客的餐椅高低、要否护栏，以及残疾顾客出入路线等，都应以满足顾客进餐需要为前提，以方便顾客为原则。按宴会菜单配备餐具，中餐用中式餐具，西餐用西式餐具。

中餐餐具摆放以座椅正前方中心作为中点，能让顾客清楚地判断出每个餐位的整套餐具。西餐摆台，菜盘放在正中，盘前横匙，叉左刀右，先外后里，刀口朝盘，叉尖向上，饮具在右，面包盘在左。餐具间的距离要均匀，最小距离应以拿餐具时不碰另一件餐具为宜。酒具要与酒品配套摆放。吃什么菜配什么餐具，喝什么酒配什么酒杯。符合进餐要求，如上带骨食品以及味道较重的海鲜等菜品，应跟着上洗手盅等。

3. 便捷原则

台面设计不可太烦琐、复杂，应在实用、美观的前提下，做到方便、快捷。每个客位所占的餐桌圆弧边长至少为 0.5 米，餐位之间的距离应既便于客人就餐、活动，又确保服务工作的顺利进行。选用餐用具应符合各国或各民族用餐习惯，如中餐台面要放筷子，西餐台面则摆餐刀、餐叉；餐具摆放紧凑、整齐、规范、方便，位置要恰当，骨碟靠桌边对客位，汤碗在左，酒具在前，筷子在右，茶具在筷子的右边。宴会餐区各种标识清楚，指示清晰，自助餐取食和进食区域区别明显；客人动线与服务动线应合理，少交叉；桌号牌能很容易被客人看到。

4. 美观原则

台面设计应整洁统一，艺术美观。台面的装饰要符合宴会厅整体风格，富有艺术性。普通宴席的装饰不能过于华丽，以免与菜肴相比，形成喧宾夺主的局面，同时也会加大经营成本。高档宴席不能布置得过于简单，否则无法体现宴会的主题、规格及高雅隆重的宴请气氛。宴会餐台摆放成几何图形，餐椅摆放整齐一致；餐椅、台面的色彩与宴会厅环境协调、平衡；台面大小与进餐者人数相适应，席位安排有序。台面上的布件、餐具、用具、装饰品要配套、齐全、洁净，布局要整齐划一。餐具摆放应相对集中，位置恰当，横竖成行（列），餐具布局上下间距 1.5 厘米，左右间距 1 厘米，酒杯的中心点成直线，筷子、勺与台面中心点的虚线平行。圆形餐台，各餐具都应以圆心直线为准，围绕圆心平行于圆心直线，合理而协调地放置。公用器具摆放对称美观，使用方便，数量恰当，把柄、标签朝外，方便客人取用。摆放带有图案的餐具，其图案方向一致，餐具的图案、花纹、长短、高低搭配合理。善于利用不同材质、造型、色彩的餐具进行组合，如由玻璃餐具组成的全玻璃台面显得雍容华贵、晶莹剔透，陶瓷餐具乡土气息浓郁，宜兴紫砂餐具显得历史悠久。

5. 礼仪原则

台面设计应符合礼仪，遵守习俗。当多个宴会在同一场地举行时，可利用灯光、花草、低墙、屏风或隔断等方式进行餐区分隔，归属明确，尊重客人的隐私和自主权，不使相邻顾客感到为难或混乱。摆台要根据各国、各民族的社交礼仪、生活习惯、宴饮习俗、就餐形式和规格而定。主人与主宾的餐位应面向入口，处于突出或中心位置，能环视宴饮场面；按照国际惯例安排翻译等陪同人员的餐位以及其他客人的餐位。餐具、餐巾、台布、台裙的颜色，插花的花卉、餐巾的折花，供应的酒类，以及服务的先后顺序都应符合国际礼仪、民族风俗和宗教信仰。

6. 卫生原则

要求服务人员手法卫生、操作规范。操作前，应清洗双手并消毒。检查所需餐饮用具是否完整无缺，不得使用残破、有缺口、有裂纹的用具。餐具洁净，不能有污迹、水渍与手迹，消毒指标达到国家有关标准。操作工具安全干净，装饰物品符合卫生标准。摆台时，要求盘碗拿边，杯盏拿底，刀、叉、匙、筷拿柄，不能用手拿餐具、杯具的与口直接接触的部位和用具内壁部分，不能拿筷子尖和汤勺舀汤的部位，折叠餐巾花时不能用嘴咬餐巾。倡导分食制就餐方式，即便是采用共餐制就餐，也应设置公用餐具。

第二节　宴会台面设计

一、宴会摆台技法

（一）中式宴会摆台程序与规范

中式宴会摆台程序依次为：摆餐台、餐椅—铺台布—摆转盘—摆餐具—摆餐巾—摆放中心装饰物—检查摆台。

1. 摆餐台、餐椅

（1）餐台。中餐宴会选用木制圆台，根据宴会规格、人数多少、场地大小选择合适的餐台。每个客位所占的餐桌圆弧边长至少为 0.5 米，一般为 0.6 米，舒适的边长为 0.7 米，豪华的边长为 0.85 米。摆放时，四条桌腿正对大门的方向，避免客人碰撞桌腿。

（2）餐椅。选用高靠背的中式餐椅。从主位开始，按顺时针方向依次摆放餐椅。方式有两种：一种是均匀摆放，每把餐椅正对着餐位，椅间距离均等，餐椅的前端与桌边平行，椅座边沿刚好靠近下垂台布，餐椅形成圆形；另一种是采用三三两两方式，即南北方向各呈"一"字形摆放三把椅子，东西方向也各呈"一"字形摆放两把椅子，餐椅形成方形。

2. 铺台布

（1）铺台布的操作流程与规范，分四步进行。

第一步：确定站位。在铺台布前洗净双手。根据环境选用合适颜色和质地的台布，根据桌子形状和大小选择合适规格的台布。检查台布是否洁净、有无破损，如果有一项不合格就不可使用。将座椅拉开，站在副主人位置上，把折叠好的台布放于铺设位的台面上。

第二步：拿捏台布。右脚向前迈一步，上身前倾，将折叠好的台布从中线处正面朝上打开，两手的大拇指和食指分别夹住台布的一边，其余三指抓住台布。使其均衡地横过台面，此时台布成 3 层，两边在上，用拇指与食指将台布的上一层掀起，中指捏住中折线，稍抬手腕，将台布的下一层展开。

第三步：撒铺台布。将抓起的台布采用撒网式、抖铺式或推拉式的方法抛向或推向餐桌的远端边缘。在推出过程中放开中指,轻轻回拉至居中,做到动作熟练,用力得当,干净利落。

第四步:落台定位。台布抛出去后,落台平整、位正,做到一次铺平定位。台布平整无皱纹,台布中间的十字折纹的交叉点正好处在餐桌圆心上,中线凸缝在上,直对正、副主人位,两条副线,雄线(凸缝)在主人位的右面,雌线在左。台布四角下垂均等,以 20~30 厘米为宜。下垂四角与桌腿平行,与地面垂直。

(2)铺装饰布。有些中高档宴席为了丰富、美化台面,根据需要选择与台布颜色不同的装饰布,铺放在台布上。

(3)围台裙。有些中高档宴席为了丰富、美化台面,根据需要选择颜色较深的装饰布做台裙。使台裙的折边与桌面平行,使用台裙夹或大头针将台裙从主客右手边,按顺时针方向一次固定在餐桌边缘上。

3. 摆转盘

选用规格、档次与台面相一致的转盘。在餐台中心摆上转盘底座,将转盘竖起,双手握转盘,用腿部力量将转盘拿起,滚放在台面中心。要求转盘圆心与圆桌中心、台面中心三点相重合。注意检查转轨旋转是否灵活。

4. 摆餐具

(1)宴席餐具配备要求与内容(详见第五章宴会餐具配备的相关内容)。

(2)宴席摆放餐具流程与规范。按"骨盘定位、先左后右、先里后外、先中心后两边"的顺序摆放。采用"五盘法"(一盘,二筷,三酒具,四碗及调味用具,五艺术品)摆放餐具,将餐具按照摆设程序分五盘依次码放在有垫布的托盘内,用左手将托盘托起(平托法),从主人座位处开始,按顺时针方向依次用右手摆放餐具。

第一盘:摆看盘、骨盘。骨盘定位,高档宴会有看盘。从主人位开始,顺时针方向依次摆放看盘。看盘正对着餐位,盘边与桌边间的距离为1.5厘米。盘间距离相等,盘中主花图案在上方正中间。正、副主人位的看盘,应摆放于台布凸线的中心位置。按上述方法依次摆放其他客人的看盘。骨盘摆放在看盘上面,图案要对正。骨盘与看盘之间放置垫子,一是为美观艺术,二是为减少噪声。一般宴会只需摆放骨盘即可。

第二盘:摆筷架、筷子、匙。筷架摆在骨盘的右上方,距骨盘3厘米。戴筷套的筷子摆放在筷架的右边,筷子尖端距筷架0.5厘米,筷子后端距桌边1.5厘米,筷套图案向上。匙摆放在筷架的左边,距盘边1厘米。

第三盘:摆饮具(三套杯,即水杯、葡萄酒杯、白酒杯)。先将葡萄酒杯摆在看盘的正前方,居中,杯底距看盘边1厘米。白酒杯摆在葡萄酒杯的右侧,与葡萄酒杯的距离约为1厘米。水杯摆在葡萄酒杯的左侧,距离葡萄酒杯约1厘米。将折叠好的餐巾花插放在水杯中。三只杯子要横向中心点,成一条直线。

第四盘：摆口汤碗、汤匙、公用餐具。将口汤碗放在葡萄酒杯的正前方，距离为 1 厘米。将汤匙摆在口汤碗内，匙把向右。牙签有两种摆法：一是摆牙签盅，摆放在公用餐具右侧；二是将印有本店标志的袋装牙签摆放在每位宾客看盘的右侧，要注意摆放方向。在正、副主人汤匙垫的前方 2.5 厘米处及两边，各横放一副公筷架，摆放公筷、公匙。筷子手持端向右，公匙摆在公筷下方。椒、盐调味瓶放在主客的右前方，两副公筷的中间，对面放酱、醋壶，壶柄向外。

第五盘：摆烟灰缸、菜单、台号牌、花瓶。若情形特殊许可吸烟（公共场所禁止吸烟），烟灰缸分别摆在正、副主人的右边，位置在两个骨盘之间，或者摆放在公筷的右边。每隔两个座位各摆放一个烟灰缸，前端应在水杯的外切线上。火柴摆在烟灰缸上，正面向上。10 人以下摆 2 份菜单，摆在正、副主人席位右侧，下端距桌边 1 厘米，12 人以上摆 4 份菜单，摆成"十"字形；菜单也可竖立摆放在水杯旁边；高档宴会每位宾客席位右侧都摆放一份菜单。台号牌放在铺台布位置的中心花饰的左边或右边，并朝向大门入口处。全部餐具摆好后，再次整理，检查台面，摆正椅子，最后放上花瓶，以示结束。

5. 摆餐巾

1）餐巾折花要求

（1）美观大方。餐巾具有卫生保洁、装饰与美化席面、表达与传递情谊、标示主宾座位等作用。按不同性质的宴席，把餐布折叠成栩栩如生的花草类、飞禽类、蔬菜类、走兽类、昆虫类、鱼虾类和其他实物造型的餐巾花，摆在餐桌上，用来点缀、烘托、美化台面，使台面生机勃勃而又富于变化，营造热烈欢快的气氛，给宾客以美的享受。据"大调和、小对比"的台面色彩装饰原则，选择餐巾颜色进行色彩搭配，要与台布、桌裙、餐具、花饰及台面上其他装饰物的颜色协调，避免顺色，可采用同色系的近似色或反差色，形成层次感。如采用同一种颜色，则应在织物的条纹、抽花、色度深浅等方面有所区别。注意餐巾总色调不能超过 3 种。双色餐巾折花，色彩分布要均衡、有序。

（2）简单快捷。造型简单，叠法快捷。现已使用的餐巾花有两百多种，常用的也有二三十种。大型宴会可选用简单、快捷、挺括、美观的花型；可在同一桌上使用各种不同的花型，形成多样协调的布局。餐巾花造型要神似而简洁，品种搭配得当，高低错落有序，观赏面朝向宾客。

（3）花型适宜。选择餐巾花的花型应考虑以下因素。一是宴会性质。如婚礼可用玫瑰花、并蒂莲、鸳鸯、喜鹊等花型；祝寿可选用仙鹤、寿桃等花型；圣诞节可选用圣诞靴和圣诞蜡烛等花型。二是宴会规模。大型宴会可选用简单、快捷、挺括、美丽的花型且种类不宜过多，每桌可选主位花型和来宾花型两种。小型宴会可在同一桌上使用各种不同的花型，形成既多样又协调的布局。三是风俗习惯。如美国人喜欢山茶花，忌讳蝙蝠图案；日本人喜爱樱花，忌讳荷花、梅花；法国人喜欢百合，忌讳仙鹤；英国人喜欢蔷薇、红玫瑰，忌讳大象，而且把孔雀看成是淫鸟、祸鸟。四是宗教信仰。如果客人信仰佛教，宜选择植物类、实物类造型花，不用动物类造型花。五是宾主席位。宴会主人座位上的餐巾花称为主花。主花要选择美观而醒目的花型，应高于其他席位花，目的是突出主位。六是时令季节。春天可选用迎春、春芽等花型，夏天宜选用荷花、玉米花等花型，秋天宜选用枫叶、海棠、秋菊等花型，冬天可选用冬笋、仙人掌、企鹅等花型。七是冷盘图案。如用荷花图案做冷盘的宴会，应配以花类的折花营造"百花齐放"的氛围；以鱼翅为主的宴会，则可配以各种鱼虾造型的餐巾花。八是宴会环境。开阔高大的厅堂，宜用花、叶、形体高大一些的品种；小型包厢则宜选择小巧玲珑的品种。餐巾的色泽要与台面的色彩和席面的格调相协调。九是工作状况。工作较闲、时间充裕，可折叠造型复杂的花型；客人较多、时间紧，可折叠造型较简单的花型。

(4) 清洁卫生。操作前要洗手消毒。在干净的托盘或台面上操作，操作时不允许嘴叼、口咬。采用杯花式放花入杯时，手指不允许接触杯口，杯身不允许留下指纹。

2) 餐巾花的摆放方式

(1) 杯花。将餐巾花插入水杯或酒杯中，用杯口加以约束，取出后即散形。优点是花型多，餐巾花向空间发展，立体感强。缺点是餐巾花打开后褶皱较多，不美观。中餐使用较多，能形象地体现东方美食情韵，充满欢乐、吉祥、热烈的气氛。

(2) 盘花。将餐巾花放在台面或餐盘中，造型完整，因为有较大的接触面成型后不会自行散开。简洁明了，个性突出，适用范围广。

(3) 环花。将餐巾整个卷好或折叠形成一个尾端，套在餐巾环内，平放在骨盘上。

餐巾环材质有银质、骨质、象牙质等，有的环上还有纹饰和徽记。也可用色彩鲜艳、对比强烈的丝带或丝穗代替餐巾环，在餐巾卷的中央系成蝴蝶状，配以小枝鲜花于衬碟或面包盘上，高雅精致，简洁明快。盘花和环花过去常用于西餐，如今中高档宴会餐巾花较多趋向于造型简单、折法快捷、清洁卫生的盘花和环花。

3) 餐巾花的摆放要求

(1) 主花要摆在主位上。主桌或主位的餐巾花应与其他桌面或餐位有所区别，要更加突出、更加精美。主花摆在主位上，副主位为次高花，一般花则摆放在其他席位，整个台面上的花型高低均匀、错落有致。

(2) 插入深度恰当。插入杯中的餐巾花要保持花型完整，餐巾花线条清楚、整齐。插入时要慢慢地顺势而插，不能乱插乱塞或硬性塞入。插入后要将餐巾花整理成形，摆正摆稳，使之挺立。

(3) 整齐、对称、均衡。餐巾花要整齐美观、间距一致，长台上的花要摆在一条直线上。不同的花型同桌摆放时，要将形状相似的花错开并对称摆放，不宜将形状相似的花型摆在一起。

（4）便于观赏识别。餐巾花摆放位置要恰当，便于识别观赏，不能遮盖餐具。适合正面观赏的餐巾花，如孔雀开屏、白鹤、和平鸽等，要将头部朝向客人；适合侧面观赏的餐巾花，如金鱼、三尾鸟等，要将头部朝向右侧，选择一个最佳观赏角度摆放。

6. 摆放中心装饰物

选择不同的餐台装饰造型方法，在餐桌中心摆上花瓶、花篮等装饰物品。

7. 检查摆台

开宴前1小时按照宴会标准摆台完毕。要求台面美观典雅；台衬、台布铺设平整、美观；餐具、茶具、酒具、餐巾花、台号、菜单、席卡等摆放整齐、规范、无损坏；餐巾挺括、形象逼真，全场一致；转台旋转灵活；酱油、醋等调料倒在调料碟中；花草鲜艳、清洁、卫生、无异味；重要宴会的主席区或主台的座次设名牌，姓名摆放端正，座次安排合理。

由于各地的操作习惯不尽相同，使用餐具不同，中餐宴会摆台的内容、方法与程序也不完全一样，可以创新。总体要求美化、简洁、方便。

（二）西式宴会摆台程序与规范

西式宴会摆台程序依次为：摆餐台—铺台布—摆餐椅—摆餐具、饮具—摆用具—检查摆台。

1. 摆餐台

根据人数规模，西餐席多采用方形、半圆形、长方形、1/4圆形或拼成一字形、T形、U字形、椭圆形台等；大型西餐宴会中，也有选用圆形餐台进行摆台设计的。

2. 铺台布

先铺设防滑、吸音、吸水和触感舒适的，大小与餐桌面积相同的法兰绒桌垫，台布直接铺在垫布上。台布颜色选用白色、香槟色、浅灰色或淡咖啡色等素洁颜色，也可据西方特殊节日选用与节日主题吻合的颜色，如圣诞节的金色、绿色和红色，感恩节的黄色等。铺长台时，服务员站立于餐台长边一侧，双手将台布横向打开，中缝凸面朝上，捏住台布一侧边，将台布送至餐台另一侧，轻轻回拉至中缝居中，四周下垂部分均等。其他台型需要几块台布拼铺时，要求所有台布中缝方向一致，连接的台布边缘要重叠，台布下垂部分应平行相等，视觉形象要有整体感。

3. 摆餐椅

选用带扶手的沙发椅，宽敞舒适，摆放在餐位正前方。赴宴人数如是偶数，可采用面对面式方法摆放餐椅；如是奇数，可交错摆放餐椅，使每位客人前面视野开阔，没有阻挡。椅子之间距离相等，椅子与下垂台布间距离为1厘米，每个餐位最小宽度为60厘米。

4．摆餐具、饮具

西式宴席基本摆台如图 5-1 所示。

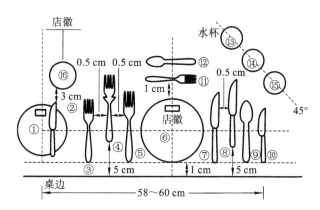

图 5-1　西式宴席基本摆台

①面包盘；②黄油刀；③沙拉叉；④鱼叉；⑤主餐叉；⑥看盘；⑦主餐刀；⑧鱼刀；⑨汤匙；⑩沙拉刀；
⑪甜点叉；⑫甜点匙；⑬水杯；⑭红酒杯；⑮白酒杯；⑯黄油碟

（1）摆看盘（或装饰盘、服务盘、展示盘）。从主人（使用长台时，将主人安排在长台正中或长台顶端；使用圆桌时，与中餐宴会安排相同）位置开始，按顺时针方向摆放。摆放在每个餐位的正中，图案端正，盘边距桌边约 1.5 厘米。摆台时不用托盘，徒手垫一块接手布，左手捧好看盘，右手四指轻轻抬起看盘，伸直拇指，用拇指近掌的部位拿起看盘，尽量减少对盘边的接触。

（2）摆刀、叉、匙。用托盘托起叉、匙，注意拿餐具手柄，餐具上勿留手指印。摆放顺序从餐盘的右侧由里往外依次摆放正餐刀（大餐刀）、鱼刀、冷菜刀（小刀），从餐盘的左侧依次摆放主菜叉（大餐叉）、鱼叉、汤匙、冷菜叉（小叉）。刀与餐台垂直，刀口朝左，刀柄向下；餐叉的叉面向上，叉把与刀平行。

（3）摆面包盘、黄油刀和黄油碟。面包盘摆放在餐叉的左侧，面包盘的中心与看盘的中心连线平行摆放，面包盘距餐叉 0.5 厘米。黄油刀置于面包盘右 1/3 处，刀刃向左，柄端向下，悬空部分相等。黄油盘摆放在面包盘的上方，黄油盘的左侧与面包盘的中心线在一条直线上，距黄油刀 3 厘米。

（4）摆甜品叉、匙。甜品叉、匙摆放在看盘前方，平行摆放，甜品叉靠近看盘，叉柄向左，距看盘 1 厘米。甜品匙摆在甜品叉外侧，匙柄向右，距甜品叉 1 厘米。

（5）摆饮具。水杯摆在主菜刀的刀尖前方垂直位置，相距约 5 厘米。

5．摆用具

（1）摆花瓶（插花）。摆于餐台中心位置。

（2）摆烛台。两个烛台分别摆放于花瓶（插花）左右两侧，距花瓶 20 厘米。

（3）摆牙签筒。两套，分别放在烛台两侧，距离烛台 10 厘米的中线上。

(4)摆椒盐瓶。两套,分别放在烛台两侧,距离烛台12厘米,分别置于中骨线两侧,左盐右椒,间距1厘米。

(5)摆烟灰缸。从主人位右侧摆起,每两人摆一个。

(6)摆菜单。放于正、副主人餐具的右侧,距桌边1.5厘米。

(7)摆咖啡用具、水果刀叉。宴席布置中,预先不摆在台上。用完菜点撤除全部餐具后,才摆放所需的咖啡用具、水果刀叉等用具。

(8)摆餐巾花。将折叠好的盘花摆放于看盘内,餐巾花应形象逼真、折叠挺括。

6.检查摆台

检查餐台上各种餐具、用具是否齐全,每套餐具间距是否合适,餐具是否清洁无破损,座椅是否整齐干净,台布是否符合标准。

(三)自助餐宴会摆台程序与规范

1.摆放装饰物品

自助餐台设计要注意层次感,装饰物品的摆放要高低有序。通常在自助餐台中央摆放一个大型装饰物,如黄油雕塑品、大型盆景等,并选用一些小型的装饰品,如鲜花植物、面粉制品、小工艺品,巧妙地安插在菜肴之间,来装饰整个餐台。

2.摆放菜肴

(1)归类摆放。可根据冷菜类、热菜类、点心水果类分类放置。汤汁、调味品等应摆在相关菜肴的旁边。

(2)摆放顺序。先摆冷菜,要用保鲜膜封好,可用冰块保持其凉度;再摆成本较低的热菜,要用保温锅保温。热主菜的种类应有所限制,这对降低食品成本和减少厨房工作量关系重大。

(3)选用盛器。可使用如银盘、镜盘、竹篮等不同的盛器来盛装不同的菜肴,摆放时要注意色彩搭配,做到美观整齐。在每盘菜肴前都应放上一副取菜用的公用叉、匙或餐夹,供客人取餐时使用。

3.摆放餐具

摆放数量充足、供宾客取餐用的餐具,如餐盘、口碗、水杯、筷子、汤勺、纸或者刀叉等。小型自助餐宴会可在自助餐台的两头各码放一摞餐盘。大型宴会可分几处摆放餐具,起到分散客流的作用。如供应酒水,还应专设酒吧台,酒水有葡萄酒、啤酒、果汁饮料、汽水等。鸡尾酒会中还应为宾客调制鸡尾酒。

4.摆放餐桌椅

(1)座式自助餐。高级座式自助餐宴会根据宾客的人数安排餐桌,座椅台面形状与台型可以采取中式,也可以采取西式。餐具摆放可根据宴会所提供菜点品种来决定。

(2)立式自助餐。采用站立式用餐方式。宴会厅不设餐桌椅,只需分区域设立小型服务台,台上摆放烟灰缸、纸巾等简单用品,供客人使用。也可在大厅四周摆放几张座椅,供宾客随意使用。

二、宴会席位排位

(一)宴会席位排位原则

1. 席位排位原则

席位排位原则如表 5-1 所示。

表 5-1　席位排位原则

原　　则	要　　求
以中为尊	横向排列时,中心第一,中央高于两侧,突出主位、主桌和主宾区
以右为尊	横向排列时,右高左低,主人边的右席位置高于左席位置
以前为尊	纵向排列时,前高后低,前排位置高于后排位置
以上为尊	纵向排列时,上高下低,上面位置高于下面位置
以近为尊	与主位(主桌)距离,近高远低。离主位(主桌)近的席位身份高,离主位(主桌)远的身份低
以坐为尊	就座位置高于站立位置
以内为尊	与门的距离,内高外低。在房间中,以靠里面的位置为尊
以佳为尊	面门为上、观景为佳、靠墙为好。宴席座位以面对正门、面对景观、背靠墙面为上座

2. 座次排位要求

宾客座次排列,尤其是主桌座次排列,要征求主办单位的要求与意见,国宴与正式宴会一般由礼宾部门和外事部门负责安排。餐桌上的座位通常是根据客人身份、地位、年龄和任职年限来确定。正式宴会应事先安排席位,有的只安排部分宾客席位,其他人员可自由入座。大型宴会可事先将宾客席位打印在请柬上,让宾客心中有数。

宴席席位卡上的姓名要端正、清晰、正确,绝不能出现错误。中方宴请应将中文写在上方,外文写在下方;外方宴请则将外文写在上方,中文写在下方。一席席位卡置于餐桌号旁,每人的席位卡置于个人的餐具前。

(二)中式宴会席位排位

依次确定主位、副主位及其他席位。

1）主位

主位又称主座，是第一主人（宴会主办人，又称正主人）的席位。

（1）单桌席主位。单桌席主位应选择面对宴会厅入口处，背靠有特殊装饰的主体墙面。若餐厅门不是正门，则主人席位以背靠主体墙面的位置为准；若餐厅门是正门，但装饰特殊的主体墙面不与正门相对，则以主体墙面来确定主人席位。

（2）多桌宴会主位。两桌以上的多桌宴会首先要确定主桌，然后再确定各桌宴席主位。方法如下。一是朝向相同，每桌宴席主位与主桌主位同朝一个方向，即各桌宴席主位背向主桌主位。如用长桌，主桌只一面坐人，并面向分桌，主要人物居中而坐。二是朝向相对，各桌宴席主位面向宴会主桌主位。

2）副主位

副主位是第二主人（主陪）的席位，位于主位正面。正、副主位与餐桌中心呈一条直线相对，即处于台布中缝线的两端。

3）其他席位

其他席位以离主人座位远近而定，原则是近高远低、以右为尊、主客交叉。有以下两种坐法。

第一种，主人（主位）右侧坐主宾，左侧坐第二宾客，主陪（副主位）右、左侧分别坐第三、第四宾客。其他座位是主客方翻译与陪同、次宾。如图5-2所示。

第二种，主位右侧坐主宾，副主位右侧坐第二宾客，使主位与副主位呈相对式。第三宾客位与第四宾客位分别在主人位与副主人位的左侧，呈相对式。如主宾、副主宾均偕夫人出席时，此席位则分别为夫人席位。主宾位与副主宾位的右侧分别为翻译席位。第三宾客位与第四宾客位的左侧分别为其余陪同席位。如图5-3所示。

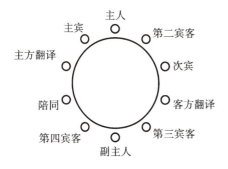 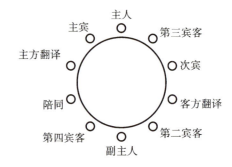

图5-2　主人与主宾等客人的席次安排（一）　　图5-3　主人与主宾等客人的席次安排（二）

（三）西式宴会席位排位

1. 西式宴会席位安排

西式宴会席位安排如图5-2和图5-3所示。

（1）便宴。在餐厅或家中举办的家庭、朋友式宴会，气氛活跃，不拘形式。席位安排不很严格，只有主客之分，没有职务之分。为便于席上交谈，席位安排只需考虑以下两点：男女宾客穿插落座；夫妇穿插落座。以女主人为准，主宾在女主人右上方，主宾夫人在男主人右上方。也可根据宾客习惯，将主宾夫人与主宾安排在一起。

（2）正宴。在宴会厅举行的正式宴会，参加人物重要，气氛严肃。安排席位时需考虑参加宴会的双方各有几位首要人物，他们是否带夫人及译员，主客如何穿插落座，分桌时餐桌的主次安排等内容。

2. 上位席与下位席

上位席与下位席如表5-2所示。

表5-2　上位席与下位席

上 位 席	下 位 席
宴会厅房内有壁炉的一侧为上位席	背靠门口处为下位席
如果宴会厅房没有壁炉，面对门口一侧为上位席	背靠门口处为下位席
如果门口处的对面不适合作为上位席，可将面向庭院靠墙后侧作为上位席	背对庭院的一侧为下位席

上位席是女主人（主人妻子）的座位，对面是男主人的座位。出席宴会的人全部为男性或全部为女性的场合，女主人的席位由主宾（年长者、有社会地位的人或领导）坐。

3. 其他席位安排

以男女主人为基轴，按顺序男女交叉匀称地分坐在餐桌旁。

（1）法国式（也称欧陆式）。主人席位在餐台横向面向门的上首正中，副主人在主人席对面，即背对门的下首中间。右边分别是主宾席位和副主宾席位，其他宾客则从上至下、从右至左依次排列。座位安排应由较长的桌缘开始，若不够，再安排在较短的桌缘，如图5-4所示。

（2）英美式。将主人和副主人席位安排在长台纵向的两端。这种安排可提供两个谈话中心，避免客人坐在末端，如图5-5所示。

（四）影响宴会席位排位的因素

席位安排没有统一的标准，因不同国家、地区和民族及不同宴会对象等而异。

1. 外交宴请

根据主办单位提供的主、客双方出席名单，按礼宾次序设计。具体安排席位时，还要考虑其他一些因素。如果同时宴请多个国家的客人，则应注意客人之间的政治关系，政见

图 5-4　法式西餐席位图

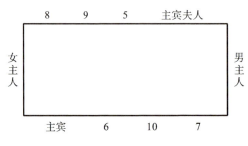

图 5-5　英美式西餐席位图

分歧大,两国关系紧张者,尽量避免排到一起。适当照顾各种实际情况,如身份大体相同,则使用同一语言或属同一专业者,可以排在一起。译员一般安排在主宾的右侧。

2. 国内宴请

当主宾身份高于主人时,为表示尊重,可把主宾安排在主人位置上,主人则坐在主宾位置上,第二主人坐在主宾的左侧。赴宴人员不分宾主的,如学术会议宴会,席位安排以学术地位、职务职称高低为依据,确定一人为主人席,然后依次按离主人席远近排列。民间商务宴会,埋单者坐主人位置,对其他人员根据埋单者意图安排。家庭宴会,由年长者或辈分高者坐主人位置,对其他人按年龄大小或辈分高低依次排列。

三、宴会台面美化

宴会台面美化方法,一是制作花台与展台(详见第四章宴会氛围设计的内容);二是席面中心饰品装饰,一般宴会采用较多。台面中心装饰方法很多,主要造型方法有以下几种。

(一) 鲜花造型

1. 鲜花造型的作用

鲜花是大自然的精华、美的天使,盎然蓬勃,艳丽多姿。鲜花装饰是餐厅和餐桌台面布置中最贴近大自然的艺术之作。北周诗人庾信云:"春色方盈野,枝枝绽翠英……好招待宾客,金盘衬红琼。"说明我国古代已有将花枝置于铜盘中、花瓣撒在餐桌上作装饰接待宾客的习俗。如今,餐桌插花已成为一种时尚,小到在精致的花瓶中插上一朵玫瑰,配上满天星,大到宴会席面主题插花和艺术花台的设计,都拥有施展艺术设计才能的天地。一个成功的中心饰品设计,就像一件艺术品。宴席台面鲜花造型具有很高的艺术价值,在宴席台面美化设计中有着举足轻重的作用。餐桌插花作品的花材选择、色彩处理、风格技巧等必须根据宴会主题进行构思与制作,再辅以其他装饰物品,令人赏心悦目,使整个台面达到美观舒适的效果,以烘托宴会隆重、热烈、和谐、欢快的气氛。

2. 鲜花造型的方式

餐台中心用鲜花作饰品,常用形式有花瓶、花篮、花束、花盆、插花与盆景等。有时主要饰物为鲜花与绿叶,也可点缀其他物品,如烛台、金鱼缸、工艺摆饰等。

(1)插花。在宴席台面转盘中央摆上一瓶月季、杜鹃、米兰等插花或盆花,色彩艳丽,花香清幽,使餐厅充满大自然的生机,人的大脑仿佛处于悠然之境,能有效增加消费者的食欲。

(2)花坛。高档宴会为了烘托气氛,14人以上的大圆桌可布置观赏坛(可代替转盘),形式有花坛、雕刻坛等。

(3)花簇。西式宴会"一"字形台面装饰,用绿叶在长台的中间摆一长龙,在距离餐台两端大约40厘米处分开,各向长台的两角延伸15厘米;然后在绿叶上摆插一些鲜花或花瓣,但要注意鲜花的品种与色彩的搭配。除了在台面中间摆放花坛和装饰外,可在每位宾客的餐位左侧摆放一个小花簇,宾客入座后,可将花别在左胸前或插在西服小袋中。

3. 鲜花造型的要求

(1)风格协调。插花风格有东方与西方之别、现代与传统之分,选用的花卉种类、造型、风格要与宴会场景、宴会主题、餐台风格相一致。

(2)艺术美观。通常采用鲜花,注意花色和种类的搭配,花卉种类可选择单一品种,如玫瑰、康乃馨等花朵;颜色可采用单色,也可由多色组成。花形应饱满而多姿多彩,花的数量要适中,色彩搭配要合理,造型要有艺术性。插花盛器的材质、造型、价值应与餐具协调,避免反差过大。鲜花造型可以是西式圆球型、西式园林平铺型,但都要求四面对称。注意,重要的正式场合一般不用中式插花。

(3)清洁卫生。为固定鲜花并保持其鲜艳,常采用花泥。宴席菜点关系到进食者的健康,因此,应慎重选择插花盛器、花泥,小心处理花本身的腐根、浇花水等,防止污染食品。

(4)突出主桌。主桌台花要求雍容华贵、高雅亮丽,起到画龙点睛的装饰作用。

(5)不挡视线。插花造型不宜过高、过大、过于浓密,应以低矮为主,不能阻挡坐在餐台对面客人的视线,以免影响宾客视线交流。如有桌旗,桌花的高度要略低于桌旗。

(6) 不盖席面。菜点是宴会中的核心产品,应处于中心地位。因此,插花不能过分渲染、喧宾夺主,影响并掩盖核心产品。插花颜色应与菜点有适当的反差,避免顺色;花材香味不宜过浓,以免干扰和破坏菜点香味。

(7) 尊重习俗。各个国家和地区都有国花、代表花,并将其作为民族精神的体现,但是也有可能被其他人视为"禁花"、"凶花"。如菊花是日本的传统花卉,而欧洲人忌讳用菊花;欧洲人钟爱玫瑰花,而印度人认为它是悼念用花;荷花是泰国宗教精神的象征,而日本人认为它是丧花。尊重不同国家、不同民族的风俗习惯和喜忌心理,选用最合适、最能表达主人心愿的花卉,防止使用宾客忌讳的花材。

(二)雕塑造型

1. 雕塑

雕塑有以下两种。一是果蔬雕,采用雕刻技术,把南瓜、萝卜、土豆、冬瓜、西瓜等食材,雕刻成各种造型,如以孔雀开屏、丹凤朝阳、春色满园等为主题的冬瓜盅、西瓜盅,周围衬以花草辅助。也可使用黄油雕、冰雕,根据宴会主题雕刻各种形状,如奥运主题的五环、和平主题的和平鸽和中秋主题的嫦娥奔月等。二是面团塑,采用捏塑术,用面团塑造各种图案,或用奶油蛋糕塑造各种形状,用于主宾席台面或展台的台面装饰。

2. 要求

雕刻作品成千上万,千姿百态,几乎自然界任何东西都能被模仿雕刻。但是在实际运用中,考虑到食品自身的特点,雕刻的对象一般限制在花鸟虫鱼及具有吉祥意义或民间喜闻乐见的一些动物,如鹿、鹤、鸟、牛等,而狮、虎、野猪等猛兽以及带有贬义色彩的鼠、狗、狼等不宜作为食品雕刻对象,还有人物一般也不宜作为食品雕刻对象。食品雕刻有整体的、半立体的、平面的三种形式,不管哪一种形式,都要与菜肴有机地结合起来才能显示出艺术魅力。根据不同席主题制作食品雕刻,能使与会者情趣盎然,心旷神怡。根据我国的风俗习惯,老年人的寿席常摆松鹤延年、老寿星等;结婚席上常摆鸳鸯戏水、喜上眉梢等;招待亲友常摆幸福花篮、翠羽春光等;一年四季中常摆飞燕迎春、金鱼戏水、花果满篮、冬梅傲雪等。国际宴会中常摆富有民族特色的凤凰展翅、龙飞凤舞、锦上添花、熊猫戏竹等作品。

(三)饰品造型

采用鲜花、果蔬雕、面团塑装饰有其优点,但成本较高,摆放时间不长,易造成浪费;而且一些客人对花粉过敏,会影响客人就餐;鲜花中易藏有小飞虫,上菜时飞虫从花丛中飞出,影响食品卫生和就餐环境。因此,不少酒店试图以其他工艺物品来装饰、丰富台面文化,根据宴会主题、节令民俗等因素,并结合酒店的实际情况和员工的特长灵活选定、改革创新,因其独特性和针对性,给客人留下深刻印象。

1. 饰品造型内容

(1) 镶图造型。用不同颜色的小朵鲜花、纸花、五彩纸屑或各种有色米豆等,在餐桌上镶拼各种图案或字样,用来渲染宴席气氛。如接待外宾的宴会,摆出"友谊"、"迎宾"等字样,以表示宾主之间的友好情谊。

(2) 剪纸造型。用单色或彩色纸剪成各种有意义的图案装饰台面,既可增加宴席台面的美观度,又可作菜盘垫底。如"喜气洋洋"台面,把传统的剪纸和拉花艺术引入台面造型,剪出20个大小不同的"囍"字摆在席桌边沿,中间采用绢花造型,花瓶底座围以彩纸拉花并配上餐巾折花,以小件餐具配合喜庆主题进行适当造型。

(3) 金鱼造型。圆形的玻璃鱼缸内游弋着几条各具色彩的金鱼,给人以充满生机灵动之感,使静态的席面增加了动态的活泼。

(4) 国旗造型。当宾客是外国人时,桌上就摆放体现该国家民族精神的国旗、标志或吉祥物,以显示友好和礼仪。这类摆件装饰经常会出现在带有外交、经济、文化等性质的大型宴会餐桌台面的布置中。桌旗摆放的数量要根据餐桌长度来定,摆放一面桌旗以在餐桌中央为宜,摆放两面桌旗的位置要间隔相等。桌旗的高度要略高于桌花。

(5) 摆件造型。若是中式宴会,可以摆放具有中国民间传统工艺特色的泥人、青铜器、兵马俑、马踏飞燕、唐三彩、编钟、青瓷花瓶、陶瓷花瓶、景泰蓝花瓶、大型紫砂茶壶、根雕、红木雕、陶瓷景泰蓝、面塑、皮影、京剧脸谱、微型风筝、折扇等小摆件。若是西式宴会,可以西洋雕塑和原始部落崇拜的图腾等为蓝本,如古希腊米隆的"掷铁饼者"像、古希腊"米洛的阿弗洛狄忒"像(断臂维纳斯像)、古罗马的"奥古斯都"像、文艺复兴时期意大利米开朗琪罗的"大卫"、近代法国罗丹的"思想者"、北美印第安人的图腾标志——旗杆等。

2. 饰品造型要求

(1) 突出主题。如中国宴会多摆放大熊猫玩具、八达岭长城模型;春节宴的"福"字;寿宴的"寿"字和瓷制的寿星、面制的寿桃。美国宴会多摆放星条旗、山姆老鹰、自由女神模型或西部牛仔草帽。法国宴会多摆放蓝、白、红三色旗和埃菲尔铁塔模型。荷兰宴会,在精雕细刻的船形木鞋内,放着数枝黄色的郁金香,小风车在餐桌吱吱地旋转着。

(2) 突出节日。根据举办宴会的时间,摆放各种中外民俗节日摆件来装饰餐台。如春节的拜年小瓷娃、小金橘、贴有"满"字的小金坛、鞭炮串、金元宝、红鲤鱼、对联条幅、生肖饰物等。元宵节的小花灯、灯谜等。2月14日情人节的玫瑰花、巧克力和贺卡。复活节的彩蛋、小鸡、小兔子和鲜花等。端午节的长命缕（用麻扎成小巧玲珑的小扫帚、小葫芦，用五颜六色的绸布拼缝成小粽子、小娃娃、瓜果、小动物等，然后用五彩丝连在一起）、老虎头（编铜钱为虎头形）、香囊、艾草、桃枝等。母亲节和父亲节的贺卡、鲜花和小礼物。七夕节（中国情人节）的仙楼（剪五彩纸为楼）、仙桥（剪纸为桥，桥上有牛郎、织女及仙人侍从）、花瓜（在瓜上刻花纹）、种生（以绿豆、小麦、小豆等在瓷器内用水浸泡，长出数寸长的绿芽，用红蓝色彩条束起）等。中秋节的嫦娥奔月彩塑、玉兔、桂枝等。重阳节的茱萸、彩旗等。万圣节的千奇百怪的面具和南瓜掏空后的"杰克"灯及各种糖果等。感恩节的玉米、南瓜和水果等。复活节的蛋类装饰，在蛋上蜡染各种彩色图案，或以蛋类附加装饰毛线、毡、软木等，制成小猪、小兔、小鸡或滑稽小人等。平安夜和圣诞节的餐桌上的烛光、喷上金粉的松果和精巧的圣诞树，另外还有渲染气氛的鲜花、装饰布、糖果、小礼物等。

（3）突出喜庆。根据各民族的喜忌心理，台面设计可充分发挥吉祥物的喜庆作用，反映宴会主题，满足人们的求吉心理，如表5-3所示。

表5-3 中国宴席台面设计常见的吉祥物

吉 祥 物	寓 意
龙	为"四灵"之一，万灵之长，是中华民族的象征，最大的古祥物，常与"凤"合用，誉为"龙凤呈祥"。寓意神圣、至高无上
凤凰	为"百鸟之王"，雄为凤、雌为凰，通称"凤凰"，被誉为"集人间真、善、美于一体的神鸟"，也被喻为"稀世之才"（凤毛麟角）
鸳鸯	吉祥水鸟，雄为鸳，雌为鸯，传说为鸳哥鸯妹所化，故双飞双栖，恩爱无比。比喻夫妻百年好合，情深意长
仙鹤	又称"一品鸟"，吉祥图案有"一品当朝"、"仙人骑鹤"，为长寿的象征
桃子	较知名的是蟠桃，为传说中的仙桃。民间视桃为祝寿纳福的吉祥物，多用于寿宴
金鱼	金鱼有"富贵有余"、"连年有余"的吉祥含义，因"金鱼"与"金玉"谐音，民间有吉祥图案"金玉满堂"
喜鹊	古称"神鸟"、"兆喜灵鸟"，象征喜事降临，幸福如意
燕子	古称"玄鸟"，是吉祥之鸟，春天的象征。古人考中进士，皇帝赐宴，宴谐音燕，故用以祝贺进士及第、科举高中。燕喜双栖双飞，用"新婚燕尔"祝愿夫妻和谐美满

续表

吉 祥 物	寓 意
蝴蝶	大多数蝴蝶两翼色彩斑,故又称彩蝶。彩蝶纷飞是明媚春光的象征。民间因"梁山伯与祝英台"故事中化蝶的结局,喻夫妇和好、情深意长。又因"蝶"与"耋"谐音,耋指年高寿长,故以蝴蝶为图案来祝寿
青松	为"百木之长"。宋代王安石云:"松为百木之长,犹公也,故字从公。""公"为五爵之首。"松"与"公"相联系,成为高官厚禄的象征。松树岁寒不凋,冬夏常青,又为坚贞不屈、高风亮节的象征。松为长寿之树,历来是长生不老、富贵延年的象征
孔雀	又称"文禽",言其具"九德",是美的化身,爱的象征,吉祥的预兆

(资料来源:方爱平.宴会设计与管理[M].武汉:武汉大学出版社,1999.)

(四)餐品造型

(1)台布造型。选用以与主题相融合的颜色、图案、材质,采用印花、刺绣、编织等工艺制成的台布、台裙、台垫、口布等布件来装饰餐台。如中国的传统节日常用红色,美国宴会可用星条旗的图案或美国西部的格底布,圣诞节用印有圣诞树和圣诞老人的餐巾等,以特制的台面中心图案的寓意(如金鱼戏莲、岁寒三友、松柏迎宾、春燕双飞)作为台面的主题,再辅以餐具造型,简单明了,寓意深刻,使整个台面协调一致,组成一个主题画面。台布要因宴会主题而更换或选用。

(2)餐具造型。中国席以筷子和各式瓷制、银制餐具为主;西式宴席用金属的刀、叉、勺,以及瓷制的餐具和各式玻璃杯为主体。利用不同形状、不同色彩、不同质地的各种杯、盘、碗、碟、筷、匙等席面餐具,摆成互相连接的金鱼、春燕、菱花、蝴蝶、折扇、红梅等纹饰图案,环绕于桌沿,形成具有一定主题意境的宴会席面。

(4)菜点造型。将各式凉菜通过一定的刀工处理和拼摆,制成具有一定意义的图案。如采用一主碟带若干围碟,主辅内容呼应,构成一幅秀色可餐的画面。选用酥、发、烫等各种面团,运用搓、捏、塑、包等多种手法,制成花鸟虫鱼、飞禽走兽、古玩器物等图形,置于特制盘中,放在宴席中央,供顾客鉴赏品用,既可美化宴席台面,又有较高的食用价值。

(5)果品造型。根据季节变化,将各种色彩和形状的时令鲜果或部分干果衬以绿叶或其他饰物,置于高脚盘中,摆成金字塔状,既可观赏,又可食用;或通过刀工将各色瓜果改切拼摆成"龙舟竞渡"、"百花齐放"等图案,置于席中央显示其特色。

思考与练习

1. 组织一次中式宴会摆台比赛,并分析优劣。
2. 设计一个主题宴会台面,并阐述设计思路。

第六章　宴会出品

第一节　宴会出品构成

案例导入

香港"回归宴"

1997年7月1日香港回归祖国之际，中国烹饪特级大师李光远先生设计的大型宴席"香港回归宴"轰动一时。该宴席共设菜点15款，每款菜点的设计及寓意各具特色，形成了鲜明的时代感，极具文化内涵。8款大菜：盛开紫荆花（表示人们盼望香港早日回归祖国的心愿。将加工后的鲜贝摆成花瓣状，浇上鲜白汁，中间用萝卜丝制成花蕊，铺成一碟盛开的紫荆花）；丝丝相连（寓意香港与祖国紧密相连。用蟹肉、油菜丝、牛肉丝、鸡丝、火腿丝制成中国地图和紫花，表示"一国两制"）；根（表示龙的传人。将鱼加工后摆成龙形，将鱼头炸成龙头状）；舜耕（寓意舜创造了中国农耕文化，邓小平开创"一国两制"。将薄鱼片排列，蒸热浇汁，另用雕刻的飞凤、大象和青竹作装饰，以体现有关舜的传说）；虎门销烟（将大虾改刀成虎爪状，调味、油炸，浇番茄酱，用水果刻成"城门"，中间放置黑色的红烧海参，再用银耳、红樱桃作装饰）；中华五千年（下面是白扒小笋整齐地摆成的圆形，中间是炒成的蟹子玉兰片，旁边放上青笋和发菜做成一支丰满的笔，表示"纷纷扬扬五千年"的中国历史，恰是"整整齐齐一部书"）；归（将鸡翅去骨，加调料后油炸，取出摆成雄鹰展翅状，表示历史的推动和归心的紧迫感）；普天同庆（用鲜贝、面粉、鸡蛋揉成球状，裹芝麻炸熟，放入番茄切片做成的"灯笼"中，表示热烈的气氛）。7款菜点：一帆风顺、和平鱼篮、五洲凤舞、四海三鲜汤、百合鲍鱼汤、四喜饺、如意卷等。这张"回归宴"的菜单宛如一部史诗，内容丰富，造型多姿多彩。宴饮时播放歌曲《把根留住》，融饮食、历史、文化、雕塑、音乐于一体，使得整个宴饮洋溢着一种喜庆、祥和的气氛。

（资料来源：邵万宽．美食节策划与运作［M］．沈阳：辽宁科学技术出版社，2000．）

一、中式宴会出品构成

中式宴会出品构成包括冷菜、热菜、席点与主食、酒水（一般单独安排，不计入菜肴价格中）、果品。

（一）冷菜

中式宴席出品构成有"龙头、象肚、凤尾"之说。

1. 特点

冷菜又称冷盘、冷碟、凉菜，是宴席的"脸面"，担负先声夺人的"先锋官"重任，既是开胃菜、佐酒菜，又是热菜大菜的先导，引导人们渐入佳境。由于冷菜最先出品上席，所以对其装盘造型和色彩搭配等方面的要求很高。冷菜讲究调味、刀工与造型。要求造型美观，色彩悦目；盛器正确，分量准确；荤素兼备，质精味美。冷菜要冷，食用温度应低于人体温度，要求久放不失其形，冷吃不变其味。宴会冷菜应在开宴前20分钟备齐。盛器及拼摆装盘要突出宴请主题、烘托宴会气氛。

2. 制作

冷菜风味要正、口味要好，对有些品种的冷菜，可预先调制统一规格比例的调味汁、冷沙司，待成品改刀、装盘后浇上即可，以保持菜品质量的一致性。因冷菜的口味与质感有特殊要求，制作时可以有烹有调，也可以有调无烹。制作方法有10类，包括煮烧类（卤、酱、白煮、油焖、酥、油浸）、炝拌类、气蒸类、腌制类（盐腌、风腌、腊腌、拌腌、泡腌）、烧烤类（生熏、熟熏）、炸余类、糖粘类（挂霜、琉璃）、冻制类、脱水菜、卷酿菜（卷菜、酿菜）。

3. 形式

1）单盘

单盘又称单碟、独碟，是一个小盘子里只装一种原料制成的冷菜（点缀物不算）。造型雅致、小巧玲珑的冷碟是各类宴会最常用、最实用的冷菜形式。有冷碟与热碟之分。冷碟可单独使用，热碟一定要和冷碟同时上席，不单独使用，冷热比例为1∶1。热碟主要在冬季寒冷的地区使用。数量由宴席价格档次决定，有4、6、8等几种规格，一般多为双数（西北地区习惯单数）。

冷菜盛装选用5寸或7寸的圆盘或条盘。菜形讲究刀面整齐，如块状或片状，可拼排成"扇形"、"风车形"、"弓桥形"、"馒头形"、"条形"、"菱形"、"一颗印形"等艺术盘形；如是乱刀面，可堆成小山形。上席时，一组单盘拼成艺术图形摆台。各单盘的原料荤素搭配，交错变换，在用料、技法、色泽和口味上皆不重复。量少而精，净料用量控制在每盘100～150克。

中、高档宴会冷菜多不采用拼盘形式，而以单碟为主。

2) 拼盘

(1) 双拼。把两种冷菜原料拼装在一个盘内成一碟。选用7寸或9寸的圆盘或条盘盛装。两种原料在色泽、质地、形状、数量、味型等方面协调有序，搭配巧妙，讲究刀工精细，拼装美观。食材一般是一荤一素。每盘配用150～200克净料。4～6道为一组，适用于中低档宴席。

(2) 三拼。也称三镶、三色拼、三拼盘，即将三种冷菜原料装于一个盘中。特点、要求与双拼相似。刀工一般起码有两刀面，强调刀面与刀面之间拼接缝隙要吻合、高低要一致。装盘时冷菜在盘中三等分，或是两种冷菜叠在一起，要求较高。盛装选用8～10寸的圆盘或条盘，每盘配用200～250克净料。4～6道为一组，用于中高档宴席。

(3) 多拼。如三拼能做好，四拼、五拼冷盘制作就不难了，因为仅是原料增加。

(4) 什锦拼。又称大拼盘、什锦冷盘，将多种原料（一般为8种以上）、多种类别、味型和色彩的冷菜按照一定排列规律组合而成的大型冷盘。如四川"九色攒盒"将底盘分成九格盛装冷菜、有盖盒子的专用餐具；潮州"卤水拼盘"是由10种原料组成的什锦拼盘。此类拼盘既具有花碟的审美效果，又比花碟制作简便。

(5) 四七寸碟。用4个7寸碟子盛装不同的冷菜。其他还有五七寸碟、九七寸碟、十二五寸碟、十三五寸碟，意义与此相同。

3) 花色冷盘

花色冷盘又称花碟、彩拼、艺术拼盘、看盘。由主盘加围碟巧妙地构成一幅完美的画面。如"蝶恋花"，主碟是一朵"花"，8个围碟是8只形象生动的"蝴蝶"；"黄鹤归来"，主碟是造型优美的"黄鹤楼"，周围是8只"黄鹤"向着"黄鹤楼"飞来。

多见于中、高档宴会，盘中的菜肴是根据宴会性质、内容进行选材、构图、命名和制作而成的大型工艺冷菜。用以增添宴会气氛，显示烹调工艺水平。目前多数宴会都舍弃花式冷拼，而以风味独特、食用性强的冷菜替代。

(1) 主盘。又称中盘、彩拼。挑选特定的冷菜制品，运用一定的刀工技术和装饰造型艺术，多用直径33厘米以上的大圆盘装盘。在盘中镶拼出花鸟、山水、建筑、器物等示意图案，体现办宴意图，如婚宴用"鸳鸯戏水"，寿宴用"松鹤延年"，迎宾宴用"满园春色"、"孔雀开屏"，饯行宴用"大鹏展翅"，祝捷宴用"金杯闪光"。其特点为：具有较高的欣赏价值；工艺性强，制作烦琐；费时、费工；切割整料，浪费严重；不卫生。

（2）围碟。围碟是主盘的陪衬，由 6～10 个单盘围成众星捧月之势。彩拼供观赏，围碟供食用。每盘菜量 100 克左右。围碟大都选题得当，图案新颖，寓意鲜明，刀工精细，用料丰富，搭配合理，色彩和谐，口味多变，清洁卫生。

（二）热菜

1. 特点

热菜是宴席的主体。热菜以丰富多彩的形式，显示宴席最精彩的部分，就像乐章的"主题歌"，引人入胜，使人感到喜悦和回味无穷。热菜体现了宴席的档次、质量与风格。色、香、味、形、器俱佳，品种繁多，风味独特，香醇适口，有鲜明的民族色彩。热菜讲究"热"字，食用时温度高于人体温度，一热三鲜，越热越好。

2. 制作

热菜制作有烹有调，都有一个加热的过程。中国烹饪方法有上百种，热菜制作的烹饪方法有炒、爆、煎、炸、氽、油浸、烧、焖、烩、煮、蒸、烤、烘、盐焗、熘、烹等。

3. 几种形式

1）热炒

热炒又称热炒菜、小炒菜、爆炒菜。在整个宴席饮食品种中所占比例最大，无论是价格、工艺，还是数量、质量，都很重要。热炒多系速成菜，色艳、味美、滑溜、鲜热爽口，便于佐酒。现代席格局中炒菜与正菜的区别已逐渐淡化，因而一般只有正菜和汤菜两种。

热炒排在冷菜后面，可连续也可间隔在大菜中穿插上席。质优者先上，质次者后上，突出名贵物料；清淡者先上，浓厚者后上，防止口味压抑。

2）正菜

正菜又称大菜、主菜、大件、柱子菜，是宴席中的主要菜品碟。

正菜选料讲究，或用整形、整只、整块、整条原料，如全鸡、全鸭、全猪、全鱼、全膀，以及鸡翅、鸡腿、鱼尾、猪蹄；或用高档原料，如海参、鲍鱼、鱼翅、猴头菇。正菜的菜量比热炒多，每盘用料 750 克；运用烤、蒸、烧、炖、烩、焖、炸、扒等烹调方法，工序复杂，烹调时间长；成品要求或香酥，或爽脆，或鲜嫩，或软烂，在质与量上都超出其他菜品。菜式丰满大方，讲究造型，如松鼠鲜鱼、琵琶大虾、蝠龙卷切、孔雀鱼翅等。餐具因菜而定，使用大型餐具，如大盘、大碗、大盅。

上席程序严格，名贵菜肴可采用"各客"的形式上席，可随带点心、味碟。讲究菜名艺术。

正菜包括以下几种。

（1）头菜。头菜是正菜中第一道上席的热菜，是整席菜点中原料最好、质量最精、名气最大、价格最贵、装饰造型最讲究的菜肴，代表了宴席的档次和水平。宴会食品规格以头菜为标准，传统宴席名称可由头菜的主料来命名。头菜等级高，其他菜肴档次也随之提高。头菜原料多选山珍海味或常用原料中的优良品种。

（2）热荤大菜。热荤大菜是大菜中的支柱，如山珍菜、海味菜、肉畜菜、禽蛋菜、水鲜菜。它们与甜食、汤品融为一体，共同烘托头菜。各道热荤大菜之间要搭配合理，原料、口味、质地与制法协调，要避免重复。每份热荤大菜用净料750～1250克；形状完整的热荤大菜以大取胜，像烤鸭、烧鹅，越大越显得气派。

3）甜菜

甜菜泛指一切甜味菜品，包括甜汤、甜羹。它能起到改善营养、调剂口味、增加滋味、解酒醒神的作用。

甜菜有干稀、冷热、荤素之不同，需视季节、席面、成本而定。用料多选果、蔬、菌、耳或畜、禽、蛋、奶。高档的如冰糖燕窝、冰糖甲鱼、冰糖哈士蟆；中档的如散烩八宝、拔丝香蕉；低档的如什锦果羹、蜜汁莲藕。烹制方法有拔丝、蜜汁、挂霜、糖水、蒸、烩、煨炖、煎炸、冰镇等，每种都能派生出不少菜式。

在传统川菜席、淮扬菜席中，甜菜上在座汤之前，标志着正菜即将上完；现代宴席中，甜菜有时又放到座汤之后，作为最后一道热菜。一席配1～2道。

4）素菜

合理组合素菜，有助于改善宴会食物的营养结构，调节人体酸碱平衡，去腻解酒，变换口味，增进食欲，促进消化。

素菜在制作上分两种：一为纯素，二为花素（原料为素料，调料、配料可涉及荤腥）。原料有粮、豆、蔬、果，包括如芦笋、野生菌类等品种及时鲜蔬菜，采用炒、焖、烧、扒、烩等方法烹制而成。

选配要求：素菜入席，一要应时当令，二要取其精华，三要精心烹制，四要适当造型上席（一席配置1～2道）。在以粤菜菜系为代表的南方地区，素菜通常是最后一道热菜。

5）汤菜

汤菜的作用为调节口感、滋润咽喉。宴席一定要有汤，所以有"唱戏靠腔，做席靠汤"，"无汤不成席"，以及"宁喝好汤一口，不吃烂菜半盘"等说法。

汤菜的主要类型包括汤和羹。汤有清汤和奶汤之分，羹分咸羹和甜羹。咸羹如西湖牛肉羹、宋嫂鱼羹、三丝蛇羹等；甜羹如玉米羹、银耳羹、莲子羹、米酒羹等。汤稀羹稠。汤菜在用料、成型、质感等方面与热菜略有不同。完整的中式宴席有三道汤，即头汤、二汤、尾汤。低档宴席仅配座汤，中档宴席加配二汤，高档宴席再加中汤。其中，用作大菜的只有二汤和座汤。汤品越多，档次越高；汤品越精，越受欢迎。现代宴席简化菜品数量，一般只上1道汤和1道羹，个别地区和某些特色宴席例外。

汤菜上席，可以整盆上，也可分份上，根据宴席档次和顾客需要而定。

汤菜主要有以下几种形式。

（1）头汤。又称首汤、例汤、开席汤，在冷菜之后作为第一道热菜上席，一般是采用银耳、粟米、海米、虾仁、鱼丁等鲜嫩原料，以清汤熬制而成的滋补鲜汤。头汤口味清淡，鲜醇香美，清口润喉，开胃提神，刺激食欲。

我国华南与港澳地区重视宴席头汤的运用，现在内地许多酒店也照此办理，不过多将此汤以羹的形式安排在冷盘之后，作为第一道菜上席。

（2）二汤。二汤是在一些烤炸菜后上的清汤菜，又称二汤菜，行话叫半汤菜。清代宴席的头菜多为烧烤，为了爽口润喉，之后配一道汤菜；如头菜为烩菜，二汤可以省去；若二菜上烧烤，那么二汤就移到第三位。

（3）中汤。又名跟汤。酒过三巡，菜吃一半，穿插在大热菜后的汤即为中汤。中汤有消除前面酒菜之腻、开启后面佳肴之美的作用。

（4）座汤。又称主汤、尾汤。在川菜席、淮扬菜席中是最后一道热菜，也是最好的一道汤，所以称座汤，行话又叫押座菜或压桌菜。座汤给热菜一个完美的收尾。座汤规格较高，一般用外形完整的鸡、鸭、鱼、肉，加上名贵辅料制作而成。清汤、奶汤均可。为了不使汤味重复，若二汤为清汤，座汤就用奶汤。座汤用有盖的品锅盛装，冬季多用火锅代替。

（5）饭汤。饭汤是与饭菜配套的汤品，如酸辣鱿鱼汤、肉丝粉条汤、虾米紫菜汤之类。其档次较低，多用普通原料，调味偏重，以酸辣、麻辣、咸辣、咸鲜味型居多，制法有汆、煮、烩等。在现代宴会中，饭汤已不多见，仅在部分地区受欢迎。

6）饭菜

饭菜又称小菜、香菜，与下酒菜相对时，专指用以下饭的菜肴。饭菜多由名特酱菜、泡菜、腌菜、风腊鱼肉以及部分炒菜组成。如乳黄瓜、小红方、玫瑰大头茶、榨菜炒肉丝、风腊鱼等，有清口、解腻、醒酒、佐饭等功用。饭菜在座汤之后上席。

饭菜是传统宴席饮酒完毕后，供客人吃主食（尤指米饭）时用的菜。现代宴席因菜肴丰盛，宾客很少用饭，可取消饭菜；简单席正菜较少，可配饭菜作为佐餐小食。

（三）席点与主食

1. 席点

席点也称点心，在客人酒足饭饱后，欣赏、品尝点心的造型和口味，易于留下美好回味。特点是造型美观、盛器正确、装盘整齐、口味独特。宴会点心在开餐前备齐，多在就餐后期上席,可与热菜穿插起来上。

2. 主食

热菜结束后,可上主食,如面条、米饭等。可用大盘或大盆盛装,上席后,各人分取食用;也有用小碗各客式上席。传统宴席配随饭菜4道,两荤两素。

3. 蛋糕

受欧美习俗影响,我国生日宴会、结婚宴会多使用裱花蛋糕。蛋糕上有花卉图案和中英文祝颂词语,如"新婚幸福"、"生日愉快"、"圣诞快乐"、"桃李芬芳"等。蛋糕一般于宴会结束前上席。

(四)酒水

1. 酒品与饮品

宴席上的酒品与饮品的配置,随意性较大,取决于客人在预订席时或在临开席之前点取酒水的品种和数量。酒水配置的费用可以相差很大,视酒水价格而定,费用一般另计,不包括在菜点总费用之中。

2. 席茶

席茶有两种类型:一是礼仪茶,不收费,由餐厅将其作为礼仪程序配备;二是点用茶,需要计费,由客人自己点用。茶品齐备,凭客选用。要注意茶品档次,尊重宾客的风俗习惯。如华北喜用花茶,东北爱用甜茶,西北多用盖碗茶,长江流域惯用青茶或绿茶,少数民族地区常用混合茶;接待东亚、西亚和中非外宾宜用绿茶,接待东欧、西欧、中东和东南亚外宾宜用红茶,接待日本客人宜用乌龙茶,并待之以茶道之礼。开席前和收席后都可以上茶水,餐后如客人谈兴仍浓,可以上一点茶水助兴,以便增色添香、清口开胃、解腻醒酒;传统宴席也有在结束时"端茶送客"的意思,知趣的客人往往这时就会起身告辞。

(五)果品

时令水果既能清口,也可用于表示整个宴饮活动结束。

果品类别如下。一是鲜果,如苹果、香蕉、橘子、桃子、鸭梨等。二是瓜果,如西瓜、香瓜、哈密瓜、金瓜等。鲜果、瓜果一般在宴席结束前上席,现在有些地区从营养角度出发,有在宴席开始时上水果的做法。三是干果,如瓜子、松仁、脆花生、腰果,于开宴前上席,这在一些乡村地区仍在流行,但在大城市已逐渐被淘汰。宴席果品应是应季时令水果,最好选择本地特产,也须考虑客人喜好。成色要新,品质要优,品种和数量适宜,每位客人水果量250克,2～3个品种即可。果品经加工处理后摆成拼盘,插上牙签上席。高档宴会流行水果切雕,选用多种不同色泽、口味的果品,切成片或小块，或雕刻成形，按艺术构思加工拼装成具有观赏价值和象征意义的水果拼盘，并用文字命名。艺术果盘上席后跟着上水果叉。

民间讲究吉利，选用果品应配合宴席主题，如婚宴配红枣、花生、桂圆、莲子等，喜庆宴配苹果、香蕉、金橙等，寿宴配佛手、桃、百合、银杏等，春节宴配金橘、金瓜等。某些水果，如梨等要慎用，容易犯忌。

二、西式宴会出品构成

西式宴会出品构成包括头盘、色拉、汤、副菜、主菜、甜品、餐后饮料。

1. 头盘

头盘又称前菜、冷盘、餐前小食等，即开餐的第一道菜，类似于中餐的冷菜，起到开胃作用，故也称开胃菜。通常用清淡的海鲜、熟肉、蔬菜、水果、鸡肉卷、鹅肝等制成。有胶冻类菜品（如龙虾冻）、派类菜品、冷肉类菜品和一些腌制类菜品（如德国泡菜、腌三文鱼等）。类型有冷、热之分，以热菜为多，传统的西式宴会头盘多为冷菜，配有面包、黄油和色拉。装盘讲究，选用盘子不宜太大，注重色彩搭配，装饰美观，有时可用鸡尾酒杯盛装，显得更加好看。一般安排一道，配低度干型（含糖度2％之内）餐前葡萄酒。

2. 色拉

色拉包括素色拉、荤色拉和荤素混合色拉等。多配白葡萄酒食用。

3. 汤

汤具有开胃、促进食欲的作用。跟在冷开胃品的后面。中午宴席一般不上汤。汤有冷汤、热汤，清汤、浓汤之分，浓汤又有白汤、红汤之分。要求原汤、原味、原色，如鲜蚝汤、牛尾清汤、鸡清汤、奶油汤、厨师红汤等。另外还有一种称为茶的汤，清澈见底，味浓鲜美，如牛茶、鸡茶。汤是盛在凹盆内，牛茶、鸡茶是盛在大号咖啡杯内。多配雪利酒饮用。

4. 副菜

副菜又称为小盘，是西餐中表现力最丰富的菜式，可以是野味、海鲜等。烹法多样，如烩、烧、煎、炸、煮、烘等。一般使用8寸盘装盘，也可使用长盘、烤斗等餐具。

5. 主菜

主菜又称主盘，是烹调工艺较复杂、口味较具特色、分量较大、质量及价格较高的一类菜品。主菜只选一道菜品。高档西式宴会主菜又分小盘与大盘，小盘以鱼类为主，大盘以肉类为主，多用牛、羊、猪肉，禽类，也有用海鲜及野味类菜品。配菜一般选用各种新鲜菜,按照白、青、红等颜色组合烹制而成。其作用是,既能在色、香、味、形方面美化主菜,又能刺激食欲,平衡营养。主菜装盘造型美观,在法式宴会中是一道表演菜,可将宴会推向高潮。大多跟着上清口解腻作用的蔬菜色拉。可配各种酒,如红葡萄酒,干或半干白葡萄酒,玫瑰红葡萄酒等。

6. 甜品

甜品可以起到饱腹和助消化的作用,是一道不可缺少的菜品。类型有冷、热之分,有奶酪与甜点。常用的有甜布丁、奶酪和各种水果做的甜点,如冰激凌、布丁、凝脂、牛奶、各种水果派、蛋糕、小甜饼等。配红葡萄酒、雪利酒、波特酒等。

7. 餐后饮料

餐后饮料可以起到醒酒、解腻、促进消化的作用,如红茶、咖啡等,也可配餐后酒。餐前选用蒸馏水;佐餐、佐酒时用汤力水或果汁;餐后则饮红茶、绿茶、咖啡等。

三、中西合璧宴席出品构成

案例:新中国成立初期前所未有的中餐自助冷餐会式的国庆宴会

1952年9月30日,中国政府在怀仁堂举行国庆宴会,宴请各国观礼代表团,有2500多人出席。当时怀仁堂场地狭小,容纳不下这么多餐桌,后厨灶台也不够,又没有煤气;北京饭店的厨师、服务员数量也不足。该如何承担规模这样大的正规中餐国宴呢?北京饭店经过反复研究,终于想出了以中餐冷餐会的方式来举办盛大的国庆宴会。国宴上,厨师们制作了36种中餐冷热菜点,拼摆美观、色泽鲜亮、荤素兼顾、美味可口,简直就是36件艺术品,陈列在几个大餐台上,蔚为壮观,供客人自由选择、多次取食。改革餐具,将小吃盘换成了大吃盘,同时备了筷子和刀、叉、匙。不设主宾席,不排席位,宾客自由取食、站立用餐,有利于客人相互交谈,轻松愉快。这种前所未有的中餐自助冷餐会形式,受到了中央领导和各国来宾的赞扬。从此,这种由北京饭店创造的中餐自助冷餐会在同行业中被广泛采用,至今仍很流行。中西合璧宴席菜点有冷菜、色拉、中菜、西菜、汤、点心、甜品、水果等。中餐菜点有冷菜(如冷火腿、肉类、蔬菜、调味小菜等)、热菜(如热汤及各种炖、炸、炒的鱼、肉、禽蛋、蔬菜等)、点心、汤类等。西餐菜点有色拉、烧烤菜品、热菜、面包、中西甜品(如各式蛋糕、面点、饼类及其他甜品)及水果、饮料等。

第二节　宴会出品设计

案例:"世博第一宴"出品的海派风情

2010年4月30日晚,中国政府在上海国际会议中心举行宴会,欢迎前来出席上海世博会开幕式的贵宾。晚宴共计接待400余人,其中有15位国家元首和5位政府首脑出席。菜单由全国劳动模范、中国烹饪大师金爵奖获得者赵仁良和他的徒弟共同设计,菜肴设计体现了中国风情和海派特色。菜品追求绿色、营养、健康,选用最为平常的上海食材,如塘鲤鱼、荠菜、豆苗、小塘菜,上海馄饨里的马兰头、黑鱼子及龙虾里的南瓜均采自上海本地,迎宾冷盘里的毛豆烤麸、椒盐蚕豆板是市民家中餐盘里的家常小菜,麻油馓子和上海馄饨都是地道的上海传统小吃。法式小面包搭配上海馄饨、牛排搭配上海小塘菜,中西合璧的菜式,原汁原味的食材,让贵宾们赞不绝口。

一、宴会菜肴设计

宴会菜肴设计应遵循以下原则。

(一)以顾客需要为导向的原则

在宴会菜肴设计中,需要考虑的因素很多,但注重的中心永远是顾客的需要。顾客需要什么?怎样才能满足顾客的需要?在宴会菜肴设计过程中必须考虑这些问题。

1. 要了解顾客对宴会菜品的目标期望

顾客在酒店里举办宴会的目标期望各不相同,有的讲究菜品的品位格调,有的追求丰足实惠,有的意在尝鲜品味,有的注重养生营养等。要通过宴会菜肴设计,想顾客之所需,增强菜品对顾客的吸引力,实现顾客对宴会菜品的目标期望。

2. 要了解顾客的饮食习惯、喜好和禁忌

出席宴会的客人各有其不同的生活习惯,对于菜肴的选择,也各有不同的喜好。即使是生活在同一地区的人,虽有共同的饮食习惯、喜好和禁忌,但也因职业、性格、体质、个体饮食经历的不同而有差异。对于不同地区的人而言,口味喜好的倾向性差异更大。不同民族与宗教信仰的人饮食禁忌各有不同。至于招待外国宾客,其国籍及其饮食习惯、喜好和禁忌也差别很大。因此,在设计宴会菜肴之前,要了解这些情况,把客人的特殊需要和一般需要结合起来考虑，要把宴会主要客人与一般客人的需要兼顾起来。这样，菜品安排会更有针对性，效果会更好。

3. 要适应饮食潮流的变化

设计宴会菜肴时，要及时跟进饮食潮流的变化，把市场流行且顾客喜欢的新菜品充实进去。要了解饮食潮流与顾客需要的发展趋势，开发新的宴会产品，满足顾客尝新逐奇的消费心理。

(二) 服务宴会主题的原则

人们举办宴会有这样那样的目的，祈求表达某种愿望，如欢迎、答谢、庆功、祝寿、联谊、合作等，因而宴会的主题也有不同。宴会主题不同，反映在宴会菜肴中，其菜品原料选择、菜品造型、菜品命名取意等方面也有区别。例如，扬州人办婚宴，不用"炒四季豆"一菜，因其谐义与人们祈求婚姻美满、幸福长久的意愿相违背；又如，松鹤延年冷盘适合寿宴，却不适合婚宴。所以，宴会菜肴要为宴会主题服务，要围绕宴会主题进行设计。

(三) 以价格定档次的原则

宴会价格的高低，是确定宴会菜肴档次高低的决定性因素，是宴会菜肴设计的根本原则。宴会价格的高低必然会反映在原料的选用、原料的配比、加工工艺的选用、菜品造型等诸多方面。例如，价格标准高的宴会，其所用原料必然价高质优；配料多时多用主料，不用或少用辅料；加工烹制方法也可能不同，以鸭子为例，高档宴会可能将其做成烤鸭，普通宴会可能将其做成红烧鸭块。价格标准高的宴会要选用精致的盛器，菜肴造型要美观。相反，价格标准低的宴会可使用一般原料，并且增加配菜分量，用普通盛器盛装菜肴，以降低成本。

合理处理宴会价格与宴会菜肴关系的方法有以下几种。

(1) 搭配恰当。如预算较紧，可设计一两道看得过去而又不太贵的菜，比如螃蟹、小象蚌，或者大闸蟹、较高档的鱼，其他菜式则选择实惠的，这样会显得相对体面些。冷菜少、热菜多，给人以价格低的感觉；各吃的菜多，给人价格高的感受。因此，可在冷热菜的比例与进餐方式上加以搭配与提升。

(2) 选料合理。价格高，则可用高档原料做主料，不用或少用辅料；价格低，则可多用一般原料，或调整主、辅料的搭配比例，增大辅料用量来降低成本。

(3) 体现特色。宴请外地客人，可选用具有当地特色且低价的原料，如山野菜、地方土产，能让客人产生高档菜的感觉。尽可能配制花色菜、做工讲究的菜、体现地方特色的风味菜，这是不增加成本或降低成本而能提高菜肴质量的好方法。

(4) 加工精细。坚持"粗菜细做、细菜精做"的原则，通过精心设计口味与进行加工，对低价菜肴仔细做，对高价菜肴精细做，以体现菜肴的质量与档次。

(5) 费用性质。价格高低与心理预期有关，心理预期涉及费用性质。因公宴请有财务预算，超过预算会给报销带来麻烦；私人宴请有心理价位，埋单时超过20％就会产生价格贵的感觉。应根据客人宴会价格预期设计菜点，做到质价相等、优质优价。

(6) 心理感受。不同区域、不同身份的客人对同一原料有不同档次的感受，如明虾与河虾仁，北方人大都认为明虾比河虾仁档次高，而南方人大都认为河虾仁比明虾档次高；有些特产尤其是野菜类，当地人认为很普通，外地人却认为很名贵、高档。

（四）风味特色鲜明原则

宴会菜肴必须彰显自身的风味特色。菜单上的菜品不仅要做到"人有我优"，更要做到"人无我有"。当然，风味特色鲜明并不是说宴会菜单上的菜品，每一个都是特色菜、品牌菜，设计成"名菜荟萃"式的。风味特色鲜明，首先是要有主线，要靠主线将所有菜品串起来；其次要分主次，次要的是铺垫，体现的是多样性，主要的是亮点，亮点要光芒四射，凸显的是精彩性。

体现风味特色鲜明原则的方式有以下几种。

1. 突出主要菜系

突出主要菜系，如粤菜中的卤水、清蒸鱼、小炒、煲汤、烧烤类，川菜的干烧、麻辣、干煸类，淮扬菜中的烩菜、大煮、清炖类，山东菜中的芫爆、盐爆、黄焖类，湘菜中的剁椒类，闽菜中的红糟类，沪菜中的红烧类等。同时，由于客人要求的多样性，单一菜系的菜肴不能满足客人的多样性需求，适当配些其他菜系的菜肴能够迎合客人的喜好，但数量不能超过主要菜系的菜肴，不然就会喧宾夺主。有的酒店若菜系比较单一，可用流行菜式来替代。

案例：合肥推出"包公宴"

安徽合肥文昌宫酒楼和阿隆小吃城为纪念包公千年诞辰活动，联袂推出具有地方风味的系列民间菜肴——"包公宴"。该宴会的菜品由近千年来流传于安徽合肥和河南开封的民间菜点加工整理而成，分家宴和府宴两种。经名厨名家筛选后认定的菜点共有80多个品种，其中包括冷菜10种、大菜19道、热菜6种、炖品14道、羹汤4样、蔬菜7道、圆子6样、小吃16种，菜肴风格四季分明，主题鲜明，选料随季而异，注重时令。菜点取名于包公文化，如陈州放粮、御笔黄鳝、包公豆腐、刀斩黄龙、无私藕、击鼓鸡、问廉汤、状元饭等。酒店推出其中30多道菜点，都是将传统工艺与现代手法相结合精心制作的，融包公精神、民间正气于饮食文化,既继承了传统,又有发展创新。

2. 突出地方名菜、名宴

充分利用本地特有的名菜、名宴来体现特色,如四川的干煸牛肉丝、山东的奶油鲑鱼、江苏的清炖狮子头、广州的脆皮鸡。北京办在胡同院子里的谭家菜和厉家菜生意之所以好得出奇,诀窍就是特色鲜明。各地风味名宴更是当地烹饪大师的智慧及独特原料相结合的产物,如西安饺子宴、宁夏驼掌宴、北京全聚德全鸭宴、江苏鱼宴等都广受客人好评。

3. 突出酒店特色菜、招牌菜

谭鱼头、香辣蟹、沸腾鱼能异军突起,在很短的时间里就风靡大江南北,是因为产品独具特色。菜肴越有特色就越易挤入市场,占领市场,品牌连锁也更容易。中国餐饮100强企业靠的就是特色鲜明,如张生记靠一道风味独到的笋干煲老鸭而起家,小肥羊、小土豆、石磨豆花靠一种特色原材料,巴国布衣、小绍兴靠一个地域风味,皇城老妈、眉州东坡酒楼、保定会馆靠附加文化作为题材而风靡市场。

4. 突出主厨拿手菜

名厨大都身怀绝技,有很高的知名度和美誉度。应充分运用名厨制作的菜肴的名人效应来满足客人的自豪心理,酒店要培养、树立与宣传名厨,使他们成为酒店的金字招牌。

(五)原料广泛原则

中国地大物博,各地区气候、地理环境差异很大,物产也不相同,为宴会提供了广博的原料来源。烹饪原料主要包括主配料与调辅料两大类。

1. 选用具有地域特色的原料

原料广泛性是形成菜肴多样性的基础,是提供人类多种营养素的主要来源。不同产地的原料有不同的味道,选用当地土特产原料,因为地区、气候、季节、生长环境的不同,其品质差别很大。同是猪肉,上脑部分肥瘦参半,又很细嫩,于是被选作广东菜咕咾肉的原料;腿肉中的坐臀肉,纤维粗糙,但香味很足,做白切肉非它莫属;价格低廉的猪肠,做成的炸熘圈子是上海本地菜的名菜。四川名菜灯影牛肉片薄透光,味道干香,携带方便,此菜只能用牛的两条后腿瘦肉做。同是鸡,炖汤要用老鸡,白斩鸡要用嫩鸡,炒鸡丁要用嫩鸡的胸脯肉,芙蓉鸡片要用鸡胸骨边的两条鸡芽肉。选料要多样广泛,荤素、营养要搭配合理,防止营养成分单一或偏重的现象。

2. 根据时令季节配菜

袁枚《随园食单》说得好:"冬宜食牛羊,移之于夏非其时也。夏宜食干腊,移之于冬，非其时也。"包含两层含义，一是按季选料，二是按季配味。

（1）按季选料。食物原料都有特定的生长周期，或是最佳食用期。俗语云："菜花甲鱼菊花蟹，刀鱼过后鲥鱼来。春笋蚕豆荷花藕，八月桂花鹅鸭肥。"结合季节特点选用不同原料，冬天寒冷多安排一些暖性食品，如羊肉、狗肉、牛肉等；夏天炎热，多安排一些凉性食品，如黑鱼、河蚌、鸭子、黄瓜、冬瓜、茄子等。苏帮菜就非常讲究时令，青菜霜打过的最好吃，桃花季节食鱼，清明前吃螺蛳、刀鱼，到了5月份就开始吃新鸭，端午前后食鳝鱼，稻熟时吃童子鸡等，都有特定的规律。

（2）按季配味。四季口味特点是春酸、夏苦、秋辣、冬甜，中医认为："春多食酸，夏多食苦，秋多食辛（辣），冬多食咸。"因时配菜的原则是"春夏偏于清淡，秋冬偏于浓重"。春季口味应偏向酸性，以此平衡体内酸碱度。夏季以口味清淡、感觉清爽的汁稀、质脆的菜居多，色调以食品本色色彩为主，多用炒菜、烩菜和冷碟，多用热量较低、清爽淡雅的菜肴，适当加点苦味，有助于降温消暑。秋季则偏向辛辣，使人增强防潮御寒的能力。冬季菜肴应以醇厚浓重、汁浓质烂为主，色调浓油赤酱，以深色特别是深红色为主，多用烧菜、扒菜和火锅，多用热量较高、浓厚带汤的菜肴使人增食抗寒。

3. 各种原料搭配合理

（1）荤素料搭配合理。

（2）主辅料搭配合理。一桌菜品应分清主次，突出重点。忌将鲍鱼、鱼翅、燕窝、龙虾等高档原料全部安排在一桌上，不仅中心不突出，而且制作起来也有困难，营养搭配也会失衡。一般有两三道高档菜，整桌宴席的档次就显现出来了；相反，一桌菜品有四五道豆腐、凉粉之类的菜品，就显得档次较低。在主辅料的配制过程中，要注意在丝类菜肴中主辅料的原料质地不同，硬的原料会盖过软的原料，如果八珍鱼翅里配的是笋丝的话，客人就会吃不出鱼翅的感觉，甚至会引起误会。

4. 确保安全绿色

食品要保证绝对安全、卫生，首先必须保证原料无毒、无病虫害、无农药残留，绝对禁止使用一切含有毒素或在加工中容易产生毒素的食材。有些含有毒素的原料（如蛇、蝎之类），必须彻底剔除有毒部分或经加工处理除去毒素后方可食用。国家明令保护的珍稀生物一律不许选来做菜。

（六）选用合理的加工工艺制作菜品原则

宴席菜品越多，越要在品种、用料、调味、技法、装盘等诸多方面显示个性。

1. 注重工艺多样性

菜肴应强调荤素、浓淡、干湿搭配，口味不能重复，避免菜式的单调和工艺的雷同。一桌菜全是辣的，味觉会被麻痹；菜品全是热炒或蒸烧，味觉的感染力定会大打折扣。一桌宴席菜点烹法富有多样性，应做到一菜一烹法、菜菜不重样。如四大热炒菜可以是滑炒、抓炒、爆炒、煸炒等不同烹法。糖醋、红烧、清炒、椒盐等多口味巧妙组合，可让一餐饭吃得更美味；一道是蒸制点心，另一道最好是炸制或烤制点心。冬天宜选用火锅、砂锅及煲类菜肴，给人暖和感；夏季宜多用清蒸、凉拌、冻制等菜肴，给人清爽淡雅之感。又因不同的烹饪技法采用不同的加热器械，能错开炉灶的使用时间，保证按时出菜。中餐烹调方法有五十多种（也有说一百多种，烹饪界有争论）。烹饪工艺是决定菜肴风味的主要因素，菜肴的颜色、味道、质地乃至形状、营养等都受烹调方法的影响。菜肴原料性质大致分老、硬、脆、软、嫩、韧，刀工成形有大、小、厚、薄、粗、细，烹调目的有香脆、鲜嫩、酥软等，因此加热火候的大小、油温（水温）的高低、时间的长短与先后以及烹饪的工艺与调味等都不可能相同。

2. 保持风格统一性

菜品丰富精美源于食材原料多、烹调方法多，它们不同的排列组合，便演化出各式各样的菜肴来。有人做过统计，全国比较有名的菜肴不下万种。宴席菜肴的多样性并不是杂乱无章、简单拼凑，而是一系列菜单的艺术组合，要求特色鲜明、风格统一。

（七）外形美观原则

1. 色泽和谐

（1）色是菜品之肤。菜肴颜色是吸引顾客眼球的第一感官指标，给客人以先入为主、先声夺人的第一印象。菜肴色彩既可诱人食欲，又能愉悦心情，还能活跃气氛，使人产生名贵感、高雅感、卫生感和美感。如绿色菜肴给人以清新感，金黄色菜肴给人以名贵、豪华感，乳白色菜肴给人以高雅、卫生感，红色菜肴具有喜庆、热烈、引人注目的作用。从色彩营养学的观点来看，不同颜色的菜品代表着不同的营养素的含量，色彩搭配合理的菜品格局，其营养配比也是合理的。菜点色泽要因时、因地、因料、因器而异，"或净若秋云，或艳如琥珀"，给人以美观悦目、明快舒畅之感。

（2）追求色彩和谐。菜品色泽来自两个方面：一是原材料的天然色泽；二是经过烹制调理所产生的色泽。大自然提供了足够供厨艺工作者用来组合菜肴色彩的各种原料，宴会设计要注重整桌菜肴色彩的配合和映衬，做到主料与配料、菜肴与盛器、菜肴与点缀、菜肴与菜肴之间的色彩搭配协调和谐、层次分明、鲜艳悦目，不但能增加客人食欲，而且能给人一种美的享受。

（3）菜肴配色方法。色泽配合有顺色与异色（花色）两种。顺色，以主料的色彩为主色调，辅料色泽服从主料，起点缀衬托作用，如"扒三白"中的白菜、肥肠、鱼脯都是白色的，使菜肴鲜亮明洁、十分清爽。异色，主、配料用不同颜色，主次分明，相互搭配，美观协调，使人赏心悦目，增进食欲。如芙蓉鸡片，主料鸡片是白的，配料瓜片、豆苗是绿的,火腿末是红的,红绿相映,非常艳丽。

(4) 色彩服从食用。不能片面追求色彩漂亮而大量采用没有食用价值或口感不好的生料作为菜肴的装饰点缀品。有的餐厅用很大的雕品来点缀数量很少的菜肴,造成菜肴生熟不分、主次不明、华而不实,影响菜肴的食用价值。绝不能为了增加菜肴色彩,有意利用一些食用色素及添加剂,超出国家有关规定的使用标准,严重的甚至会造成食物中毒。

2. 香气扑鼻

香是菜品之气。食物的香味对增进进餐时的快感有着巨大的作用。人们进食时总是先嗅其气,再尝其味。当人嗅到某种久违了的气味时,往往能引起对遥远旧事的回忆,因此当久居海外的华侨品尝到地道家乡菜时会备感亲切。广东菜十分讲究菜肴的"镬气",就是菜肴烹调成熟后很快散发在空气当中的热气及该菜肴特有的气味。人的嗅觉较味觉灵敏得多,而嗅觉感受器比味觉感受器更易疲劳,对气味的感觉总是减弱得相当快,所以要特别重视热菜热上的时效性。例如,响油鳝糊的麻油拌蒜香、生煸草头的清香、姜葱炒膏蟹的辛香、北京烤鸭的肥香、砂锅狗肉的橘香,未尝其菜,先闻其香,诱人食欲,催人下箸。

3. 形态艺术

1) 形是菜品之姿

孔子曰:"割不正不食。"菜肴是艺术佳作,外形是评定菜肴质量的一个重要标准,应遵循对称、均衡、反复、渐次、调和、对比、节奏、韵律等形式美法则,符合人们的审美情趣。形在菜肴中有逼真美、象形美、夸大美、微缩美等形态。利用围边、盘饰、点缀等使菜型更加多姿多彩,如碧绿鲜带子,镶一双紫菜头雕红蝴蝶;圆润光滑的寿桃中间摆一尊面塑的老寿星等,既使菜点更加饱满,也使宴请主题更加突出。热菜造型以快捷、神似为主;冷菜造型比热菜有更高的要求,尤其是主题宴会,有针对性的装盘造型就更加必要和富有效果了。当然,对菜肴形的追求要把握分寸,过分精雕细刻,反复触摸摆弄,会污染菜肴或者喧宾夺主,也是对菜肴形的极大破坏。

2) 菜形类型

一是本形。原料本身的自然形状,如全鱼、全鸡、虾、螃蟹等。应保持主料的自然形态,辅料形态以美化主料为宜。二是改形。原料经加工处理后的形状,如片、丁、丝、条、块、段、茸、末、粒、花等都有其规定的尺寸。形的配合应大体相似,行业常用的手法是"块配块、片配片、条配条、丝配丝、丁配丁"。为突出主料,辅料形应略小于或细于主料形,这样显得调和融洽。一盘炒肉丝长短一致,配料略细,略短于肉丝,体现出一种形式美。三是造型。通过精细的花刀技法及烹调装盘的拼摆艺术,将原料本形改变成另外一种栩栩如生的形状,如麦穗形、荔枝形、松鼠形等,烹制成松鼠鳜鱼、琵琶大虾、扇面冬瓜等象形冷盘与热炒,以及点缀整桌席面的食品雕刻,能为宴席增添欢乐气氛。

3) 刀工成型

刀工决定了原料的形态。烹饪原料有数万种。形状千姿百态,通过刀工将原料切成片、丝、丁、条、块、粒、米、茸等形状,而且大小、粗细、厚薄整齐划一。菜肴应做到刀口规范、整齐划一、分量适宜、配搭合理;工艺菜则应在构思和布局上分宾主、讲虚实、重疏密、有节奏,使形似与神似相辅相成,松鼠鳜鱼栩栩如生,冬瓜盅艳丽多彩,具有较高的观赏价值。有些原料本身形态不引人注目,但经过刀工美化后,放在开水里一烫,鸡、鸭肫就会变成惹人喜爱的菊花肫;放在油锅里一炸,黄鱼就能变成人们赞不绝口的蛙式黄鱼、松鼠黄鱼等;萝卜、土豆是极普通的菜肴原料,但一经雕琢,就变成菊花、莲花、月季花、康乃馨、梅花,以及凤凰、孔雀等艺术品了。设计的菜形要符合烹调技法的要求。烹调加热时间长,不宜配以形态细小的原料;而烹调加热时间短,则不宜配以形态粗大的原料。

刀面安排要合理。冷盘装盘后每种原料最上面的一层即为刀面。刀面类型有以下几种:一是硬刀面,指带骨的原料,如白斩鸡、酱鸡之类;二是软刀面,指不带骨的质地较为柔软的原料,如白切肉、白肚之类;三是乱刀面,指切得比较细小,装盘时不讲究刀纹齐整的原料,如拌芹菜、油焖笋等。三种刀面各具特性,硬刀面的原料没有伸缩的余地;软刀面的原料略有伸缩的余地,按压后一般不会变形,装盘后还可以稍微调整高低;乱刀面的原料最好操作,只需盛放在盘中固定的位置即可。配制不同冷盘时,三种刀面交互使用,一来显得丰富,二来易于操作。尽是乱刀面,会显得刀工技术不强;尽是硬刀面,又会让人觉得不够精细。

4) 装盘造型

用雕刻、拼盘技巧来创造形态多样、生动活泼的菜点造型,给人一种栩栩如生的感觉,起到美化菜肴、烘托气氛、显示技艺、增进食欲的作用。

(1) 自然造型。保持原料本身的原始状态,突出原料的自然美,如烤乳猪、烤全羊,吃鸡不失鸡形,吃鱼不失鱼形。但这类自然形状的整菜肴给人粗犷、原始的风格,通常用于低档大众宴席或一些特色宴席。

(2) 象形造型。高雅宴席常使用人工象形的造型,用雕塑技法制成或用各种荤素菜料拼摆成花鸟鱼虫、亭台楼阁等形象。这在花式冷盘中运用较多,在热炒中也有应用,如动物性的百鸟归巢、孔雀开屏、凤凰展翅、金牛戏水、龙凤呈祥等。植物性的百花齐放、春色满园、田园风光等,实物性的花瓶形、葫芦形、琵琶形等。象形造型技术性强、艺术性高,是烹饪造型中较美的一种。

(3) 图案造型。把各种菜肴原料加工成各种丝、条、块、球、片后,用艺术造型技巧组合成优美的纹样,具有较好的装饰效果。平面图案造型有几何式、卷边式、隔断式、花篮式、品字式、花朵式、麦穗式、扇面式、美景式等，立体图案造型有圆台式、螺旋式、圆锥式等。菜肴构图虽不像绘画那样表现得十分精当，但也要遵循绘画的构图法则。

（4）摆台造型。一组冷盘同时上席时，形态、花样、色泽要富于变化。如中间一个花色冷盘，四周8个小围碟能拼制出8种形态各异的动、植物形态是较理想的。如果不是象形单盘，8个小围碟的刀面应有条形、块形、丝状、粒状，在整齐中求变化，在变化中求统一。

4．盛器匹配

器是菜品之衣。器，指盛菜的器皿，红花配绿叶，美食配美器。千姿百态的碗、盘、碟、壶、杯、盂、罐等餐具，不仅能用来盛装菜点，还有加热保温，映衬菜点，体现档次等多种功能。餐具的高雅精致、卫生洁净、造型优美、图案生动，可对菜肴起到锦上添花的作用，对客人就餐心理产生积极的影响。盛器选择得好，远胜过精细的食品雕刻，以盛器来美化冷菜最具有自然美，绝没有雕琢之嫌。虽然有些盛器对菜肴质量并不会产生太大或直接的影响，但是对于用煲、砂锅、铁板、火锅、明炉等制造特定气氛和需要较长时间保温的菜肴来说，盛器对其质量有着至关重要的作用。

5．声音悦耳

声是菜品之音。声，即声音、声响。听觉在饮食中也发挥着重要作用，声与质、声与味是相互关联的，能起到增强菜肴美味的联觉作用。因此，要充分利用人的各种感官、感觉的相互作用。由于厨师的特别设计或特殊盛器的配合使用，有些菜肴上桌时会发出响声，如虾仁锅巴等锅巴类菜肴，铁板牛肉、铁板鳝花等铁板类菜肴等，这些"吱吱"的声响会引发人的食欲，也说明菜肴的温度足够，质地（尤其是锅巴的酥脆程度）是达标的，进而为餐桌营造热烈的气氛。相反，该发出响声的菜肴没有出声，会使就餐者觉得菜肴与价值不符，感到失望和扫兴。同时，菜肴要取个好菜名，好听易记、朗朗上口，通过上菜时的报菜名与简介名特佳肴的营养烹饪知识和民间传说，来满足客人的求知欲。

（八）菜肴滋味醇正原则

1．味道可口

（1）各地口味特点。中国幅员辽阔，民族众多，民俗各异，因地理、气候、风俗、民情、经济等多种因素，形成了独特的饮食习惯与烹饪方法。"百里不同风，千里不同俗"，各地形成不同的口味特点。中国内地各地区口味有"南甜北咸、东辣西酸"的特点。《口味歌》唱道："安徽甜，湖北咸，福建浙江咸又甜；宁夏河南陕甘青，又辣又甜外加咸。山西醋，山东盐，东北三省咸带酸；黔赣两湘辣子蒜，又辣又麻数四川。广东鲜、江苏淡，少数民族不一般；因人而异多实践，巧调能如百人愿。"还有"东淡西浓；南爱米、北爱面；沿海城市多海鲜；辣味广为接受，麻辣独钟四川；劳力者肥厚，劳心者清淡；少者香脆刺激、老者酥嫩松软；秋冬偏于浓厚，春夏偏于清淡"，等等，反映了全国各地的不同味觉。港澳及广东人口味清淡，喜咸鲜、脆嫩的菜肴；京、津人喜咸味浓的菜肴；四川、湖南人喜辣，江浙人喜甜，西北人喜酸，华北人喜咸。

(2) 味是菜品之魂。"民以食为天，食以味为先。"中国味，味天下。中国菜的精华就在于味，菜肴味道永远是宴席风味的核心。味有基本味（咸、甜、酸、辣、苦是五种基本味，还有鲜、香、麻等其他单一的滋味）与复合味（有两种及两种以上的基本味混合而成，如酸甜、麻辣、咸香等几十种）两大类。菜肴味有两类：一类是菜料相互作用，成熟后渗析出的营养汁以及调料、作料味；另一类是口感的酥烂、肥腻、清淡等质感。菜肴味型分明，有滋有味，浓淡恰当，淡却有味，浓不盖味，百味俱全，齿留余韵，回味无穷。

(3) 善于艺术调味。调味具有极高的艺术性，强化原味、防止异味、追求美味，给人一种"增一分嫌多，减一分嫌少"的微妙境界。调味必"隐恶扬善"，隐恶是指用调料的香辛等味替换掉脏臭恶等异味；扬善在于突出原料的本味，使其本料的本味得到最佳发挥。

(4) 因人因时配味。"食无定味，适口者珍"。在同一时期、同一地域内，人们的口味需求大致相同，这便是"口之于味，有同嗜焉"。但各地口味特点各不相同。外宾的口味差异更大，如日本人喜欢清淡、少油，略带酸甜；欧洲人、美国人喜欢略带酸甜味；阿拉伯人和非洲地区的人以咸味、辣味为主，不爱糖醋味；俄罗斯人喜食味浓的食物，不喜欢吃清淡的食物，等等。口味既要强调共性，又要兼顾个性。

(5) 口味变化起伏。我国菜肴常见味型有三十多种，一桌宴席味型配置要合理，如有十来种味型，口味就不会显得单调了。同一种味型的菜品尽可能不重复，如满桌都是咸味菜品，会让人感觉十分平淡，吃上几个菜就乏味了；而在一桌配上五六个麻辣味等味觉冲击力强的菜品，又会让人感到太刺激，甚至难受。

(6) 研发新味型。我国香港、广州等地引进、利用国内外新型调味品，经过科学调配，设计了许多新颖别致的新味型，有腌料、卤调料与蘸汁料三大类几十种新品，给人以全新的感觉，使宴会菜肴口味丰富多彩，使食客感到"五滋六味，滋味无穷"。

2. 凉热恰当

(1) 温是菜品之脉。温，即菜点出品的温度，温度是菜肴重要的质量指标之一。出品食用温度不同，口感质量会有明显差异。如蟹黄汤包，热吃汤汁鲜香，冷后腥而腻口，甚至汤汁凝固；拔丝苹果，趁热上桌食用，可拉出万缕千丝，冷后则是糖块。据研究，甜的东西在 37 ℃左右感觉最甜；酸的东西在 10~40 ℃之间味道基本不变；咸和苦的东西，则是温度越高，味道越淡。一桌菜品的凉菜、热菜比例恰当，并且凉菜一定要冰凉，热菜一定要有烫劲，俗话说"一热三鲜"。冷热反差一大，从美食的角度来说，品味的感觉更好。按人的饮食习惯，夏秋天气较热，人们喜欢清爽淡雅的菜肴，应增加冷菜的比例，食用热量较低的菜肴；冬春天气较冷，人们喜欢带浓厚热汤的菜肴，应多推出富含脂肪和蛋白质、热量较高的菜肴。

(2) 菜点最佳食用温度。温度会改变菜肴的外观、气味、口感。根据温度与食物的关系，可将食品归纳为喜凉食品和喜热食品。喜凉食品温度在 10 ℃左右，喜热食品温度在 60～65 ℃之间，其味道较好，对人体较为适宜。相关研究发现，食品最佳食用温度如表 6-1 所示。

表 6-1 食品最佳食用温度

食品名称	最佳食用温度	食品名称	最佳食用温度
冷菜	15 ℃左右	凉开水	12～15 ℃
热菜	70 ℃左右	果汁	10 ℃左右
热汤	80 ℃左右	解暑西瓜	8 ℃左右
热饭	65 ℃左右	啤酒	夏天 6～8 ℃
砂锅	100 ℃左右		冬季 10～12 ℃
热咖啡	70 ℃左右	冰激凌	6 ℃左右
热牛奶、热茶	65 ℃左右	汽水	5 ℃左右

(3) 保证菜肴温度。关键在于烹制热菜时间要根据开宴和就餐情况来确定，提高出菜效率。出菜速度防止太快、太慢，应快慢得宜，有条不紊，符合客人的期待。

3. 质感适口

(1) 质感是菜品之骨。质感是菜点与口腔接触时所产生的一种触感，有细嫩、滑嫩、柔软、酥松、焦脆、酥烂、肥糯、粉糯、软烂、黏稠、柴老、板结、粗糙、滑润、外焦内嫩、脆嫩爽口等多种类型。通常菜点质感主要有：一酥，菜肴入口，咬后碰牙即散，成为碎渣，产生一种似乎有抵抗而又无阻力的微妙感觉，如香酥鸭；二脆，菜肴入口，立即迎牙而裂，而且顺着裂纹一直劈开，产生一种有抵抗力的感觉，如清炒鲜芦笋；三韧，菜肴入口后带有韧劲，经牙齿较长时间的咀嚼后才能感觉到，如干煸牛肉丝、花菇牛筋煲等；四嫩，菜肴入口后，有光滑感，一嚼即碎，没有什么阻力，如腌鱼片；五烂，菜肴入口即化，几乎不用咀嚼，如米粉蒸肉；六适口，即菜点的质地要能给口腔内的触觉器官带来快感。

(2) 菜肴质感丰富。菜肴的不同口感特点是由原料的结构和不同的烹调方法形成的。菜肴配料时应做到"脆配脆，软配软"，即主料质地是脆（软）的，配料质地也应是脆（软）的。如爆双脆，必须用肚仁和鸡胗相配，并且都用大小、厚薄相近的形态，才能达到"双脆"的风味。如锅煽豆腐,吃其软嫩,所用原料必须是质地柔软的豆腐和鸡蛋,才能保证软嫩的风味。当然,也有软脆相配情形,如冬笋肉丝,一硬一软,吃一口别具风味,但烹调时要注意火候调节,保持各种原料的性质特点。

(3)客人口感多样。应有针对性地设计好每种菜肴的质感。一是个人的饮食爱好不同,其对菜肴的质感要求不一,有的喜欢吃香脆的,有的喜欢吃软嫩的。二是个体年龄不同,其对菜肴的质感要求也不一样,如少年儿童喜食酥脆的菜肴;中青年人体质好、运动量大,喜食硬、酥、肥、糯的菜肴;老年人喜食酥烂、松软、滑嫩的菜肴。

(九)营养卫生原则

1. 营养是菜品之本,卫生是菜品之基

饮食的基本目的是从中摄取所需要的营养物质,营养是一切食品必须具备的根本条件。卫生是一切食品必须具备的公共条件,确保吃了不出问题。人体所需的营养素有六类,即蛋白质、糖类、脂肪、维生素、无机盐和水,对人体具有构造机体、修补组织、维持体温、供给热能与调节生理机能五大作用。营养卫生指标有些方面可通过对菜肴的外表及内在质量的判断来把握。但有些方面光靠外表观察和口舌品尝是不容易发现和把握的,如食材是否含有病菌和毒素,畜肉是否经过检疫,河豚是否加工得法等。因此,必须严格进行安全管理,以保证菜肴品质可靠、优良。

2. 日常膳食结构合理

"健康食为先,平衡是前提;适量很重要,多样需保证"。中国著名医学专家洪昭光认为:人要健康长寿,必须"合理膳食,适量运动,戒烟限酒,心理平衡"。合理膳食要"什么都吃,适可而止;七八分饱,百岁不老"。平衡膳食的第一原则是多样化,要谷类、薯类、蔬果类、肉蛋类、奶豆类和油盐类食物合理搭配。人体进行生命活动,必须摄取各种营养素,以及一定量的必需氨基酸和必需脂肪酸,所以选配原料宜多样化,并保证一定的含量。世上没有一种食物可提供人体的全部需要,营养是互补的。因此食物越杂,种类越多,互补作用就越强、越好。不偏食才可避免矿物质和维生素缺乏。

(1)荤素比例恰当。健康人的体内正常酸碱平衡指数以7.4为好。食品原料有酸碱之分,鸡、鸭、鱼、肉、蛋等动物性原料为酸性食品,蔬菜、水果等植物性原料为碱性食品。动物性原料进食太多,人体摄取酸性物质超标,长期持续下去身体会有酸痛感;植物性原料进食太多,人体摄取碱性物质超标,胃有空荡之感,人容易感到乏力。随着人们健康意识的增强,宴会的饮食结构营养化趋势越来越明显。动物性原料含脂肪、蛋白质较多,植物性原料含维生素、淀粉、矿物质较多,所以原料一定要荤素搭配、多样组配,这样做不仅仅使营养均衡,而且能增添食用的乐趣。荤素合理搭配的比例,冷菜是5∶3或5∶4,热菜是5∶4。素菜多了,会淡而无味,冲淡宴会的气氛;荤菜多了,会使人腻口。

(2) 荤素搭配方法。做好以下三个方面的搭配：荤菜与素菜的搭配，菜与点的搭配，菜与主食、水果的搭配。荤菜里的鸡肉、鸭肉、鱼肉、猪肉、牛肉、羊肉、海鲜的配置，应呈多元化格局；素菜中的豆腐、笋类、菌类、鲜蔬类菜品，也应多姿多彩。如荤菜用素菜围边，既可解决美观问题，又可顾及营养搭配；鱼翅、鲍鱼、肚仁、海参等高档原料配清口小菜，如鱼翅配豆芽，这样不仅可以有效刺激客人的口味，增强其食欲，而且具有多种营养成分。

(十) 数量合理原则

菜点数量控制不仅关系到宴会的成本控制，还关系到宴会菜肴的数量和质量是否与宴会规格相符。数，指整套宴席的菜品道数；量，一指构成一道菜肴的各种原料数量以及主料与辅料的投料比例，二指整套宴席菜点分量的总和。

1. 控制菜点道数

宴席菜点道数越多，菜点总量就越大；道数适当的标准是以宴会结束菜点基本吃光为宜。要改变国人"以丰为敬，贪多求奢"的观念，树立绿色消费理念，践行"光盘行动"。影响宴席菜点总量的因素有以下几种。

1) 宴会人数

按每人平均能吃到 500 克左右净料来计算宴会需要多少净料，然后确定每种菜肴所用原料的数量、品质、主配料比例等。

2) 宴会类型

(1) 西式宴会。一席控制在 5～7 个菜品之间。

(2) 中式宴会。一席控制在 10～20 个菜品之间，如国宴 4 菜、1 汤、3 点心、1 冷菜、1 水果，商务宴 6 菜、1 汤、3 点心、1 冷菜、1 水果，朋友聚会宴 8～10 菜、1 汤、3 点心、1 冷菜、1 水果，普通婚宴 10～12 菜、1 汤、3 点心、1 冷菜、1 水果。

(3) 中、西自助餐宴会。100 人以下宴会的菜肴大约为 40 道，100～500 人宴会的菜肴为 50～60 道，500 人以上宴会的菜肴约为 70 道。每盘菜的量为 1100～1300 克。

3) 宴会目的

菜肴道数应与宴会目的相一致。喜宴、寿宴、一般宴会的菜肴道数应为双数，总数必须是双数；而丧宴总数为单数，道数偏简，但也需盘碗丰富。为了礼仪，按习惯菜肴道数设计；为了品尝，道数可以多些；为了应酬，道数可适当少些；为了隆重，道数要增加一些。

4) 宴会档次

宴会规格越高，菜点数目总量越多，品种和形式就越丰富，制作方法越精巧；而菜肴品种少的低档宴会，每道菜的数量要多些。宴会类型不同，菜点品种比例也不同。不同档次宴会各类菜品及成本的比例如表6-2所示。

表6-2　不同档次宴会各类菜品及成本的比例

宴会等级	冷菜	热炒菜	大菜	点心	主食	水果
一般宴会	10%	45%	35%	5%	2%	3%
中档宴会	15%	35%	35%	5%	5%	5%
高档宴会	20%	30%	35%	10%	5%	5%

5）宾客情况

女性、儿童、老年人多，从事脑力劳动者多，则菜品总量应少些；男性、青年人、从事体力劳动者多，则菜品总量应多些。

2. 控制例盘菜量

标准食谱的例盘菜量，热炒一般为300～500克。太多，会增加成本，因客人吃不了而造成浪费；太少，客人吃不饱，肯定不满意。一般情况下，人的进食总量是相对的，因此菜肴道数与例盘菜量成反比关系：宴席菜肴道数越多，每盘菜的分量就应越少；反之，菜肴道数越少，每盘菜的分量就应越多。

3. 控制出料比例

根据原料价格、拆净率及宴会售价，确定每个菜品所用的主料、配料、调料的比例、质量及数量。控制原料出净料的比例，如一盘300克的"清炒虾仁"与一盘300克的"游水基围虾"相比，后者可食用部分只有前者的三分之一。根据不同规格及档次的宴会，正确把握菜肴主料与辅料的比例，如"腰果炒鲜贝"，主料是鲜贝，辅料是腰果，主、辅料的比例可以为4∶1，也可以为4∶3，前者显得价格、档次较高，后者显得配料多，价格、档次低。配菜时应将菜肴的各种原料按比例分别取出，放入适当容器内。

（十一）创新发展原则

菜点创新的途径有以下几种。

（1）挖掘。把已失传的传统菜点挖掘出来重放异彩，如私家菜、官府菜、宫廷菜。发掘原材料的多种利用价值，如三文鱼刺身、鱼头、带肉鱼骨等很多杂料经常被丢弃不用，把这些杂料做成炸三文鱼骨卷，能给人带来独特的风味、新奇的感觉，变废为宝，节省成本，很受顾客欢迎。中餐重视人体养生保健，水果宴、茶宴纷纷出台，甚至出现了专门经营水果菜点的餐厅。设计药膳菜肴，启发医食同源的灵感。

（2）继承。对传统宴会菜肴进行继承、创新与改造。传统的鱼翅可配捞饭，鲍鱼可配鹅掌，四川的冒菜改为毛血旺，茶叶蛋煮熟后冷却了再煮，最为好吃。"酱猪肉"、"东坡肉"入口即化，油而不腻，照样受欢迎。设计粗料细做的菜肴，如烤白薯，曾在20世纪六七十年代被作为主食，现在参照西餐烤土豆的方法来制作，加入黄油与蜂蜜，在宴席上大受欢迎。

（3）引进。引进各种菜系的加工方法并进行融合。如粤菜蒸鱼先不放盐和作料，只蒸10分钟，鱼刚断生，骨头边还有一点点血丝，肉质鲜嫩；而其他菜系蒸鱼时先放作料，又不控制时间，肉质就老。江南把川菜的"鱼香肉丝"改成"鱼香鳜鱼丝"，别具风味。用新疆的烤羊肉串和西餐炸猪排的方法来炸鳗鱼，做成"烟炸无刺鳗鱼串"，蘸上作料，中外宾客都很欢迎。引进西餐做法，如西餐的管理与计量；西式的牛排用中式的上浆法，别具风格；中式原料、中式做法配以外国调料，中式做法西式装盘，炸春卷的馅换成西式的腌肉与起司再蘸甜辣酱包生菜吃，更是别具风味。

（4）改良。中西结合、荤素结合、菜肴与点心结合、食物与药物结合、水果与菜肴结合等都是改良之法。"酥皮海鲜"是中西结合；扁豆撕筋去豆，夹入火腿、虾仁、芦笋制成的馅，蒸制、浇葱油，口感很好，这是荤素结合；"酥贴干贝"是菜点结合。以"旧菜新颜"来创造新菜品，如粤菜"桂花鱼翅"，由于鱼翅昂贵，以致此菜价格很高，销量很小，改良成"桂花瑶柱"后，口味相似而价格较低，销量大增。改变制作方法，如香港有名的"阿一鲍鱼"，一改幕后加工方式，采用法式客前烹制，客人可以边吃边欣赏厨艺表演。

案例：沈阳冰宴菜单

　　第一道：八杯冰汤，分别用柠檬、菠萝、山楂等果汁制成。
　　第二道：八盘冰点心，包括粉红的桃糕、雪白的鸽子糕、淡黄的蝴蝶糕、鲜红的梅花糕、金黄的金鱼糕、嫩绿的荷叶糕等。
　　第三道：八盘冰蜜饯，包括香蕉、白梨、黄桃、蜜橘等。
　　第四道：八种冰果，花色、式样、口味各异。

（十二）条件相符原则

1. 与宴会厅特色相符

宴会厅特色包括消费档次、菜肴特点、服务方式等。如装潢豪华的包间提供高档宴会菜肴，餐具为金餐具和银餐具；有的专营传统菜肴并配以相应的服务方式。宴会厅有一定特色，方能在竞争中立足。

2. 根据厨房设备条件进行菜单设计

根据厨房设备设施的生产能力筹划菜点，当设备设施缺少或者不足时，会使菜点品种的生产受到限制。均衡使用各种设备，避免过多使用某一种设备。独有的设备应发挥其优势。

3. 根据厨师技术能力进行菜肴设计

根据厨师的技术能力，亮出名店、名厨、名菜、名点的旗帜，施展本地本店的技术专长，选用名特物料，运用独创技法，力求新颖别致，令人耳目一新。聘请、激励与留住素质好、技术高的厨师，充分发挥他们的作用。

4. 根据原料供应、储备情况设计菜单

了解各种原料的应时季节、上市时间、产地、生长情况及其特点，掌握本酒店原料采购、储备及质量、价格等情况，做到心中有数。制作出应时应季、符合货源供应和人们口味变化等的菜点。

二、宴会面点设计

饮食行业称"无点不成席"。人们比喻宴席"冷盘是脸面，点心是眉毛"。点心菜肴是宴会中不可分割的一个整体。一桌丰盛的美味佳肴，没有点心配合就好比红花失掉绿叶。席上点心主要用于平衡营养、丰富口感、点缀席面，要求娇小精美、咸甜并重、菜点配合、餐具精美。

宴会面点设计要做到"四适应一变化"。

1. 适应宴会档次

（1）高档宴会：面点用料精良，制作精细，造型细腻别致，风味独特。

（2）中档宴会：面点用料高级，口味纯正，成形精巧，制作恰当。

（3）普通宴会：面点用料普通，制作一般，具有简单造型。

2. 适应宴会形式

节日庆典宴、乔迁之喜宴、开业大吉宴等喜庆宴会的面点一定要围绕中心、贴切自然，呈现出吉祥如意的气氛；婚宴可配"鸳鸯盒"、"莲心酥"、"鸳鸯包"、"子孙饺"等面点；寿宴可配寿面、寿桃、寿糕、"麻姑献寿"等祝寿类面点，以活跃宴会气氛。

3. 适应宴会菜肴

面点造型图案或鸟兽，或时果，或花草，或器皿等，应与菜肴形状、色彩相吻合。菜与点，讲究味型配合，咸点与咸味菜相配，甜点与甜味菜相配；不同菜肴应配置不同的面点，汤菜宜配饺，烤炸菜宜配饼，甜菜宜配糕。

4. 适应时令节日

春夏秋冬四季，宴会面点有别。开宴季节的面点应与这一季节里的生物生长规律相协调，如春季气候变暖，百花吐艳，人们喜爱不浓不淡的食品，配席面点可上春卷，配一些以杏花、梨花、桃花命名的具有春天自然风采的面点。夏秋宜配羹糕，冬春宜配饼酥。举办宴会的日期若与某个民俗节日邻近，面点也要做相应设计，如春节吃年糕、春卷，元宵节吃汤圆，清明节可配食青团，端午节吃粽子，中秋节吃月饼等。

5. 形态富于变化

面点配席虽只有2～3道，但面点精美的口味，活灵活现、小巧玲珑的形态能为整个宴会增色加彩。宴会档次越高，面点越要做得精致，越要注意面点品种之间的色、形、味的合理搭配。面点造型繁多，方法丰富多彩。面点的成型效果要具有实用性、艺术性和针对性，讲究玲珑剔透、形神兼备，富有艺术魅力，给人以美的享受。

案例：西安泡馍宴与西安饺子宴

西安泡馍宴是由西安同盛祥饭庄马品义、马树桥先生带领一班人，根据西安地方特色浓郁的名小吃"牛羊肉泡馍"而精心策划的西安名宴。西安泡馍宴食品构成如下。第一，干果茶水：花生、黑瓜子、葡药干、大杏仁、挂霜腰果；三炮茶（由茶叶、冰糖、桂圆、枸杞等制成）。第二，冷菜：由花拼和八围碟组成，边尝冷菜边亲手拌馍（成黄豆粒状）。第三，热菜：由四道、六道或八道热菜组成，热菜用完后，每人喝一碗羊羹。第四，点心：品尝风味小吃羊肉饼和灌汤小包。第五，泡馍：客人根据自己的口味和爱好选择干泡、水围城、口汤、单走，以便厨师烹制。第六，水果：餐后配以时令水果，使人感到甘甜爽口。

一桌饺子宴，尝尽天下鲜。西安饺子宴分为"百花宴"、"八珍宴"、"全素宴"等6种宴席，两百余种风味各异的饺子，一饺一形，百饺百味。形有金鱼、核桃、白兔、飞燕、猴子、熊猫、孔雀、小鸡、小鸭、小猪、小狗等；味有咸、甜、苦、麻、辣、香、酸、怪等；熟制方法可分蒸、煎、炸、煮等。馅料选自各地名特产品，如鱼翅、海参、干贝等。上饺次序按人们的口味习惯依次而上，味别是先甜，后咸，再麻辣或怪味。为了使食客不至于腻口，上几道饺子后，往往上一碗银耳汤，让客人清口后再继续吃。西安饺子宴从头到尾，蕴含着浓郁的民族传统文化色彩，被誉为"神州一绝"。

三、宴会酒水设计

(一) 宴会酒水选用

1. 酒水功能

(1) 酒水具有一定的营养价值和开胃功能。酒是一种营养价值较高的饮品，尤其是低度酒对人体有很多益处。如葡萄酒富含维生素 A、B、C 和葡萄糖。宴会菜肴十分丰盛，少量的低糖、低酒精、少气体的酒品，可以让客人保持良好食欲，药酒还有一定的药用功能。

(2) 酒水具有助兴作用和礼仪功能。

2. 世界常用酒水

世界常用酒水如表 6-3 所示。

表 6-3 世界常用酒水

酿造酒	谷类酒	黄酒	按产地分：绍兴酒、仿绍酒、北方黄酒
			按含糖量分：干黄酒、半干黄酒（如加饭酒、花雕酒）、半甜黄酒（如善酿酒）、甜黄酒（封缸酒）、浓甜黄酒、加香黄酒
			按酿造方法分：淋饭酒、摊饭酒、喂饭酒
			按用曲种类分：小典黄酒、生麦曲黄酒、熟麦曲黄酒、纯种曲黄酒、黄衣红曲黄酒、乌衣红曲黄酒
		啤酒	按发酵工艺分：上（高温）发酵啤酒、下（低温）发酵啤酒
			按颜色分：淡色啤酒、浓色啤酒、黑啤酒
			按杀菌处理分：鲜啤酒、熟啤酒
			按麦芽汁浓度分：低浓度啤酒、中浓度啤酒、高浓度啤酒
	果类酒	葡萄酒	按生产方式分：原汁葡萄酒、强化葡萄酒、加香葡萄酒
			按颜色分：红葡萄酒、白葡萄酒、玫瑰葡萄酒
			按含糖量分：干型葡萄酒、半干型葡萄酒、半甜型葡萄酒、甜型葡萄酒
			按起泡分：静态（不起泡）葡萄酒、起泡葡萄酒
			按饮用习惯分：餐前酒、佐餐酒、餐后甜酒
	其他类	奶酒	以奶油作原料为奶酒
		蜜酒	以蜂蜜作原料为蜜酒

续表

蒸馏酒	谷类酒	中国白酒	按香型分：酱香型、清香型、浓香型、米香型、兼香型
			按用曲种类分：大曲酒、小曲酒
			按生产原料分：粮食类、薯类、代用原料类
	果类酒	威士忌	纯麦威士忌、谷类威士忌、兑和威士忌
		金酒	荷式金酒、英式金酒
		伏特加	
		白兰地	葡萄白兰地：格涅克、阿玛涅克、其他
			水果白兰地：苹果白兰地、樱桃白兰地
			其他：玛克
	果杂类	朗姆酒	
		特基拉酒	
	其他类	其他	威廉梨酒
		阿拉克	米酒、花酒、棕榈子酒、椰枣酒
混配酒	混合酒	鸡尾酒	按时间、地点分：餐前鸡尾酒、餐后鸡尾酒、晚餐鸡尾酒、睡前鸡尾酒、俱乐部鸡尾酒、香槟鸡尾酒
			按配料、特点分：马提尼、曼哈顿、酸酒、奶类饮料、烈酒加混合饮料类、葡萄酒饮料、宾治、热饮、双料酒类、利口酒类
			按混合方法分：短饮类鸡尾酒、长饮类鸡尾酒
			按基酒分：威士忌类、金酒类、白兰地类、伏特加类、朗姆类、特基拉类及其他类
	配制酒	利口酒	香料利口酒：种料利口酒、草料利口酒、果料利口酒
			香精利口酒
		甜食酒	雪利酒：鲁奥罗索、菲努
			波特酒：白波特、红波特
			马萨拉
			马德拉
			味美思：干味美思、白味美思、红味美思、都灵味美思
		开胃酒	茴香酒
			必打士

3. 世界常用饮料

世界常用饮料如表6-4所示。

表6-4 世界常用饮料

类　　型			特　　点
矿泉水	饮用矿泉水		来自地下循环的天然露天式或人工开采的深部循环的地下水，含有一定量的矿物盐、微量元素或二氧化碳气体。其化学成分、流量、温度等动态指标应相对稳定；在保证原水卫生细菌学指标完全正常的条件下开采和灌装，在不改变饮用天然矿泉水的特征和主要成分的条件下允许曝气、过滤和除去或加入二氧化碳
	装瓶后的饮用矿泉水	无气矿泉水	水中不含二氧化碳气体，是目前最为流行的矿泉水
		含气矿泉水	水中含有大量游离二氧化碳气体，并含有多种微量元素。我国饮用矿泉水主要为碳酸型
		人工矿泉水	对优质泉水、地下水或井水进行净化与矿化，达到预期矿化度，经过滤和杀菌处理后装瓶
		世界著名矿泉水品牌	法国：巴黎、依云、拜独特、伟涛、甘露 德国：阿坡望 意大利：圣派·歌瑞桑、米兰 日本：三得利、麒麟、富士 美国：山谷、魅力
果蔬饮料	果蔬饮料来自天然原料，营养丰富，色泽诱人，成本低廉，制作方便且易于被人体吸收		
	蔬菜汁		加入水果汁和香料及各种蔬菜汁，如番茄汁等
	果汁	天然果汁	没有加水的100%的新鲜果汁。制作方法：一是压榨法，对含汁液较多的橘、橙、柠檬水果用榨汁器来挤榨果汁；二是切搅法，对质地较坚硬的果蔬（如苹果、梨、胡萝卜等）和不易挤榨的果蔬（如草莓、葡萄、西红柿等）可先切碎，再用高速的搅拌机取汁
		稀释果汁	加水稀释过的新鲜果汁。加入适量的糖水、柠檬酸、香精、色素、维生素等，新鲜果汁则占6%～30%不等
		果肉果汁	含有少量的细碎颗粒的新鲜果汁
		浓缩果汁	将果蔬汁溶液加热至沸腾，使其部分水分汽化，以获得高浓度的果蔬汁溶液。在饮用前需要加水稀释，在市面上以西柚汁、橙汁和柠檬汁等最为常见

续表

类　型		特　点
碳酸饮料		即汽水，在适于饮用的水中压入二氧化碳，并添加甜味剂和香料。作用为：大量二氧化碳溢出，能刺激胃液分泌、促进消化、增强食欲；炎热天气饮用碳酸饮料，可降低体温，使人顿生凉爽之感；碳酸饮料冰镇（一般为 4～8 ℃）后口感最佳
	普通型	通过引水加工注入二氧化碳的饮料，不含任何人工合成香料或天然香料，如苏打水、俱乐部苏打水和矿泉水碳酸饮料（如巴黎矿泉水）
	果味型	添加了水果香精和香料的碳酸饮料，如柠檬汽水、汤力水和干姜水
	果汁型	含有水果汁和蔬菜汁的碳酸饮料，如橘汁汽水
	可乐型	含有可乐豆提取物和天然香料（如桂皮、柠檬等），具有兴奋神经的作用，风味特殊的碳酸饮料。可口可乐和百事可乐几乎垄断了全世界的可乐市场
	其他	如乳蛋白碳酸饮料和植物蛋白碳酸饮料等
茶		以茶树新梢上的芽叶嫩梢为原料加工制成的产品，可直接沏作饮料或作为加工其他食品的原料，是世界三大饮料（茶、咖啡、可可）之一，具有提神解乏、除脂解腻、利尿排毒、强心降压、补充维生素等功效。冲泡一杯好茶，除了要求茶叶本身的品质外，还要考虑冲泡茶所用水的水质、茶具的选用、茶的用量、冲泡水温及冲泡时间五个要素，用不同技艺和方法冲泡不同的茶叶
	基本茶类	绿茶：蒸青绿茶、晒青绿茶、炒青绿茶（珠茶、细嫩绿茶）、烘青绿茶
		白茶：白叶芽
		黄茶：黄芽茶、黄大芽、黄小芽
		青茶（乌龙茶）：闽北乌龙、闽南乌龙、广东乌龙、台湾乌龙
		红茶：小种红茶、工夫红茶、红碎茶
		黑茶：湖南黑茶、湖北老青茶、四川边茶、滇桂黑茶
	再加工茶类	花茶（茉莉花茶、株兰花茶、白兰花茶、玫瑰花茶、桂花茶）、药茶（午时茶、姜茶散、益寿茶、减肥茶）、紧压茶、果味茶、速溶茶、含茶饮料
咖啡		作用：适量饮用咖啡可刺激肠胃蠕动，具有消化、提神功能，它还可以消除疲劳、舒展血管，并有利尿作用
		饮用：各种咖啡豆可单品饮用，也可混合调配，通常用三种以上咖啡混拌，称为综合咖啡；可以煮咖啡，也可以冲泡咖啡
		品牌：牙买加的蓝山咖啡、巴西咖啡、哥伦比亚咖啡、印尼苏门答腊岛的曼特宁、也门的摩卡、夏威夷的科纳
乳品饮料		以牛奶为主要原料加工而成。常见的有新鲜牛奶、乳饮、发酵乳饮、奶粉等

4. 宴会酒水选用原则

（1）满足客人要求。宴会以酒佐食、以菜助饮的最基本原则是尊重客人意愿，满足客人要求，让客人从中获得快乐和艺术享受。宴会用酒除由主办单位委托宴会设计者安排之外，一般均由主办单位或主人在临开席之前根据自己的需要选定。酒店可以向客人推荐酒水，但当客人意愿与饮酒原则不符时，应以尊重客人意见为主。

（2）符合宴会规格。高档宴会选用高质量酒水，如国宴选用茅台酒，茅台酒被称为我国的"国酒"，其质量和价格在我国白酒中独占鳌头；普通宴会则选用档次一般的酒水。若低档宴会用高档酒做伴宴酒，会抢去菜肴的风头，让人感到食之无味；而高档宴会选用低档酒水，则会破坏宴会名贵气氛，让人对菜肴档次产生怀疑。

（3）突出宴会主题。针对宴会主题选择相应酒水，如婚宴气氛热烈、隆重，应选择酒精度高一点的酒；寿宴气氛欢快、融洽，应选择酒精度低一点的滋补酒。选用命名好的酒水可使宴会主题生辉，如婚宴选用喜临门、口子酒，寿宴选用麻姑酒、寿生酒，家庭团聚用全家福酒，榜上有名设宴用状元红等。

（4）适合台面特色。中式宴席选用中国酒，西式宴席选择西洋酒。酒水应与宴席的地域特征相匹配，地方宴配地方酒，特色宴配特殊酒，如红楼宴配红楼酒，孔府宴配孔府家酒，八仙宴配八仙酒等。

（5）适应季节气候。夏天天热饮冰镇酒，多饮啤酒以降温；冬天天冷饮烫酒，常饮白酒以发热。

（6）保持风味一致。酒水的配用应充分体现菜肴的特色风味，与菜肴风味要协调。

（7）美酒配佳肴。酒品要凸显菜肴特色，突出菜肴风味，做到菜为主、酒为辅，不可以酒压菜，抢去菜肴的风头。口味上，酒不应比菜肴更浓重。用量上，以适量为宜，超量暴饮是不足取的，以免食不知味。合理用酒，慎用高度酒、烈性酒、配制酒、药酒。

（二）宴会酒水搭配

1. 酒水与菜肴的搭配

1）中式宴会酒水与菜肴搭配规律

什么样的酒配什么样的菜，同样，什么样的菜选什么样的酒，二者要对称和谐。

（1）酒水与菜肴编排程序。中国传统宴席认为：先上冷碟是劝酒，跟上热菜是佐酒，辅以甜食和蔬菜是解酒，配备汤品和果茶是醒酒，安排主食是压酒，随上蜜脯是化酒。

（2）酒水与菜肴搭配规律。色味淡雅的酒配颜色清淡、香气高雅、口味纯正的菜肴，如汾酒配冷菜，清爽合宜；白葡萄酒配海鲜，纯鲜可口，恰到好处；色味浓郁的酒配色调艳、香气馥、口味杂的菜肴，如泸州老窖酒宜配鸡鸭菜，取其味道浓郁、厚重、香馥；酒纯浓香的红葡萄酒宜配牛肉菜；干、酸型酒配咸鲜味的菜肴；甜型酒配甜香味的菜肴；浓香型酒配香辣味的菜肴。饮用中国黄酒讲究"对口"。干型的状元红酒宜配蔬菜类、海蜇皮等冷盘；半甜型的善酿酒专配鸡鸭菜肴；竹叶青酒专配鱼虾菜肴；半干型的加饭酒专配肉类、大闸蟹；甜型的香雪酒宜配甜菜类。烹制不同的菜肴，也需使用不同的料酒，如烹制普通菜肴使用绍兴老酒，而烹制草头（中国江浙一带的一种蔬菜）则使用高粱酒。中国菜尽可能选用中国酒，西洋菜尽可能选用西洋酒。在难以确定时，则选用中性酒类，如葡萄酒，或视客人意见而定。葡萄酒几乎可以搭配所有的中国菜肴，尤其是流行最广的家庭菜肴。葡萄酒与菜肴搭配举例，如表6-5所示。

表 6-5 葡萄酒与部分菜肴搭配举例

菜肴分类	家常菜肴名称	搭配酒品
开胃冷菜（清淡口味）	炸土豆条、萝卜丝拌海蜇、糟毛豆，姜末凉拌茄子、蒜香黄瓜、素火腿、小葱、皮蛋豆腐、凉拌海带丝、白斩鸡	白葡萄酒
开胃冷菜（浓郁口味）	咸菜毛豆、油炸臭豆腐、香牛肉雪菜、冬笋丝、黄泥螺、糖醋辣白菜、醋辣小排骨、鳗鱼香、酱鸭掌	红葡萄酒
河鲜类（清淡口味）	泥鳅烧豆腐、清炒虾仁、清蒸河鳗、清蒸鲥鱼、盐水河虾、清蒸刀鱼、蒸螃蟹、葱油鳊鱼、醉鲜虾	白葡萄酒
河鲜类（浓郁口味）	红烧鳝段、红烧鳜鱼、炒螺蛳、酱爆黑鱼丁、油焖田鸡、豆瓣牛蛙、红烧鲫鱼塞肉、葱烤鲫鱼、炒虾蟹	桃红葡萄酒、白葡萄酒
肉禽类（清淡口味）	榨菜肉丝、冬笋炒牛肉、魔芋烧鸭、韭黄鸡丝、清蒸鸭子、韭黄炒肉丝、冬笋炒肉丝、蘑菇鸭掌、虾仁豆腐	桃红葡萄酒、红葡萄酒
肉禽类（浓郁口味）	糖醋排骨、红烧牛肉、红烧蹄髈、红烧狮子头、红烧蹄筋、炖羊肉、油面筋塞肉、花生肉丁、干烧焖肉	红葡萄酒
风味菜（辛辣口味）	宫保鸡丁、水煮牛肉、椒盐牛排、椒麻鸡片、油淋仔鸡、干烧鱼块、回锅鱼、红油腰花、鱼香肉丝	红葡萄酒
海鲜类（清淡口味）	葱姜肉蟹、炒乌鱼球、白灼斑节虾、葱油圣子、生炒鲜贝、滑炒贵妃蚌、刺身三文鱼、蛤蜊炖蛋、葱姜海瓜子	白葡萄酒
海鲜类（浓郁口味）	糖醋黄鱼、茄汁大明虾、干烧鱼翅、红烧鲍鱼、干烧明虾、红烧海参、蚝油干贝、红烧鱼肚、红烧螺片	白葡萄酒、红葡萄酒

2）西式宴会酒水与菜肴搭配规律

西方国家有"上什么菜、饮什么酒"的习惯。规律是"红配红、白配白，桃红香槟都可来"。较清淡的鸡肉、海鲜菜肴配饮淡雅的白葡萄酒；带糖醋调味汁的菜肴配酸性较高的葡萄酒，长相思（Sauvignon Blanc）是最好的选择；鱼类菜肴如奶白汁的鱼可选用干白，浓烈的红汁鱼则配醇厚的干红，经过橡木桶陈酿的霞多丽（Chardonnay）干白会是熏鱼的好搭配；厚重的牛肉、羊肉菜肴配饮浓郁的红葡萄酒；油腻和奶糊状菜肴适合中性和厚重架构的干白，其黄油香味能给食物增加独特的风味，但要避免搭配果香味较重的葡萄酒；辛辣刺激类菜肴与冰凉的啤酒和葡萄酒都适合搭配；丰盛油腻的食物必须和同样味重的干红搭配，口感厚重、富含高单宁酸的赤霞珠（Cabernet Sauvignon）葡萄酒会是理想的选择；桃红葡萄酒与香槟酒可以和所有的菜肴搭配。

2. 酒水间的搭配

（1）不同酒水上席顺序。根据先抑后扬的原则，设计不同酒水上席顺序，目的在于使宴会由低潮逐步走向高潮，在完美中结束，如表6-6所示。

表6-6 中西式宴席不同酒水上席顺序

中式宴席不同酒水上席顺序	西式宴席不同酒水上席顺序
先低后高（低度酒在前，高度酒在后） 先软后硬（软性酒在前，硬性酒在后） 先有后无（有汽酒在前，无汽酒在后） 先常后贵（普通酒在前，名贵酒在后） 先干后甜（甘洌酒在前，甘甜酒在后） 先淡后醇（淡雅风格的酒在前，浓郁风格的酒在后）	先白后红（先上白酒，后上红葡萄酒） 先干后甜（先上干酒，后上甜酒） 先新后陈（新酒在前，陈酒在后） 先淡后醇（先上清淡型、味道单纯的酒，后上浓郁醇厚型、味道复杂的酒） 先短后长（先上酿造期短的酒，后上酿造期长的酒） 先冰后温（先上冰冻过的酒，后上接近室温的酒） 先低后高（先上价格低的酒，后上价格高的酒）
先无糖后有糖（不含糖分的饮料在前，含糖分的饮料在后） 先无气后有气（无气的饮料在前，融入二氧化碳的有气的碳酸饮料在后）	

（2）酒水与酒水搭配。详见西式宴会常用混合调制酒。

（3）酒水与饮料搭配。酒水与饮料的搭配没有明显的规律，凭人们兴趣进行。我国民间饮酒有橘子水冲啤酒、葡萄酒掺果汁等做法，东欧人喜欢用水兑酒精饮用，英美人喜爱用冰块、冰水稀释烈性酒后再痛饮。有的民族用咖啡兑酒，用奎宁水兑酒。除了将酒与其他饮料同时饮用外，人们还在酒后再饮用一些其他饮料，如咖啡、茶、果汁、汽水等。但酒后饮茶在我国被认为是不可取的，酒后饮汽水是有害无益的，特别是饮高度酒之后再饮汽水会加速酒精在血液中的分散，加重酒精中毒。

案例：绍兴与酒

千百年来，在古老的绍兴酒乡，人们已与加饭酒结下了不解之缘。每逢过节，红白喜事，绍兴人都离不开此酒。绍兴的风俗，孩子出生三天宴客，叫"三朝酒"；

满一个月,叫"满月酒",也叫"剃头酒"。孩子满周岁,吃"周岁酒";贺生日,叫"吃寿酒"。订婚吃"订婚酒";结婚吃"喜酒",男方家办的叫"宴席酒",女方家办的叫"出阁酒"。新婚夫妇首次去女家吃"回门酒"。人死悼亡吃"开奠酒";埋葬逝者时吃"安葬酒"。新屋落成吃"贺房酒";乔迁之喜吃"进屋酒"。商店新开吃"开张酒",年终分红吃"分红酒"。出远门时吃"饯行酒",返归时吃"洗尘酒"。清明节吃"春酒",端午节吃"雄黄酒",中秋节吃"赏月酒",除夕夜吃"团聚酒",过春节吃"年酒",正月十五吃"元宵酒"。平日无事而请吃的酒,绍兴人称之为"要酒"。真是五花八门,名目繁多。

思考与练习

1. 收集不同规格、不同类型与不同档次的菜单,运用宴会菜肴设计的十大原则与面点设计的"四适应一变化"原则对其宴会出品的特色做出评价。

2. 观察研究一桌宴席,具体分析宴席格局中的冷菜、热菜、席点、水果和酒水的具体构成,模仿其特点与格式设计一份宴席菜单。

3. 角色扮演:一些学生扮演顾客,一名学生扮演服务员。服务员为客人提供点菜服务,并根据顾客所点的菜肴推荐搭配酒种。

第七章　宴会菜单

案例导入

"汪辜会谈"廿五年：感人细节折射人心所向宴会菜单

1979年元旦，全国人大常委会发表《告台湾同胞书》。1980年初，中共中央提出"和平统一，一国两制"的方针，两岸关系趋于缓和。1987年7月，台湾方面解除"戒严"，随后开放台胞赴大陆探亲，两岸长期隔绝的状态被打破。以此为发端，两岸探亲、旅游、经商逐渐增多，两岸经贸关系迅速扩大，两岸关系需要解决的问题日益增多。1992"九二共识"更从原则上排除了事务商谈的主要障碍，为"汪辜会谈"的顺利举行铺平了道路。

1993年4月27日至29日，在大陆有关方面的倡议和积极推动下，经过海峡两岸的共同努力，备受瞩目的"汪辜会谈"在新加坡正式举行。

1993年4月27日，海协会会长汪道涵与海基会董事长辜振甫在新加坡海皇大厦举行"汪辜会谈"首次会议。

27日晚，会谈后的汪道涵、辜振甫等与会代表相聚晚宴，其乐融融，遂有了下面这张菜单。

说起菜单上的九道菜，真是个个好口彩——

情同手足（乳猪与鳝片）

龙族一脉（乳酪龙虾）

琵琶琴瑟（琵琶雪蛤膏）

喜庆团圆（董宫鲍翅）

万寿无疆（宫燕炖双皮奶）

三元及第（海鲜鱼圆汤）

兄弟之谊（木瓜素菜）

燕语华堂（荷叶饭）

前程似锦（水果拼盘）

将这九个菜名串联到一起，来个"Freestyle"（即兴说唱）吧：

两岸"情同手足",同是"龙族一脉",今夕共鸣"琵琶琴瑟"谁都不要见外。

乐见"喜庆团圆",历史浩浩荡荡,千年文明东方智慧中华"万寿无疆"。

面对历史考验,答好民族答卷。你我同胞"兄弟之谊"考个"三元及第"。

今宵"燕语华堂",两岸一家情长。未来光明"前程似锦"使命共同担当!

值得一提的是,27日这份晚宴菜单,并非出自大陆方面或台湾方面的"安排"。设计这份菜单的,是一位海外华人——新加坡董宫酒家的许德全先生。

作为海外华人,许德全不仅在菜品上为这次历史性会面尽心竭力,连菜单都要表达中华儿女手足之情。为此,他为菜品取了优美而寓意深远的名字,更花了三天时间,亲自用毛笔手书60张菜单——参加宴会的海峡两岸60位宾客每人一张。

闻弦歌而知雅意。汪道涵、辜振甫两位先生及当晚宾客无不为许先生的匠心而感动叫好。汪道涵还在菜单上写道:"佳肴佳会,手足之情。"辜振甫则在同一张菜单上回应道:"但知春意发,谁知岁寒心。"

(资料来源:中国青年网,2018年4月28日。)

第一节　宴会菜单知识

一、菜单的作用

1. 决定酒店档次风格

(1)反映餐厅经营方针。菜单是酒店向客人提供商品的目录,是酒店餐饮产品销售的品种、说明和价格的一览表,反映了酒店的经营方针、管理风格、产品特色和规格档次。

(2)体现菜肴特色水准。菜单所展示的品种、规格,以及这些产品背后的制作,是酒店经营特色和水准方面的信息在菜单上的客观、真实反映。

(3)顾客与酒店的信息沟通桥梁。菜单是连接顾客与酒店的桥梁,菜单在向顾客传递酒店经营、销售、生产、服务等信息的同时,也将顾客的口味喜好信息反馈给了经营者。

(4)酒店形象宣传载体。菜单既是一种艺术品,又是一种宣传品。重要宴会的菜单,设计精美,雅致动人,色调得体,洁净规整,读起来赏心悦目,看起来心情舒畅,客人乐于欣赏和玩味,具有纪念意义和收藏价值。

2. 宴会管理工作指南

(1)菜单是实施宴会管理的纲领。菜单是宴会运行过程中关键性的聚焦点。菜单是餐饮管理的指挥棒,是开展宴会工作的基础与核心。举办一场大型宴会工作量大、涉及面广、工作环节复杂,必须紧紧围绕菜单这个"生产计划单"来有条不紊地进行运作。

(2)菜单是选聘员工时的素质考察依据。菜单是酒店经营者选择和培养具有相应技术水平的厨师和服务员的依据。

(3)影响设备选配与布局。菜单是酒店选择、购置餐饮设备的依据与指南,影响着厨房布局及餐厅室内装潢和设计。制作不同风味的菜点,需要有不同规模、类型的厨房设备。

(4)影响原料采购与储存。菜单决定了食品原料采购和储存工作的规模、方法和要求,支配着所出品的膳食的营养含量。

(5)决定服务规格要求。酒店选用何种服务方式,采用什么样的服务规程,使用哪些服务用具等,都必须依据菜单来决定。菜单是酒店制定服务规程、选购服务器具的主要依据。

(6)影响出品成本控制。菜单决定了餐饮成本的预算与控制。菜式单一,会限制客人消费;菜式复杂,又会为原料采购、保管和制作增加困难。宴会菜单核算不准,菜点组合不当,更直接影响食品成本控制。

(7)菜单是控制产品质量的工具。定期对菜单上每个菜点的销售状况、顾客喜爱程度、价格敏感程度等因素进行调查与量化分析,从而可以发现菜肴的定价、烹制、质量等方面的问题,改进生产计划和烹调技术,改善菜肴的促销方案和定价方法。

二、菜单的类型

综观目前酒店的菜单,其种类及表现形式可谓多姿多彩。

(1)按用餐时间分类,有早餐菜单、正餐(午餐、晚餐)菜单、消夜菜单等。

(2)按产品风味分类,有中餐菜单、西餐菜单和其他风味菜单等。

(3)按产品类别分类,有菜品单、甜品单、餐酒单、饮料单等。

(4)按消费对象分类,有针对某一类特殊消费群体而设计的菜单,如儿童菜单、家庭菜单、健美(素食或减肥)菜单等,其内容和形式针对性强,使用范围窄。

(5)按使用地点分类,有餐厅菜单、酒廊茶座菜单、楼面(客房用餐)菜单等。

(6)按使用对象分类,有对外菜单(用于各营业点满足顾客零点需求的公开、正式的营业菜单）、对内菜单（酒店内部员工餐厅使用的菜单与用于教学、生产的菜单）。

（7）按使用时间分类，有固定菜单、变动菜单、即席菜单等。

（8）按使用目的分类，有销售菜单、生产（数学）菜单等。

（9）按使用材质分类，有纸质菜单、实物菜单、电子菜单等。

（10）按出品组合分类，有零点菜单、套餐菜单等。

一家酒店使用什么样的菜单，使用多少种菜单，主要取决于酒店的性质、风格与经营模式，有多少数量及种类的餐饮服务设施和餐饮服务项目，以及各餐厅每天开餐次数与时间。而酒店使用的菜单越多，通常来说其餐饮服务设施越齐全，服务项目也越丰富。

三、菜单的特点

1. 宴会菜单

宴会菜单又称简式菜单、提纲式菜单。按照宴席的结构和要求，将酒水、冷碟、热炒大菜、饭点蜜果等食品按一定比例和程序编制成菜点清单。宴会菜单既要讲究规格顺序，又要考虑菜品原料、口味、烹法的不同，同时还需要按照季节变化安排时令菜点。

1）宴会标准菜单

宴会标准菜单是根据酒店市场定位，面向目标顾客人群，设计组合的菜点结构完整、销售价格明确，并有具体（主料等）用量说明的不同消费规格的系列菜单，供顾客订餐时参考、选择。其特点是显示用料分量，列明主、配料名称与数量，直观告知顾客；根据季节展示时令菜品，以吸引顾客；彰显技艺风尚，穿插特色菜点，体现厨师技艺，展现酒店特色；顾客可以直接选用标准菜单，也可以调换部分品种；为员工提供作业指导，使员工在围绕标准菜单组织原料，加工菜品，准备服务。

2）宴会专供菜单

宴会专供菜单也称宴会定制菜单，是酒店按照宴会主办者的要求，根据宴请客人的特点、宴请标准、宴请主题等诸多因素专门为客人"私人订制"的菜单。其特点是针对性强，能满足顾客需求，有充裕的设计时间，特色展示充分，适宜于高档宴会的菜单设计，但不适应酒店正常餐饮经营节奏，付出的精力与成本较大。

3）宴会即席菜单

置于宴席桌面供客人就餐时使用的一次性菜单。形式精美典雅、艺术性强；内容一般只用文字标有菜点名称，菜名富有艺术性。一般宴席即席菜单制作较简单，高档宴会的即席菜单在材质、印制、文字等方面都需精心设计。

案例：无锡"太湖水产船宴"菜单

冷碟：十味佳碟

热菜：豆苗大玉　香脆银鱼　三片海参　二冬蹄筋　清蒸刀鱼　镜箱豆腐　葱油桂鱼　香菇菜核　汽锅双味。

　　席点：翡翠春卷　玻璃蛋糕　红枣莲心　鲜肉馄饨。

　　4）大型宴会菜单

　　若是大型宴会，全席菜品数不宜太多，每一道菜品量可略增加，既保证客人吃饱，又利于宴会正常运行。菜肴制作不宜太精细、太复杂，设计一些可以提前烹调制作的菜肴，但又不影响菜肴的色泽及口味即可。充分利用厨房中的不同设备，采用不同烹调方法，避免因烹法单一而影响出菜速度，增加菜肴质感、品种的多样性，也利于烹调人员及服务人员能分头工作，提高工作效率。菜品确定后，必须对每一道菜所用的主料、配料、调料做认真分析和预算，正确测算干货原料的涨发率、新鲜原料的净料率，保证每一个菜肴的质量和数量，确保达到酒店宴会的成本率及利润率。根据菜单内容，从采购、加工切配、烹调、上席、服务等工作程序和厨师的技术水平，做出具体分工，责任到人，加强检查督促，按质、按量、按时完成各项工作。

案例：庆祝中华人民共和国 50 华诞国宴菜单

　　1999 年 9 月 30 日（国庆前夕），5000 人用餐。

　　冷菜：五香鱼　麻辣百叶　酸甜藕　烤火鸡腿　四鲜烤麸　绿菜花西柿

　　热菜：上汤山珍　鲍鱼海烩　烤鳗鱼　鲜菇盖菜　红酒牛肉

　　点心：牛肉松烧饼　花蛋糕　圆面包　凉拌面

　　甜品：核桃露

　　2. 零点菜单

　　零点菜单又称点菜菜单、固定式菜单、销售菜单，是一种体现酒店经营风格、含有所有菜点内容、供客人自主随意选择、设计精美、使用广泛的菜单。零点菜单特色鲜明，风味明确，看家菜、招牌菜醒目；主推品种显赫，明星品种即可看见；菜肴种类齐全，结构合理，冷热、菜点、荤素、咸甜等品种配备恰到好处；数量适中，菜点总数量、分类数量掌握得体，按酒店的规模、档次而定，一般由 120 个左右的菜点组成；分类清楚，方便顾客选购；菜名直观明白，观其名、知其料、识其味；各类出品比例合理，高、中、低档搭配适当；品种相对稳定，品种保证供应，一般不会断档；方便特选陈列，特选菜肴有宣传、展示空间。

　　3. 套餐菜单

　　套餐菜单又称套装菜单、公司菜单或定食菜单，由酒店根据市场需求设计制作，将客人一次消费所需的菜品和席点组配在一起，制定有高、中、低不同档次（价格）的多种系列菜单。套餐菜单为限定菜单，菜式品种有限，但菜品结构完整，一般不能由客人自由选择（也有的可按照宾客意愿选换菜品）；价格固定，档次分明，售卖方式以套为单位；能满足目标顾客的一般性需要，但对有特殊需要的顾客针对性不强。根据餐别，可分为早餐套餐菜单和正餐（午晚餐）套餐菜单等；根据菜单主题及用途，可分为商务套餐菜单、会议套餐菜单、旅游套餐菜单、情侣套餐菜单、儿童套餐菜单、生日套餐菜单、营养套餐菜单等；根据消费档次，可分为普通套餐菜单与高档套餐菜单。中、西餐套餐菜单在价格与形式上有一些差别。西餐套餐菜单中每组菜肴的价格由其中的主菜决定，即主菜的价格就是该套餐的价格，标价也是标在主菜的后边。客人选了主菜，只要按主菜的价格付费即可。中餐套餐菜单的价格形式比较复杂，一般按餐饮规格和就餐人数而定，也有一些酒店先确定几种用餐标准，然后让客人选择既定的套餐。

4. 自助餐菜单

自助餐不管客人选用的菜肴点心品种数量多少，大多按每位客人规定的价格收取费用（少数有以客人取用食品数量计价收费的）。它要求提供多种出品，靠食品展示来招徕客人，使各式菜品巧妙而美观地陈列出来。各种菜品有机地组合在一起，使自助食品显得更加丰富多彩。自助餐一般均为大批量集中加工生产，而且开餐时间相对较长，因此制定自助餐菜单时应注意选用能大批量生产且质量随时间下降幅度较小的菜式品种。热菜尽量选用能加热保温的品种。应选用能反复使用的食品，避免使用个别群体喜欢的菜肴；选用较大众化、大多数顾客喜欢的食品，避免使用口味过分辛辣刺激或原料特别怪异的菜式。

5. 生产菜单

生产菜单（见表 7-1）又称繁式菜单、表格式菜单、菜谱，是详细描述某一菜品的制作方法及过程的一种菜单。大多以表格形式将类别、菜名、味型、色泽、上菜顺序、刀工成型、烹调方法等内容清楚地列出来，有的还列明所用餐具规格、各菜成本及售价等，主要用于厨师生产、员工服务和老师教学。

表 7-1 生产菜单

类别	菜名	味型	色泽	上菜顺序	刀工成型	烹调方法	主、辅料配置
冷盘	孔雀开屏随六围碟	多味型		1	片、条、丝、块	拌卤煮	4荤2素

续表

类别	菜名	味型	色泽	上菜顺序	刀工成型	烹调方法	主、辅料配置
热炒菜	青豆虾仁	咸鲜	绿白	2	粒	滑炒	虾仁 350 克,青豆 75 克
	炒双冬	咸中带甜	黄褐相间	3	片	热炒	冬笋 200 克,香菇 150 克
	荔枝鱿鱼	酸辣	深黄	4	卷	爆	水发鱿鱼 600 克
	鸡茸吐司	干香	淡白、深褐	5	桃形	清炸	鸡茸 100 克,肥膘 25 克,蛋清 50 克,面包 100 克
大菜	红煨鱼翅	咸鲜	玉黄	6	排翅	煨	水发鱼翅 1000 克
	挂炉烤鸭	咸鲜微甜	棕红	7	片皮	暗烤	烤鸭 1 只 3000 克,薄饼 10 只,甜面酱,葱白
	清蒸鲥鱼	咸鲜	银白	11	条	蒸	鲥鱼 1000 克,香菇、冬笋
	什锦素烩	咸淡清香	彩色	12	各种花刀	烩	口蘑 75 克,冬笋 100 克,红白萝卜 200 克,菜心 12 克,芦笋 200 克,荸荠 100 克,水发花菇 75 克
	云腿竹荪汤	咸鲜	红黄相印	13	片	氽	云腿 50 克,水发竹荪 150 克
甜菜	蜜汁湘莲	甜	米黄	9	粒	蜜汁	水发湘莲 750 克
点心	鸳鸯酥盒	咸甜	黄	8		炸	
	干贝秋叶饺	咸酸	白	10		蒸	
饭菜	酸熘芽白	咸酸	白	14	块	煸炒	芽白 750 克
	大蒜辣椒炒肉末	咸辣	褐绿	15	米粒	煸炒	肉 50 克,大蒜、辣椒各 50 克
水果	苹果、蜜橘			16	切片		

第二节　宴会菜单设计流程与要求

案例：2001年上海APEC会议"中国晚宴"菜谱大曝光

2001年10月20日夜，上海国际会议中心东方滨江大酒店的员工度过了一个不眠之夜。晚上11时许，当最后一位贵宾乘车缓缓驶离宾馆后，会议中心里的工作话机、手机全部开通，员工们纷纷向亲朋好友传递喜讯："我们接待成功了！"

这里是APEC（亚太经合组织）会议主宴会厅的所在地。从深夜到凌晨，身着白色制服的厨师、穿淡黄色旗袍的服务员，以及不同岗位上的员工，站在宴会厅里，合影留念，记录这人生的难忘时刻："我们为APEC的嘉宾奉献了美味佳肴。"近一年的刻苦演练、精心准备，终于换来了今晚成功的喜悦！

这次晚宴的热情、高效、精心制作给每位出席宴会的人士留下了极为深刻的印象。

晚宴上了几道菜？这些菜肴有什么特别讲究：出菜时间、餐具配备、宴会厅整体色调、服务员服饰又有哪些幕后故事？记者为此独家采访了国际会议中心的办公室主任郭民强、餐饮总监姚洪元、行政总厨苏德兴，从他们那儿获得了第一手资料。

一、晚宴菜谱：四菜一汤，中国原料

2001 APEC晚宴的菜谱是一个冷盘、四道热菜、一道点心加水果。

行政总厨苏德兴说："这次晚宴的菜肴原则是众口可调，洁净、环保、注意生态平衡，且全部采用国产原料。开始曾想用鱼翅，但考虑到生态平衡就去掉了。时蔬用的全是绿色食品。4个月前，总经理王济明与大家一起拟了3份菜单，最后确定现在的菜谱：迎宾冷盘、鸡汁松茸、青柠明虾、中式牛排、荷花时蔬、申城美点和硕果满堂。10月初有关方面试菜时，一次就通过了。"

"晚宴的这些菜是海派上海菜，"苏德兴如实说，"但吸收了八大菜系、中西菜肴的精髓。"

二、道道菜肴：诗情画意，跃然盘中

嘉宾入座时，面前放着一个12寸的"迎宾冷盘"，掀开银盖，跃入眼帘的是一幅"画"："鲜花"植立于"泥"中，"泥土"是两片连肉带皮的烤鸭，"花杆"是植在"泥"上的三根芦笋，"花叶"是三角形的两片鹅肝，圆形"花盘"由三片白煮蛋的蛋白围成，"花蕊"由三四粒红、黑鱼子组成。苏德兴总厨说："黑鱼子比较名贵，有其点缀菜就上档次，一瓶黑鱼子三四两重，做了近20个冷盘。"

其实晚宴的每道菜都是一幅画，做得非常精致，以至于董建华的夫人对"荷花时蔬"不忍下箸，真想将它打包带回香港。"荷花时蔬"呈现了一幅荷花绽放于水中的景致：黄瓜汁水造就的荷塘一抹淡绿，上面浮着由红菜头刻成的"荷花"、用冬瓜皮刻出的"荷叶"，藕则由白萝卜雕出。荷塘上一艘15厘米长用节瓜刻制的船，船上是满载而归的"柴梗"，这些"柴梗"是一排切丝的橄榄菜、条状的油焖茭白。

讲到"鸡汁松茸"，苏德兴扳着手指说，这道汤要有香味，鲜、浓，又要清，所以鸡专门从苏北买来，都是散养的。松茸和竹荪产自云南，是经中国菌类食物研究协会专家确认的持证产品。这道汤是冷盘后的第一道菜，瓷罐中有8片松茸、8段竹荪、2根小菜心、菜心的头上插着2根红萝卜小梗。

接下去是"青柠明虾"。为符合外宾的饮食习惯，明虾须去壳切成片，但为了显出虾的形状，所以用南瓜刻成虾状，将明虾片铺在上面，再用土豆片封住，周围标上花边。土豆片用桂鱼汤拌成，这道菜经烤制而成，装盘时，盘中三分之二的位置放虾，边上放着半只柠檬，一旁用一片荷兰芹的叶子点缀。

第三道菜是"中式牛排"。牛肉来自内蒙古赤峰散养的牛。这盘菜的上端放了2根涂蜂蜜后烙2小时的薯条，金灿灿且带着甜味，两边各4根月牙形的荷兰豆，翠绿翠绿的；牛排用番茄沙司和辣酱油制作，微辣中带甜，色香味俱全。

第四道"荷花时蔬"后是点心：一只萝卜丝酥饼、一只小小的素菜包和一只翡翠水晶饼。素菜包只有生煎馒头般大小，而翡翠水晶饼的制作比较独特，饼皮用小豌豆片和麦淀粉制作，上面压有APEC的字样。这盘点心用菜做成一片草地，用麦淀粉捏成的两只和平鸽分别用嘴衔着牡丹或玫瑰，诗情画意，跃然盘中。

最后一道水果用西瓜、杧果、木瓜、猕猴桃做成，四样水果放在玻璃盘中，红黄橙绿相间，煞是漂亮！

三、精湛厨艺：制作精到，一气呵成

晚宴就餐的宾主共有1002位，主桌排成月牙形的长桌，供各与会领导人和他们的配偶共32人用，其余圆台面餐桌共有97张。厨房中工作人员有134位。苏德兴带2位助手做主桌菜，上灶的大厨有12位。据介绍，晚宴的冷盘从生菜开始制作，到嘉宾享用时不超过3小时；热菜烧制基本上10分钟完成一道，大多数热菜1小时内制作完成，只有汤用了4小时文火煨成。

晚宴深受大家赞誉，其菜肴的成功不仅得益于厨师技艺精湛，还因为上海国际会议中心东方滨江大酒店总经理王济明和一班人马对厨艺的深入研究。王济明就任和平饭店总经理前就是餐饮经理，对不同的菜系都作过研究，那时和平饭店高档的宴请他都亲自参与设计。49岁的国家级高级技师苏德兴师从国宴大师赵仁良，先后为访华的克林顿、金正日、五百强会议主桌嘉宾、亚太会议领导人做过许多精美

的菜肴。

四、餐厅色调：红紫相映，端庄典雅

宴会厅的布置在色调上既匠心独具，又细致入微。宴会厅里铺着红色织花地毯，窗帘是紫红色的，加上舞台以红色为主，整个环境洋溢着喜庆的气氛。而台布、椅套、装饰鲜花则以白色为主，红色点缀其间。台布镶上一圈红色的裙边，以10支白玫瑰为主的花盆里插上一两支红掌、红鸡冠花，再配上一支紫色洋兰，显得高贵典雅。

餐具的颜色以银色为主，用金黄色点缀。大到引人注目的冷盘盖，其银色的主体上镶着金黄的小把手，冷盘底托也是银色，而三只脚为金黄的龙头；小到筷架、刀叉、毛巾碟和放白脱油的碟子都在银色的主体上烫了金边，连葡萄酒杯上也烫了金边，餐具整体协调、大气、美观。与之相映，淡黄的口布松松地卷着，一个红色的中国结将其轻轻扣住；筷子套与口布同色，也是由布制成，软软的。

与之相配的还有女服务员淡黄色的旗袍。据说这是从12套服装中选定的。12套服装各式各样，最后选定的是传统式的短袖旗袍，姑娘们穿着端庄而又充满活力。

五、上菜节奏：流程严格，分秒不差

晚宴的最大难题莫过于上菜时间必须"分秒必争"。

宴会有文艺表演，事先规定，上菜时间只能是两个节目间的空档。时间最紧的要算点心，原因是点心小不能早装盘，否则就冷了，因此点心从装盘到上桌只有5分钟，这样才能保证点心热腾腾上桌。为了争分夺秒，12位大厨也帮忙一起装盘，几乎在同一时刻，大家戴消毒手套开始装盘……3分钟装盘完毕，还有2分钟留给服务员端盘上桌，时间几乎是掐秒计算。为了这5分钟，在将近一年的训练中，员工们几乎每次都是掐着秒表练习。

服务员中老员工经受过五百强会议的磨炼而显得比较老练，新员工则是第一次参加这样高规格的大型宴会服务，为了练托盘功，她们一直以加量一倍负重训练，苦练出真功，晚宴时，服务员的服务没有半点失误。

六、宴会用品：全部国产，美观大气

宴会用品也是酒店颇费心思的。其原则为：中国产，尽善尽美。

晚宴桌上的银烛台灯就是一个典型的故事。为适应表演，宴会厅灯光比较暗，而用餐需要一定的亮度，尤其要展现菜肴的特色，为此确定每桌点3盏烛光灯。为了这批烛光灯，酒店有关人员踏破铁鞋，终于打听到沪上有家酒店有这种灯，经检测，对灯满意了，但数量太少，不能满足要求。酒店根据宴会的灯光效果要求重新改良设计，并联系厂家连夜赶制。短短一个晚上，样品做成了，3天后全部烛光灯制作完毕。新做的烛光灯十分精美，高12厘米、底座直径7厘米，铜质镀银，灯

罩由一个葡萄酒杯镶嵌其中。

浮在水面的蜡烛也是"百般挑剔",烛光亮度要适中,又要确保至少燃烧 2 小时,还要无烟味。酒店有关人员买来各种蜡烛一一试验,最后被选中的 300 多支蜡烛都是灯芯较粗且燃烧时间确保能达到 3 小时。

宴会装菜点的瓷盘是在景德镇定制的,白色镶蓝色的牡丹花图案围边,漂亮而又大气。冷盘的镀银盖子则是按盘子实样在上海定制的。

宴会用的圆桌可以坐 14 人,但只坐了 10 人,为的是空出位置,让贵宾观赏节目时视线不受阻碍。主桌座椅专门从江苏定制,是中国的太师椅和西式椅子的结合,4 只脚用金套包住,扶手下方也镶有金边,中间是用海绵做的软垫,这种椅子既具太师椅的气派,又有西式椅子的舒适感。

(资料来源:刘雁军. 2001 年上海 APEC 会议"中国晚宴"菜谱大曝光[EB/OL]. 北方网,2001-10-24.)

一、明确菜单类型

不同类型的菜单有不同的特点,其菜品格局、风味、摆台、服务均有很大差异。

因此,设计菜单时首先要明确菜单的类型,是用于对外销售还是用于宴席台面,是零点点菜还是团队套餐,是长期固定使用还是短暂临时使用等。明确菜单类型后,根据某类菜单特点进行设计。

二、了解办宴信息

设计宴会菜单时要知己知彼,心中有数,了解信息,掌握客情。

1. 知己:掌握酒店信息

应掌握以下信息:

(1) 酒店的经营方针、组织机构、管理风格、财务政策、实施设备与生产条件;

(2) 员工素质、技术水平、团队精神;

(3) 出品构成、菜点种类、菜点营养、时令季节;

(4) 接待能力、服务方式、上菜次序与服务技能;

(5) 原料性质、货源供应、价格水平、酒店储备等。

2. 知彼:掌握客人信息

调查市场需求,掌握客人信息,这是设计各类菜单的基础与前提。在设计高规格的定制宴会菜单时要做到"八知三了解":知开宴时间,知出席人数(或宴会桌数),知宴席标准,知宾主身份,知宴会主题,知宴会程序,知菜式品种及出菜顺序,知服务要求；了解宾客饮食习惯，了解宾客风俗忌讳，了解宾客特殊要求。

三、确定宴会性质

1. 确定宴会主题

宴会主题不同，其设计要求和菜单内容也不一样，如婚宴要有用红枣、花生、桂圆、莲子、百合制成的菜肴，寓意"早生贵子"、"百年好合"，通过"鸳鸯蛙鱼"、"早生贵子"等菜来突出主题。家宴、生日宴要求气氛热烈，菜名讲究吉利、祝福、祝贺、祝愿等方面的内容，菜肴量多、味好、适口、实惠。寿宴要烘托气氛，可安排"寿桃武昌鱼"、"松鹤延年汤"、"寿桃"、"寿糕"、"生日蛋糕"、"长寿伊府面"等菜点。商务宴讲究排场气派。菜名要体现吉祥如意、恭喜发财、心想事成，设计"吉利鱼排"、"黄金大饼"、"财源滚滚"之类的菜。因商务谈判要喝酒，要多配佐酒菜。节日宴的节令鲜明，要注意配用节令食品，使用应时当季的节令食材。团队、会议宴以工作研讨为主，一般档次不太高，要喝酒，配菜应简便实惠，多些下酒菜。旅游宴价格标准大都较低，菜品应突出地方风味，要经济实惠，分量充足，多配点烧菜与地方风味特色菜。

2. 确定宴席规格

宴席规格取决于两个方面：一是宴席价格标准的高低，价格标准越高，则规格越高；二是宴会类别和特点，如国宴、商务宴、招待会等规格相对较高，家宴、便宴等规格相对较低，高档宴会要求高、价格高、影响大，以精、巧、雅、优等菜品制作为主体。选用一些新原料、时令原料、贵重原料如"鱼翅捞饭"、"清汤蒸燕窝"、"金葱海参"等名贵菜；在烹调方法上讲究色、香、味、形，做工精细，讲究菜品的口味和装饰；色泽鲜艳，造型优美，盛器高雅，菜品搭配科学合理。餐厅环境豪华，装潢风格优雅，给人一种富丽堂皇的感觉，服务热情周到。中低档宴会菜肴以实惠、经济、适口、量足为主体，使用常见材料来制作菜肴，如"清炒虾仁"、"砂锅鱼头"、"北京烤鸭"等菜肴，增加配料用量以降低食物成本，本着"粗菜细做、细菜精做"的原则，将菜肴做适当调配，以丰富的数量及恰当的口味让客人吃饱吃好。此外还要进行必要的宴会布置，服务讲究礼貌，尽量使客人满意。

3. 确定宴席风味

根据酒店经营风格、设施设备、菜品特色、厨师技术力量、宴席成本及菜品数目，依据客人情况、宴会类型、就餐形式、饮食需求等，发挥所长、展现风格。明确全席的菜点类别及风味特点，可以是一个民族、一个地区、一个酒店或是某一个厨师的风格。我国的饮食风味流派是以"菜系"来划分的，每一个菜系又有若干个地方风味流派。可通过选用地方特色菜点、采用地方特色烹调方法和调味手段、配用地方特色餐具、选用地方独特烹饪原料等方法来实现。

四、合理组配菜品

1. 选择核心菜点

选定宴会菜单品种时,首先要确定主菜,围绕主菜选择几款核心菜品,再确定辅助菜品及汤、点等。主菜就是宴会的大菜或头菜,是菜单的精华、宴席的"帅菜",是整个宴席菜点中原料最贵、工艺最讲究,起着担纲和压轴作用的菜肴。根据宴会主题及宴席风味选择能体现酒店经营特点的特色菜、精品菜作为核心菜点,做到"三突出":全席菜品中突出热菜,热菜中突出大菜,大菜中突出头菜。

2. 配备辅助菜点

主菜一旦选定,其他菜品"兵随将走",各就各位。按主次、从属关系,配备各类菜点,形成宴席菜单的基本格局,使全席形成一个完整的美食体系。辅助菜品发挥着烘云托月的作用。辅助菜品在数量上要注意度,与核心菜品保持1:2或1:3的比例;在质量上要注意相称,其档次可稍低于核心菜品,但不能相差悬殊,否则全席就不均衡,显得杂乱而无章法。辅助菜点包括能反映当地饮食习俗的菜、本店的拿手菜、应时当令的菜、烘托宴会气氛的菜、便于调配花色品种的菜等。

3. 平衡全席出品

全部菜点初步确定之后,要遵循宴会出品的各项设计原则,对宴会菜单的各个要素进行全方位的审核,统筹兼顾,平衡协调。要综合考虑原料选择的广泛、加工形态的各异、烹调方法的多样、菜肴造型的美观、色彩搭配的协调、调味变化的起伏、质感差异的多变、菜点道数的多少、装盘器皿的特色、营养成分的全面、宴席服务的方式、食品卫生的安全、菜点变革的创新等方面,做到菜肴色、香、味、形、器有机配合,冷菜、热菜、点心、主食、水果合理搭配。

五、核算菜肴成本

1. 制定宴席毛利率

宴席售价和毛利率是宴会菜单设计和成本控制的关键要素。为了既保证客人的利益,又保证酒店的正常盈利,酒店对本店宴会的毛利率应有明确的规定。不同类型的宴席,其毛利率也不同,特色宴席比普通宴席,高档宴席比低档宴席,工艺复杂、技术性较强的宴席比工艺相对简单的宴席,以及名师主理的宴席比普通厨师主理的宴席,毛利率要高。

2. 保证毛利率的实现

第一,重视原料成本控制,对各种原料的市场价格、拆净率、涨发率、成本毛利率、售价的核算等应该烂熟于心。第二，对每一道菜点进行认真的成本核算，根据毛利率制定合理的销售价格。第三，选择、组合能使宴会产生较高利润的菜品。第四，对整套宴席菜品进行成本考察和核算，将成本控制在规定的毛利率范围之内。

六、确定宴会与菜品的名称

（一）确定宴会名称

宴会名称，简称宴名。宴名的确定应遵循主题鲜明、简单明了、名实相符、突出个性的原则。

（1）国宴的名称。国宴的名称一定要庄重大方，表明宴会性质。例如，自 1980 年起，我国国庆宴会改用酒会形式，宴名可称之为"国庆招待会"。为欢迎外国元首、政府首脑访问我国而举行的宴会，则将宴会性质、宴请对象的国别、身份、姓名，以及我国领导人的身份、设宴时间和地点等在宴会名称中交代清楚。

（2）喜庆类宴会的名称。有的很质朴，不加缀饰，有的则采用比拟附会的方法加以命名。例如，婚宴，称之为"天赐良缘宴"、"百年好合宴"、"龙凤和鸣宴"、"比翼双飞宴"等；六十寿宴，称之为"千秋宴"等；团圆宴，称之为"合家欢乐宴"、"满堂喜庆宴"等；庆祝获奖、上大学类的喜庆宴会，有"庆功宴"、"琼林宴"、"谢师宴"等。

（3）商务宴会的名称。这类宴名有的比较夸张，以迎合生意人图吉利、讨个好口彩的心理。如"生意兴隆宴"、"事事如意宴"、"恭喜发财宴"、"百事大吉宴"、"开市大吉宴"等。

（4）岁时节令宴会的名称。一般都比较简朴，直截了当。如"新年招待会"、"请春酒"、"重阳宴"、"除夕宴"等。有的和游戏活动结合起来，称之为"元宵节赏灯宴"、"赏荷宴"、"中秋赏月宴"等。

（5）特色宴席名称。为了张扬特色，显示个性，这类宴名比较响亮。有的突出名特原料、名菜和地方特色，如"燕翅席"、"扬州三头宴"、"南通刀鱼宴"、"西安饺子宴"、"淮安长鱼宴"、"洛阳水席"、"四川田席宴"等；把古代有特色的宴会及名人参加的宴会与现代文明相融合的仿古宴会，一般比较直接明了，如"满汉全席"、"仿唐宴"、"孔府宴"、"红楼宴"、"随园宴"等；有的突出菜点造型特色，如"西湖十景宴"、"西安八景宴"等；有的突出办宴场所环境特色，如"太湖船宴"、"秦淮河船宴"、"烛光宴"、"海滨野餐宴"等；有的突出菜点道数，如"四六席"、"十大碗席"等。

宴名种类很多，定名方法也有多种，或俗或雅，或谐或庄，或拙或巧，或简或繁，或显或隐，各呈风采。但无论确定什么样的宴名，都应与宴会主题、宴会特色相匹配，名实相符。

(二)确定宴会菜品名称

1. 菜点命名要求

(1)内容要求。菜品与菜名是内容与形式的关系。内容决定形式,"名从菜来";形式反映内容,"菜因名传"。菜名命名既可如实反映菜品内涵,也可抓住特色另取新意,使人产生食欲和联想。菜肴命名要紧扣宴会主题,烘托宴会气氛,如贺寿宴,有松鹤延年、八仙过海、红运高照、福如东海、年年有余、齐眉祝寿、子孙满堂、生日吉祥、万寿无疆等名称;婚庆宴,有吉祥如意、百年好合、鸳鸯戏水、双喜临门等名称;高升宴和升学宴,有鲤鱼跃龙门、连升三级、大展宏图等名称;庆祝开业大吉宴,有紫气东来、恭喜发财、财源滚滚等名称;全家团聚宴,有全家福、子孙满堂、合家团圆等名称。

(2)文字要求。要求文字优美,简明易懂,读来顺口、好听、易记。可以结合宴会主题巧妙命名,富有情趣,雅致得体,含意深刻。各地的风土人情、饮食习惯不同,客人的消费心理也不同,可设计满足人们求平安、求财运、求安康的美好愿望的菜名。但不可牵强附会,滥用辞藻,更不能庸俗低级。菜名字数以4字、5字为宜,最多不要超过7个字。一份菜单中每道菜名的字数最好相等。如有外文翻译,则应准确贴切。

2. 菜点命名方法[①]

(1)写实性命名方法(见表7-2)。菜名如实反映原料搭配、烹调方法、风味特色或冠以发源地。强调主料,再辅以其他因素,通俗易懂,简单明了,名实相符。中国北方菜名偏重写实,一般菜品崇尚朴实,日常便宴菜名趋向自然质朴。此方法适用于宴会销售菜单,以及厨师生产、员工服务的生产菜单。

表7-2 写实性命名方法

命名方法	命名实例与特点
配料加主料	如龙井虾仁、腰果鸡丁、芦笋鱼片、松仁鳕鱼、西芹鱿鱼等,使客人知道菜肴主、辅料的构成与特点,能引起人们的食欲
调料加主料	如黑椒牛排、茄汁虾仁、蚝油牛柳、豆瓣鲫鱼、韭黄鸡丝等,用特色调料制成菜肴,突出菜肴口味
烹法加主料	如小煎鸽米、大烤明虾、清炒虾仁、红烧鲤鱼、黄焖仔鸡、拔丝山药、糟熘三鲜、余奶汤鲫鱼等,突出菜肴的烹调方法及特点,知道菜肴用什么烹调方法和原料制成
色泽加主料	如碧绿牛柳丁、虎皮蹄髈、芙蓉鱼片、白汁鱼丸、金银馒头等,突出菜肴艺术特征,给人美的享受

[①] 贺习耀. 宴席设计理论与实务[M]. 北京:旅游教育出版社,2010.

续表

命名方法	命名实例与特点
质地加主料	如脆皮乳猪、香酥鸡腿、香滑鸡球、软酥三鸽、香酥脆皮鸡等,突出菜肴质地特征,给人美的享受
外形加主料	如寿桃鳊鱼、香酥鸡腿、香滑鸡形、软酥三鸽、香酥脆皮鸡等,突出菜肴质地特性,给人美的享受
味型加主料	如酸辣鸡蛋汤等,突出菜肴味型特征,给人美的享受
器皿加主料	如小笼粉蒸肉、瓦罐鸡汤、铁板牛柳、羊肉火锅、乌鸡煲等,突出熟制器皿或盛装器皿及烹调方法
人名加主料	如东坡肉、宫保鸡丁等,冠以创始人姓名,具有纪念意义和文化特色
地名加主料	如北京烤鸭、西湖醋鱼、千岛湖鱼头等,突出菜肴起源与历史,具有饮食文化和地方特色
特色加主料	如空心鱼丸、千层糕、京式烤鸭、香淋锅巴汁等,体现菜肴特色
数字加主料	如一品豆腐、八珍鱼翅等,富有语言艺术性
调料加烹法加主料	如豉汁蒸排骨、芥末拌鸭掌等,全面了解菜肴所用的主、辅料及采取的烹调方法
蔬果加盛器	如西瓜盅、雀巢鸡球等,用蔬果、粉丝做出食物盛器形状,来装盛菜肴,既是盛器,又是菜肴
中西结合	如西法格扎、吉力虾排、沙司鲜贝等,采用西餐原料或西餐烹法制成,吃中餐菜肴,体现西餐味道

(2)寓意性命名方法(见表7-3)。针对客人好奇心理或风土人情,抓住菜品某一特色加以夸张渲染,赋予诗情画意,满足客人希望、祝愿或祝贺的心理,起到引人入胜的效果。该方法讲究文采和字数整齐一致,工巧含蓄,耐人寻味。南方菜名擅长寓意,婚寿喜庆宴会的菜名要火爆风趣,特色名贵菜肴追求华美,适用于宣传推销、顾客纪念与量身定制的宴会菜单。对不太容易看明白真相的菜名,可在后面附上写实命名。若是外国菜肴名称,则不能随意修饰和改变,应保证菜名特色和原貌。

表7-3 寓意性命名方法

命名方法	命名特点与实例
模拟实物外形	强调造型艺术,形象法,如金鱼闹莲、孔雀迎宾
采用珍宝名称	渲染菜品色泽,如珍珠白玉汤、银包金
镶嵌吉祥数字	表示美好祝愿,如三龙戏珠、八仙聚会、万寿无疆等
借用修辞手法	讲究寓意双关,谐音法,如早生贵子、霸王别姬等

续表

命 名 方 法	命名特点与实例
敷演典故传说	巧妙进行比衬，拟古法，如汉宫藏娇（泥鳅钻豆腐）、舌战群儒等
寄托深情厚谊	表达美好情感，如全家福、母子会等
赋予诗情画意	强调菜肴艺术，文学法，如百鸟归巢、一行白鹭上青天等

案例：华中地区婚庆宴席菜单

一彩碟：拼比翼双飞
六围碟：拌芝麻芹菜　　　　冻蜜汁湘莲
　　　　卤夫妻肺片　　　　熏瓦块龙鱼
　　　　炸核桃酥饼　　　　炝如意肚丝
四热炒：炒松仁玉米　　　　爆芙蓉鸡丁
　　　　熘金菇兰片　　　　煎番茄虾饼
七大菜：扒四喜海参　　　　烩玻璃鱿鱼
　　　　蒸珍珠双圆　　　　烤八珍酥鸡
　　　　酿敦煌蟹斗　　　　烧鸳鸯鳜鱼
　　　　炖龙凤瓜盅
二饭点：烫牛肉豆皮　　　　烘椰蓉软糕
二水果：切月湖红菱　　　　汁桂林马蹄
一茶食：泡君山银针

七、编撰文字内容

1. 宴会菜单

（1）宴席即席菜单。文字内容较为简单。一是主办者信息，包括宴会名称、宴请时间。二是菜品名称，按菜品上席顺序排列名称，不分类、不提示，所有菜品命名讲究文采，多用排比句。突出热菜、大菜，简略冷盘（或围碟）、面点或水果。若菜名寓意含蓄，有时也在菜名旁边注上写实性菜名，以便客人熟悉和了解。

案例：新春宴菜单（菜肴命名都是数字起头）

凉菜：一重牛肉　二姐兔丁　三丝春卷　四季皆春　五香鳝丝　六拼风车
热菜：一品海参　二龙戏珠　三鲜汤锅　四喜炸饼　五彩鱼丝　六子迎春

汤菜：七星白菜

甜品：八宝锅蒸

果盘：什锦果品

特点：突出春天的气息，如"四季皆春"、"六子迎春"都阐明了春的主题。另外，美食家们有"春兔秋鸭"的说法，该席谱安排"二姐兔丁"、"三丝春卷"迎合了这一主题。二是全部用数字来取菜名，使菜谱饱含着乐趣和吉祥，能为食客们增添一些话题。

(2) 宴会标准菜单。一般用作宣传推销，内容可稍详细一些，除了上述信息外，还须有酒店的营销内容，一般以套餐形式出现，如表7-4所示。

表7-4　无锡万达喜来登酒店婚宴套餐菜单

A套	B套
喜聚八碟（精美八味碟）	喜来八碟（精美八味碟）
之子于归（一品三黄鸡）	鱼水衷情（老上海熏鱼）
凤鸾祥和（黄焖鳕鱼羹）	福来缘至（发财太湖银鱼羹）
龙运达畅（鲍汁焗龙虾）	腾龙呈祥（金汤汁龙虾）
白凤报喜（深井烧鹅）	满堂吉庆（吊烧琵琶鸭）
相敬融和（盐酥焗扇骨）	百好永年（雀巢虾仁黄金贝）
包容蜜意（至尊牛肋排）	互信欢谐（豉汁牛肉配米饼）
瑶台共汇（蒜茸蒸鲜鲍）	心印相守（蒜香蒸带子）
鸳盟永定（豉油汁深水斑）	俯首甘同（游水深海斑）
满堂同庆（顶汤海肚鲍鱼菇）	永结融合（家乡红圆蹄）
同德心志（家乡红圆蹄）	沉鱼落雁（避风塘乳鸽）
积善家兴（南粤叉烧包）	共护家和（南粤奶黄包）
相倾蜜意（养身花菇扒驴胶）	悠情常乐（海参扣香菇）
如沐春风（党参炖老鸡）	爱慕同心（水仙炖老鸡）
亲朋同欢（上汤田园蔬）	四季康宁（清炒西兰花）
欢悦齐叙（浓情八宝饭）	同德至尚（浓情八宝饭）
爱意情绵（红豆沙汤圆）	丰泽圆满（椰汁西米露）
四季和康（时令水果拼盘）	佳果丰硕（时令水果拼盘）

(3) 宴会专供菜单。根据客户要求"量身定制"的个性化的菜单，用于高规格或重要宾客宴会。菜单制作既与宴会标准菜单相似，又有不同之处。为保证菜单突出重点，针对性很强，更具权威性，菜单制定时特别需要征求客人意见以及报领导审批。宴会专供菜单在宴席上使用时，内容较为简单，文字较为优美，材质与制作非常讲究。

案例：某酒店的婚宴菜单

同心齐谱金镂曲——红鲟米糕　　　　　七夕佳偶牵手心——虱目鱼丸汤

月老红线牵深情——红烧刺参扣鱼肚	比翼双飞会鹊桥——金钱鸡拼酿鸡翅
四海同歌韵和鸣——龙凤拼盘	鸾凤喜映神仙池——迷你佛跳墙
百年好合锦玉带——玉环鸳鸯贝	海誓山盟龙凤配——蒜茸蒸龙虾
花团锦簇并蒂莲——团圆莲子露	馥兰馨果合家欢——环球水果盘
天长地久庆有余——糖醋煎黑鲔鱼	纱窗绣幕鸳鸯枕——什锦烩蔬菜

2. 零点菜单

零点菜单是酒店向客人做销售所用的菜单，因此文字内容较为详细。

（1）菜品类别。这是菜单设计的核心内容。品种通常不少于120种（具体数量视餐饮规模和经营需要而定）。所有菜品按一定标准、规律分类排列，方便客人选择、点菜。每个酒店销售导向、营销侧重点不一，菜单菜品分类与编排次序也不固定。菜肴的名称和价格必须与顾客的阅读习惯和消费能力相适应，必须具有真实性。

（2）菜肴名称和价格。这是菜单设计的主体，是顾客选择菜肴的主要决定因素。

（3）菜肴特点和风格说明。必须在菜单上明确标明菜肴的特点和风格，如某某菜肴特别辣、某某点心特别甜等。

（4）菜品制作描述。为了让顾客充分了解餐厅所提供的菜肴而做的一些具体描述，内容有菜肴主辅料及其分量、烹制方法、份额、独特的浇汁和调料、主要营养成分、服务方法、需等候的时间等，着重介绍高价菜、名牌菜、特色菜、时令菜。对一些菜名含蓄的菜简单介绍，如对"叫花鸡"的介绍："镶有肉丁、火腿、海鲜、香料的童子鸡，外裹荷叶和特殊焙泥烤制而成。"

（5）酒店信息。包括宴会厅名称（通常安排在封面）、特色风味（如果宴会厅具有某些特色风味而宴会厅名称又反映不出来，就要在菜单封面的宴会厅名称下面列出其风味）、餐厅地址（酒店所处地段的简图）、预订电话（一般列在菜单的封底下方）、营业时间（列在封面或封底）、接受的信用卡类别、加收费用（加收服务费要在菜单的内页上注明，如果只收外币或人民币，则应注明："所有价目均加收10％的服务费，请用人民币结账。"）等告知性说明，有的还介绍酒店的历史背景、宴会厅的特点与设施、知名人士对本餐厅的光顾与赞语、权威媒体对本餐厅报道的妙语选粹等荣誉性说明。

八、编排顺序格式

1. 排列顺序

中餐菜单菜品类别排列顺序：按冷菜、热菜（海鲜类、河鲜类、肉类、禽类、锅仔煲仔类与蔬菜类）、汤羹、饭面点心、饮料等大类名称排列。西餐菜单菜品类别排列顺序：按主菜（海鲜、鱼虾、牛猪羊肉、禽）、开胃菜、汤、淀粉食品及蔬菜、色拉、甜点、饮料等大类名称排列。菜品不要按价格高低排列，否则客人会仅根据价格来点菜，这对宴会推销是不利的。应把宴会厅重点推销的菜点放在菜单的首、尾部分，以引起客人的注意。主菜应排在最醒目的位置，用粗大的字体和最详尽的文字作介绍。特色菜要用区别于一般菜品的粗大黑体字排印，要有更详尽的促销文字介绍，或用更丰富的色彩点缀和以彩色实例照片来衬托。特色菜数量应占菜单上菜肴总数的20％～25％。

2. 书写格式

（1）提纲式。最常用的书写格式，根据宴会的规格和顾客的要求，按照上菜程序，分门别类写上菜名。此类菜单主要作生产、服务之用。菜肴命名通俗易懂，文字书写简单明了。

（2）排列式。广泛应用于广告宣传、纪念菜单等。特点是不分类、不提示，所有菜名字数相等，少则四五字，多则十余字，顺次排列下来。菜肴命名讲究文采，好似排比句。这种方法能突出大菜，略去冷碟（或围碟）、面点或水果。由于菜名寓意含蓄，有时也在菜名旁边注上写实性菜名，以便客人熟悉和了解。

（3）表格式。详见前文生产菜单的相关内容。

3. 文字格式

菜单篇幅应留有50％左右的空白。空白过少、字数过多会使菜单显得拥挤，让人眼花缭乱，读来费神；空白过多则给人以菜品不够、选择余地太少的感觉。字体要与餐厅风格协调。隶书、草书以艺术性见长，实用价值不大，应慎用；楷书工整端庄，行书行云流水，可选用。正文一般使用仿宋体、黑体等字体。同一张宴会菜单可用两至三种不同的字体，分别用于标题、分类提示与正文菜单。各类菜的标题字体应与其他字体有区别，既美观又突出。字体大小（一般用三号字体）和间距、行距要适当，文字周围要留下足够的白色间隙，便于客人阅读，使客人在餐厅的光线下很容易看清。菜单有手写和打印两种书写方式，手写有钢笔书写和毛笔书写两种。供内部使用的菜单，应抄写工整清楚；而供顾客使用或广告宣传的菜单，应请功底深厚的书法爱好者抄写。涉外饭店销售菜单，要有中英文两种文字，并注意两种字体的协调。非特殊要求，避免用多种外文来表示菜名。所用外文都要根据标准词典的拼写法统一规范，符合文法，防止差错。外文书写应使用印刷体，不要用圆体字母。要以阿拉伯数字排列编号和标明价格。

九、选择陈列方式

1. 纸质菜单

（1）平放式。平放式是传统的陈列方式。不论单页或多页，菜单都平放于餐台之上。宴席即席菜单在正、副主人前各放一份。

（2）竖立式。将菜单的折页打开，立放于餐台之上。这类菜单大多为装帧精美的折叠式菜单，由于它在餐台造型中富有立体感，因而被广泛应用。

（3）卷筒式。将菜单卷成筒状，用缎带捆扎，或放或立于每个餐位正前方，人手一份。客人可将其带走，以作留念。

2. 实物菜单

实物菜单是酒店借助产品实物或图片、模型来刺激客人购买的一种推销工具。

（1）实物模型。在餐厅门口或客人经过的地方，陈列酒店经营产品的实物模型或张贴产品的图片、招贴画、布告牌等，从视觉、听觉、嗅觉等方面对客人进行感官刺激，以激发消费者的消费欲望。

（2）原材料陈列。在酒店进门处设置海鲜池，既具有很强的观赏性，又可使客人相信本酒店所使用的原材料都是新鲜、卫生的，容易对菜肴质量产生满意感，还因为当着客人的面称取海鲜，使客人对分量放心。

（3）半成品展示。将一些菜肴原料切配好，经初加工装盘陈列。自助餐厅就是运用半成品展示进行促销的典型代表，客人往往在看过烹调好的、陈列有序的菜点后才做出是否在酒店用餐的决定。

（4）推车陈列。如早茶的小吃、茶点一般会采用推车陈列来销售。当客人直观地看见车上的精美菜品时，有可能冲动性地产生购买动机和行为。

3. 电子菜单

传统菜单在品种、类别、定价、方案设计、有形展示及美术设计等方面都进行大量的创新。然而，与计算机相配套的触摸屏电子菜单的出现使传统菜单黯然失色。其优势如下。

（1）品种齐全，分类明细。由于计算机的高效存储功能，电子菜单可以实现无限量品种供应；分类明细，索引科学，使齐全的电子菜单不会显得冗长烦琐，操作简单。

（2）灵活搭配，针对个性。由于电子菜单按照餐饮原材料和烹调方法相结合的方式对各种菜肴进行实时组合和调整，因此彻底改变了传统菜单教条型的点菜方式，广泛而有效地为不同客人提供对各种菜肴的不同的烹调方法、材料要求和辅料搭配的选择余地，真正做到以顾客为主导进行产品的组合，满足大众化、个性化的餐饮口味需求。

（3）有形展示，明码标价。实行电子菜单，能有效地展示各种菜肴的价格、主辅材料、简单烹调方法以及各种菜式的图片；明码标价能非常巧妙地顾及客人的消费心理，让客人在轻松的环境中确定消费档次。

（4）多种渠道，多向预订。电子菜单能突破传统菜单的时空限制，不仅能在客人就餐前点菜，还能通过餐饮企业网站，在不同场所、不同时间向客人展示和推介菜肴，接受客人异时异地的网络预订，实现预订的多向性。

（5）自动生成，简便高效。在电子菜单系统库中，只需录入宴会标准及宴会主题，即可自动生成多份同等档次及内容的宴会菜单，供客人选择；对已选择的菜单中的某个菜肴还可进行同等价格及类别的其他菜肴替换。

十、印制菜单

（一）宴会菜单制作

1. 宴席即席菜单（一次性菜单）

一般规格宴席可选轻巧、便宜的纸质材料，高档宴席要用高级的薄型胶版纸或铜版纸、花纹纸，以及底色为粉红色或深棕色的纸质材料。印制方法有以下两种。一种是酒店可专门制作一批折叠型菜单卡，即菜单封皮。菜单卡封皮正面印有店名、店徽或酒店建筑外貌，内为空白，遇有重大宴会或应顾客需要，将菜谱书写或印刷在上面；也有另用纸张印刷的，然后粘贴在菜单卡内面。另一种是整个菜单连同菜单封皮专门为某次宴会而制。选纸讲究，印刷精美，成本较高，在深圳、广州、香港、澳门等地的酒店较为流行，多用于婚宴、寿庆席、开业庆典等喜庆宴席之中。

2. 宴会专供菜单（一次性菜单）

特色宴席或 VIP 宴席菜单，从礼品角度考虑可选用其他物品载体当菜单，但要与整个宴会台面布置相吻合。如满汉全席可用仿清式的红木架嵌大理石菜单，西北风情宴可用仿古诏书式菜单，竹园春色宴可用竹简式菜单，药膳宴可用竹匾式菜单，红楼宴可用线装古书式菜单，商务宴可用印章式菜单，满月宴可用玩具形菜单，豪华商务宴可用中式扇面菜单，中餐西吃宴可用油画架式菜单、小挂件菜单等。在选用时还应注意物品与客人身份的吻合，菜名、字体要与菜单载体相吻合。

3. 宴会标准菜单（耐用性菜单）

长久使用的宴会标准菜单应采用质地精良、厚实且不易折断的重磅涂膜纸、防水纸或过塑重磅纸，它们的共同特点是防污、耐磨、美观、高雅，拿在手里读时手感舒适，经久耐用。这类菜单印刷精美，图文并茂，但成本较高。

（二）销售菜单制作

1. 外观装帧

菜单封面是酒店与宴会厅的形象体现，应做到艺术、美观、新奇，具有吸引力和信息量。内容有酒店和宴会厅的名称和标志，形式要与整体装饰及情调和谐，封面颜色与酒店主题色吻合，可套印一色或多色封面。既可采用古典的版画、木刻画、工笔画，也可采用当地风光照、菜肴静物照，还可采用体现时代色彩的抽象艺术画或流行的通俗艺术画。制作封面的材料可以选用经久耐用且又不易沾油污的重磅纸，还可选用高级塑料和优质皮革做封面。菜单封面外观需达到三个要求：一是视觉效果，要有视觉冲击力，色彩要突出、简单，要有视觉中心；二是画面质量，图像要清晰，聚焦与色温准确；三是表达内容，要准确无误。菜单封底印上饭店与宴会厅的相关信息。

2. 菜单形状

菜单式样和尺寸大小，应根据餐饮内容、宴会厅规模及陈列方式而定。菜单可用不同方法折叠成不同的形状，如切割成长方形、正方形，也可冲压成各种特殊的形状。菜单开本力求使客人使用起来方便，太大则拿起来不舒适，太小会使篇幅不够或使菜单显得拥挤。除了长方形菜单外，一些特殊餐厅或主题餐厅还使用心形、刀形、手风琴形、圆形等形状的菜单及立体形菜单。菜单的版式与形状有以下几种。

（1）杂志式菜单。酒店常见的一种菜单形式，主要适用于各种正餐菜单，这种形式的菜单印刷精美，有硬朗、漂亮的封面及排列有序的内页，客人可以按照菜式的排列，一页一页地阅读，选择自己喜欢的菜肴。

（2）折叠式菜单。常见于中、西餐宴会，以及特别推销等销售形式所用的菜单中，以两折、三折的形式居多。这类菜单既可平放于桌面，也可立在桌面；既可起点缀作用，也可以其独特的形式吸引客人。

（3）单页式菜单。主要用于快餐、咖啡厅早餐，以及"每日特选"、"厨师特选"等销售形式中。这类菜单一般设计、制作都比较简单，成本较低，绝大多数为一次性菜单，不重复使用。

（4）活页式菜单。这种菜单对于经营者来说十分方便、灵活，可以随时根据市场需求的变化调整菜单品种而不必重新制作菜单封面，如遇价格调整等政策性变化，采用活页式菜单更显得经济和方便。

（5）悬挂式菜单。常见于客房用膳的早餐菜单，又称门把菜单。一般悬挂于客房门手的内侧，易于被客人发现和使用。

（6）多姿多彩式菜单。各种奇形异状菜单的统称。多用于特别推销、节日推销的菜单中，形式多样，色彩纷呈，如用于圣诞节特别推销的松树状菜单，用于中秋节推销的圆月形菜单，以及江南水乡餐厅采用的宫灯式菜单等，它们在设计上往往以其独特的形式体现出推销活动的特殊性，并借此给客人留下深刻印象，达到成功销售的目的。

3. 菜单色彩

菜单色彩搭配得好能起到推销作用。最易快速阅读的色彩搭配是白底黑字、浅黄色上的黑字、浅粉色上的黑字。最难阅读的色彩搭配是深黄色上的黑字、橘红色上的黑字、黄底红字、红底绿字、绿底红字。菜单色彩有纯白、柔和、素淡、浓艳之分，可用一种色彩加黑色，也可用多种色彩，具体视成本与预期效果而定。最好选用一面为彩色，另一面为白色的色纸，这样封二、封三、封四就能印刷广告或促销性的信息、插图。如果菜单只使用两色，最好是将类别标题，如蔬菜类、肉类、海鲜类等字印成彩色,具体菜肴名称用黑色印刷。原则是,只能让少量文字印成彩色。如大量文字印成彩色,读来既费眼神又费精力。颜色种类越多,印制成本就越高。制作菜肴彩照插图需要四色印刷。色纸的底色不宜太深。菜单折页、类别标题、食品实例照片宜选用鲜艳色调,采用柔和的色彩,如淡棕色、浅黄色、象牙灰色或蓝色+黑色+金色,会使菜单显得典雅。

一份菜单制作出来后,应经过一段时间的试用,经调查、分析、研究后,才能做出是否成功的结论。即使是成功的菜单,也应不断改进、推陈出新,给客人留下美好、新鲜的印象。

思考与练习

1. 案例分析:

给菜取个好听的名字

经商的王先生为宴请客户来到某酒店,打开菜单不禁愕然,许多稀奇古怪的菜名跃然纸上,让人坠入雾里,王先生只能硬着头皮点了一些好听的菜点。待服务员上菜后,这些菜露出了庐山真面目:凉菜"听说菜"是由猪耳和猪舌在酱制后经加工处理再拼装的拼盘;"乱拍菜"是在拍黄瓜的基础上,随便加一些煮花生米、萝卜丁、碎酱牛肉;"雪山草地",乍一听给人一种高高的雪山、碧绿的草地之感,原来是一盘"香菜拌豆腐";热菜"情人眼泪"是芥末拌肚丝;一公一母两只牛蛙称为"生死恋";"金屋藏娇"不过是炒熟的鸡蛋下盖着几片西红柿;而一大一小两只龙虾搅在一起成了"霸王会蛟龙";几片地瓜饼蘸上面包渣油炸后成了"黄金万两"。众人在捧腹大笑之余却感觉被捉弄了。

讨论:上述菜名设计错在哪里?有人说"菜是厨师的儿子,起个什么名都可以",你同意这种观点吗?请列举宴会菜肴命名的基本方法。

2. 收集不同规格、不同类型与不同档次的菜单,研究对比它们的长处与短处。

3. 以某酒店中餐厅零点菜单中所提供的各种菜品为依据,设计一份由10人就餐、人均250元(不含酒水)餐标、符合要求的宴席菜单。

4. 组织一次菜单设计比赛,制作两份从内容到形式均具有特色的宴席即席销售菜单(具体菜品名称可以省略)。

第八章 宴会服务

> **案例导入**
>
> **李肇星新书披露外交珍闻：希拉克的夫人吃国宴吃到撑**
>
> 外交部原部长李肇星卸任后的首部外交回忆录《说不尽的外交》于2013年12月18日出版发行，书中披露了诸多外交内幕，其中包括"一顿国宴引发礼宾改革"。
>
> 李肇星在书中披露，自己在任外交部部长时，参与和推动了几项礼宾改革。
>
> 2004年10月，胡锦涛同志在钓鱼台国宾馆养源斋宴请法国总统希拉克及夫人。当时的国宴标准是四菜一汤。希拉克的夫人刚用完第二道菜就说饱了。
>
> 希拉克的夫人很为难，觉得不吃剩下的两道菜是对主人不尊重。四道菜终于上完后，她说："感谢上帝！"
>
> 上完菜还有点心与水果。李肇星说"这两道不算菜"，希拉克的夫人无奈地摇摇头。
>
> 宴会后，李肇星找礼宾司商量：国宴的菜是不是多了？后来经过商定，国宴改为三菜一汤。一般宴会时间由1小时15分钟压缩到1小时。
>
> （资料来源：http://news.cnhubei.com/xw/gn/201312/t2793761.shtml.）

第一节 中式宴会服务设计

一、中式宴会服务方式

（一）宴会进餐方式

1. 共餐式

共餐式又称聚餐式，传统宴席是10人围坐一个圆桌，开餐上菜后，主人夹第一筷菜给主宾后，众人方可伸筷进食。这是中国特有的一种饮食文化，体现了儒家文化"和为贵"的思想。圆桌含有平等、不分尊贵的内涵，围桌而坐有一种团圆、和谐的氛围。聚餐式的进餐形式历史悠久，唐代宴饮图描绘了众人围坐在一起聚餐的场景，证实了隋唐时期宴会逐步转变为聚餐的形式。20世纪70年代末又发明了转台，在大圆桌的中间放上一个小圆转台，方便客人夹菜。

2．分餐式

分餐式又称分食式，是由服务人员或客人通过使用公共餐具分派菜点，使用个人餐具进食的就餐方式，既卫生又高雅。分食进餐方式不是西方独有的，中国历史上我们的祖先也是分开就餐的，只是从隋唐以后才流行聚餐式。

3．中餐西吃式

随着中国对外交往的增加，中餐西吃是近年来从分餐式发展演变而来的一种中式宴会的新的用餐形式。其用餐方法是，按纯正的中式烹调方法制作菜肴，按西式烹调的方法与要求设计菜单结构、菜肴装盘与上菜方法，餐台同时摆放中式的筷子与西式的刀叉供客人选用，客人用餐时可选用某一餐具或筷子、刀叉并用。该方式近年来有逐步推广的趋势。

（二）中式宴会服务方式

1．共餐式宴会服务

（1）优点。菜点上席后，由客人使用各自的餐具夹菜进食，服务员进行席间服务。一是用餐客人比较自由，可由主人为客人分菜，也可由客人各取所需。二是较适合于2～4人的小餐桌和便餐的服务。三是所需的服务员较少，技术要求不是很高，可以同时为多桌的客人提供服务。四是完整地保存了中国传统的家庭式用餐方法和气氛融洽的特点。

（2）缺点。一是客人得到的服务较少。二是不善于使用中餐具的外国客人会把夹拿菜肴视为一种负担，会对一盘盘装饰精美的菜肴不知所措。三是由于所有的菜肴都在餐桌上，用餐到最后，台上容易出现杯盘狼藉的现象。

2．分餐式宴会服务

分餐式宴会服务起源于欧洲贵族家庭。它是学习借鉴西餐服务方式的优点并使之与中餐服务相结合而形成的一种新型服务方式，由服务员将整盘菜肴、点心分配后再给各位客人食用。

优点：一是客人感觉受到关照，备感亲切；二是既能显示中餐菜肴的整体精美，又使客人对食用菜肴的卫生放心。

缺点：一是服务用工较多，不经济；二是对服务员分菜技艺要求高。

这种方式适用于中餐高档宴会服务。分菜方式多样：按身份分类，有厨师分菜、服务员分菜和客人分菜；按人数分类，有单人分菜、双人分菜；按桌面分类，有餐桌分菜、旁桌分菜；按地点分类，有厨房分菜、现场分菜；按菜肴位置分类，有手托分菜、转盘分菜等。

1）厨房分盘

厨房分盘又称各客式服务，俗称"各吃"、"个吃"，又称"每人每（份）"，是借鉴美式上菜服务的一种创新宴会服务形式。按中餐方法制作菜肴，厨师将烹制好的菜肴在厨房或备餐间，按每人一份装盘，再由服务员送给每位客人进食。这种方式适用于分餐式和比较高档的炖品、汤类、羹类或高档宴会，以显示宴会的规格和菜肴的名贵。

2）服务分菜

由服务员在餐桌上或边桌上分菜。分菜要做到每人数量均匀，可以一次性将菜全部分完，也可分好后盘中略有剩余，经过整合后重新摆上餐桌让客人自取。

（1）餐桌分菜。源于俄式上菜服务，也称餐位分菜。菜肴上席展示介绍后，由服务员在宴席餐桌上进行分菜。有以下三种方法。第一种，员工左手托菜盘，将菜肴放在垫了口布的托盘上，右手用服务叉勺，侧身站在客人左边侧，左脚向前，侧身而进，腰部略弯，但身体不能倾斜或依靠宾客，使餐盘与客人的餐碟相连接，以免菜汁滴洒在餐桌上。然后用右手的叉勺进行分菜，将菜从客人的左边派入其餐盘中。第二种，员工站在两位客人的中间，用勺把菜分到左右两边客人的骨盘内，依次进行。第三种，转盘分菜。服务员先用托盘将骨盘摆在转台边缘，将菜盘端至转盘上，示菜后站在分菜口处。然后用分菜勺均匀地把菜肴分派在骨盘里，将分好的菜碟分别从客人的右侧放在每位客人面前的看盘上。最后将分完菜的空菜盘连同分菜勺一同撤下。转盘分菜具有表演性，可以活跃就餐气氛。转盘分菜适用于大圆台的多人就餐服务。

（2）旁桌分菜。旁桌指的是服务餐车或工作台，由服务员在旁桌上将菜点按每人一份分配给客人，也称服务台分菜、边桌分菜，与西餐的美式服务极为相似。菜点从"上菜口"按要求上菜、示菜并报菜名、经客人观赏后将菜撤下，置于旁桌上再分。按服务人员的人数，有单人分菜与双人分菜两种方法。第一种，单人分菜。服务员手持分菜工具、快速、均匀地将菜肴按份分派到每个餐碟或汤碗中，然后再装入托盘送至餐桌，按先宾后主的顺序依次从宾客的右边送到每个客人的面前。分菜时让大部分客人或至少主人能观赏分菜艺术。多余的菜肴经过整合后重新摆上餐桌让客人自取。第二种，双人分菜。由两位服务员同时操作、合作分菜，常用于高档宴会服务。分菜员站在规定的位置，左手拿银器汤勺，右手用筷子把菜夹在汤勺内为客人分菜；另一服务助手递上骨盘，把菜放在骨盘内，由服务助手从客人左侧将菜肴送到客人面前。

3）自行取菜

就餐者使用席上公共餐具自行取菜。席上备有公筷、公勺，上菜后，由客人用公筷、公勺把菜点夹到自己使用的骨盘内，然后换成自己的筷、勺用餐。自助餐、套餐、快餐等的取菜也属于此类方式。

二、中式宴会服务流程

中式宴会服务流程如图 8-1 所示。

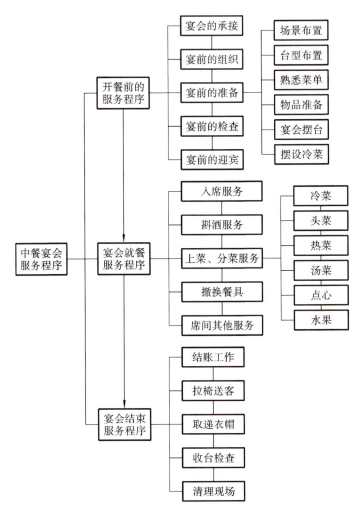

图 8-1　中式宴会服务流程

（一）宴前准备工作

1. 组织准备

（1）组建机构。大型宴会、重要宴会涉及面广、工作量大，在组织协调衔接、工作执行落实等方面任务很重，需调配各部门的力量，临时组织一套接待班子，确定总指挥。一般宴会可按照原有管理体制的部门分工，明确任务职责。

(2) 联络各部。根据工作计划制定宴会任务书，通知厨房、宴会厅、酒水部、采购部、工程部、保安部等有关部门。各部门认真做好各项准备工作，群策群力，密切合作，保证宴会成功举行。

2. 人员准备

(1) 人员配备。按照宴会要求，对人员做出详细计划。大型宴会人员紧缺时，可从餐饮部其他餐厅、酒店其他部门临时抽调；若还不够，可向兄弟酒店商借员工，向旅游院校商借经过培训的学生。

(2) 员工资质。要求仪表仪容端庄，态度热情礼貌，服务技能娴熟，工作经验丰富，男女员工比例恰当，值台女员工身高不要太矮，传菜男员工托盘基本功要好、有体力，轻重活都有人干。宴会重点区域要安排技术熟练、动作敏捷、应变能力强的员工；服务贵宾席、主宾席的员工的能力水平要高于其他人员。各区域的主管要有丰富的宴会工作经验、很强的协调能力与处理突发事件的能力。对调配和外借人员必须进行严格培训，达到要求后才能上岗；新员工上岗应有熟练员工带、教。

案例：国内某著名公司大型"嘉年华"年会宴会人员分工及任务安排

某大酒店举办国内某著名公司大型"嘉年华"年会，参会350人，共34桌，宴会餐标较高，赴宴客人身份也较高。员工分工安排如下。现场总指挥1人。宴会厅划分为5个区，主席台为1区，其他地方分为4个区，各区设1名负责人。主桌：16位宾客，安排3位服务员；如宾客身份很高，也可安排4人，2人传菜，2人服务。第二、第三副主桌：每桌12位宾客，安排2名服务员（1人看台，1人传菜）。其他31桌，每桌各配备1名服务员。两人一组，一名服务员负责席间服务，提供斟酒、上菜等服务，另一名服务员负责传菜。前台服务员共需40人左右，其中看台服务员22人，传菜服务员18人；后台清理工作人员7～8人（不包括洗涮餐具的工作人员）；迎宾员2人；如有休息室，安排2～3人做休息室服务工作。整个宴会共需员工约53人。

3. 任务准备

1) 明确任务分工

根据宴会要求设置管理人员、迎宾值台、传菜、斟酒及衣帽间、贵宾室等岗位，对工作区域、工作范围、工作职责和工作要求有明确的分工与要求，一定要落实到每一个岗位、每一个人。要有专人负责账务，避免漏账、错账现象，因为宴会中常发生临时增加菜点、饮料、酒水等情况。为了保证服务质量，可将宴会桌位和人员分工情况标在宴会台型图上，使所有员工明确自己的岗位职责。各部门、各岗位、各员工要做到"六明确"——明确工作目标、明确任务要求、明确操作细则、明确时间节点、明确质量标准、明确相互协作，所有这些都要有书面文件加以确定。任务分配的方式可以写在分工簿上，也可通过告示栏，更多的是通过餐前会的形式进行工作安排。大型宴会要通过专门的会议进行分配。

2）明确任务要求

准确掌握宴会活动的各项内容细节和安排。

（1）宴会要求。掌握宴会主题、形式、规格、程序、开宴时间、出席人数或宴会桌数，宴会环境、主席台有何特殊要求，员工仪表仪容、工作纪律、工作时间等，特殊、重点之处要讲明白具体应怎样做，为什么要这样做，并进行操练检查，合格后方能上岗。

（2）菜单要求。熟记菜单知识，掌握菜名（如有外宾须同时掌握英文菜名），主要原料，配料，烹调方法，口味，种类和数量，所跟小料，装盘、典故知识，冷、热菜的安排顺序，上菜时间，以及摆放规格与分菜方法等要求，便于上菜时主动、流利地向客人介绍。

（3）摆台要求。一是宴席台面要求。按照要求，主管先摆一个台样，使大家一目了然，然后员工按样去做，保证全场台型一致。二是餐具使用要求。高级宴会每道菜要换一次餐盘，服务员对整个宴会的餐具数量、种类和位置都要心中有数。

（4）服务要求。明确迎客送客、站立与行走的位置，上每道菜的具体时间，跟配的作料，分派菜的方法，更换餐具的位置、要求和时间，每桌酒水、水果、烟茶的配备情况，倒酒要求，了解客人风俗习惯、习俗忌讳、特殊要求等。

（5）走菜要求。何时、何处取菜与出菜，出菜顺序，走菜队列，装托盘要求。

（6）结束要求。宴后清场工作分工，各种餐具回收规程，各类工具的正确使用方法等。

3）业务准备

（1）宴前培训。明确每个岗位具体工作的内容、方法、质量和效率要求。培训时间可因时、因地制宜，可在班前会或检查工作时培训，也可安排时间专门培训。

（2）实操演练。为了保证大型宴会的优质服务，要做到全场在同一时间采用同一种服务方法进行同一种服务，全场服务标准化、规格化、统一化。如同时上菜、斟酒、撤餐盘，采用同一餐桌分菜（或服务台分菜）方式，撤换骨盘、上热毛巾尽量做到时机和次数的统一等。在培训基础上进行实地模拟预演，在演练中发现问题并及时解决，以便员工熟悉将要做的工作，确保宴会万无一失。

4．身心准备

通过各种途径与方法，如召开相关会议讲意义、交任务、提要求、明责任、究奖惩，加强对员工的身心教育。上岗前，按照酒店员工的仪容仪表规范要求化妆上岗，且是淡妆上岗。工服整洁挺括、具有特色，重要宴会还需戴白手套。行为举止符合规范，使客人产生良好的第一印象和愉悦的美感。开宴前一小时召开例会（午餐班前会上午10时、晚餐班前会下午4时召开），会议时间为15分钟左右。要使员工对工作充满热情，具有敬业精神和专业技能。

5. 环境准备

（1）场景布置。包括宴会氛围营造与台型布置等。

（2）清洁卫生。宴会厅大门及周围环境干净整齐；客用通道及卫生间清洁卫生；地毯干净无杂物，无起包现象；服务车干净，无异味；沙发桌椅干净，无污迹；备餐柜内外干净，物品整齐；台布干净，无褶皱等。

（3）时间要求。宴会场景布置在开餐前4小时、宴会台型布置在开餐前2小时完成。大型宴会厅提前30分钟、小型宴会厅提前15分钟开启照明灯光和空调。

6. 物品准备

（1）餐具准备。详见第四章宴会餐具配备的内容。

（2）其他准备。准备相应数量的口布、台布、火柴、牙签、餐巾纸、开水等；准备足够的服务托盘；备齐菜肴的配料、调料，瓶罐干净，摆放在服务台上，做到随用随开；席上菜单每桌一至两份放于桌面，重要宴会则人手一份。根据菜单要求，席前30分钟按照每桌用量准备好各种酒品、饮料与茶水，水果配备按每客两个品种、250克数量准备，应为应季水果，最好是本地特产。

7. 宴席摆台（略）

8. 摆放冷盘

宴会正式开始前5～15分钟（大型宴会为30分钟）摆放冷盘。冷菜上早了，既不符合卫生标准，也容易被空调风吹干，影响菜肴造型。不准用手拿取冷盘，必须使用托盘；不要盘子摞叠，以免损坏冷盘拼摆的艺术形象。要按每桌规定的冷盘数拿取，不要多拿、错拿；如发生错拿现象，一定要把错拿的冷盘送回厨房，不要放在厅内。按要求上菜（详见上菜服务规范的相关内容）。宴席如使用转台，冷菜一律摆放在转台上。开宴前10分钟倒好酒水（一般为低度酒，如葡萄酒）。

9. 准备迎客

开餐前10分钟，员工按规定位置面向门口，精神焕发地站立迎客。

10. 宴前检查

（1）检查时间。准备工作全部就绪后，由宴会主管在宴会开始前1小时负责检查。检查工作必须在客人到来之前进行，以便查出问题时有足够时间解决。

（2）检查要求。对所有的事与物都必须一丝不苟地认真检查，多变的、重要的事项必须反复检查,确保万无一失。检查过的事与物,除主管外,任何人绝不能擅自修改与改变。

(3)检查内容。具体可细化为检查细目表,按项检查、打钩,最后签名以示负责,如表8-1所示。

表8-1 宴前检查内容

检查项目		检查内容
场地检查	环境布置	是否有足够的空间,出口通道是否堵塞,上下舞台的台阶是否通畅,空调是否已提前打开,温度是否适合,通风是否良好,停车场所是否备好
	设施设备	舞台、讲台、横幅、指示牌、接待台、酒吧台等的位置是否正确
员工检查	到位	各岗位的服务员是否已到位工作
	形象	服务人员的仪容仪表是否规范等
餐桌检查	台型	台型是否符合主办单位的要求,主桌安排、桌距、餐位是否恰当
	餐椅	桌椅是否干净、牢固、舒适、摆放整齐
	台面	摆台是否按要求完成,杯具是否与酒水相对应
	菜单	菜单是否正确、美观,摆放是否符合要求
	台号	台号是否正确,席次卡是否按规定放到指定的席位上
	备用品	每桌应有的备用餐具及棉织品是否安全
卫生检查	员工	工作服、双手是否清洁卫生,是否吃过有刺激性气味的食物
	餐用具	餐用具是否干净、整齐、齐全,有无缺口、破损
	环境	检查地毯、门、墙壁及房内的装饰物是否干净,洗手间的一切用品是否齐全,专用洗手间是否有人值守
	食品菜肴	菜点外观是否整洁,有无异物
安全检查	通道	宴会厅的各出入口有无障碍物,安全出口标志是否清晰
	消防	各种灭火器材是否按规定位置摆放,灭火器周围是否有障碍物,如有,则应及时消除。要求服务人员能够熟练使用灭火器材
	用具	各种用具是否牢固可靠,如发现破损餐桌和椅子,则应立即撤换,不稳或摇动的餐桌应加固、垫好
	陈设	吊灯是否牢靠,墙上的画框是否牢靠
	地板	有无水迹、油渍等,如果是新打蜡的地板,则应立即磨光,以免使人滑倒;查看地毯接缝处对接是否平整,如发现突出,则应及时处理
	易燃品	酒精、固体燃料等易燃品,要有专人负责,检查放置易燃品的地方是否安全

续表

检查项目		检查内容
设备检查	电器设备	各种灯具是否完好,电线有无破损,插座、电源有无漏电现象。要将全部开关开启检查,确保照明灯具效果良好
	空调设备	空调机是否良好,要求开宴前半小时宴会厅内就应该达到所需适宜温度。若厅房较大,空调设备开启的时间也应相应提前
	音响设备	要装好扩音器,调整好音量,逐个试音,保证音质。如用有线设备,则应将电线放置在地毯下面,防止客人经过时绊倒

(二) 宴会现场服务

宴会现场服务是宴会餐饮服务中时间最长、环节最复杂的服务。中式宴会现场服务程序依次为：热情迎宾—领位引导—请宾入席—拉椅让座—介绍与祝贺—铺口布—收台号、席卡、筷套—递送香巾—奉送香茗—示意开宴—斟倒酒水与续酒—陆续上菜（介绍菜名和内容）—席间服务—轻声通知联系人结账—结账、签单—拉椅送客—取递衣帽—门口道别—收台检查等。

主要程序的相关操作如下。

1. 热情迎宾

宴会开餐前半小时一切准备工作就绪,打开宴会厅门。开餐前 10 分钟,领位员身着制服站在门口迎宾,值台服务员站在各自负责的餐桌旁,面向门口迎候客人。如有重要人物出席宴会,为示礼貌和尊重,有关人员在门口迎候。客人到达时,热情迎接,微笑问好。在服务过程中要注意分辨主人和主宾,做到服务规范、语言亲切、态度热情。

迎宾服务方式有以下三种。一是夹道式。在酒店门口夹道欢迎或在宴会厅门口夹道欢迎。二是领位式。领位员在酒店门口或在宴会厅门口欢迎客人并引领客人到座位上。三是站位式。服务员站在餐桌前欢迎,客人到来后拉椅落座。几种方式可以综合使用,也可以单独使用。

如宴会厅设有休息室,当接待贵宾时,可迎接贵宾进入室内就座。领位员要站在门口外一侧（与客人到来方向相对）迎候客人。客人抵达后,主动对客人问好；用手示意客人进入,并在客人右侧前方 1.5 米处引领客人入座。客人就座后,立即为客人送茶或根据客人要求提供其他饮料。在客人谈话中断间隙,为客人续茶、添加饮料。等候服务时,服务人员要保持正确站姿,不得随意走动和交谈。等宴会正式开始时,再请贵宾入席。

2. 宴前活动服务

宴前活动的特点是活动时间短,开始时间早,事情变化多,因此服务人员到岗要准时，准备工作要充分，有适应变化的思想准备。

（1）酒会。对场地要求不高，可在宴会厅前的中厅、走道或其他场地举行。形式以站立为主。饮料有鸡尾酒（预调、现调皆可）、软饮、啤酒、葡萄酒、香槟等。饮料酒水可由服务员端着托盘穿梭于客人之间派送，也可让客人在吧台自取。时间在半小时至一小时之间。

（2）会见。在厅房安排会见座位。沙发三面围坐，中间主人与主宾平行单排；其他宾客座位不够，可安排在第二、第三排，但主人后面不可安排座位（翻译除外）。沙发之间摆放茶几。沙发摆放应留有主人迎客握手的空间。茶水可在主人到达后、客人来到之前倒好。会见结束后，要及时整理会客室，避免宴会结束时主人再回到会客室时措手不及。

（3）照相。一般在主客握手时和主客刚入座时拍照，员工不要穿梭于其间，以免破坏照片画面。集体照相在接见结束后进行，要预先摆放好台阶，但不能影响客人入场。摆放台阶要事先进行过场、入场与退场的操练，力争在最短的时间里一步到位。

（4）采访。现场采访可在任何地点。采访时要保持安静，并适当提醒其他客人，避免对采访的干扰。

3. 引领入席

对重要客人应引领入席。引领客人时应面带微笑，走在客人右侧前方1.5米处，并不时回头，把握好距离，引领客人到预订座位入席。顺序是先女宾后男宾，先主要宾客后一般宾客，优先照顾年长和行动不便的宾客。

4. 拉椅让座

迎宾员把客人带到餐桌，值台服务员应主动上前问好并协助其为客人拉椅让座。

拉椅让座的服务标准为：服务员站在椅背的正后方，双手握住椅背的两侧，后退半步的同时将椅子拉后半步。用右手做请的手势，示意客人入座。在客人即将坐下的时候，双手扶住椅背的两侧，用右腿顶住椅背，手脚配合将椅子轻轻往前送，使客人不用自己移动椅子便能恰到好处地入座。拉椅、送椅的动作要迅速、敏捷，力度要适中、适度。如有儿童就餐，需搬来加高的儿童椅，并协助儿童入座。

5. 开餐服务

（1）铺餐巾。依据先宾后主、女士优先的原则，在客人右侧为客人铺餐巾（如不方便，也可在客人左侧服务）。铺餐巾的服务标准为：服务员拿起餐巾，将其打开，右手在前，左手在后（左侧服务则相反），将餐巾轻轻铺在客人膝盖上或将餐巾打开压在骨盘下面。注意不要将胳膊肘送到客人的面前。如有儿童，则应根据家长的要求，帮助儿童铺餐巾。

（2）撤（补）餐具。宴请人数如有增减，应按用餐人数撤去多余餐具或补上所需餐具,并调整座椅间距。

(3) 撤筷套。服务标准为:服务员在客人的右侧,左手拿筷,右手打开筷套封口,捏住筷子的后端并取出,摆在原来位置。将每次脱下的筷套握在左手中,最后一起收走。

(4) 茶水服务。服务标准为:服务员先询问客人喜欢饮用何种茶,适当做介绍。上茶时,按照先宾后主的顺序,在客人右侧倒第一杯茶,以八分满为宜。为全部客人倒完茶水后,将茶壶续满水,放在转盘上,壶柄朝向客人,供客人自己添茶。

(5) 毛巾服务。服务标准为:根据客人人数从保温箱中取出小毛巾,放在毛巾篮中。服务时,按顺序站在客人右侧,用服务夹夹住毛巾依次递给客人或放在毛巾碟中。客人用过的毛巾,需在征得客人同意后方可撤下。毛巾要干净、无异味,热毛巾一般温度保持在 40 ℃左右。

(6) 撤冷菜保鲜膜。从主宾右侧按顺时针方向,用服务夹撤去冷菜的保鲜膜。

6. 酒水服务(详见本章酒水服务的相关内容)

7. 菜品服务(详见本章菜品服务的相关内容)

8. 席间服务(详见本章席间服务的相关内容)

9. 意外处理

(1) 客人不慎行为。如客人餐具或用具不慎掉在地上时,服务员应迅速将干净的备用餐具补给客人,然后将掉在地上的餐具拾起拿走;如客人不慎将酒杯碰翻,酒水流淌时,服务员应安慰客人,及时用干餐巾将台布上的酒水吸去,然后用干净的干餐巾铺垫在湿处,同时换上新酒杯,斟好酒水;客人若将菜汤洒到身上时,服务员要迅速将洒落物清除掉,用湿毛巾擦干净,并请客人继续用餐;若有客人突感身体不适,则应立即请医务室协助,并向领导汇报,将食物原料保存,留待化验。

(2) 员工操作失误。若员工不慎发生翻盘、洒酒等意外事件,则应及时进行补救服务。管理者不要现场批评操作失误员工,以免影响其后面的工作情绪与宴会气氛。

(3) 酒店意外事件。对突变情况如停电、客人人数增加等情况,要冷静、理智、迅速、灵活地处置。领导必须在关键时间出现在关键地方,进行现场指挥。

10. 餐间巡视

宴会主管应具有高度敏锐的观察力,加强巡视,及时发现和纠正服务上的问题。

巡视的重点应放在主宾席的服务上。检查的主要内容有上菜顺序、速度与节奏,人员调整、劳动量平衡,服务规范执行情况,卫生整洁保持情况,重点客情、常客的关照,结账效率与准确性等。一旦发现有与服务规程不符的行为,要立即纠正,使宴会圆满完成。

(三)宴后收尾工作

1. 结账

1)结账要求

(1)掌握结账时间。上完水果后,再给每位客人一杯热茶,送上香巾,准备结账。结账应由客人主动提出,以免造成赶宾客离开的印象。不得催促客人结账、不得在客人未要求结账时将账单交与客人。

(2)掌握结账对象。要了解谁是结账付款者,如果搞错了结账对象,则容易造成客人对酒店的不满。

(3)打印、核实账单。清点已消费的酒水以及菜单以外的各种消费,不能漏账,保证准确无误。大型宴会活动结束后,马上与承办者共同确定酒水饮料的使用数量。核实宴会活动的全部费用,仔细写明各项内容的费用。服务员到账台打印账单。要求账单清洁、干净,账目清楚,认真核对账单上所列的各个项目与价格是否正确。

(4)结账操作规范。服务员将账单放入账单夹内或托盘内,递交给客人审核。服务员走到客人右侧,打开账单夹,账单正面朝向客人,右手持单送给客人检查,同时用手势将消费金额示意给客人。礼貌收取客人钱款票证。收现时应注意辨别是否真币和币面是否完整无损。收取钱款时应当面点清唱收,但要尊重客人隐私,不要大声唱收唱付。请客人稍等,将账单及现金交给收银员,核对收银员找回的零钱及账单联是否正确。结账完毕,站在客人右侧,将账单上联、收据及所找零钱送给客人,待宾客查点收妥后真诚地向客人致谢,并征询客人对宴会菜肴、服务的意见。结账后仍应热情满足客人的要求,继续提供服务。

(5)服务态度热情。结账时,客人如有疑问,要认真核对、耐心解释,绝不允许与客人发生冲突,要讲究策略。不允许催促客人或暗示客人付小费。结账时容易出现跑账和跑单的情况,服务员要注意策略与艺术。

2)结账方式

结账方式主要有以下几种:

(1)现金结账;

(2)票证结账;

(3)刷卡结账;

(4)签单结账。

2. 送客服务

宴会即将结束时,服务员要把工作台上的餐具、酒水归置好,然后退到桌边等候客人起座。主人宣布宴会结束,客人起身离座时,要主动为其拉开座椅,照顾好重要客人、老弱客人、妇女与儿童离席。疏通走道，方便客人离席行走。提醒客人带好自己的手机、提包等物品，为客人主动、及时递送衣物与打包食品。当客人步出宴会厅时，向客人道谢再见。告别语言准确、规范，目送或随送客人至宴会厅门口。

3. 倾听意见

应主动征求客人或陪同人员的意见（可以是书面的，也可以是口头的）；如果在宴席进行中发生了一些令人不愉快的情况，则要主动向客人道歉，求得客人的谅解。

整理客人意见，填写宴会工作记录本。

4. 现场检查

在客人离席的同时，服务员要迅速检查台面上是否有未熄灭的烟头，是否有客人遗留的物品。如发现有遗留物品，要及时通知客人或及时上交给酒店有关部门。在客人尚未全部离开宴会厅时，不得收拾台面物品，以免引起客人误会。

5. 撤台清理

客人全部离开后，立即清理台面。

（1）零点宴席翻台要及时收拾餐具，按酒具、小件餐具、大件餐具的顺序撤台，整理餐桌，清扫、整理餐桌与宴会厅，并按要求重新摆台，摆齐桌椅，整理服务台，补充必备品，准备迎接下一批客人。翻台时要文明操作，保持动作轻快、文雅，不要损坏餐具物品，也不应惊扰其他正在用餐的客人。

（2）大型宴会撤台。撤台清理，按餐巾、毛巾—玻璃器皿、金银器、高档瓷器餐具—刀、叉、筷等小件餐具—汤碗、餐碟等个人餐具—公用大餐具的顺序分类收拾。高档餐具如金银器要点清数量，注意收拣保管好。收拾餐具要用合适的工具，如水杯用杯筐、银器用小筐、瓷器餐具装箱装车等，这些工具都必须预先准备并摆放在预定地点，便于取用。为提高工作效率，大型宴会结束工作可分组进行，按物品类别分组收集并清点。全部工作结束后，由专人进行检查。

6. 清洁卫生

按要求做好清洁卫生工作。

7. 存放家具

收集运送家具，将每10把餐椅叠放起来，方向一致，整齐摆放在储存间，将餐桌放倒，桌腿收起，分类码放。运送长台时，用双手将长台提起，不得在地毯上拖拉前进。运送圆台时，要将圆台竖起，用双手推台面，滚动运送。运送特大和特殊台面时，要由多人将台面抬起运送。

8. 安全检查

关闭煤气总开关、关闭水阀、切断电源，除员工出入口外，锁好所有门窗。主管进行安全检查后,应填写"班后安全检查表"。

9. 善后处理

清点或归还特殊的陈列品、装饰品和设备。确定所有材料和设备均已还给有关部门。向有关服务人员致谢,向有关部门寄送感谢信,与有关工作人员协调处理未了事项。

10. 总结提高

宴会结束后,召开餐后会,认真总结工作经验和教训,发扬优点,克服缺点,向有关部门汇报宴会总结,不断提高服务质量和服务水平。

11. 检查落实

做好餐厅结束收尾工作,既可保证下班以后的卫生和安全,又可为下一餐的正常工作秩序创造前提条件。

管理人员在宴会结束收尾时要落实的内容有:已预订下一餐的客人的相关情况;顾客用餐效果及相关意见反馈的收集;VIP客史档案内容充实;酒水销售复核结账;备餐用具复原归位;棉织品(布草)点交送洗;打扫卫生,并使卫生彻底达标;餐具点验归位;补充物品和维修项目登记;全面检查,确保无烟头和电器火灾隐患;空调、音响、灯具关闭;橱柜和门窗关、锁及整洁情况。

三、宴会餐间服务规范

(一)上菜服务

1. 上菜准备

上菜,就是由服务员将厨房烹制好的菜点按一定的程序端送上桌的服务方式。上菜准备工作有:检查上菜工具的清洁和准备情况,熟悉菜单、菜名,了解上菜顺序及数量;菜品烹制经打荷岗位盘饰点缀后,送菜员要仔细核对台号、品名和分量,避免上错菜。

2. 上菜位置

上菜位置俗称"上菜口"。上菜位置选择原则是方便客人就餐和员工服务。

(1)零点、团餐。上菜位置选在不打扰客人或对客人干扰最少的地方,应尽量避开老人、小孩及穿着入时的客人,应靠近服务台以便于员工操作。

(2)正式宴席,上菜位置选在陪同与翻译人员之间,或副主人右侧,有利于翻译或副主人向客人介绍菜肴名称、口味特点、典故和食用方法。严禁从主人与主宾之间上菜。

3. 上菜时机

(1) 冷菜。开宴前15分钟，先将冷菜端上餐桌。

(2) 热菜。不同宴会上菜时机也不同：①团体包餐。进餐时间较短，进餐前摆好冷菜及酒水饮料，待客人入座后快速将热菜、汤、点心全部送上。②一般宴会。要把握好第一道热菜的上菜时间。当冷菜吃到一半时（10～15分钟后）开始上第一道热菜，或主动询问客人是否"起菜"，得到确认后通知厨房及时烹制。其他热菜上菜时机要随客人用餐速度及热菜道数统一考虑，灵活确定。③大型宴会。应听从宴会经理的统一安排上菜，以主桌为准，先上主桌，再按桌号依次上菜，切不可颠倒主次，以免错上、漏上，并注意上菜的速度与节奏。④上完最后一道菜时要轻声地告诉副主人"菜已上齐"，并询问是否还需要加菜或其他帮助，以提醒客人注意掌握宴会的结束时间。

4. 上菜节奏

(1) 速度：先快后慢。根据客人进餐情况控制出菜、上菜速度。宴会经理统一安排，随时与厨房保持联系，以免早上、迟上、错上、漏上或造成各桌进餐速度不一致的现象，影响宴会效果。太快会显得仓促忙乱，客人享受不到品尝的乐趣；太慢可能使菜点出现中断，造成尴尬局面。宴会开始时，上菜速度一般可快一些。当席面上有四五道菜时，则可放慢上菜速度，否则会出现盘上叠盘的现象。顾客对上菜速度投诉最多的是"一头一尾"，杜绝宴会开始后第一道菜迟迟难以上席，宴会接近尾声而水果或点心还不能及时跟上，甚至顾客离席后还有菜品未端上席的现象出现。

(2) 要求：符合客情。根据菜肴道数和客人就餐速度来确定每道菜上菜的间隔时间，一般为10分钟左右。若宾主需要加快速度或延缓时间，则应及时通知厨房，做出相应调整。上新菜之前，前一道菜肴尚未吃完而下一道菜已经送达，或是转盘上已摆满几道大盘菜，没有办法再摆上另一道新菜时，在得到客人同意后服务员可将桌上的剩菜换小盘盛装，放置在转盘上，直至客人决定不再食用这道菜时再撤走。

5. 上菜顺序

1) 出品上席顺序

(1) 菜点上席原则。应遵循"八先八后"原则：先冷后热，先主（优质、名贵、风味菜）后次（一般菜），先炒后烧，先咸后甜，先淡后浓，先稠后稀，先荤后素，先菜后点。

(2) 食品上席顺序。一酒（以酒为导引，遵循"因酒布菜"的进食原则），二菜（按"八先八后"原则上菜），三汤，四点，五果（现在一些地区也有宴席开始先上水果的），六茶。

(3) 出品上席顺序。一凉菜，二主菜（较高贵的名菜），三热菜（突出热菜、大菜和头菜，先上烧制菜，中间上炸炒菜，最后上蒸制菜），四汤菜，五甜菜（随上点心），六米饭、面点（有的同时上饭菜），七水果。

2)"席无定势，因客而变"

按照三水（黄河、长江、珠江）四方（东、南、西、北）的中国四大菜系的辐射区域的饮食风俗和食礼，中国不同地区的上菜顺序也不完全相同，如表8-2所示。

表8-2 中国不同地区的上菜顺序

地 区	上 菜 顺 序
北方地区（华北、东北、西北）	冷荤（有时也带果碟）—热菜（以大件带熘炒的形式组合）—汤点（以面食为主，有时也跟在大件后）
西南地区（云贵川渝和藏北）	冷菜（彩盘带单碟）—热菜（一般不分热炒和大菜）—小吃（1～4道）—饭菜（以小炒和泡菜为主）—水果（多用当地名品）
华东地区（苏浙沪皖，以及江西、湖南、湖北的部分地区）	冷碟（多系双数）—热菜（也为双数）—大菜（含头菜、二汤、荤素大菜、甜品和座汤）—饭点（米面兼备）—茶果（数量视席面而定）
华南地区（广东、广西、海南、港澳地区，以及福建、台湾地区）	开席汤—冷盘—热炒—大菜—饭点—时果

（资料来源：贺习耀．宴席设计理论与实务［M］．北京：旅游教育出版社，2010.）

6．端送菜品

送菜员用托盘将菜点送至服务桌，值台服务员检查菜点与宴席菜单是否一致。上菜时，或将菜肴放在托盘内端至桌前，左手托盘，右脚在前，侧身插站在上菜口的两位客人的餐椅间，用右手上菜；或直接用右手端盘在上菜口上菜。

7．艺术摆菜

（1）对称摆放。摆菜要根据品种色调的分布、荤素的搭配、菜点的观赏面的逆顺、菜盘间的距离等因素艺术摆放，使得整个席面荤素搭配、疏密得当、整齐美观，以增添宴会气氛。讲究对称摆放，如鸡对鸭、鱼对虾等，同形状、同颜色的菜肴相间对称摆在餐台的上下或左右位置上。菜点摆放原则与艺术如表8-3所示。

表 8-3 菜点摆放原则与艺术

数　　量	原　则	艺　　　　术
1 道菜	一中心	1 菜时，放于餐台中心
2 道菜	二平放	2 菜时，摆成横一字形，1 菜 1 汤时，摆成竖一字形，汤在前、菜在后
3 道菜	三三角	3 菜时，摆成品字形；2 菜 1 汤时，汤在上、菜在下
4 道菜	四四方	4 菜时，摆成正方形；3 菜 1 汤时，以汤为圆心，菜沿汤内边摆成半圆形
5 道菜	五梅花	5 菜时，摆成梅花形；4 菜 1 汤时，汤放中间，菜摆在四周
5 道菜以上	六圆形	以汤、头菜或大拼盘为圆心，其余菜点围成圆形

（2）突出看面。菜肴看面是菜肴最宜于观赏的一面，上菜时，菜肴看面要对着主位。各类菜肴的看面如表 8-4 所示。

表 8-4 各类菜肴的看面

看　　面	实　　　　例
头部	凡是烤乳猪、冷盘"孔雀开屏"等完整形状的有头的菜或椭圆形的大菜盘，看面为头部
身子	头部被隐藏的完整形状的菜，如八宝鸡、八宝鸭等，其身子为看面
刀面	双拼或三拼，整齐的刀面为看面
正面	有"囍"、"寿"字的造型菜、字画正面为看面
靓部	一般菜肴，刀工精细、色调好看处为看面
腹部	上完整形状的菜时，如整鸭、整鸡、整鱼，要"鸡不献头，鸭不献掌，鱼不献脊"，将其头部朝向客人，腹部朝向主人，表示对客人的尊重
盘向	使用长盘的热菜，其盘应横向朝主人

（3）尊重主宾。主宾是服务的重点对象，转动转盘时要向陪客方向移动。每上一道菜前，都要对餐桌上的菜肴进行一次调整，将新上的菜摆在餐台的中心，或摆在转盘边上，再转至主宾前，以示对主宾的尊重。

（4）操作规范。一平：菜盘拿在手上要平稳，不能倾斜将盘中汤汁滴出来。二准：上菜前挪出空位，将要上的菜盘准确落位。三轻：菜盘放下时动作要轻，不可发出响声。四正：有形菜上席时要面向主人席摆正位置。

8. 展介菜品

（1）展示。大拼盘、头菜要摆在餐桌中间，其余菜在"上菜口"上席后，将转盘按顺时针方向慢慢转一圈，最后停在主宾面前，使所有客人均可欣赏到菜品的色、香、味、形、质的风韵。

(2) 介绍。介绍菜品时后退半步,表情要自然,吐字要清晰,面带微笑,声音悦耳。向客人介绍菜名和风味特点时,也可对该菜做简单说明,如客人有兴趣,则可介绍与地方名菜相关的民间故事,有些特殊的菜应介绍食用方法。

9. 跟进服务

1) 作用

有些菜肴上席时需要跟上调味品。一是为菜肴调味。有些菜肴烹制时不便调味,如蒸制菜肴若在蒸制前加醋,因醋见热易挥发,不但起不到调味的作用,还可能会改变菜肴的白嫩色质。二是满足顾客多种口味。顾客来自五湖四海,口味各有所好,在餐台上摆上酸、辣、麻、咸等各种调味品,顾客可各取所需。三是点缀菜点、美化席面。如闻名中外的北京东来顺的涮羊肉,其精妙之处,不仅是用了精选的羊肉,特殊的烹饪技法,别致的吃法,而且还有赖于十多种精美可口的佐料。

2) 品类

什么菜肴用什么佐料,很有讲究。具体要求如下。

(1) 原料。鱼、虾等海鲜类菜肴,羊羔肴肉等带有肉皮的菜点,需要用姜、醋等佐料,起到提鲜、助香、去腥、解腻、助消化的作用。鸡丝拉皮、白切鸡、白切肉等凉菜,要用芥末、芝麻酱等佐料。因为这类菜肴性凉、油腻重、味较轻淡,用芥末、芝麻酱佐食,可以起到暖胃、助香、增味的作用。

(2) 烹法。以鱼、肉为原料的炸制菜肴,需要跟花椒盐、辣酱油等佐料,干炸、软炸、炸高丽一类的炸制菜,用花椒盐。面拖、上糊、拍面包粉后再煎炸的一类菜肴,如炸猪排、炸牛排、炸鱼排等,用辣酱油。

(3) 地区。挂炉鸭,除普遍用大葱、甜面酱外,北京地区要另加卤虾油,广东地区要另加蚝油,而四川地区则要另加麻辣味调料。油爆肚、爆双脆、爆菊红、爆腰花类菜肴,北方要用卤虾油,其他地区则不需要。

(4) 口味。四川人多喜麻辣味,要用红油、椒麻、豆瓣酱等带有麻辣味的佐料;北方人多喜食大葱、大蒜、香菜,要跟大葱、大蒜和香菜;江浙人喜食甜味,要跟各种糖醋、甜酱、甜面酱等佐料;广东人、福建人喜食海鲜,要跟蚝油、海鲜酱等海鲜味的佐料。

3) 形式

一是先上。将一种或数种佐料分别盛入味碟(或味瓶、味盅)中,在上菜之前就摆在餐台上,由客人自取、自配、自用。如上油浇全鸭菜之前,先要上分别盛装大葱段、甜面酱的两个味碟。二是同时上。第一种是将佐料和菜肴一同端上餐台;第二种是将菜肴的佐料摆放在菜盘四周,随菜一同端上餐台。如炸桃腰、锅烧牛肉等菜肴,就是将糖醋生菜放在菜盘的一头或两头，供顾客佐食。

案例：不同菜肴上菜时的注意事项

（1）冷菜。如潮式卤水拼盘，要上白醋；鱼鲞类要跟米醋。

（2）佐料菜。佐料配齐后，或先上佐料后上菜，或与菜同时摆上，如清蒸鱼配有姜醋汁，北京烤鸭配有大葱、甜面酱、面饼、黄瓜等佐料。

（3）声响菜，如海参锅巴、肉片锅巴、虾仁锅巴，一出锅就要以最快速度端上餐台，随即把汤汁浇在锅巴上，使之发出响声。

（4）油炸爆炒菜。如凤尾明虾、炸虾球、油爆肚仁等，易变形，需配番茄酱和花椒盐。一出锅应立即端上餐桌。上菜时要轻稳，以保持菜肴的形状和风味。

（5）拔丝菜。如拔丝香蕉、拔丝苹果、拔丝山芋等，为防止糖汁凝固、保持拔丝菜的风味，要托热水上，即将装有拔丝菜的盘子搁在盛装热水的汤上，用托盘端送上席，并跟凉开水数碗。

（6）外包菜。用工艺特别的泥包、盐焗、荷叶包的菜，如灯笼虾仁、荷叶粉蒸鸡、纸包猪排、叫花鸡、盐焗鸭、荷香鸡等，端上台让客人观赏后，再拿到操作台上当着客人的面打破或启封，以保持菜肴的香味和特色，再将整个大银盘以左手托住，由主宾开始，按顺时针方向绕行一圈，让每位客人都能看到厨师的杰作。

（7）原盅炖品菜。如冬瓜盅，要当着客人的面启盖，以保持炖品的原味，并使香气在席上散发。揭盖时要翻转移开，以免汤水滴落在客人身上。

（8）河海鲜菜。需要用手协助食用带壳的虾类或蟹时，必须随菜供应洗手盅。贵宾式服务，应为每位宾客各准备一只洗手盅。洗手盅盛以温水，加上柠檬片或花瓣。

（9）大闸蟹。吃大闸蟹时，必须上姜醋味碟并略加绵白糖，以利于祛寒去腥，同时提供蟹钳。吃完大闸蟹后为每位客人上一杯糖姜茶暖胃。备洗手盅和小毛巾，供食前餐后洗手。

（10）多汁菜。除了汤品需要使用小汤碗盛装之外，一些多汁的菜肴也需采用小汤碗，以方便客人食用。根据菜单中的菜式需要，准备足够的汤碗备用。

（11）铁板类菜。铁板大虾、铁板牛柳、铁板鸡丁等菜既可以发出响声烘托气氛，又可以保温。服务时要注意安全，铁板烧的温度要适宜，向铁板内倒油、香料及菜肴时，离铁板要近，最好用盖子半护着，以免锅内的油烫伤客人。

（12）汤、火锅、铁板、锅仔。一为安全、二为服务方便，需在火锅、铁板、锅仔下面放置一个垫盘。

10. 保持整洁

随时整理台面，撤去空菜盘，保持台面整洁美观，严禁盘子叠盘子。如果满桌，可以大盘换小盘、合并或帮助客人分派，当然事先须征得客人的同意。

（二）分菜服务

1. 分菜

分菜也称派菜、让菜。分菜服务是指菜点经客人观赏后，服务员代替主人，使用服务叉、服务匙将菜点依次分让到客人餐碟中的服务过程。分菜是宴会服务中技术性很强的工作，它是吸收了众多西餐服务方式的优点并使之与中餐服务相结合的一种服务方式。它一般用于正式宴会与"中餐西吃"式的高档宴会，其作用一是显示出高雅的品位，二是清洁卫生。高档宴会每菜必派，其他视情况而定。

2. 准备工作

（1）掌握分菜技术。了解各种菜肴的烹制方法，菜肴成型后的质地、特点，有完整形状的菜的结构特点，熟练掌握分菜技术，做到操作自如。

（2）准备分菜工具。根据不同菜点，正确选择分菜工具。分菜工具应清洁、无污渍，大小适当，可事先备在餐具柜中或用托盘在上菜时托出。

（3）清洁分菜台面。认真清洗、擦干工作台或餐车，保证卫生安全。

3. 分菜方式（详见服务方式的相关内容）

4. 分菜工具

（1）匙、筷配合。用于定点分菜。

（2）勺、筷配合。用于分汤。

（3）刀、叉、匙配合。用于在服务桌上分切带骨、带刺的菜肴，如鱼、鸡、鸭等。先用刀、叉剔除鱼刺或鸡、鸭骨，然后分切成块，用服务叉、匙分菜。

（4）叉、匙配合。叉、匙是最常用的分菜工具，用于丝、片、丁、块类菜肴分菜。

5. 分菜顺序

一般从主宾位开始服务，然后按顺时针方向依次为主人、第二主宾等客人进行服务。

6. 分菜要求

（1）清洁卫生。员工手部与餐具保持高度卫生，不得将掉在桌上的菜肴拾起再分给客人；手拿餐碟的边缘，避免污染餐碟。分菜时留意菜的质量和菜内有无异物，及时将不符合标准的菜送回厨房更换。若发现台面上滴留汤汁或食物，则用湿抹布擦拭干净。

（2）动作利索。在保证分菜质量的前提下，以最快的速度完成分菜工作。分菜时，一叉一勺要干净利索，切不可在分完最后一位时，菜已变凉。

（3）分量均匀。估计每位客人所分菜量，宁可开始少分一点，以免最后几位不够分配。分完后，若菜肴略有剩余，可对餐盘稍加整理，把叉、匙放在骨盘上，待客人用完时自行取用或由服务人员再次服务。一次分不完的菜或汤，主动进行第二次分让。有两种以上食物（如大拼盘或双拼盘）的菜肴，分菜时须均匀搭料。

（4）跟上佐料。如有需要佐料的菜肴，分菜时要跟上佐料，并略加说明。

（5）注意反应。分菜时应留意客人对该菜肴的反应，留意是否有人忌食或对该菜肴有异议，并立即进行适当处理

（6）抓紧服务。分完一道菜后，抓紧时间进行斟酒、撤换烟灰缸、收拾工作台等服务工作，不能一味站着等下一道菜。

（三）席间服务

1. 撤换餐具

为保证宴会服务质量，显示服务的优良和菜肴的名贵，突出菜肴的风味特点，保持桌面卫生雅致，使客人就餐方便、舒适，在客人用餐过程中，席间需要多次撤换餐具。应严格按照"右上右撤"的原则，站在客人右侧操作，右手操作时，左手要自然弯曲放在背后。按服务顺序撤换，不能跨越递撤。摆放餐具要轻拿轻放。

1）撤菜盘

及时收撤空菜盘，尤其是在上新菜之前，应将旧菜盘撤下。撤换餐盘需在客人将盘中食物吃完后方可进行，若宾客放下筷子而菜未吃完，则应征得客人同意后才能撤换。如餐桌上菜盘过多，而客人又要求保留未吃完的菜肴时，可主动为客人分菜或换用小盘来盛装。

2）换骨盘

（1）更换时机。一般宴会换骨盘次数不得少于3次，高档宴会每一道菜都需要更换骨盘和碗。必须更换骨盘的情形有：吃过冷菜换吃热菜时；上翅、羹或汤之前，上一只汤碗，待客人吃完后，送上毛巾，收回汤碗，换上干净餐碟；装过鱼味食物的骨盘，吃完带骨的食物后，再吃其他类型菜肴时；吃汁芡各异、味道有别的菜肴时；吃完辣菜时；在上甜菜、甜品之前应更换所有的餐碟和小汤碗；出现骨盘洒落酒水、饮料时；上水果之前，要换上干净的餐碟和水果刀、叉；残渣、骨刺较多及有其他脏物，如烟灰、烟蒂、废纸、用过的牙签的餐碟，要随时更换；客人失手将餐具跌落在地时要立即更换；客人提出更换要求后，都应及时更换。

（2）操作要求。使用托盘放置替换的新、旧骨盘，更换时要边撤边换，撤、换交替进行。撤旧骨盘时，应先将残物倒在另一骨盘内，方可与其他骨盘叠起，否则容易因倾

斜而跌落。如有客人将筷子、汤匙放在骨盘上,在换上干净的骨盘后,要将筷子、汤匙按原样放回骨盘里。必须更换好全桌宾客骨盘后,才可继续上下一道菜。

3)上汤碗

如果下一道菜为汤品时,需先将小汤碗整齐地摆放在转盘边缘,然后才上汤,并进行分汤服务。

2. 更换小毛巾

(1)更换时机。客人刚到时,上第一道菜时,上需要用手取食的菜肴时,上海鲜类菜肴时,上甜品时,客人离席归来时,需更换毛巾。换毛巾次数根据客人需要及菜肴种类而定。

(2)操作要求。小毛巾冬天要用热的,夏天要用温的。递送毛巾时,可用专用的毛巾托盘盛放毛巾,放于每位宾客餐位的左侧;或用毛巾夹将毛巾直接递送到宾客手中。用过的毛巾要及时收回,以免弄湿台布。

3. 酒水服务

随时观察客人用酒情况,尤其是客人敬酒时,注意观察杯中是否有酒,在客人杯中余酒不足1/3时,应及时提供斟酒服务。

4. 加菜服务

服务员应仔细观察,及时了解客人是否需要加菜,了解客人加菜的原因(一是所点的菜肴不够吃;二是想将菜肴带走;三是对某一道菜肴特别欣赏,想再吃一次;四是对某道菜肴不满意或是点错了),主动介绍菜肴,帮助客人选择菜肴。根据客人的需要开单下厨。

5. 水果服务

清理台面,除留下杯外,把餐台上的残菜盘撤净,将吃菜点用的骨盘、小汤碗、酱油碟、小汤碗、小汤勺、筷子、银勺、筷子架全部撤下,做简单的餐台清理。

根据不同水果,提供相应的水果刀、叉,上水果盘。如是各吃,则将水果盘从客人右侧放在看盘上。待客人用完水果后,从右侧将水果盘、水果刀、叉、垫碟一同撤下。用完水果后,擦净转台,重新摆上鲜花,以示宴会结束。

6. 其他服务

如客人暂时离席,应主动拉椅,将餐巾叠好放于餐位旁。客人上洗手间归来后,为其更换毛巾。其他有加菜服务,为客人加上某种菜肴、更换客人不满意的菜品、回答客人问话、为客人提出建议等。

第二节　西式宴会服务设计

一、西式宴会服务类型

（一）法式服务（餐车服务、手推车服务）

1. 彰显豪华

法式服务用于高档西餐零点用餐，是源于欧洲贵族家庭与王室的贵族式服务，环境幽雅，设施豪华，讲究礼仪，服务周到，节奏较慢，费用昂贵。摆台严格，按客人所点的菜肴配备餐具，吃什么菜肴用什么餐具。餐具全部铺在餐桌上，右刀左叉，点心叉、勺放在上面，按上菜的顺序从上到下、从外到内地摆放，有几道菜点，就上多少餐具刀叉。除了面包、黄油、配菜外，菜肴与酒水用右手从客人的右侧送上并从右侧收撤。调味汁和配料可从客人左侧进行（但鲜胡椒必须从客人右侧进行），并要说明调味汁和配料的名称，询问客人调味料放在盘中的位置。

2. 桌前烹饪

每道菜的最后加工，或简或繁，都必须在宾客餐桌边完成。菜肴在厨房进行半加工后，用银盘端出，置于带有加热装置的餐车上，由首席服务员当着客人的面进行分切、焰烧、去骨、加调味品及装饰等，烹制过程能让宾客享受到精致的菜肴、优雅浪漫的情调和出色的操作表演。每道菜的加工方法都不同，头道冷菜是现场加调料、搅拌后分到每个餐盘中，一起派给客人；主菜是厨房加工完后，在现场进行分割，再派给客人；甜品是加工成半成品后，在客人面前进行最后加工完成的。

3. 双人服务

首席服务员主要负责"桌前烹饪"，助理服务员负责传菜、上菜、收撤及协助首席服务员。这要求其技艺精湛，受过严格的专业训练；着装规范，穿标准的小燕尾服套装，并佩戴白手套。

4. 酒水专司

西式宴会需要有专职酒水服务员，使用酒水服务车，按开胃酒、佐餐酒、餐后酒的顺序依次为客人提供酒水服务。

酒水服务是一种节奏缓慢的、豪华的个性化服务，服务具有表演性。其缺点是员工能服务的客人较少，专业要求较高，服务过程很费时间；餐具贵重，投资大、费用高，员工培训费用和人工成本也较高；因需要餐车和小圆桌服务，需餐厅服务面积较大，空间利用率与座位周转率都较低。

（二）俄式服务（大盘服务）

1. 银盘服务

用于高档西餐宴会，源于沙皇宫廷与贵族的豪华服务。采用银质餐具，装饰非常精美。菜肴在厨房烹制好，放入大银盘内并加以装饰，由服务员递送到餐厅。服务员左手垫餐巾托起大银盘，右臂下垂，呈优雅姿势进入餐厅。也有一人拿主菜，另一人拿蔬菜，鱼贯进入餐厅的。

2. 单人分菜

俄国式的摆台和法国式的摆台相同。服务员放低左手托盘，向主人、客人展示菜肴，同时报出菜肴名称。随后右手拿叉、勺，站在客人的左边，先女宾，后男宾，最后是主人依次为客人分派。斟酒、上饮料和撤盘则都在客人右侧操作。服务台有保温设备，热菜上热盘，冷菜上冷盘。

3. 两次分菜

第一次分菜保证每位客人的菜肴基本相同、保持盘内剩余菜肴的美观。第二次只分给需要添菜的客人。两次分派完成后，盘内只能剩下少许菜肴，并及时送出餐厅。

其优点是讲究礼节，风格雅致，服务周到；表演较少，费用较少，节省人力；服务效率高，服务速度快；餐厅空间利用率较高，为客服务较多；按客人需求派菜，浪费较少。其缺点是银质餐具投资较大，当每个客人点不同菜品时，所需的银盘数量较多；最后一位客人只能从余下的不太完整的菜品中择其所好。俄式服务是目前世界上所有高级餐厅中较流行的服务方式，因此也被称为国际式服务。

（三）英式服务（家庭式服务）

1. 私人家宴

私人家宴起源于英国维多利亚时代的家庭宴请，是一种非正式的、由主人在服务员的协助下完成的特殊服务方式。私人宴请，家庭气氛活跃，客人感到随意，节省人力。各种调味汁和一些配菜摆放在餐桌上，由客人自取并相互传递。客人像参加家宴一样，取到菜后自行进餐。

2. 主人服务

服务员从厨房拿出大盘菜品和加热过的餐盘，放在坐宴席首席的男主人面前。由男主人亲自动手切开肉菜分夹到每个餐盘中，女主人负责蔬菜、其他配菜与甜点的分配及装饰。服务员充当主人助手的角色，负责摆台、传菜、清理餐台等工作。

英式服务讲究气氛，节省人工，但家长式味道太浓，服务节奏较慢，客人得到的周到服务较少，在大众化的餐厅中已不太适用。

（四）美式服务（盘式服务）

1. 各客装盘

厨师根据订单制作菜肴，菜食在厨房内装盘，每人一份，由服务员直接端盘送进餐厅。如是小型家庭式宴会，主菜的量上得较少，厨房装盘后多余的主菜，另装在一个大盘中，放在色拉台上让客人吃完后自由添加。

2. 快捷方便

不做献菜、分菜的服务，服务快速、方便，易于操作，不太拘泥于形式，同时可服务多人。服务简单，容易学习，不需要熟练的员工，不需要昂贵的设备，人工成本低，一名服务员可为数张餐台的客人服务。值得注意的是，原来遵循菜品左上右撤、酒水右上右撤原则，为避免在客人两侧服务过多而打扰客人，现全改为右上右撤服务。

但这种快速服务不是亲切、细腻的服务，不太适合有闲阶层的消费者，客人得到的个人服务较少。对于员工而言，技术要求相对较低；对于企业而言，人工成本较为节省。盘式服务是美国餐馆的服务特色，只适用于中、低档的西餐零点和宴会用餐，不适合高端西餐厅的服务。

二、西式宴会服务流程

西式宴会服务流程如图 8-2 所示。

（一）宴前准备工作

1. 明确任务

召集员工会议，布置任务，明确工作职责、要求、规范和注意事项。落实员工分工，两人为一组，一人负责前台，一人当助手，始终保持前台服务区域内至少有一人值台，不会出现"真空"现象。服务人员应戴白手套，做到制服整齐、仪容大方。了解宴会举办单位、宴会规格、标准、参加人数、进餐时间、来宾国籍和身份、宗教信仰、饮食习惯和特殊要求、是否 VIP 客人等信息。应掌握的宴会知识包括以下内容。

（1）宴会菜单。了解当天宴会菜单内容和菜肴结构，熟悉宴会菜肴、食品原料知识，当客人对宴会菜肴知识不了解时可以给予帮助。

（2）烹调方法。了解每道菜肴的烹调方法与特点。

（3）烹制时间。菜肴烹制时间取决于厨房设备、菜肴本身烹制时间及加热方法。正确掌握烹制时间，可控制宴会上菜速度。有些预制食品菜肴可事先烹制好，上席前只需在微波炉中加热即可。

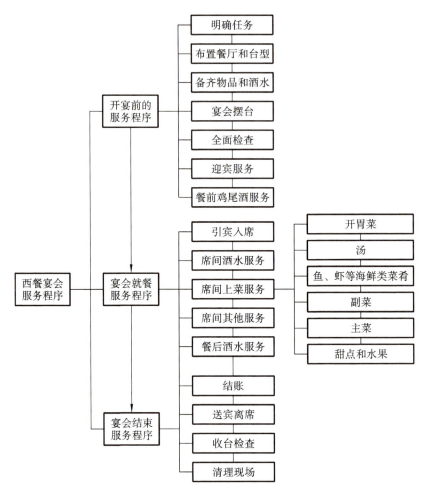

图 8-2 西式宴会服务流程

（4）配料调味。鱼菜配 V 形柠檬片；鱼和海鲜类配鞑靼调味汁（含碎熟蛋黄、碎酸菜、橄榄油、干葱粒等）；汉堡包配番茄酱和泡菜；牛排配牛肉酱汁；热狗配芥末汁酱；土豆薄煎饼配苹果酱；薄饼配糖酱、蜂蜜；色拉配调味汁（3 种以上供选择）；面包配黄油；烤面包配黄油、果酱；汤配咸苏打饼干；龙虾配澄清的黄油；烤鸭配薄饼、葱和甜酱；煎炸的鸡鸭配椒盐和番茄酱；主菜配欧芹以增加色彩；咖啡配牛奶和糖；茶配柠檬切片和糖；螃蟹、龙虾等配洗手盅（在洗手盅里倒入五成温水，放入少许柠檬片、菊花瓣）等。

2. 布置餐厅

宴会最好在单厅举行，以便进行服务工作和安保工作。认真做好宴会厅、过道、楼梯、卫生间、休息室等处的清洁卫生。仔细检查办宴场所的家具与设备，如发现问题，应及时整修或调换。按"宴会通知单"要求进行陈设、墙饰、绿化装饰。

3. 备餐具柜

餐具柜用于储藏服务设备,放在靠近宴会区的地方,便于取用。开宴前,服务员将各种餐具、调料和服务用品领来储存在餐具柜中。收台时,把换、收回的脏餐具放在托盘里暂时搁在餐具柜上,由助手负责送到洗涤间。

4. 备齐餐具

根据菜单准备每位客人的必需餐具,按占总数 1/10 的餐具量备用,烟灰缸、牙签等物按四客一套准备,口布按客数准备,小毛巾应按每客两条准备,台布、鲜花或瓶花按宴会台数准备。备好餐盘、底盘、面包盘、大小托盘、特种菜的餐具和用具,如柠檬压汁器、吸管、海味叉等,饮料杯、杯垫等。糖罐、盐瓶、胡椒盅擦净装满。备好其他物品,如儿童用的桌垫、围嘴、餐具、账单夹和服务托盘,新鲜咖啡壶、茶壶及加热器,冰壶和冰块夹,火柴,宴席菜谱。

5. 准备酒水

领取、调配好酒水,如要举办宴前酒会,则应及时准备好足够的酒水和其他饮料,准备好开水,并调制好鸡尾酒、多色酒。瓶装酒水要逐瓶检查质量,并将瓶身揩干净。需冰镇的酒水要按时冰镇好。准备好红酒篮,并将红酒提前半小时打开,斜放在红酒篮中,使其与空气接触。备好咖啡保温杯、冰桶,放在各服务区。

6. 准备食品

准备好足够的开胃品、新鲜面包、面包篮、黄油、果酱等,开席前 10 分钟,将面包及黄油、果酱摆放在面包篮、黄油碟中,有每人一盘的,也有集中摆在餐桌上的,由客自取或由服务员分派。茶、烟、果按宴会标准领取。水果新鲜、饱满并洗涤干净,须去皮剥壳的要准备好工具。准备好色拉油和其他调料,按菜单配制佐料。

7. 摆放餐桌

检查餐桌椅的稳固性,用在清洁剂和温水溶液里浸泡过的抹布擦洗干净。台型布置采用长桌形式,根据人数、来宾情况以及餐厅的面积和设备进行设计。做到美观适用,左右对称,出入方便,有整体感。编制每席台号,划分餐桌区域。

8. 铺上台布

先用毡、绒等软垫物按台型尺寸铺垫台面,用布绳扎紧后再铺宴席台布。台布要平整美观。台布尺寸合适,颜色有白、黄、粉红、红和红白格子色,以白色最为普遍;一场宴会只选用一种颜色的台布,配以其他辅助色彩给予点缀。规格为圆桌台布和方桌台布,方桌台布以每边下垂约 40 厘米为宜,台布的边正好接触到椅子的座位;圆桌台布四角下垂部分相等且正好盖住桌子的四脚;由数块台布拼铺的长台面,应从内往外铺设(使客人一进门时看不到接缝,台布的接缝要错开主宾就餐的台面)。铺台布时宜两人合作。

9. 摆放餐具

按宴会单要求摆放垫盘、碟子、餐刀、餐叉、特种餐具、餐巾和玻璃杯等。餐具摆法取决于宴会采用何种服务方式和宴席菜点。摆台时要用干净的托盘端出餐具，不能图省事而用手抓或用洗涤筐盛装。盘碗要拿其边沿，杯要拿底部或杯脚，刀、叉、勺要拿把柄。同时检查餐具，把破损的、不干净的餐具挑出来，退回洗涤间。许多宴会规定酒杯在宴前应倒扣在台上，但台布和垫子要干净；开宴前，再把杯子正过来。

10. 全面检查

宴会主管在各项工作准备就绪后，应进行全面检查，包括清洁卫生、环境布置、席面布置、物品准备、服务员仪容仪表等。

（二）宴会开餐服务

1. 迎候宾客

开宴前，主管应带领迎宾员提前在宴会厅门口迎候来宾。见客热情欢迎，主动招呼问好，迅速引领安排客人到自己的座位就座。控制好客流量，避免客人堵塞大厅与通道。将贵宾先引领到休息室并提供茶水或餐前鸡尾酒服务。遵守"先主宾、后随员，先女宾、后男宾"的服务顺序。

2. 宴前服务

如设餐前鸡尾酒会，在宴会厅的一侧或另外的休息室先举行半小时至一小时的餐前酒会，让客人互相问候、认识交流。厅内摆设小圆桌或茶几，备几种干果、鸡尾酒和其他饮料，服务员用托盘端上鸡尾酒、饮料，巡回问让。鸡尾酒从宾客右边送上。高级西餐厅在鸡尾酒服务前先供应一份清汤，其作用是保护客人的肠胃，减少酒精刺激。如无清汤供应，可供应冰水。与此同时，另一名服务员开始送面包、黄油，面包、黄油碟摆放在宾客左首。

3. 接挂衣帽（略）

4. 引宾入席

值台服务员应精神饱满地站在餐台旁，宴会开始前请宾客入宴会厅就座，遵循"先宾后主、女士优先"的原则，帮助客人拉椅入座。为客人铺上餐巾、倒茶水。

5. 出菜服务

当宾客到齐后，主管应主动询问主人是否可以开席，经主人同意后立即通知厨房准备上菜。按照宴会进程，并遵守厨房出菜秩序进行出菜，特殊情况与厨师长商量。若同时举办几场宴会，则由厨师长给厨师统一分配任务，采用多种方法控制出菜速度。出菜时应根据菜单核对菜肴，不要拿错菜肴；发现菜肴有问题，自己又拿不准时，应请教厨师长；走菜要稳，将菜盘平稳地摆到托盘上，端送至餐厅，防止汤汁外溢；留心周围情况，以免发生意外。为避免发生事故，宴会厨房分设进、出两扇门。

6．酒水服务（略）

7．上菜服务

1）上菜顺序

开胃菜（头盘）—汤—色拉—主菜—甜点和水果—餐后饮料（咖啡或茶）。待客人用完后撤去空盘再上另一道菜。

2）上菜位置

为少打扰客人和方便服务操作，大多遵从"右上右撤"（右手从客人右侧上菜、撤盘）的原则，服务方向按顺时针方向绕台进行。若从左侧服务，则按逆时针方向进行。

3）上菜要求

上菜时，盘中主料应摆在靠近客人的一侧，配菜放在主菜的上方。报菜名，介绍菜品风味与特点。餐具较热时要及时提醒客人注意。需要跟上配汁、调料时，应将其盛器放在铺有花纸垫的小碟托上，在客人右侧服务。每上一道新菜前，要先为客人提供斟酒服务，并主动征求客人意见，得到允许后撤下上一道菜所用的餐具。清理台面，及时摆上与新上菜点相匹配的刀、叉、盘、碟。上水果、甜点前，撤去除酒水杯外的餐具，摆上新的餐具。总之，要服务细致，技术熟练，禁止汤汁、菜汁洒在桌上或客人衣物上的现象发生。

各种菜点的上菜服务要求如下。

（1）上主食。宴会前几分钟摆上黄油，将面包放入装有餐巾的面包盘内。面包可在任何时候与任何菜肴相配，并要保证面包盘内总是有面包。一旦面包盘空了，则应立即续添，直到客人表示不再需要为止。从客人的左侧把面包送到客人的面包盘内。宴会中，不管面包盘上有无面包，面包盘都需保留到收拾主菜盘后才能收掉；若菜单上有奶酪，则须等到客人用完奶酪后，或在上点心之前，才能将盘子收走。

（2）上开胃菜。从客人右侧上菜、上点心，要将盘子放在客人面前看盘的中央。冷盘为熏鲑鱼、鹅肝排、鱼子酱、各式虾类等，餐盘必须事先冷冻过。

（3）上清汤或肉汁汤。上到客前正中，汤匙放在垫碟的右边。为保持温度，盛器必须加热，上席时要提醒客人小心，带盖的汤盅上席后要揭去其盖。色拉盛器一般用木制的色拉钵，用小推车推到餐台，上席后放在餐具左边，把正中位置留给主菜，因很多客人喜欢将主菜与色拉同时食用。

（4）上主菜。主菜又称大菜，是一餐中主要的菜肴。餐具要与主菜相对应，如吃牛排要配牛扒刀，吃龙虾要配龙虾开夹和海味叉，吃鱼要配鱼刀、鱼叉等。主菜摆放在餐台的正中位置，将肉食鲜嫩的最佳部位朝向客人，配有蔬菜、沙司盘，放在人的左侧。

（5）上甜点、水果。从客人右边撤下餐桌除水、酒杯以外的所有餐具。分左右两边摆好客用甜品叉、勺。若备有香槟酒，须先倒好香槟才能上点心，甜点应从客人右手边上桌。水果要摆在水果盅里上席，同时跟上洗手盅，水果刀、叉。

（6）上饮品。先放好糖缸、淡奶壶、烟灰缸和火柴，有些高档宴会在餐后需向客服务雪茄烟。每位宾客右手边放咖啡杯或茶具。上咖啡时，若客前还有点心盘，则咖啡杯可放在点心盘右侧；如点心盘已收走，可直接放在客人面前。为方便随时擦掉壶口滴液，要护住热壶以免烫到客人，员工左手拿一块干净、叠好的餐巾，右手拿咖啡壶或茶壶从客人右边依次为客人斟满饮料（不要从餐桌上手拿杯具，直接斟倒饮料）。随餐服务的咖啡或茶，必须不断地供应，但添加前应先询问客人，以免造成浪费。

8．台面服务

（1）同步上菜、同步撤盘。小型宴会，需等到所有客人都吃完后，才可以收拾残盘；大型宴会，以桌为单位，同一种菜品要同时上桌，一起撤盘。撤盘时要留意客人餐具摆放，如果将刀、叉并拢放在餐盘左边（或右边）或横于餐盘上方，则表示不再吃了，可以撤盘；如果将刀、叉呈八字形搭放在餐盘的两边，则表示暂时不需撤盘。用右手从客人的右边撤盘，然后绕桌按逆时针方向从每位客人的右边依次进行。

（2）保持清洁。拿餐具时，应手拿刀、叉的柄或杯子的底部。切不可与食物碰撞。餐桌上摆设的胡椒罐、盐或杯子等物品要保持干净。上菜时需注意盘边是否干净，若不干净，则要用服务巾擦干净后才能上席。撤盘时不要在餐桌上刮盘子里的残羹剩菜，或者将盘子堆放在餐桌上。收下的餐具要收拾到服务台上的托盘里，操作动作要轻。

（3）保持温度。盛装热食的餐盘需预先加热后才能使用，加盖的菜肴等上桌后打开盘盖。因此，服务用的餐盘或咖啡杯必须存放在具有保温功能的保温箱中，而冷菜类菜肴不能使用保温箱内的热盘子来盛装，以维持菜肴应有的温度。

（4）放准位置。摆设印有标志的餐盘时，应将标志正对着客人。牛排等主菜必须靠近客人；有尖头的点心蛋糕，尖头应指向客人。

（5）上调味酱。冷调味酱如番茄酱、芥末等由服务员准备好后摆在服务桌上，待客人需要时提供服务；热调味酱由厨房调制好后，由服务员以分菜方式进行服务。服务方式应为一人上菜肴，一人随后上调味酱，或者在端菜上桌之际，向客人说明调味酱将随后服务，以免客人不知另有调味酱而先动手食用。

（6）补置餐具。有客人用错刀、叉时，也需将误用的刀、叉收掉，务必在下一道菜上桌前及时补置新刀、叉。

（7）上洗手盅。客人食用有壳类或需用手的龙虾、乳鸽、蟹、虾等菜肴时，服务员应提供洗手盅与香巾，盅内盛装约1/2的温水，放有花瓣或柠檬片作装饰，用托盘送至客人右上方的酒杯上方,上桌时稍作说明。随菜上桌的洗手盅,收盘时必须一起收走。

(8)上水果(或甜点)、咖啡(或红茶)、香巾。及时准确,摆放整齐,熟练规范。

9．冰水服务

在西方,人们饮用冰水已成习惯,在宴席中冰水尤其不可或缺。冰水服务的程序及要求:先冷却矿泉水,使其温度达到4℃左右;将玻璃水杯预凉;如是瓶装矿泉水,要当着客人面打开、倒入杯中,由客人决定是否加冰块或柠檬片;用冰夹或冰勺将冰块盛入玻璃水杯中(绝不能用玻璃杯代替冰夹、冰勺到冰桶里取冰);将盛有冰块的水杯放在客人桌上,再用装有冰块的水壶加满水,或者先加满水,再将水杯递给客人;水壶中常保持有冰块和水,便于需要时随时取用;保持水杯外围的干净,同时避免提供微温、浑浊的冰水;提供冰水时可用柠檬、酸橙等装饰冰水杯;冰水应卫生,以确保客人健康。

10．巡视服务

开宴过程中,照顾好台面的每一个客人,各项服务均做到适时、准确、耐心,操作规范,让客人十分满意。

宴席收尾工作与中式宴会收尾工作相同。

(三)冷餐会服务流程

1．布置场地

环境布置应围绕宴会主题进行,背景音乐旋律要柔和,要与主题协调。调试好主席台话筒与音响。在入口处摆华丽屏风,铺红地毯,聚光照明来迎宾。宴会台型要突出主桌,预留通道。一般酒会的摆设,通常将餐台中央部分架高,并加上主办单位的标识及冰雕,以凸显酒会的主题。

2．摆放餐台

食品台的摆设应方便客人迅速、顺利选取菜肴,根据客人流动方向安排取菜顺序。

摆设形式多种多样,除了摆设全套的自助餐台外,也可将一些特色菜分立出来,如摆设色拉台、甜品台、切割烤肉的肉车等。摆台时,先在台上铺台布、围台裙,台布中央可布置雕刻、鲜花、水果等装饰物点缀,以烘托气氛,增加立体感。

3．摆放餐桌

设座的冷餐会要摆好客用餐桌。餐桌上摆放餐刀、餐叉、汤勺、甜品叉勺、面包碟、牛油刀、水杯、餐巾、胡椒盅、盐盅等餐具。

4．摆放菜品

根据宴会菜单摆放餐具、菜品。立式自助餐台应摆放杯具、餐刀、餐叉、餐巾等餐具，客用餐具整齐地放在自助餐台最前端。色拉、开胃品和其他冷菜放在客人首先能取到的一端，接着摆放蔬菜、肉类菜及其他热主菜，摆放时注意造型图案新颖美观。菜肴的配汁与菜肴摆在一起，热菜要用保暖锅保温。甜品、水果可单独设台摆放，也可放在主菜的后面。

5. 全面检查

宴会主管对餐前准备工作进行认真检查。服务员做好准备工作后，排队站好位，准备迎接客人的到来。

6. 餐前酒会

冷餐会开始前半小时或15分钟，在宴会厅外大厅或走廊为先到的宾客提供鸡尾酒、饮料和简单小吃，直到冷餐会时间将至，才请客人进入宴会厅。

7. 入座就餐

设座冷餐会，除主桌设席卡外，其他各桌用桌花区别，由客人自由选择入座。服务员为每位客人斟倒冰水，询问是否需要饮料。主办单位等全部客人就座后宣布冷餐会正式开始，致辞并祝酒。高档设座冷餐会中的开胃品和汤，由服务员送到餐桌上，面包、黄油提前派好。

8. 调制鸡尾酒

调酒员要迅速调好鸡尾酒，当客人到酒吧取酒或饮品时要礼貌地询问客人需要的品种。

9. 主动服务

服务员要勤巡视，细心观察，主动为客人服务。巡视中不得从正在交谈的客人中间穿过。若客人互相祝酒，要主动上前为客人送酒。客人取食品时，要给客人送盘，向客人推荐和分送食品。要经常注意食品台上的菜量，一旦菜肴不够，应及时通知厨房补充。要注意公用叉、勺的清洁，看到公用叉、勺沾上调味汁和菜肴，要立即更换或擦干净，以免给客人造成不卫生的感觉。自助餐台应有厨师值台，负责向客人介绍、推荐加送菜肴和分切肉车上的各类烤肉；负责及时添加菜肴，检查食品温度，回答客人提问，保持餐台整洁。

10. 分工合作

客人进餐过程中，服务员必须坚守岗位，自始至终为客人提供一流的服务。员工分成两部分，一部分继续给客人送酒、饮料及食品；另一部分负责收拾空杯碟，注意保持食品台、餐台的整洁。收撤用过的餐盘、杯具时，不要惊动、影响客人，尤其应避免与客人相撞。

收尾工作与宴会服务的收尾工作相同。

第三节　宴会酒水服务设计

一、中式宴会酒水服务流程

（一）准备酒水

开餐前，备齐各种酒水、饮料，将酒水瓶擦拭干净，特别是瓶口部位。检查酒水质量，如发现瓶子破裂或有悬浮物、沉淀物等应及时调换。摆放整齐，矮瓶在前、高瓶在后，力求既美观又便于取用。了解各种酒品的最佳奉客温度，采取升温或降温的方法使酒品温度适于饮用。凡需使用冰桶冰镇的酒，从冰桶取出酒瓶时，要用一块餐巾包住瓶身，以免瓶外水滴弄脏台布或客人的衣物；使用酒篮服务的酒瓶，瓶颈下应衬垫一块布巾或纸巾。

（二）准备酒具（详见西式宴会酒具配备的相关内容）

（三）选用酒水

按宴会所备品种放入托盘，先征求客人意见选用不同品牌、不同种类的酒水饮料，待客人选定后再斟。上果汁时，如为盒装果汁，为显示高贵大方，应将果汁倒入果汁壶再进行服务。如客人提出不用酒水时，应将客前的空杯撤走。

（四）开启酒瓶（详见西式酒水服务的相关内容）

（五）斟酒服务

1. 斟酒时机

一是开席前。高档正式宴会或大型宴会，祝酒时的第一杯酒饮用中国酒。非正式宴会，受西式宴会影响，为增添宴会欢快气氛、符合饮酒规律，第一杯酒改为低度果酒，开宴前5分钟，应先斟好果酒。小型宴会、一般宴会可根据客人的饮食习惯和要求而定，通常是等客到齐后开始斟酒。二是入座后。上第一道热菜时，从主宾开始，按顺时针方向依次为客人斟倒酒水。三是进餐中。及时为宾客添斟酒水。

2. 斟酒方式

第一种是自取式。开瓶后放在餐桌上让客人自己取用，适用于家宴、大型婚宴。第二种是公杯式。开瓶后倒入公杯内，放在每位客人面前让客人自己取用，适用于白酒的服务。第三种是徒手式。适用于宴会厅比较拥挤的场合。第四种是托盘式。适用于高档宴会酒水服务。

3. 斟酒顺序

遵循先主宾后主人、先女宾后男宾的原则，从主宾开始，按顺时针方向进行斟倒，有时也从年长者或女士开始斟倒。若是两名服务员同时服务，则一位从主宾位置开始，向左绕餐台进行，另一位从副主人一侧开始，向右绕餐台进行。

斟倒不同酒品，应先斟葡萄酒（提前斟除外），再斟烈性酒，最后斟饮料。客人表示不需要某种酒时，应将空酒杯撤走。

4. 斟酒量

控制斟酒量是为了最大限度地发挥酒体风格和对客人的敬意，如表8-5所示。当然，客人要求斟满杯酒时，应满足其要求。

表8-5　不同酒水的斟酒量

酒　　类	斟　酒　量
白酒、高度酒	中国白酒与药酒都净饮，不与其他酒掺兑，酒杯一般较小，斟 1/3～1/2 杯为宜
啤酒等含泡沫的酒	啤酒泡沫较多，极易溢出杯外。沿着酒杯内壁慢慢斟，也可分两次斟，以泡沫不溢为准。以八分满为佳
黄酒	加温后给客人饮用；在征得客人同意下，加热过程中可加入少量的姜片、话梅、红糖等调味品，以提升口感
果酒	红葡萄酒杯斟 1/2 杯；白葡萄酒杯斟 2/3 杯

（六）续添酒水

负责主台的服务员在主人、主宾离席讲话前，要注意把每位宾客的酒杯倒满；在主人、主宾离位讲话或祝酒时，服务员应托着酒水跟随在主人身后右侧，以便随时给主人或来宾续斟，直至客人示意不要为止（如酒水用完，应征询主人意见是否需要添加）。主宾致辞时，为保持宴会厅的安静，服务员应停止一切活动，端正地静立在僻静的位置上；与厨房保持联系，让厨师暂缓菜肴的制作，传菜员暂缓菜肴的传送。

客人敬酒时，服务员用左手托盘备好一至两杯甜酒或瓶酒，注意宾客杯中的酒水只剩 1/3 左右时，右手举瓶及时斟倒酒水。给宾客斟某种酒前，应先示意一下，如果客人不同意即予调换。酒不要斟得太满，以八成左右为宜。当客人起立干杯或敬酒时，应帮助客人拉椅，客人就座时，再把椅子向前推，注意客人的安全。斟酒时不要弄错酒水。

因操作不慎而将酒杯碰翻时,应向客人表示歉意,将酒杯扶起,检查有无破损,若有破损,则立即另换新杯;若无破损,则迅速用干净的口布铺在酒迹之上,然后将酒杯放还原处,重新斟酒。

二、西式宴会酒水服务流程

(一)宴会酒水服务流程

1. 备酒

按宴会酒水单从库房领取酒水。擦净瓶身,观察商标是否完整。从外观检查酒水质量,若发现瓶子破裂或酒水中有悬浮物、浑浊沉淀物等变质现象,则应及时调换。将酒水分类,按酒瓶高矮分别前后摆放整齐。酒体绝对不许晃动,防止汽酒出现冲冒现象、陈酒出现沉淀物窜腾现象。

2. 温酒

(1)各类酒品最佳饮用温度,如表 8-6 所示。

(2)酒水冰镇或温烫的方法,如表 8-7 所示。

表 8-6 各类酒品最佳饮用温度

酒　品	最佳饮用温度
白酒	冬天喝白酒应用热水烫至 20~25 ℃为佳,除去酒中的寒气。但名贵的酒品如茅台、五粮液、汾酒等一般不烫,保持其原"气"
黄酒、清酒	最佳品尝温度在 40 ℃,这样喝起来更有独特滋味,需要温烫
啤酒、软饮料	啤酒的最佳饮用温度是 4~8 ℃,夏天饮用可稍微冰镇一下,但不能镇得太凉,因啤酒中含有丰富的蛋白质,在 4 ℃以下会形成沉淀物,影响观感
白葡萄酒	干型、半干型白葡萄酒的香味比葡萄酒容易挥发,在饮用时才可开瓶。饮用温度为 8~12 ℃,味清淡者 10 ℃为宜,味甜者 8 ℃为宜。除冬天外,白葡萄酒都应冰镇饮用;应采用冰块冰镇,不可用冰箱冰镇
红葡萄酒	桃红酒和轻型红葡萄酒一般不冰镇,温度在 10~14 ℃之间,鞣酸含量低的红葡萄酒 15~16 ℃为宜,鞣酸含量高的红葡萄酒 16~18 ℃为宜。服务前先放在餐室内,使其温度与室内温度相等。服务时打开瓶盖,放在桌上,使酒香洋溢于室内。在 30 ℃以上的暑期,要使酒降温至 18 ℃左右为宜
香槟酒	香槟酒、利口酒和有气葡萄酒饮用温度为 6~9 ℃,为了使香槟酒的气泡明亮闪烁时间久一些,要把香槟酒瓶放在碎冰内冰镇后再开瓶饮用

表 8-7　酒水冰镇或温烫的方法

方　　法	流　　程
冰块冰镇	在餐桌一侧准备好冰桶架，上置冰桶，桶中放入各占一半的冰块与冷水，冰块不宜过大或过碎。将需冰镇的酒瓶斜插入冰桶中，约10分钟可达到降温效果。用架子托住桶底，连桶送至客人餐桌边，用一块口布搭在瓶身上，为客人提供酒水服务。名贵的瓶装酒大都采用这种方法来降温
冰箱冷藏冰镇	提前将酒品放入冷藏柜内，使其缓缓降至饮用温度。在冷藏柜内，进行杯具降温
溜杯	手持酒杯下部，杯中放入一块冰块，摇转杯子降低杯温
烧煮	把酒倒入容器后，采用燃料加热或电加热
水烫	将酒倒入烫酒器，置入热水中升温；水烫和燃烧一般都当着客人的面操作
火烤	将酒装入耐热器皿，放在火上烧烤升温
燃烧	将酒盛入杯盏内，直接点燃酒液来升温
冲泡	将沸滚饮料（如水、茶、咖啡等）冲入酒液，或将酒液注入热饮料中升温

3．准备酒杯

（1）不同酒水使用不同酒杯。各种专用酒杯会使客人感受到餐厅的专业化程度和针对性的服务，当然应与餐厅的档次相符。啤酒杯的容量大、杯壁厚，可较好地保持冰镇效果。葡萄酒杯用水晶或无色的玻璃制成，不要雕琢和装饰，以便更好地看到酒的颜色。选用高脚造型，转动酒杯观察时，不会由于手的温度而影响杯中的酒温；做成郁金香花型，当酒斟至杯中面积最大处时，可使酒与空气充分接触，让酒的香醇味道更好地挥发。烈性酒的酒杯容量较小，玲珑精致，使人感到杯中酒的名贵与纯正。

西式宴会各类杯具容量、斟酒量及其用法如表 8-8 所示。

表 8-8　西式宴会各类杯具容量、斟酒量及其用法

杯具适用酒类	常用杯具及名称	杯具容量/盎司	使 用 说 明
烈酒类	净饮杯	1～2	用来盛酒精含量较高的烈酒类；斟酒量为1/3杯
威士忌	古典杯、矮脚古典杯	2	杯粗矮而有稳定感；斟威士忌酒、伏特加、朗姆酒、金酒时常加冰块。斟酒量为 1/3 杯
饮料果汁	水杯、哥士连杯、森比杯、库勒杯、海波杯	8～16	要采用新鲜、质量较好的水来做，且现做现用。用来盛各类果汁、冰水、软饮料或长饮类混合饮料。斟水（果汁）量为8分满

续表

杯具适用酒类	常用杯具及名称	杯具容量/盎司	使 用 说 明
啤酒	皮尔森杯、啤酒杯、暴风杯	1	用来盛瓶装啤酒,它们独特的形状使人们斟酒较为容易和方便。带柄的啤酒杯又叫扎啤酒杯,用来盛大桶装啤酒。斟酒量为8分满
白兰地	白兰地杯(矮肚杯、拿破仑杯)	1	不能加冰块冰镇。杯形肚大脚短,使用时以手托杯,让手温传入杯中使酒微温,以便酒香散发。一次倒酒不宜太多,斟酒量为1/5杯
香槟酒	玛格丽特杯、郁金香杯、浅碟香槟酒杯、笛形香槟酒杯	5~6	冰桶冰镇后饮用。玛格丽特杯、浅碟香槟酒杯便于客人干杯时相互碰杯;笛形香槟酒杯、郁金香杯能渲染香槟酒冒气泡的情景。斟香槟酒时分两次进行,先向杯中倒1/3,待泡沫退去后再续倒至杯的2/3处
鸡尾酒	三角形、梯形鸡尾酒杯	2~3	鸡尾酒必须严格按照配方与调制方法来制作,现调现用。酒杯高脚,以免手温传到酒杯影响酒的口感。斟酒量为2/3杯到8分满
利口酒雪利酒	利口酒杯	3~4	用来盛餐后饮用的甜酒或喝汤时配的雪利酒。斟酒量为2/3杯
酸酒	酸酒杯	4~6	杯口窄小而身长,杯壁为圆桶形,专用来盛餐后饮用的酸酒。斟酒量为2/3杯
葡萄酒	红葡萄酒杯白葡萄酒杯	4~5	红葡萄酒杯比白葡萄酒杯大。红葡萄酒杯斟酒量为1/2杯,白葡萄酒杯斟酒量为2/3杯
咖啡	咖啡杯		冲煮咖啡浓淡要适宜,冲泡时间要尽可能短;煮咖啡的温度应在90~93℃之间,煮好后应使用陶瓷咖啡杯来装,并立即给客人送去
茶	茶具、茶杯		泡茶茶具在使用之前要洗净、擦干;茶叶冲泡时8分满即可;当杯中水已去一半或2/3时要给客人添茶水;服务员看到客人将茶壶盖半搁在茶壶上时,应及时向茶壶内加热开水

(2)安全卫生。清洗酒杯要用温水,不用或少用洗涤剂,擦拭酒杯时先把杯子在开水的蒸汽里蒸一下,然后用干净餐巾裹住杯子里外擦拭,直至光亮无瑕为止。擦干的杯子要立放或倒挂起来,不能染上其他气味。摆台前应仔细检查每一只酒杯的清洁卫生。

4. 示酒

宾客点用整瓶酒后,从吧台取来瓶酒时应使用托盘(酒瓶立式置放)或特制的酒篮

（酒瓶卧式置放，以冰桶冰镇）。在酒瓶下垫一块干净的餐巾。员工站立在客人的右侧，左手托瓶底，右手扶瓶颈，酒标朝向客人，让客人辨认、确定。这样，一是表示对客人的尊重；二是可核实有无误差，避免差错；三是可证明酒品的可靠性；四是增添餐厅气氛，标志着服务开始。若客人不认同，则去酒窖更换酒水，直到客人满意为止。

5．开启酒瓶

酒瓶封口有瓶盖和瓶塞两种，开瓶器有开启瓶塞用的酒钻和开瓶盖用的启手。酒钻螺旋部分要长（有的软木塞长达8～9厘米）、头部要尖，不可带刃以免割破瓶塞。瓶酒开启后，一次未斟完，瓶可留在桌上，放在客人的右手一侧。各种瓶酒都要当着客人的面开启。

6．验瓶塞

开瓶后，要用干净的布巾仔细擦拭瓶口。服务员要先闻一下插入瓶内部分瓶塞的味道，用以检查酒质（变质的葡萄酒会有醋味）。将拔出后的酒瓶塞放在垫有花纸的垫碟上，交与点酒的客人检验。

为增加口感，在提供红葡萄酒服务之前，询问客人是否需要给红葡萄酒醒酒。征得客人同意后，将红葡萄酒置于酒篮中5～10分钟，先不倒酒。

7．滗酒

陈年酒有一定沉积物在瓶底，斟酒前应事先过滤掉混浊物质，以确保酒液的纯净。最好使用滗酒器，也可用大水杯代替。滗酒前，将酒瓶竖直静置数小时。滗酒时，准备一光源，置于瓶子和水杯的那一侧，用手握瓶，慢慢侧倒，将酒液滗入水杯。当接近含有沉渣的酒液时，果断停止，争取滗出尽可能多的酒液。

8．试酒

试酒是欧美人在宴请时常用的斟酒仪式。服务员右手捏握酒瓶，左手自然弯曲在身前，左臂搭挂服务巾一块，站在点酒客人右侧。斟倒约1盎司的红葡萄酒，并在桌上轻轻晃动酒杯，使酒与空气充分接触。请客人嗅辨酒香，得到认可后将酒杯端给主宾尝一口，试口味。在得到主人与主宾一致赞同后再按顺序给客人斟酒。如客人对酒不满意，则向客人道歉，立即将酒撤走，并向经理汇报，采取补救措施。

9．斟酒

1）斟酒方式

无论采用哪种方式斟酒，都要做到动作优雅、细腻，处处体现出对宾客的尊重，并注意服务卫生。斟酒技艺要求做到"不淌、不洒、不少、不溢"。斟酒方式有以下几种。

（1）徒手斟酒。又称桌斟法，适用于冰镇过的红、白葡萄酒的服务，零点点餐服务与客人选用酒水单一的服务。服务员站在客人右后侧，右脚跨前踏在两椅之间，身体侧向客人，上身略微前倾；左手持餐巾背于身后，右手持酒瓶下半部，酒标朝外正对客人以示酒，同时向客人介绍酒的特点。瓶口与杯沿保持 1～2 厘米距离，不可将瓶口搁在杯沿上或采取高溅注酒的方法。掌握好酒瓶的倾斜度，控制流速和流量，将酒水缓缓倒入杯中。满瓶酒和半瓶酒的流速会不同，瓶内酒越少流速越快，反之则慢。斟啤酒、香槟酒的速度要慢一些，可分两次来斟。斟完一杯酒时，应顺势绕酒瓶轴心线转动 1/4 圈，抬起瓶口（俗称"收"），使最后一点酒随着瓶身的转动，均匀地分布在瓶口边沿上，防止酒水滴洒在台布或客人身上，并用左手的餐巾布擦拭一下瓶口。每斟一杯酒，都应更换位置，站到下一个客人的右侧。不能左右开弓、探身对面、手臂横越客人的视线斟酒。使用酒篮的酒品，酒瓶颈背下应衬垫一块巾布或巾纸，可避免斟倒时酒液滴出。使用冰桶的酒品，从冰桶取出时，应以一块折叠的口布护住瓶身，避免冰水滴洒弄脏台布和客人的衣服。

（2）双手斟酒。又称捧斟法，左手握杯，右手握瓶往左手的杯中斟倒酒液。左右手可相互协调配合，较桌斟法容易。多用于非冰镇处理的酒类。

（3）托盘斟酒。高档宴会必须采用此法倒酒。多用于客人数量较多、酒水品种较多的情况。左手托盘，盘内放着打开的酒水饮料，高的、重的在里面，轻的、矮的在外面。右手握着酒瓶下部 1/3 处，酒标向外。侧身站在客人的右后侧，身体微向前倾，右腿伸入两椅之间，但身体不要紧贴客人，把握好距离，以方便斟倒为宜。左手托盘向后自然拉开，掌握托盘重心，托盘不可越过宾客头顶，伸出右臂，依次为客人倒酒。

2）斟酒顺序

斟酒顺序为：女主宾—女宾—女主人—男主宾—男宾—男主人。续酒时，可不按顺序。

3）斟酒量

详见西式宴会各类杯具容量、斟酒量及其用法。

（二）酒会酒水服务流程

1. 第一轮酒

酒会刚开始时，按人数在 10 分钟之内把酒全部送到客人手中。大、中型酒会因与会人数众多，调酒员预先调好一些常见的酒类或饮料，由服务人员端着放置有小餐巾纸、各式饮料杯的托盘，排队站在入口处，让客人自行挑选喜好的酒水。另一部分饮品置于托盘中，由服务人员端着穿梭于会场中，随时为客人提供饮品服务。

托让酒水时，服务员不要同时进入场地又同时返回，造成场内无人服务。要专人负责及时收回客人手中、台面上已用过的空杯，保证台面的整洁和酒杯的更替使用。不要在一个托盘中既有斟好的酒杯，又有回收的用过的酒杯。但有时客人会把刚用过的酒杯主动放在服务员的托盘上而另换一杯饮料，遇到这种情况，也不必制止客人，以免造成误会或反感。

2. 第二轮酒

酒会 10 分钟后放置第二轮酒杯。主管要督促调酒员将干净的空杯迅速放上吧台，并排列好，数量与第一轮相同。大约 15 分钟后，客人就会饮用第二杯酒水。调酒师要马上将饮料倒入酒杯中备用，酒杯及饮料必须按正方形或长方形排列好，不能零散乱放，让客人看了以为是喝过或用剩的酒水。

3. 补充酒杯、酒水

两轮酒水斟完后，赶快到洗碗间取杯补充到酒吧，使酒杯源源不断地得到供应。要经常观察和留意酒水的消耗量，在某些酒水将近用完时，及时派员到酒吧调制领取，以保证供应。有时客人会点要酒吧设置中没有的品种，如果是一般牌子的酒水，可以立即去仓库领取，尽量满足客人的需要；但如果是名贵的酒水，就要先征求主人的同意后才能取用。

4. 酒会高潮

这是酒水饮用较多、酒吧供应最繁忙的时候，常在酒会致完祝酒词的时候与酒会结束前 10 分钟。自助餐酒会，用餐前和用餐完毕也是高潮时刻。高潮时段要求调酒师动作快、出品多，尽可能在短时间内将酒水送到客人手中。

5. 清点酒水

酒会结束前，对照宴会酒水销售表，认真清点酒水，确切点清所有酒水的实际用量，在酒会结束时能立即统计出数字，交给收款员开单结账。

（三）鸡尾酒会酒水服务流程

1. 鸡尾酒调制要点

鸡尾酒载杯应事先洗净、擦亮，使用前需冰镇。按规定的配方与调配步骤下料，按程序调制。现调现用，搅拌时间不宜过长；混摇时，要快速有力，酒水混合酒霜（杯口沾细砂糖或盐）力求均匀。必须使用优质的酒水原料来制作，使用新鲜的冰块与水果装饰来搭配。水果榨汁前应先用热水浸泡，以便能挤出更多的果汁。使用蛋清来增加酒的泡沫时要用力摇匀，否则会浮在表层，而且相对集中的蛋清会有腥味。避免因冰块融化过多而淡化鸡尾酒的口味。调酒动作要规范，干净利落，自然优美，注意安全。

2. 鸡尾酒调制方法

（1）摇动法。在调酒壶中先放入冰块，按配方依次放入各种原料，基酒最后加入，然后用手摇动调酒壶。

（2）搅拌法。调酒杯中配料如上，然后用调酒棒插入杯中快速摇匀，直至杯身出现冰冻的水珠或握棒的手感到冰凉时为止。

（3）电动搅拌法。调酒杯中配料如上，然后使用电动搅拌机进行搅拌制作。适用于搅拌鸡蛋、水果或分量较大的鸡尾酒。

（4）漂浮法。按各种酒水密度大小的不同，从大到小依次沿匙背或调酒棒徐徐倒入酒杯中，使鸡尾酒出现不同颜色、层次分明的视觉效果。要注意温度、糖度会对酒水密度产生一定的影响。

（5）综合法。在实际操作中，将上述几种调酒方法联合起来使用。

第四节 宴会服务实施方案的编制

宴会服务实施方案是指在接到宴会任务通知书和确定的宴会菜单之后，为圆满完成宴会服务任务目标而制定的计划书。所以，宴会服务实施方案又称宴会服务计划书或宴会接待计划书。一般而言，饭店企业的常规宴会任务的服务，因已经形成固定的接待模式，因而大都不需要编制详尽的宴会服务实施方案。需要编制宴会服务实施方案的，大都是高规格的重要宴会接待任务或大型、正式的宴会接待服务。

一、了解宴会服务任务

编制宴会服务实施方案，首先要了解宴会服务任务。宴会服务任务包括如下内容。

（1）举办宴会的时间。如××××年×月×日晚×时×分至×时×分。

（2）举办宴会的地点。如××饭店×楼宴会厅。

（3）出席宴会的人数和对象。如宴请总人数是多少，其中贵宾（VIP）是多少人。

（4）宴会的桌数。如主桌（VIP席）有几桌，普通桌（副桌）有多少桌，各桌有多少人。主桌如为1桌，人数为16人，则用大圆桌；人数超过20人甚至30人，则用特大型圆桌，或一字形长台、口字形台、U形台等。如果贵宾多，可以设主桌区，设主桌1张，副主桌2张或4张，主桌要比副主桌大，副主桌比副桌大。副桌的人数一般为10人。

（5）宴会的标准。每客标准是多少，或每桌标准是多少。

（6）宾客的特殊要求。主要是指有别于一般要求的饮食习惯，如多少人是全素饮食，多少人不吃猪肉，多少人不吃牛肉，等等。这些有特殊要求的宾客，就是宴会饮食服务时要给予特别注意和加以区别的对象。

（7）宴请形式。要写清楚主办单位或主办人姓名，写清楚是中餐宴会还是西餐宴会，或者是中餐西吃宴会，抑或是酒会等。还要搞清楚食制。

二、宴会服务实施方案的主要内容

（一）宴会场地布置计划

1. 绘制宴会台型设计图，桌次编号，座位图
2. 台面摆设

1）VIP 席台面摆设

（1）台型。如为圆桌，则确定台面直径是几米；如为一字形台，则确定长和宽各是多少米。

（2）布件。主要指台布和台裙的颜色、尺寸以及餐巾的颜色、椅套的颜色等。布件的颜色要与副桌相区别。

（3）花台布置（或者是中心台饰）。包括花台的主题、花台的形式、花台的大小、花台的风格、花台设计图样等。

（4）台面布局图。包括每客餐位的摆台示意图和整个台面的设计布局图。

（5）活动服务桌。写明需要几张桌子及桌子摆放的位置。

2）副桌台面摆设

（1）台型。如为圆桌，则标明台面直径大小。

（2）布件。主要指台布和台裙的颜色、尺寸以及餐巾的颜色、椅套的颜色等。

（3）中心台饰。如小型插花、烛台，或连体的构件式的花烛台，或食品等。

（4）台面布局图。包括每客餐位的摆台示意图和整个台面的设计布局图。

（5）服务桌。写明需要多少张桌子及桌子摆放的位置。为副桌准备的服务桌，一般摆放在餐厅两侧。

3. 舞台布置

1）舞台背景布置

（1）喷绘背景。如第 28 届世界遗产大会在苏州举办，宴会地点设在苏州市会议中心丰乐宫宴会厅，其舞台背景是以 9 处苏州世界文化遗产的古典园林组合作为题材制作的喷绘背景。

（2）投影背景。如 2002 年上海亚洲银行行长会议，设宴地点在上海科技城二楼宴会厅，其舞台背景为两边设投影幕，宴会中放映上海新貌视频。

2）舞台场地布置

（1）盆栽绿化。包括盆栽鲜花或绿花植物的种类、大小要求、数量多少、摆放位置和形式等。

（2）致辞台。主要指致辞台的样式、麦克风、插花的摆放位置等。

(3) 舞台灯光和音响。

4. 宴会厅布置

(1) 地毯铺设。一种是在宴会厅全部铺设地毯，上面加铺行礼用的地毯；另一种是在主桌区、主行道铺设行礼用的地毯。

(2) 盆栽绿化。主要指宴会厅入口处和厅内的盆栽绿化的布置。

(3) 灯光音响设置。主要指宴会厅的灯光光源、色调、照度的设计，聚光灯、追踪灯、音响器材的布置等。

(4) 其他布置。根据宴会主题、主办单位或个人的要求，悬挂会标、设置产品展示台，或陈设其他摆件装饰等。

(二) 餐用具准备计划

餐用具是宴会服务中使用量最多的物件，其使用量根据宴会菜肴、宴会人数来确定，方法是以一桌的餐用具数量乘以桌数计算实际需要量，再加上一定的备用量，以备宴会人数增加或餐用具损坏时替补。餐用具准备计划表如表8-9所示。

表8-9 餐用具准备计划表

名　称	规　格	实际需要量	备　用　量	总　计	备　注

如果主桌与副桌使用的餐用具有区别，为了适应实际摆台的需要，主桌与副主桌的餐用具可分别填写计划表。

案例：亚洲银行行长晚宴

共21席，每桌餐用具准备采用主副桌分别单列计划的方法。

第一，主桌（16人）：铺台11寸银看盘16只，11寸编边盘16只，水杯16只，红酒杯16只，6寸金边面包盘16只，餐刀16把，勺16把，筷架16只，银头筷子16把（穿筷套），小刀叉16副，大刀叉16副，银毛巾碟16只，小方盅16块，银席位卡20只，牙签20根。

工作台：水果叉20把，点心勺40把，派勺10套，毛巾40块，圆托4只，酒刀1把，冰水壶2只，咖啡杯、碟各20套，糖盅、奶盅各4套，备用餐巾4块。

第二，副桌（10人）：铺台11寸银看盘10只，10寸金边盘10只，水杯10

只，红酒杯10只，6寸金边面包盘10只，餐刀10把，勺10把，筷架10只，漆筷10把（穿筷套），小刀叉10副，大刀叉10副，银毛巾碟10只，小方巾10块，银席位卡10只，牙签10根。

工作台：水果叉10把，点心勺20把，派勺1套，毛巾10块，圆托1只，酒刀1把，冰水壶1只，咖啡杯、碟各10套，糖盅、奶盅各1套，备用餐巾3块。

（三）酒水计划表

酒水是宴会食品消费的重要组成部分，也是饭店企业利润空间比较大的经营项目。宴会酒水的用量是根据举办者意愿、宴会的类型来估算的，其计算方法是以一桌的基本需要量乘以桌数，再加上一定的备用量，计算出需要准备的数量。实际使用时，随用随开，以免造成不必要的浪费，每桌的盯桌服务员要对每种酒水的实际使用量进行计数，或由提供酒水的吧台计数，以保证结账时准确无误。宴会酒水计划表如表8-10所示。

表8-10　宴会酒水计划表

品　名	单　位	规　格	分桌数量	准备数量	备　注

（四）布件计划表

布件，又称布巾，其使用量是根据宴会桌数加上预留量来计算的，宴会桌数是实际的需要量，预留量是为防止布件有破损或宴会中被污损作替换之用的。如果主桌与副桌使用的布件有区别则应分别填报计划。如果餐巾、毛巾、布筷套放在餐用具计划中，则此计划中不再重复列入。宴会布件计划表如表8-11所示。

表8-11　宴会布件计划表

类　别	名　称	颜　色	尺　寸	实际用量	准备数量	备　注
台布						
台裙						
椅套						

续表

类 别	名 称	颜 色	尺 寸	实际用量	准备数量	备 注
餐巾						
毛巾						
布筷套						

（五）餐桌插花花材用量计划

应根据花台造型设计计划，备足花材种类及需要量，备足盛装插花的器具及辅助材料。如果饭店条件不许可，不能制作的话，可到指定的花店外购。如果花台中用到食品雕刻作品，则需列出食雕原料的使用计划。

（六）其他物品的准备计划

这里所指的其他物品是指宴会接待、用餐、台面装饰需要使用的物品。如有休息室服务，需要提供茶水饮品、鲜果、干果、毛巾、挂衣架等，则必须预先列出相关计划。

又如，如果宴会提供的水果是以完整形状上桌的，品种一般为两个，需要服务员预先领取的，则必须根据宴会人数计算用量，列出计划表，以便提前领取。

再如，餐桌需用烛台装饰的，则事先也要对烛台的形制和用量及蜡烛的规格、颜色与用量等进行计划。如果是企业举行的产品促销活动，餐桌上需用小旗座及旗杆悬挂企业产品宣传旗帜。所有这些，如有需要，都要列入物品准备计划表。

（七）宴会台型家具使用计划

宴会台型家具使用计划是根据宴会台型设计的要求和宴会桌数来制订的。例如，中餐宴会主桌的特大台型，西餐宴会台型，自助餐宴会的菜台、吧台等，人都是拼接而成的，需要若干种基本台型；副桌如用圆桌，则需要活动支架、桌面、转台及转圈；酒会需要提供摆放小点心、杯盘的小圆桌等。宴会台型家具使用计划如表 8-12 所示。

表 8-12 宴会台型家具使用计划

名 称	规 格	需 要 量	备 注

（八）宴会厅布置设备物品计划

宴会厅布置设备物品计划根据宴会举办单位或举办人的需要，分别制订如舞台布置物品计划、宴会厅盆栽绿化计划、宴会厅电器使用计划、宴会厅舞池物品计划、宴会厅办公设备计划、宴会厅其他物品使用计划（如婚寿宴上悬挂的喜灯、寿灯、红灯笼）等。宴会厅除了设计好的灯光、音响和控制室外，还有因不同宴会活动需要备用的活动式设备和物品，所以，应根据具体宴会主办单位或举办人的诉求，预先做出计划。如果设备的使用是付租金的，则应提前明确告知主办人相关的收费标准，在得到主办人明确答复后，再制订计划。

（九）人员分工及完成任务时间计划

要根据宴会任务的要求，对宴会服务的迎宾、值台、传菜、供酒、衣帽间等岗位，根据服务人员的技能水平、特长和实际工作需要进行配备，明确各岗位的人员名单、人数，明确每人的职责、任务内容和具体要求、服务程序和服务方法、完成任务的时间规定、服务中的注意事项，明确各岗位的责任人、负责人，明确服务时的走菜路线，明确服务人员的着装及仪容仪表要求，明确各项准备工作检查、宴会服务过程中督导指挥的负责人及其职责等。

案例：亚洲银行行长的招待晚宴

值台和传菜服务的服务人员及基本职责安排如下。

人员配备：计划共52人，26名女服务员，26名男跑菜员。

(1) 主桌：4名女服务员（2人负责服务，2人负责拉椅、倒酒等），4名男跑菜员。

(2) 副桌：每桌1名女服务员，1名男跑菜员。共计20名女服务员，20名男跑菜员。

(3) 机动：2名女服务员，2名男跑菜员。

对值台和传菜服务员在宴会中的服务程序和方法做出如下规定。

走菜必须严格按照既定路线进出。上菜时，2人1排按顺序出发，注意队形整齐。上菜结束进厨房时，2人1排。进厨房不按秩序，先上完菜者先退。在回厨房途中，注意与前面的人成一直线，不准超越。走菜进出都必须高托。

走菜者走到餐桌边，托着盘，配合上菜。上菜过程中，走菜者站在上菜者的右边，上完一个客人的菜后，上菜者向后退一步，走菜者向前进一步，始终保持这种状态。

对女服务员、男跑菜员的着装规定如下。

女服务员：白色长袖旗袍、肉色连裤袜、长发用黑色蝴蝶结网、黑皮鞋。

男跑菜员：白衬衫、黑马甲、黑裤子、黑领结、深色袜子、黑皮鞋。

饭店企业为节约人员费用，用相对较少的固定服务员负责日常宴会经营的服务工作，大型宴会的服务则招募（或外借）临时服务人员。因此，在宴会接待的前几天，对所有参与宴会的服务员要进行集中培训，要集中动员，讲任务、讲意义，培训服务技能，传授仪容仪表要求，要明确培训时间、内容、地点，对授课教师要进行培训考核，择优录用。所以，事先要做好培训计划。

除了直接参与宴会服务人员的分工及完成任务时间计划外，其他参与宴会工作的人员，也要根据其岗位需要进行分工，明确职责，制订落实各项准备工作和完成任务的措施及时间计划。

（十）宴会服务应急预案

为顺利、圆满地完成宴会服务任务，应对在宴会服务工作中出现的重大问题与突发事件，在编制宴会服务实施方案时，还应考虑到应急预案的制定。例如，婚宴上花工错放了鲜花的种类，而客人要求的鲜花却没有；客人最喜欢的菜品被其他菜品替换了或没达到饭店承诺的品质要求；客人醉了；菜肴汤汁溅脏了客人的衣服；突然停电了或者空调突然停止运转了；投影仪的灯泡烧毁了……对于此类情况，应料事在先，一旦发生时，应在最短的时间内用最恰当的方法来解决。由此可见，制定宴会服务突发事件应急预案的重要性。

思考与练习

1. 组织学生到一家酒店从旁观察完整的宴会服务全过程，体验宴前席间服务工作和收尾结束工作的内容。
2. 观看与实操菜肴上席与分菜的操作流程与规范。
3. 观看四种西式餐饮服务操作的有关录像。
4. 观看与实操酒水服务的操作流程与规范。
5. 让每名学生提交一份宴会服务的案例。

第九章 宴会运营

案例导入

西方国家签订宴会合同的若干细则

（1）宴会确切桌（人）数最迟必须在宴会活动前24小时确认。

（2）酒店将按保证出席人数的110%准备席位和食物。

（3）当出席人数低于保证人数时，仍按保证人数的90%全价收费。

（4）当出席人数超过保证人数的90%，但不足100%时，实际提供的膳食份数按全价收费，剩余部分按半价收费。

（5）宴会结束后，若实际用餐的人数未达到保证人数时，酒店仍按确认人数收费。未消费的桌数，顾客可于2周内补充消费；若未消费的桌数超出确认桌数的1/10时，则超出的桌数需按半价赔偿，且不得补充消费。

（6）出席人数超出保证人数，一般仍按原价收费。但超出人数多于保证人数的10%时，超额出席者将获得尽力照顾，但必须追加收费（额度视情况而定），以补偿临时调集服务人员、准备食物和餐具的费用。

（7）客人因故取消预订，应在规定的时间内通知酒店，若超过时间（如宴会前一天内），则订金不予退还，有的甚至还要收取宴会费用的一定比例作为罚金（欧美国家有非常严格的时间及赔偿规定）。酒店因故更改宴会预订时间和地点，必须事先征求客人意见，更改后的标准和条件应有一定的优惠并达到客人的需求；酒店因故取消预订，也应给予客人相应的补偿金。

（8）凡喜宴的账款，宴会结束当天予以现金结清。这项规定有利于顾客，因为喜宴的礼金会带给客人许多现金，除了帮顾客分担携带大笔现金的风险外，酒店也可免去收不到费用的风险和客人刷卡的银行费用。

（9）为安全起见，不准携带外食；酒店同意客人自备酒水，应酌情收取开瓶费。

（10）宴会场所不得燃放烟花、爆竹等易燃物，也不得喷洒飘飘乐、金粉、亮光片等吸尘器无法清除的物品。不准带入瓜子等有壳类食品，因为这类食物的外壳会造成宴会厅地毯不易清理。

(11) 布置会场花卉时，将塑料布铺设在地毯上，以防水渍及花盆中的土弄脏地毯。严禁使用钉枪、双面胶、图钉、螺丝等任何可能损伤会场装设备的物品。活动结束以后，应保持会场的完整，如损坏酒店的装潢或器材等设备，则需负赔偿责任。

(12) 因活动需要而运来的各项器材及物品，酒店仅提供场地放置，不负看管责任。宴会所需各项电器设备，请事先协商安装事项。电费依现场实际配线情况及用电量收费。会前进场布置及电路配置应于两周前告知，以便配合。一般小型电器可以直接使用宴会厅中所设置的插头，但耗电量较高者则必须与酒店协商，不可擅自安装，以免造成危险。

用公司或单位名义在合同上签字时，签字人必须拥有这样的权力，否则当事人要对本合同的实施负责。

(资料来源：李勇平. 餐饮服务与管理 [M]. 4版. 大连：东北财经大学出版社，2010.)

第一节 宴会预订管理

一、预订员的选择与预订方式

(一) 预订员的选择

1. 宴会预订的作用

预订，也称订餐，即根据客人需要，接受并为其安排合适的用餐场所以及用餐菜品的事先约定。宴会预订是宴会经营运转的首要环节，通过对宴会客情信息的收集与整理，为宴会菜单设计、原料组织、加工生产、服务销售等环节提供信息保障。因此，宴会预订部门成了宴会销售的心脏和信息集散中心。

2. 预订人员的资质

宴会预订是一项专业性很强的工作，代表酒店与外界洽谈和推销产品的一项活动。因此，必须挑选有多年餐饮工作经历、了解市场行情和有关政策、善于沟通的专业人员来承担此项工作，如宴会预订员、前厅接待员、大堂副理、经理办公室秘书、各部门经理等。

岩浆岩，顾名思义，就是由岩浆冷却凝固而形成的岩石，它主要分成两大类：当岩浆"冲破牢笼"喷发出来时，就会形成满是气孔的外表，玄武岩就是其中的代表；岩浆在地下"气势汹汹"地侵入，然后冷却凝固，我们管这种岩石叫作侵入岩，代表是花岗岩。

沉积岩就是由其他岩石的碎屑和生物的残骸所形成的岩石。沉积岩虽然只占了地壳总面积的5%，但覆盖面积达到了陆地面积的75%，代表岩石包括石灰岩、砂岩、砾岩等。

还有一种很奇怪的岩石，它在地表下，高温或者高压的条件使它变质，转换成另一种岩石，这种岩石就是变质岩。比如石灰岩在高温下变质，就转变成了大理岩。

撰文：波奇

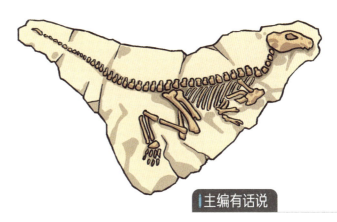

▎主编有话说

生物的残骸经过石化作用保存在沉积岩中，就变成了我们熟知的化石。根据化石，我们可以判断岩石的形成环境和年代。

▶延伸知识

你们知道吗，这三类岩石之间还可以互相变身呢。露出地表的岩浆岩在冰川、流水等的作用下，被破碎成颗粒，这些颗粒又被冰川、流水、大风等搬运，在低洼处沉积，慢慢变成沉积岩。沉积岩和岩浆岩在高温和高压的作用下，会变成变质岩。随着温度和压力的进一步升高，岩石会慢慢破碎、熔化，变成岩浆，在冷却凝固之后，又会变成岩浆岩。岩石间的互相转化就这样循环着。

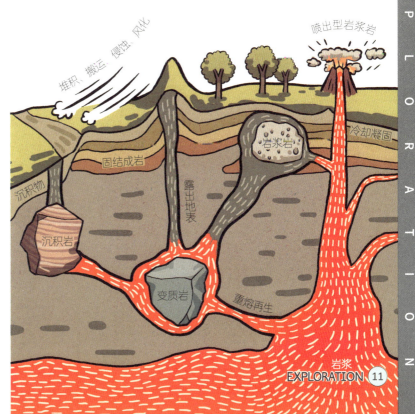

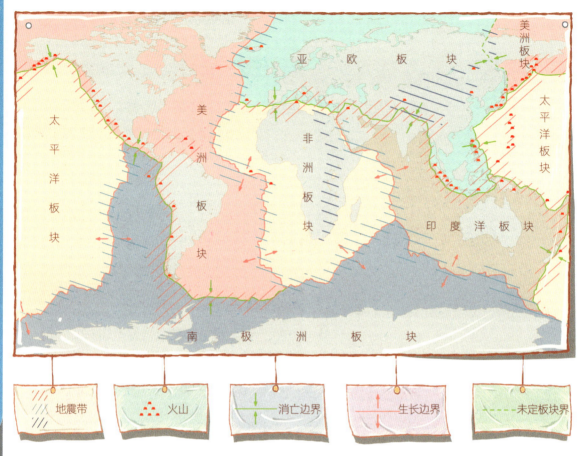

活跃的板块

撰文：硫克

　　板块是由岩石组成的，覆盖在地球的表面。板块构造学说是由多位科学家在1968年联合提出的，这一学说认为，地球上的陆地和海洋（海底）不是一个整体，而是分割成了许多块，我们称之为"板块"。虽然地球上有七大洲和四大洋，但其实只有六个板块，分别是：亚欧板块、非洲板块、美洲板块、太平洋板块、印度洋板块和南极洲板块。这些板块虽然相互独立，但并不是隔开的，它们的交界处往往容易引发剧烈的地质活动，比如地震和火山，这就是地震和火山主要分布在板块交界处的原因。

板块运动

板块之间相互碰撞、挤压，就会形成山脉。著名的喜马拉雅山脉就是亚欧板块和印度洋板块碰撞的结果。大洋板块和大陆板块的碰撞，往往会导致大洋板块俯冲到大陆板块下面，所以会在板块交界处形成深深的海沟。世界最低点马里亚纳海沟就是太平洋板块俯冲到亚欧板块下形成的。

如果板块之间张裂开来，就会形成巨大的裂谷或海洋。世界上最大的裂谷——东非大裂谷正是因非洲板块和印度洋板块的张裂拉伸而形成的，年轻的海洋大西洋也是由美洲板块、亚欧板块和非洲板块的张裂而形成的。从长期看，板块之间的运动会给地球表面增添更多的山脉和海洋；但是从短期看，板块之间的运动会产生严重的地质活动，或者说地质灾害，比如地震和火山喷发。

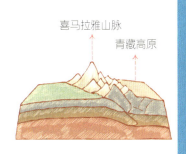
喜马拉雅山脉
青藏高原

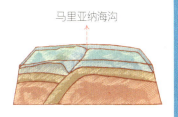
马里亚纳海沟

大陆板块

裂谷

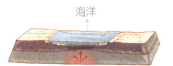
海洋

板块运动与地震

无论是板块的碰撞还是张裂，甚至是相互摩擦，都会引起地面震动，对于生活在地面上的我们来说就是地震。

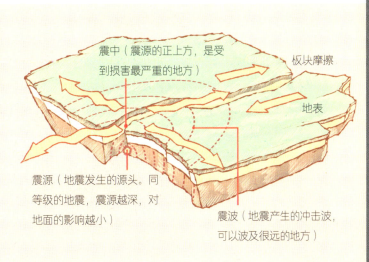

震中（震源的正上方，是受到损害最严重的地方）
板块摩擦
地表
震源（地震发生的源头。同等级的地震，震源越深，对地面的影响越小）
震波（地震产生的冲击波，可以波及很远的地方）

防震小妙招

撰文：王琪美
美术：露可一夏

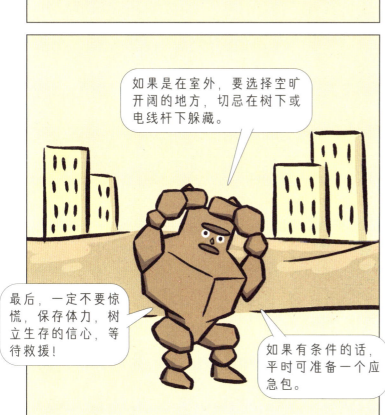
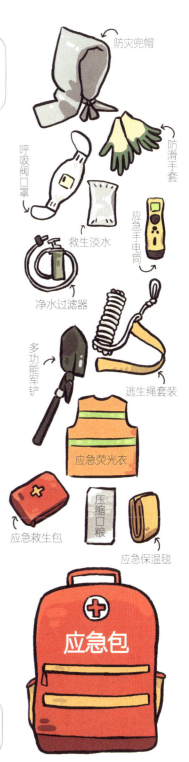

多变的地貌

撰文：波奇

流水的杰作——岩溶地貌

你听过"滴水石穿"的故事吧，看似绵软的水，日复一日地滴在坚硬的石头上，可以把石头打穿，甚至消融。这样的故事，在我国的西南地区每天都在上演，已经持续了亿万年。水把那里的山岳、岩石改变成各种奇特的样貌，桂林山水、云南石林、重庆天坑……这些奇特的风景，都是它的杰作。这些奇特的山石洞坑有一个共同的名字——喀斯特地貌，也叫岩溶地貌。

这种地貌得名不过几十年，但最早研究和记录下这种地貌的，是三百多年前明朝的地理学家徐霞客，他著有《徐霞客游记》。

溶洞

在诸多岩溶地貌中，最有趣的要数溶洞。溶洞是地下水长期横向溶蚀岩石形成的地下空间。溶洞有大有小，大的溶洞长度可达几千米，甚至十几千米。

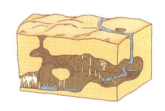

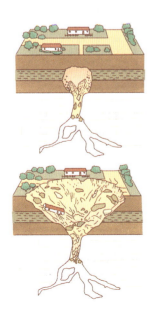

溶洞里的景象千奇百怪，最吸引人的是石钟乳、石笋和石柱。你知道石钟乳和石笋为什么会生长吗？原来，溶有碳酸氢钙的水从洞顶滴下来时，分解形成固体的碳酸钙，碳酸钙从上到下一点点堆积增长，就变成了石钟乳。滴到洞底分解形成的碳酸钙，从下到上一点点堆积增长就变成石笋。石钟乳和石笋的增长速度很慢，一万年时间大约长一米。

虽然溶洞有美妙的风光，但溶洞也会带来麻烦。因为溶洞是在地下形成的空洞，当承受不住上面的压力时，就会发生坍塌。所以，研究溶洞地貌，能够为人们在溶洞地区施工提供依据，并且制定出对应的预防措施。

你知道庞贝古城吗，它曾经是意大利第二大城市，商贸发达，风景秀丽，那里还有阿波罗神庙和斗兽场。但是公元79年，附近的维苏威火山突然爆发，火山灰、碎石和泥浆淹没了整个庞贝古城，这座繁华的城市在18个小时内彻底消失了。

大力出奇迹
——内力作用

撰文：王琪美

主编有话说

世界上许多名山都是火山喷发形成的，比如中国著名的长白山天池。三百年前火山喷发，逐渐沉陷形成了现在的天池。它还有个浪漫的名字——"天使的眼泪落人间"。而喷发出来的熔岩物质则堆积在火山口周围，形成了屹立在四周的16座山峰。

这么多千奇百怪的地貌，要归功于地质作用，地质作用分为内力作用和外力作用，内外力的共同作用才成就了多变的地貌。

内力作用包括岩浆活动、地壳运动和变质作用。

一提到岩浆，大家一定会想到火山喷发。火山喷发会给人类带来致命威胁，火山灰会造成飞行事故、空气污染，甚至会淹没农田、聚落。不过岩浆活动有时也会给人类带来一些好处，比如火山灰会使土壤变得肥沃。海底火山喷发有可能会形成岛屿，增加陆地面积，夏威夷群岛就是由地壳断裂处喷发出的岩浆形成的。

缓慢运动着的地壳

地壳运动又称作"构造运动",我们在大自然中看到的岩石呈弯曲状,这就是地壳不断运动的结果。地壳运动一般分为水平运动和垂直运动。

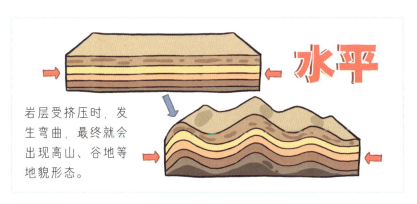

岩层受挤压时,发生弯曲,最终就会出现高山、谷地等地貌形态。

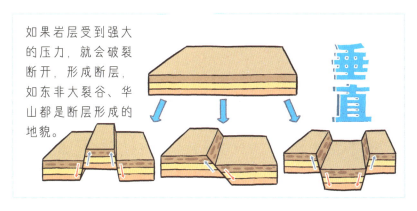

如果岩层受到强大的压力,就会破裂断开,形成断层,如东非大裂谷、华山都是断层形成的地貌。

精雕细琢的艺术

撰文：Spacium
美术：露可一夏

——外力作用

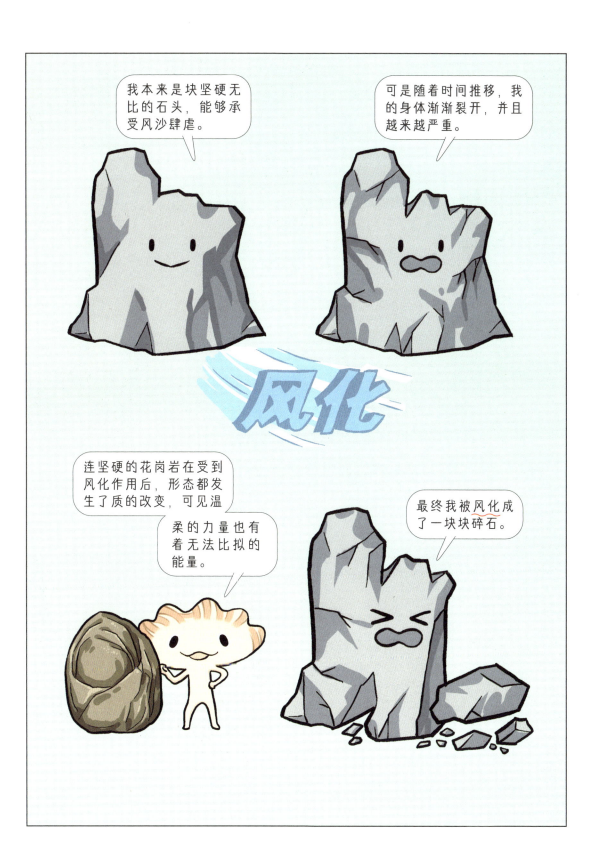

生命之源——水

撰文：波奇

你知道为什么很多人说地球是蓝色星球吗？其实，地球表面积的百分之七十以上都被海水覆盖，从太空看，地球就是一颗蓝色的星球。而海水，其实是地球水体的一部分。

生命起源于水，生物的生存也离不开水，因此水分布在地球上的各个地方。在整个地球水体中，海水占96.5%；冰川水、湖泊水、生物及大气水等组成了剩余的3.5%，也就是我们通常所说的淡水资源。淡水的主要组成是冰川，占淡水的69%呢！

还记得上次在北冰洋，我因为太冷而凝结成了冰。

还有一次，我躺在海面上晒太阳，然后就变成了气体，飘在了天空中。

告诉你们一个秘密，我可是会变身的！

当气温低于零摄氏度时，我们会变成小冰晶。

水滴和冰晶聚集在一起就形成了美丽的云朵，是不是很神奇？当小水滴或小冰晶多到空气托不住的时候，就会从云中落下来，形成雨或者雪。

这就是我的三次"变身"，这个过程被称为水循环。

我在陆地上被蒸发到大气中，又随着降水回到陆地上的这个过程，属于水循环中的"内陆循环"。

我在海上的这一系列变化过程被称为海上内循环。

这个过程属于水循环中的"海陆间循环"，我在这一过程中从咸水变成了淡水，然后以降水的方式给流向海洋的河湖的水提供了源源不断的补充。

"小鸭舰队"的环球之旅

撰文：武娜

1992年一艘载有29000只玩具鸭的货船离开中国，在太平洋遭遇风暴。这些掉落海中的玩具鸭组成"小鸭舰队"，开始了它们的"环球之旅"。

"小鸭舰队"是怎么旅行的呢？

其实，"小鸭舰队"能够自己旅行，依靠的是洋流。洋流是指海洋表层的海水沿着一定方向，常年大规模、稳定而有规律的运动。"小鸭舰队"受洋流影响，渐渐分成两拨，一拨南下途经印度尼西亚、澳大利亚、南美洲，另一波"挥师北上"，经过北冰洋，进入大西洋，抵达英国。

在赤道附近海域，洋流大多自东向西运动，中纬度海域则正好相反，多是自西向东运动。在陆地附近，洋流则大致呈现为南北方向的运动，所以洋流运动看起来就像是在转圈圈。

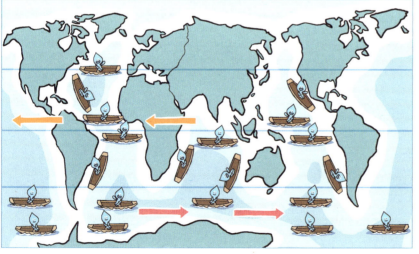

暖流所到地区会增加当地的温度和湿度。比如欧洲西部临海地区受北大西洋暖流的影响,全年温和湿润。

寒流所到地区会降低当地的温度和湿度。比如加拉帕戈斯群岛,它虽然处于赤道附近,但受秘鲁寒流影响,这里常年天气凉爽,岛上奇花异草荟萃、珍禽异兽云集,有"生物进化活博物馆"之称。据说达尔文曾经来过这里考察,他后来提出了著名的生物进化论。

▶ 延伸知识

大部分海域的洋流运动方向是常年不变的,但是在北印度洋海域,存在一种特殊情况。北印度洋海域的风向会随着季节变化而变化,夏季盛行西南季风,洋流顺时针运动;冬季盛行东北季风,洋流逆时针运动。遵循这一规律的洋流,叫作季风洋流。

世界四大渔场

寒暖流相遇的时候,海水搅动会导致海洋深处的营养物质被送到表层,形成天然的渔场。

在清澈的热带浅海区，有着海洋中最美的景象，那就是大片大片五颜六色的珊瑚礁，那里是地球上生物多样性最丰富的生态系统之一。

海水资源

之前我们提到过，海水占地球水体的96.5%，这么多的海水，其实就是一种宝藏。海水资源主要作为工业冷却用水，用来降低机械温度。当然啦，人们还通过各种先进的技术淡化海水，以增加淡水总量供人们使用。

海洋生物资源

海洋里拥有地球上五分之四的生物，其中可以被人类利用的称为海洋生物资源。除了饭桌上经常见到的鱼，藻类也是重要的海洋生物资源。你知道吗，海藻的营养价值很高，有数十种可供食用呢。

海洋很大很大，里面藏着无数的宝藏。

大海里的宝藏

撰文：波奇

你知道下面哪个是海洋生物资源吗？

A.
B.
C.
D.

海洋矿产资源

海洋作为一个大聚宝盆，拥有丰富的矿产资源，主要包括煤、铁、石油和天然气等。尤其是随着很多陆地矿产资源日渐枯竭，人类把目光更多地聚焦到了海洋里。

海洋能源

海水中蕴藏着很多可再生能源，其中大家最熟悉的就是潮汐能。海水的自然涨落有着十分固定的周期，这种周期性的海水自然涨落现象，就是潮汐。潮汐中蕴藏着极大的动能，每年可以给人们提供上亿度电呢。

海洋空间资源

海洋有很大很大的空间，海洋空间资源是指与海洋开发有关的海岸、海上、海中和海底空间的总称。这些空间有着各种各样的用途，常见的包括海运、海岸工程、旅游、海上运动、休闲娱乐等。

大海发怒了

人类的一些活动也会给大海带来不好的影响，比如海洋污染，海洋污染不仅会破坏海洋生态环境，还会反过来影响人类的生活。

美术：露可一夏美术工作室

撰文：王琪美

大海被弄脏了

大海并不是永远都风平浪静的，大海发怒的时候，对经济和生活都会造成很大的影响。

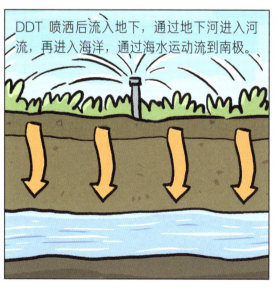

地球披着一件外衣

我们所在的大气圈、生物圈、水圈组成了地球的外部圈层，大气层作为地球的外衣，对地球上的生命有着非常重要的意义。这可不是普通的外衣，是厚实的"大棉袄"！这件"大棉袄"足足有三层呢，分别是高层大气、平流层和对流层。地球上的生命大多生活在对流层中，而飞机大多时候在平流层中飞行，这样可以增加飞机飞行的稳定度。你要问我是谁，嘿嘿，我是你看不见的气体分子哦，虽然你看不见我，但是我一直都生活在你的周围。

我们大气家族是很厉害的：氧气是维持生命活动必需的物质，二氧化碳是植物进行光合作用的原料，臭氧能吸收大量太阳辐射中的紫外线，保护地球上的生命免受过量紫外线的伤害……嘿嘿，你看，没了我们地球上会失去很多光彩哦。

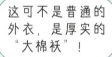

这可不是普通的外衣，是厚实的"大棉袄"！

主编有话说

大气并不是静止不动的，它也一直在运动，这就是大气运动。大气运动是指不同地区、不同高度之间的大气进行热量、水分的互相交换，并以此形成各种天气现象和天气变化的总称。其中，最简单的形式就是热力环流，它是由于地面冷热不均而形成的空气环流。由于大气中的热力环流造成了同一高度的不同压力，空气会由高压区流向低压区，这一大气运动就叫作风。

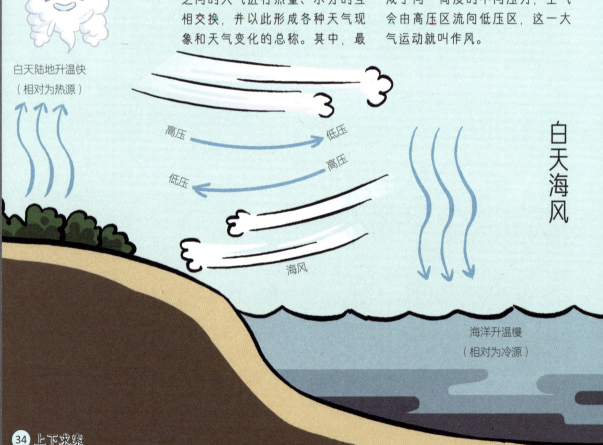

白天海风

大气层是地球的一件外衣，它可不是虚无缥缈的，它一直都在努力地保护着地球。我们每天看到的、感受到的太阳光，其实是已经被削弱了的。真正的太阳辐射会伤害到地球生物，对我们很不友好。所以，大气层保护了我们，它可以吸收、反射和散射太阳辐射，这就是大气削弱作用。大气削弱作用使能够到达地面的太阳辐射大大减少，保护了地球上的生物们。同时，大气也是有选择的呢，它会先"逮住"波长较短的蓝色光波，并把蓝色光波散射出去，就形成了我们看到的蓝天。

我们说大气是地球的"大棉袄"，大棉袄最重要的作用就是保暖，大气也一样具有保温作用，它会反射地面向外辐射的热量，让绝大部分热量再次回到地面。不过，在大气不那么密集的时候，保温作用就没有那么强了，这就是西北地区早晚温差比较大的原因。

大气可不是虚无缥缈的

撰文：Spacium

天气和气候有什么不同？

很多人都搞不清天气和气候的区别，总认为它们是一回事。No，no！

你一定听说过天气预报吧，它会预报未来的天气，包括温度、风速、风向、云的类型、雨、冰雹、雪、霜等。天气往往是多变的。

而气候是一个地区多年的天气平均状况，和多变的天气相比，一个地区的气候状况是相对稳定的。我们通常会用一个地区各月气温和年降水量平均值来表示气候状况。距海近的地方，冬夏温差小，降水多，这样就形成了海洋性气候。而内陆地区冬夏温差大，全年降水少，气候干燥，像中国西北地区的温带大陆性气候就是这样的。

各地气候大不同

世界各地建筑、交通方式、风土人情等或多或少都受到气候的影响。

撰文：王琪美
美术：露可一夏

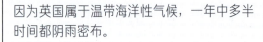

天不怕地不怕的英国人，唯独害怕下雪。

虽然英国常年阴雨连绵，但温带海洋性气候让这里基本处于温和湿润的天气，风雪天气在这里不太多见。

英国很多地方一到降雪天气几乎停止一切运营，超市、车站也会短暂关闭，很多人甚至开始囤积食物

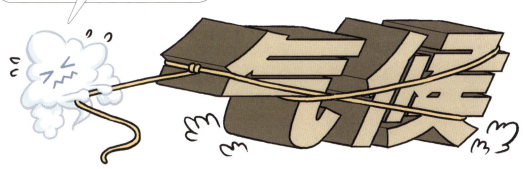

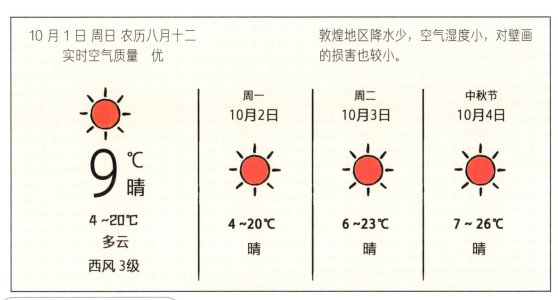

青出于蓝

COLUMN

地理和我们的生活息息相关，我们身边的一切都是地理世界的一部分。我们对地理的了解得益于前人留下来的成果和投身于地理研究的科学家的奉献。本次，我们请来了于贵瑞院士来为我们的小读者解答一些疑惑，**我们一起去看一下吧!**

于贵瑞院士

中国科学院地理科学与资源研究所研究员，生态学家，长期从事生态学与地理学交叉研究。获全国优秀科技工作者、全国创新争先奖、科学中国人年度人物、"李佩优秀教师奖"等多项荣誉。

 ## 地球上的水永远都用不完吗?

答 其实我们都知道，地球上有百分之七十以上的表面积都被海水覆盖，看上去，是不是水多得永远用不完？可是，你要知道，我们最主要使用的其实是淡水资源。淡水资源只占地球水体的3.5%，而地球上真正可被人类利用的淡水资源只有河流水、淡水湖泊、地下水等，这些只占全球淡水储量的0.3%，而且这些水资源的更新周期漫长又复杂，所以水并不是取之不尽用之不竭的。

或许你会想到冰川水，但是很可惜，因为冰川水极端的地理位置以及技术原因，对冰川水的开采还是比较困难的。更何况，随着全球变暖冰川融化，融化后的水融入海洋，变成了咸水，就不再是淡水资源了。而且，这还会引起海平面上涨，威胁沿海地区的安全。所以，我们一定要在生活中节约水资源。

第五章　高职学生体质健康测试

学习提示

为贯彻落实健康第一的指导思想，切实加强学校体育工作，促进学生积极参加体育锻炼，养成良好的锻炼习惯，提高体质健康水平，教育部和国家体育总局于2014年7月正式颁布了新的《国家学生体质健康标准（2014年修订）》（以下简称《标准》）。新的《标准》增加了测试项目，调整了评分标准和权重，并要求全国各级各类学校在2014年全面实施。

本章对各个测试项目的测试方法、测试标准进行了较为详细的介绍，使学生更好地了解高职学生应该达到的体质健康要求。

第一节　高职学生《国家学生体质健康标准》说明与项目权重

一、高职学生《国家学生体质健康标准》说明

（一）《国家学生体质健康标准》是国家学校教育工作的基础性指导文件和教育质量基本标准，是评价学生综合素质、评估学校工作和衡量各地教育发展的重要依据，是《标准》在学校的具体实施，适用于全日制普通小学、初中、普通高中、中等职业学校、普通高等学校的学生。

（二）本标准的修订坚持健康第一，落实《国家中长期教育改革和发展规划纲（2010—2020年）》《国务院办公厅转发教育部等部门关于进一步加强学校体育工作若干意见的通知》（国办发〔2012〕53号）和《教育部关于印发〈学生体质健康监测评价办法〉等三个文件的通知》（教体艺〔2014〕3号）有关要求，着重提高《标准》应用的信度、效度和区分度，着重强化其教育激励、反馈调整和引导锻炼的功能，着重提高其教育监测和绩效评价的支撑能力。

（三）本标准从身体形态、身体机能和身体素质等方面综合评定学生的体质健康水平，是促进学生体质健康发展、激励学生积极进行身体锻炼的教育手段，是国家学生发展核心素养体系和学业质量标准的重要组成部分，是学生体质健康的个体评价标准。

（四）高职院校测试指标中，身体形态类中的身高、体重，身体机能类中的肺活量，以及身体素质类中的50米跑、坐位体前屈为各年级学生共性指标，均为必测指标。

（五）本标准的学年总分由标准分与附加分之和构成，满分为120分。标准分由各单项指标得分与权重乘积之和组成，满分为100分。附加分根据实测成绩确定，即对成绩超过100分的加分指标进行加分，满分为20分；大学的加分指标为男生引体向上和1 000米跑，女生1分钟仰卧起坐和800米跑，各指标加分幅度均为10分。

（六）根据学生学年总分评定等级：90.0分及以上为优秀，80.0~89.9分为良好，60.0~79.9分为及格，59.9分及以下为不及格。

二、高职学生体质健康评价指标与权重

《标准》中对高职学生体质健康的评价指标与权重如表5-1所示。

表5-1 高职学生体质健康标准评价指标与权重

评价指标（测试项目）	权重
身高标准体重	15
肺活量体重指数	15
坐位体前屈	10
立定跳远	10
50米跑	20
引体向上（男）/1分钟仰卧起坐（女）	10
1 000米跑（男）/800米跑（女）	20

注：体重指数（BMI）= 体重（千克）/身高^2（米^2）。

（一）单项指标评分表

高职男生和女生体重指数（BMI）评分如表5-2所示，肺活量评分如表5-3所示，坐位体前曲评分如表5-4所示、立定跳远评分如表5-5所示、50米跑评分如表5-6所示、高职男生引体向上和高职女生仰卧起坐评分如表5-7所示、高职男生1 000米跑和高职女生800米跑评分如表5-8所示。

表5-2 高职学生体重指数（BMI）单项评分表　　（单位：千克/米^2）

等级	单项得分	男生	女生
正常	100	17.9~23.9	17.2~23.9
低体重	80	≤17.8	≤17.1
超重		24.0~27.9	24.0~27.9
肥胖	60	≥28.0	≥28.0

表5-3 高职学生肺活量单项评分表　　（单位：毫升）

等级	单项得分	男生		女生	
		大一大二	大三大四	大一大二	大三大四
优秀	100	5 040	5 140	3 400	3 450
	95	4 920	5 020	3 350	3 400
	90	4 800	4 900	3 300	3 350
良好	85	4 550	4 650	3 150	3 200
	80	4 300	4 400	3 000	3 050

续表

等级	单项得分	男生		女生	
		大一 大二	大三 大四	大一 大二	大三 大四
及格	78	4 180	4 280	2 900	2 950
	76	4 060	4 160	2 800	2 850
	74	3 940	4 040	2 700	2 750
	72	3 820	3 920	2 600	2 650
	70	3 700	3 800	2 500	2 550
	68	3 580	3 680	2 400	2 450
	66	3 460	3 560	2 300	2 350
	64	3 340	3 440	2 200	2 250
	62	3 220	3 320	2 100	2 150
	60	3 100	3 200	2 000	2 050
不及格	50	2 940	3 030	1 960	2 010
	40	2 780	2 860	1 920	1 970
	30	2 620	2 690	1 880	1 930
	20	2 460	2 520	1 840	1 890
	10	2 300	2 350	1 800	1 850

表5-4 高职学生坐位体前屈单项评分表　　　　　（单位：厘米）

等级	单项得分	男生		女生	
		大一 大二	大三 大四	大一 大二	大三 大四
优秀	100	24.9	25.1	25.8	26.3
	95	23.1	23.3	24.0	24.4
	90	21.3	21.5	22.2	22.4
良好	85	19.5	19.9	20.6	21.0
	80	17.7	18.2	19.0	19.5
及格	78	16.3	16.8	17.7	18.2
	76	14.9	15.4	16.4	16.9
	74	13.5	14.0	15.1	15.6
	72	12.1	12.6	13.8	14.3
	70	10.7	11.2	12.5	13.0
	68	9.3	9.8	11.2	11.7

续表

等级	单项得分	男生		女生	
		大一大二	大三大四	大一大二	大三大四
及格	66	7.9	8.4	9.9	10.4
	64	6.5	7.0	8.6	9.1
	62	5.1	5.6	7.3	7.8
	60	3.7	4.2	6.0	6.5
不及格	50	2.7	3.2	5.2	5.7
	40	1.7	2.2	4.4	4.9
	30	0.7	1.2	3.6	4.1
	20	-0.3	0.2	2.8	3.3
	10	-1.3	-0.8	2.0	2.5

表 5-5 高职学生立定跳远单项评分表　　　　　　　　（单位：厘米）

等级	单项得分	男生		女生	
		大一大二	大三大四	大一大二	大三大四
优秀	100	273	275	207	208
	95	268	270	201	202
	90	263	265	195	196
良好	85	256	258	188	189
	80	248	250	181	182
及格	78	244	246	178	179
	76	240	242	175	176
	74	236	238	172	173
	72	232	234	169	170
	70	228	230	166	167
	68	224	226	163	164
	66	220	222	160	161
	64	216	218	157	158
	62	212	214	154	155
	60	208	210	151	152

续表

等级	单项得分	男生		女生	
		大一大二	大三大四	大一大二	大三大四
不及格	50	203	205	146	147
	40	198	200	141	142
	30	193	195	136	137
	20	188	190	131	132
	10	183	185	126	127

表5-6　高职学生50米跑单项评分表　　　　（单位：秒）

等级	单项得分	男生		女生	
		大一大二	大三大四	大一大二	大三大四
优秀	100	6.7	6.6	7.5	7.4
	95	6.8	6.7	7.6	7.5
	90	6.9	6.8	7.7	7.6
良好	85	7.0	6.9	8.0	7.9
	80	7.1	7.0	8.3	8.2
及格	78	7.3	7.2	8.5	8.4
	76	7.5	7.4	8.7	8.6
	74	7.7	7.6	8.9	8.8
	72	7.9	7.8	9.1	9.0
	70	8.1	8.0	9.3	9.2
	68	8.3	8.2	9.5	9.4
	66	8.5	8.4	9.7	9.6
	64	8.7	8.6	9.9	9.8
	62	8.9	8.8	10.1	10.0
	60	9.1	9.0	10.3	10.2
不及格	50	9.3	9.2	10.5	10.4
	40	9.5	9.4	10.7	10.6
	30	9.7	9.6	10.9	10.8
	20	9.9	9.8	11.1	11.0
	10	10.1	10.0	11.3	11.2

表 5-7　高职男生引体向上和高职女生仰卧起坐评分表　　　（单位：次）

等级	单项得分	男生引体向上		女生1分钟仰卧起坐	
		大一 大二	大三 大四	大一 大二	大三 大四
优秀	100	19	20	56	57
	95	18	19	54	55
	90	17	18	52	53
良好	85	16	17	49	50
	80	15	16	46	47
及格	78			44	45
	76	14	15	42	43
	74			40	41
	72	13	14	38	39
	70			36	37
	68	12	13	34	35
	66			32	33
	64	11	12	30	31
	62			28	29
	60	10	11	26	27
不及格	50	9	10	24	25
	40	8	9	22	23
	30	7	8	20	21
	20	6	7	18	19
	10	5	6	16	17

表 5-8　高职男生 1 000 米跑和高职女生 800 米跑评分表　　（单位：分·秒）

等级	单项得分	男生 1 000 米跑		女生 800 米跑	
		大一 大二	大三 大四	大一 大二	大三 大四
优秀	100	3′17″	3′15″	3′18″	3′16″
	95	3′22″	3′20″	3′24″	3′22″
	90	3′27″	3′25″	3′30″	3′28″

续表

等级	单项得分	男生1 000米跑		女生800米跑	
		大一大二	大三大四	大一大二	大三大四
良好	85	3′34″	3′32″	3′37″	3′35″
	80	3′42″	3′40″	3′44″	3′42″
及格	78	3′47″	3′45″	3′49″	3′47″
	76	3′52″	3′50″	3′54″	3′52″
	74	3′57″	3′55″	3′59″	3′57″
	72	4′02″	4′00″	4′04″	4′02″
	70	4′07″	4′05″	4′09″	4′07″
	68	4′12″	4′10″	4′14″	4′12″
	66	4′17″	4′15″	4′19″	4′17″
	64	4′22″	4′20″	4′24″	4′22″
	62	4′27″	4′25″	4′29″	4′27″
	60	4′32″	4′30″	4′34″	4′32″
不及格	50	4′52″	4′50″	4′44″	4′42″
	40	5′12″	5′10″	4′54″	4′52″
	30	5′32″	5′30″	5′04″	5′02″
	20	5′52″	5′50″	5′14″	5′12″
	10	6′12″	6′10″	5′24″	5′22″

（二）加分指标评分表

大学生加分指标评分如表5-9所示。

表5-9 大学生加分指标评分表

加分	男生1分钟引体向上（单位：次）		女生1分钟仰卧起坐（单位：次）		男生1 000米跑（单位：分·秒）		女生800米跑（单位：分·秒）	
	大一大二	大三大四	大一大二	大三大四	大一大二	大三大四	大一大二	大三大四
10	10	10	13	13	-35″	-35″	-50″	-50″
9	9	9	12	12	-32″	-32″	-45″	-45″
8	8	8	11	11	-29″	-29″	-40″	-40″
7	7	7	10	10	-26″	-26″	-35″	-35″
6	6	6	9	9	-23″	-23″	-30″	-30″

续表

加分	男生1分钟 引体向上 (单位：次)		女生1分钟 仰卧起坐 (单位：次)		男生1 000米跑 (单位：分·秒)		女生800米跑 (单位：分·秒)	
	大一 大二	大三 大四	大一 大二	大三 大四	大一 大二	大三 大四	大一 大二	大三 大四
5	5	5	8	8	−20″	−20″	−25″	−25″
4	4	4	7	7	−16″	−16″	−20″	−20″
3	3	3	6	6	−12″	−12″	−15″	−15″
2	2	2	4	4	−8″	−8″	−10″	−10″
1	1	1	2	2	−4″	−4″	−5″	−5″

第二节 《国家学生体质健康标准》实施与测试办法

一、《国家学生体质健康标准》实施办法

依据学校规定每个学生每学年评定一次，记入《〈国家学生体质健康标准〉登记卡》（如表5-10所示）。学生按当年的总分评定等级，凡及格以上的将获得相应学分，大学三年体质健康测试学分分别为大一0.4学分、大二0.3学分、大三0.3学分。

表5-10 高职学生《国家学生体质健康标准》登记卡

学校_____

姓名			性别			学号					
院（系）			民族			出生日期					
单项指标	大一			大二			大三			大四		毕业成绩	
	成绩	得分	等级	成绩	得分	等级	成绩	得分	等级	成绩	得分	等级	得分	等级
体重指数（BMI） （千克/米^2）														
肺活量（毫升）														
50米跑（秒）														
坐位体前屈（厘米）														
立定跳远（厘米）														
引体向上（男）/1 分钟仰卧起坐（女） （次）														
1 000米跑（男）/ 800米跑（女）（分· 秒）														

续表

单项指标	大一			大二			大三			大四			毕业成绩	
	成绩	得分	等级	成绩	得分	等级	成绩	得分	等级	成绩	得分	等级	得分	等级
标准分														
加分指标	成绩		附加分	成绩		附加分	成绩		附加分	成绩		附加分		
引体向上（男）/1分钟仰卧起坐（女）（次）														
1 000 米跑（男）/800 米跑（女）（分·秒）														
学年总分														
等级评定														
体育教师签字														
编导员签字														

注：高等职业学校、高等专科学校参照本样表执行。　　　学校签章：　　　年　月　日

学生测试成绩评定达到良好及以上者，方可参加评优与评奖；成绩达到优秀者，方可获体育奖学分。测试成绩评定不及格者，在本学年度准予补测一次，补测仍不及格，则学年成绩评定为不及格。普通高等学校学生毕业时，《标准》测试的成绩达不到50分者按结业或肄业处理。

学生因病或残疾可向学校提交暂缓或免予执行《标准》的申请，经医疗单位证明，体育教学部门核准，可暂缓或免予执行《标准》，并填写《免予执行〈国家学生体质健康标准〉申请表》，存入学生档案。确实丧失运动能力、被免予执行《标准》的残疾学生，仍可参加评优与评奖，毕业时《标准》成绩需注明免测。

各学校每学年开展覆盖本校各年级学生的《标准》测试工作，《标准》测试数据经当地教育行政部门按要求审核后，通过"中国学生体质健康网"上传至"国家学生体质健康标准数据管理系统"。测试和数据上传时间由教育行政部门确定。

二、高职学生《国家学生体质健康标准》测试方法

经过多年的测试工作，广东岭南职业技术学院已经整理出一套完整的测试仪器和测试办法。每台测试仪器都配备一台信息录入仪器（可以刷学校IC卡或者直接输入学号），如图5-1所示。

（一）身高体重

1. 测试目的

测试学生的体重与身高测试相结合，评定学生的身体匀称度，评价学生生长发育及营养状况的水平。

图5-1　信息录入仪

2. 场地器材

学院体育馆配有身高体重一体测试仪、接收器和信息录入器各一台,如图 5-2 所示。

图 5-2 身高体重测试器材

身高体重

3. 测试方法

测试时,测试仪器应放在水平面上,受试者先在信息录入仪上录入个人信息,测试时必须赤足站在秤台中央,听测试仪器报读完身高体重测试数据后方可离开秤台,并将测试读数记录于测试登记表内。

4. 注意事项

(1) 此项测试用来测量身体质量指数(BMI,Body Mass Index),简称体指数,其计算公式如下:

$$BMI = 体重(千克) \div 身高的平方(平方米)$$

举例:一个身高为 165 厘米体重为 50 千克的女性,她的 BMI 值为 $50 \div (1.65)^2 = 18.40$。

(2) 亚太地区的标准如表 5-11 所示。

表 5-11 亚太地区 BMI 标准

BMI	男生	女生
过瘦	BMI < 18.5	BMI < 18.5
理想	BMI = 18.5~23.9	BMI = 18.5~22.9
过重	BMI = 24~26.9	BMI = 23~26.9
肥胖	BMI > 27	BMI > 27

(二) 肺活量

1. 测试目的

测试学生的肺通气功能。

2. 场地器材

学院体育馆配有肺活量测试仪、吹气仪、接收器和信息录入器各一台,如图 5-3 所示。

图 5-3 肺活量测试器材　　　　肺活量

3. 测试方法

房间通风良好，使用干燥的一次性吹嘴（非一次性吹嘴，则每换测试对象需消毒一次。每测一人时将吹嘴朝下倒出唾液，并注意消毒后必须使其干燥）。肺活量计主机放置于平稳桌面上，检查电源线及接口是否牢固，按工作键液晶屏显示"0"即表示机器进入工作状态，预热 5 分钟后测试为佳。

首先告知被测者不必紧张，以中等速度和力度尽全力吹气效果最好。令被测试者手持吹气吹嘴，面对肺活量计站立试吹 1~2 次。首先看仪表有无反应，还要试吹嘴或鼻处是否漏气，调整吹嘴和用鼻夹（或自己捏鼻孔），学会深吸气（避免耸肩提气，应该像闻花似的慢吸气）。测试时，受试者进行一两次较平常深一些的呼吸动作后，更深地吸一口气，向吹嘴处慢慢呼出至不能再呼出为止，防止此时从吹嘴处吸气，测试中不得中途二次吸气。吹气完毕后，液晶屏上最终显示的数字即为肺活量毫升值。每位受试者测三次，每次间隔 15 秒，记录三次数值，选取最大值作为测试结果。以毫升为单位，不保留小数。

4. 注意事项

（1）电子肺活量计的计量部位的通畅和干燥是仪器准确的关键。吹气筒的导管必须在上方，以免口水或杂物堵住气道。

（2）每测试 10 人及测试完毕后用干棉球及时清理和擦干气筒内部。严禁用水、酒精等任何液体冲洗气筒内部。

（3）导气管存放时不能弯折。

（4）定期校对仪器。

（三）坐位体前屈

1. 测试目的

测量学生在静止状态下躯干、腰、髋等关节可能达到的活动幅度。主要反映这些部位关节、韧带、肌肉的伸展性和弹性及学生身体柔韧质量的发展水平。

2. 场地器材

学院体育馆配有坐位体前屈测试仪、游标推板、接收器和信息录入器各一台，如图 5-4 所示。

图 5-4 坐位体前屈测试器材

3. 测试方法

受测者两腿伸直,两脚平蹬测试纵板坐在平地上,两脚分开10~15厘米,上体前屈,两臂伸直向前,用两手中指尖逐渐向前推动游标,直到不能前推为止。测试计的脚蹬纵板内沿平面为0点,向内为负值,向前为正值。记录以厘米为单位,保留一位小数。测试两次,取最好成绩。

4. 注意事项

(1) 身体前屈,两臂向前推游标时两腿不能弯曲。
(2) 受试者应匀速向前推动游标,不得突然发力。

坐位体前屈

(四) 立定跳远

1. 测试目的

测试学生下肢肌肉爆发力及身体协调能力的发展水平。

2. 场地器材

学院体育馆配有立定跳远测试仪、接收器和信息录入器各一台,如图5-5所示。

3. 测试方法

受试者两脚自然分开站立,站在起跳线后,脚尖不得踩线(最好用线绳做起跳线)。两脚原地同时起跳,不得有垫步或连跳动作。丈量起跳线后缘至最近着地点后缘的垂直距离。每人试跳三次,记录其中成绩最好的一次。记录以米为单位,保留两位小数。

图5-5 立定跳远测试器材

4. 注意事项

(1) 发现犯规时,此次成绩无效。三次试跳均无成绩者,再跳至取得成绩为止。
(2) 可以赤足,但不得穿钉鞋、皮鞋、塑料凉鞋测试。

(五) 引体向上

1. 测试目的

测试男生的上肢肌肉力量和耐力的发展水平。

2. 场地器材

学院体育馆配有引体向上感应器两个、接收器和信息录入器各一台,如图5-6所示。

立定跳远

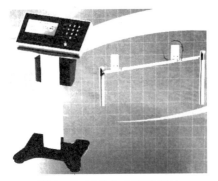

图5-6 引体向上测试器材

引体向上

3. 测试方法

受试者跳起双手正握杠，两手与肩同宽成直臂垂悬。静止后，两臂同时用力引体（身体不能有附加动作），上拉到下颌超过横杠上线为完成一次。记录引体次数。

4. 注意事项

（1）受试者应双手正握单杠，待身体静止后开始测试。

（2）做引体向上时，身体不得做大的摆动，也不得借助其他附加动作撑起。

（3）两次引体向上的间隔时间超过10秒终止测试。

（六）仰卧起坐

1. 测试目的

测试腹肌耐力。

2. 场地器材

学院体育馆配有仰卧起坐计数器8个、接收器和信息录入器各一台，如图5-7所示。

3. 测试方法

受试者仰卧于垫上，两腿稍分开，屈膝呈90°，两手指交叉贴于脑后。另一同伴压住其踝关节，以便固定其下肢。受试者起坐时，两肘触及或超过双膝为完成一次。仰卧时，两肩胛必须触垫。测试人员发出"开始"口令的同时开表计时，记录1分钟内完成次数。1分钟到时，受试者虽已坐起但肘关节未达到双膝者不计该次数，精确到个位。

4. 注意事项

（1）如发现受试者借用肘部撑垫或臀部起落的力量起坐时，该次不记数。

（2）测试过程中，观测人员应向受试者报数。

（3）受试者双脚必须放于垫上。

（七）50米跑

1. 测试目的

测试学生速度、灵敏素质以及神经系统灵活性的发展水平。

2. 场地器材

田径场跑道上或地面平坦的球场中，设有立杆式感应器一组7个、接收器和信息录入器各一台，如图5-8所示。

图5-7 仰卧起坐测试器材　　　仰卧起坐　　　图5-8 50米跑测试器材

3. 测试方法

（1）受试者6人一组进行测试，测试人员应向受试者报跑道号，以免错跑。

（2）受试者必须穿运动鞋，不得穿皮鞋、凉鞋、钉鞋参加测试。

（3）对分、秒进行换算时要细心，防止差错。

4. 注意事项

（1）受试者测试最好穿运动鞋或平底布鞋，赤足亦可。但不得穿钉鞋、皮鞋、塑料凉鞋。

（2）发现有抢跑者，要当即召回重跑。

（3）如遇风时一律顺风跑。

（八）800米或1 000米跑

1. 测试目的

测试学生耐力素质的发展水平，特别是心血管系统、呼吸系统的功能及肌肉耐力。

2. 场地器材

400米塑胶田径场跑道，配置手戴感应器一组24个、接收器和信息录入器各一台，如图5－9所示。

图5－9　800米或1 000米跑测试器材

3. 测试方法

（1）受试者1~24人一组进行测试，测试人员应向受试者报告剩余圈数，以免跑错距离。

（2）测试人员应告知受试者在跑完后应保持站立并缓慢走动，不要立即坐下，以免发生意外。

（3）受试者必须穿运动鞋，不得穿皮鞋、凉鞋、钉鞋参加测试。

（4）对分、秒进行换算时要细心，防止差错。

4. 注意事项

（1）跑前30分钟喝一些高浓度的葡萄糖水（葡萄糖是单糖，可迅速消化吸收直接作用于肌肉），不要喝其他饮料，口渴可喝白开水，跑前30分钟之内不要吃任何食物。

（2）做好充分准备。准备一套穿着舒适的运动服，切记运动鞋不能穿新的，易磨脚。

（3）中长跑时，由于氧气的供应落后于身体所需，跑到一定距离时，会出现胸部发闷、呼吸节奏被破坏、呼吸困难、四肢无力和难以再跑下去的感受。这种现象称为"极点"。这是中长跑中的正常现象。当"极点"出现后，要以顽强的意志继续跑下去，同时加强呼吸，调整步速。这样，经过一段距离后，呼吸变得均匀，动作重新感到轻松，一切不适感觉消失，这就是所谓的第二次呼吸状态（超越极限）。

复习思考题

1. 简述高职学生《国家学生体质健康标准》的测试项目的测试方法。
2. 请举例说明台阶试验评定指数的计算方法。
3. 如何使用《国家学生体质健康标准》评分表？

第六章　小型竞赛的组织与方法

学习提示

体育比赛种类繁多、方法各异。我们除了参加学校组织的大型体育竞赛外，同学们还可以开展各类小型的班级间、年级间、系部间等体育比赛活动。以后参加工作，也会有机会参与单位或者社会团体的各种比赛活动。学习掌握组织小型体育竞赛的知识和能力，既便于平时自行组织比赛活动，也有助于将来服务社会，进行社会交往。

第一节　小型运动会组织工作

一、小型体育比赛的特点

比赛项目少（一次只进行一项或两三项比赛），但内容广泛多样。例如，可以进行体育课学过的球类、田径等单项或部分项目的比赛；也可以是学生喜闻乐见的、经常参与的其他体育比赛；还可以结合季节气候特点，进行越野跑、民族传统体育项目、拔河等项目的比赛等。

群众性强，可以吸引较多人参加，而且可以进行系部间、年级间、班级间和校际间的比赛。

比赛活动分布在平时的课外和节假日时间，既能丰富课余生活，又有助于调节紧张的学习节奏。

二、小型体育竞赛的常规组织工作

体育组织工作的好坏是进行竞赛活动成功与否的关键。一般来说，各项体育竞赛的组织工作大同小异。一般小型体育竞赛的常规组织工作有如下几点：

（一）宣传工作

（1）宣传工作的途径。可结合各项竞赛，于赛前、赛中、赛后的整个过程，利用墙报、广播等形式进行宣传。

（2）宣传工作的内容。主要是：

①国家有关体育与健身的方针政策；

②结合竞赛项目宣传竞赛办法和竞赛规则等；

③宣传本单位各协会、各年龄层次体育锻炼的先进经验和先进事迹等；

④宣传体育卫生和体育锻炼的科学知识与方法。

（二）竞赛的组织工作

1. 成立竞赛的组织机构

（1）竞赛组织委员会。一般是由行政单位牵头，委托某个协会（与比赛项目相关的协会)骨干,成立一个组织委员会。一般下设竞赛组、宣传组、裁判组、后勤组、治保组及医疗组。

(2)仲裁委员会。一般由有竞赛项目专业知识的人员或专家组成。其职责是对比赛有异议的内容(如资格、规则运用等问题)进行最后裁决。

2. 做好竞赛的物质准备工作

(1)各种费用的预算,包括开幕式、奖品、裁判费用、需要添置的器材等。

(2)在预算的基础上,做好经费的筹集工作。

(3)准备好场地、器材等竞赛设施。

3. 做好竞赛协调工作

(1)协调比赛时间。因参赛人员的组成可能来自不同系部(年级),学习时间并不统一。

(2)协调组织委员会下设机构的组织工作。

(3)协调一切与比赛有关的琐碎事项,如印发秩序册,召集会议,制订工作计划,组织好开、闭幕式等。

4. 竞赛部分的工作内容

(1)编排比赛日程表(介绍几种编排方法附后)。

(2)召集领队、教练员会议。该会议一般在秩序册印发后进行。其主要目的是纠正打印错误,解释新(特定)规则,解答领队、教练员有关问题,提出组委会要求事项,传达各项通知,进行抽签等。

(3)训练裁判员(包括学习新规则、统一裁判尺度、训练裁判仪态等)。

(4)秩序册。竞赛秩序册是竞赛活动的具体操作性文件,应包含如下基本内容:

①封面,包括竞赛名称、秩序册、主办单位、协办单位、比赛时间及比赛地点等;封二可印社区或行政单位的宣传图片或赞助单位广告等;

②目录;

③组织委员会名单;

④仲裁委员会名单;

⑤工作机构及人员名单;

⑥竞赛规程;

⑦精神文明评奖办法(如体育道德风尚奖等);

⑧裁判员守则;

⑨运动员守则;

⑩裁判员名单;

⑪运动员名单;

⑫竞赛日程(包括成绩记录表等);

⑬竞赛分组名单;

⑭场地平面示意图;

⑮田径比赛必须附地区(或单位)原成绩的最高纪录;

⑯封底(可附赞助单位等宣传内容)。

在学校,除了规模较大、项目较多的综合性体育比赛(如田径运动会、体育节等)以外，平时还经常开展各种小型多样的年级间、班级间的体育比赛活动。

第二节 竞赛规程

竞赛规程是竞赛工作的依据，主要包括以下内容：

(一) 竞赛名称

根据总任务确定比赛名称。名称要显示是什么性质的比赛，哪一年（或第几届）的比赛。运动会的名称一般用全称。例如，中华人民共和国第五届大学生运动会、1999 年全国足球甲级队联赛、1999 年某市第一中学篮球比赛。在赛会期间的文件、会标、宣传材料等方面，名称要统一。

(二) 目的任务

根据举行本次竞赛活动总的要求，简要说明此次竞赛的目的、任务。如：进一步贯彻落实全民健身计划，增强学生整体素质；普及体育运动，增强人民体质；提高某项运动水平；选拔组织某项运动代表队，准备参加高一级的比赛；总结交流教学训练工作经验，增进团结和友谊等。

(三) 竞赛时间、地点和举办单位（或承办单位）

竞赛时间应写清预赛、决赛开始和结束的年、月、日，举行比赛的地点和举办竞赛的单位（包括主办和协办以及承办单位）也应写清。

(四) 竞赛项目和组别

举办赛会所设置竞赛项目及组别（一般指综合性运动会和田径运动会），单项比赛的规程写明各组别的各个竞赛小项目。

(五) 参加单位和各单位参加的人数

按有关规定的顺序写明参加比赛的每个单位，以及各单位参加男、女运动员人数，领队、教练及工作人员人数，每名运动员可参加的项目数，每项限报人数，以及参赛的其他有关规定。

(六) 运动员资格

运动员资格是指参赛运动员的条件标准，包括运动员健康状况、代表资格等。

(七) 竞赛办法

(1) 确定比赛所采取的竞赛方法，如淘汰法、循环法、混合法及其他特殊的方法，比赛是否分阶段进行，各阶段采用的竞赛方法是否相同，各阶段比赛的成绩如何计算和衔接等。

(2) 具体的编排原则和方法。

(3) 确定名次及计分办法。

(4) 对运动员（队）违反规定的处罚方法（如弃权等）。

(5) 规定比赛使用的器材（如比赛用球的品牌等），运动员比赛服装、号码等。

(八) 竞赛规则

提出竞赛采用的规则和有特殊的补充及竞赛规则以外的规定或说明。

（九）录取名次与奖励

（1）规定竞赛录取的名次，奖励优胜者的名次及办法。例如，对优胜者（队）分别给予奖杯、奖旗、奖状、奖章及奖金等。

（2）设置体育道德风尚奖或破纪录奖的奖励办法等。

（十）报名办法

规定各单位运动员（队）报名的人数、时间和截止报名的日期，书面报名的格式和投寄的地点，以及违反报名规定的处理办法。

（十一）抽签日期和地点

凡属需要抽签进行定位和分组的竞赛项目，应在规程中规定抽签的日期、地点和办法。

（十二）其他事项

（1）有关未尽事宜的补充，如经费、交通、住宿条件等。

（2）注明规程解释权归属单位。一般应归属主办单位的有关部门。

第三节 常用的竞赛方法

竞赛编排工作是根据运动项目特点和规程规定的比赛方法进行的。下面介绍几种常用的编排方法。

一、淘汰法

淘汰法是通过比赛逐步淘汰失败者的一种简单的比赛方法，在参赛队（人）多而时间少的情况下采用。

淘汰法又可分为单淘汰法和双淘汰法两种。下面介绍单淘汰法的编排过程。单淘汰法是失败一次即失去继续比赛机会的方法，最后只取一名冠军，因此也称"冠军比赛法"。其编排方法一般要经过以下步骤：

（一）确定参赛队（人）号码位置数

采用单淘汰法时，应根据参赛队（人）数，选择最接近较大的 2 的乘方数作为号码位置数。如常用的号码位置数有：$2^2=4$，$2^3=8$，$2^4=16$，$2^5=32$，等等。

（二）计算比赛场数和轮次

场数：参赛队（人）数减 1

例如：16 队（人）参赛，需赛：

16－1＝15（场）。

轮数：所确定号码位置数 2 的乘方数

例如：16 队（人）参赛，需赛：

$2^4=16$，所以赛 4 轮。

编排比赛秩序（以 8 队参赛为例）：

（三）计算轮空数

淘汰赛第一轮合适的位置数目应为 2 的乘方数。如果参赛队（人）不是 2 的乘方数（如 5、6、7、9、10、12 等），则在第一轮比赛中设置必要数量的轮空。其计算方法如下。

轮空数：等于或稍大于参赛队数 2 的乘方数减去参赛队数的差数。

例如：12 队（人）参赛，轮空队数：

16（即 2 的 4 次方）－ 12 = 4 队（人）。

编排秩序表时，如有一个轮空队，一般排在最后的位置上；如有几个轮空队，一般分别排在各组的最后，使各组轮空机会尽可能均等。

（四）安排"种子"

如果有的项目（如乒乓球）参赛人数多，为避免强者过早相遇而被淘汰，一般先把强者确定为"种子"，把其均匀地安排在若干个相对等的区内，使他们在最后几轮中相遇。

二、循环法

循环法又分为单循环、双循环和分组循环等形式。下面介绍常用的两种编排方法。

（一）单循环法

单循环法是指所有参赛队（人）之间都要轮流相遇一次，最后根据各队（人）全部比赛的得分评定名次的方法。单循环法的编排步骤如下：

1. 计算比赛场数和轮数

比赛场数 = 队数 ×（队数 － 1）/2

例如：8 队参赛，需赛：

8(8 － 1)/2 = 28（场）

轮数：参赛队（人）各赛一场（包括轮空）为一轮。

若参赛队（人）数为偶数时，则轮数 = 队（人）数 － 1

例如：8 队参赛，则轮数为：

8 － 1 = 7（轮）

若参赛队（人）数为奇数时，则轮数 = 队（人）数

编排比赛秩序（以 6 队参赛为例）：

第一轮	第二轮	第三轮	第四轮	第五轮
1—6	1—5	1—4	1—3	1—2
2—5	6—4	5—3	4—2	3—6
3—4	2—3	6—2	5—6	4—5

2. 第一轮排法

把参赛队（人）平分为左右两部分，前一半队的号数由 1 号自上而下写在左边，后一半号数自下而上写在右边。然后用横线把相对的号数连接起来，即是各队第一轮比赛顺序。

3. 第二轮排法

1 号位固定不变，其余号数按逆时针方向依次移动一个位置，再用横线连接起来。依此类推，即可排出其余各轮比赛的顺序。

不论参赛队（人）数是偶数还是奇数，一律按照偶数排表。如果是奇数，则应在最后一个数的后面加"0"，使之成为偶数。遇到"0"的队即是轮空。

轮次排完后进行抽签，按签号填写队（人）名。然后把比赛秩序编成比赛日程表。

（二）分组循环法

分组循环赛是把参赛队（人）先分成若干组分别进行单循环赛，各组排出名次后，再按规程规定的办法进行下一阶段的比赛。通常是把比赛分为两个阶段：第一阶段为单循环赛；第二阶段是把第一阶段各小组相同名次重新编排，进行决定名次的比赛。

例如，15 队（人）参赛，在第一阶段分三组单循环赛后，第二阶段仍用单循环法。由各组第一名决出第 1～3 名；各组第二名决出第 4～6 名，依此类推。也可以各组第一、二名决出第 1～6 名，第三、四名决出第 7～12 名，依此类推。

下表为 16 个队分 4 组比赛安排表。

第一组	第二组	第三组	第四组
1	2	3	4
8	7	6	5
9	10	11	12
16	15	14	13

三、常见体育比赛的计分方法和名次评定方法介绍

（一）计分和评定名次的方法

由于项目不同，计分和评定名次的方法也不完全相同，但在规程中必须有明确规定。

1. 篮球计分和评定名次的方法

（1）胜一场得 2 分，负一场得 1 分，弃权一场为 0 分，按积分决定名次。

（2）如遇两队积分相等，两队相互比赛胜者列前。

（3）如遇三队或三队以上积分相等，按各队相互比赛胜负场数多少决定名次；如再相等，则按他们之间比赛净胜分数决定名次；如还相等，则按他们之间比赛得失分率（得分

之和/失分之和）决定名次；如仍相等，则按他们在全组内所有比赛场次总得失分率决定名次。

2. 足球计分和评定名次的方法

（1）胜一场得3分，平一场得1分，负一场或弃权为0分，按积分决定名次。

（2）如遇两队或两队以上积分相等，按他们在同一循环赛中的净胜球数决定名次；如再相等，则按同一循环赛中进球总和决定名次；如还相等，可抽签决定名次。如在分组循环赛第二阶段踢成平局，可进行加时赛；如仍平，应以罚点球决定胜负。

3. 排球计分和评定名次的方法

（1）胜一场得2分，负一场得1分，弃权一场为0分，按积分决定名次。

（2）如两队或两队以上积分相等，按全赛胜负局比值（胜局总数/负局总数）决定名次，比值高者列前；如再相等，则按全赛总得失分的比值（得分总数/失分总数）决定名次，比值高者列前。

4. 乒乓球计分和评定名次的方法

（1）循环赛按获胜次数决定名次。

（2）如遇两队（人）胜次相同，则按他们之间的胜负决定名次。

（3）如遇两队（人）以上胜次相同，则按他们之间的胜负比率（胜/（胜+负））决定名次。评定时，先按次数；如相等则按场数；再相等则按局数；仍相等则按分数。

（二）赛后总结

在比赛结束、评出名次后，应及时公布比赛结果，奖励优胜和宣传比赛中涌现的高尚体育道德作风，整理、总结比赛成绩和经验，并报学校存档。赛后工作切忌草率从事。

复习思考题

1. 组织一场体育竞赛的基本程序有哪些？
2. 简述体育竞赛的基本方法。

基本技能篇

第七章 走、跑运动

学习提示

走是一项既经济又便利的健身运动。跑类项目作为一项最古老的运动项目，除了其本身所具有的竞技特征外，也是一种很实用的健身手段。

第一节 走、跑步运动简介

竞走起源于英国。19世纪初，英国出现步行比赛的活动。19世纪末，部分欧洲国家盛行从一个城市到另一个城市的竞走旅行。1866年，英国业余体育俱乐部举行了首次冠军赛，距离为7英里①。竞走分场地竞走和公路竞走两种。场地竞走设世界纪录；公路竞走因路面起伏等不可控因素较多，成绩可比性差，故仅设世界最好成绩。运动员行进时，两脚必须与地面保持不间断接触，不准同时腾空；着地的支撑腿膝关节应有一瞬间的伸直，不得弯曲。比赛时，运动员出现腾空或膝关节弯曲，均给予严重警告，受3次严重警告者即取消比赛资格。竞走于1908年首次进入奥运会，当时的距离是3500米和10英里。此后几届奥运会距离有所不同，有过3千米、10千米等，从1956年奥运会起定为20千米（1956年列入）、50千米（1932年列入）。女子竞走于1992年才被列入奥运会，距离为10千米。2000年的奥运会将其改为20千米。

跑是人类与生俱来的基本能力。它自古以来就是一种比赛形式，几乎每个国家的文献中都有描述。据史料记载，短跑是公元前776年古希腊奥运会唯一的竞技项目，距离为192.27米。现代短跑起源于欧洲，最早被列入正式比赛是在1850年的牛津大学运动会上。当时设有100码、330码、440码跑项目。19世纪末，为规范项目设置，将赛跑距离由码制改为米制。它最初为职业选手的表演项目，后逐渐扩展到业余运动员。运动员比赛时必须使用起跑器，听信号统一起跑，必须自始至终在自己的跑道内跑动。奥运会比赛项目男、女均为100米跑、200米跑和400米跑。其中，男子项目于1896年列入，女子100米跑和200米跑于1928年列入，400米跑于1964年列入。

第二节 走、跑步运动对人的好处

走路可以说人人都会（有缺陷者除外），科学、合理、有意识地通过走路运动锻炼自己

---

① 1英里=1.609 344千米。

十分重要,我们有必要认识和懂得什么是科学走路运动。走路运动是各种运动之母,走路得法能增强体质,促进血液流通、新陈代谢、体液分泌、身心愉悦等身体各项功能的平衡。在科学走路运动的锻炼下,不知不觉中给滋润身体各器官的血液、体液送去了营养,带走了垃圾、消耗了剩余物质,达到了和谐综合平衡的状态。内和气血、外柔肢体、强身固本和延年益寿等目标在不知不觉中得到了实现。

跑步运动能促进人体的新陈代谢,改善神经系统的调节功能,提高心血管系统、呼吸系统及其他内脏器官的机能;能全面发展力量、速度、耐力、灵巧性、协调性和提高运动素质,促进人的正常发育,增进健康水平;还能促使人的走、跑、跳、投的技能进步,从而保持和提高人体在生活和工作中的适应能力,并可延缓人体衰老过程。

第三节 竞走、跑步技术与练习方法

一、竞走的基本技术与练习方法

(一)竞走基本技术

竞走的一周期也称为一个复步,一个复步是由两个单步组成。在人体重心移过支撑垂直部位后,支撑腿由全部着地过渡到脚尖,在摆动腿前摆的配合下完成下一步的后蹬。摆动腿随着骨盆沿身体纵轴的转动,屈膝前摆,脚离地面始终较低。腿前摆时应柔和地伸直膝关节,小腿依惯性前摆并用足跟着地。此时形成短暂的双脚支撑姿势。人体重心在向前运动过程中不应有明显起伏,当重心投影点与前腿支点一致时,又出现了下一步的垂直姿势,接着又开始新的用力蹬地动作。运动员应做到步幅大、频率高,善于协调肌肉的用力和放松,走步朴实、自然,省力而无多余动作,两脚落地的足迹保持在一条直线上。

竞走时,运动员躯干自然伸直或稍前倾,两臂屈肘约90°,在体侧做前后协调有力的摆动,两臂配合下肢动作调节走的速度。走步时,身体重心尽量做向前的直线运动。过大的上下起伏和左右摇摆不利于提高走速,也会消耗较多能量。

(二)竞走练习方法

(1)沿直线做普通大步走(脚跟先着地)。

(2)沿直线做直腿走(体会脚跟着地和后蹬动作)。

(3)慢速和中速竞走(100~200~400米),逐渐加大动作幅度和骨盆转动,增大步幅(体会在身体重心移过支撑垂直部位时向前迈步)。

(4)骨盆扭转的专门练习:

①原地做骨盆回环转动练习。

②交叉步走,使骨盆前后转动。

③原地交换支撑腿(两脚平行站立,体重由一腿移到另一腿)。

(5)摆臂练习:

①原地摆臂练习。

②结合竞走做摆臂练习(要注意和腿部动作协调配合)。

(6)改进和提高竞走技术练习:

①由普通大步走过渡到竞走。

②较小步长的慢、快步竞走。
③较大步长的中速竞走。
④变速竞走（100米快、100米慢交换进行）。
⑤快速竞走（200米、400米）要特别注意由直道转入弯道的技术。

(三) 竞走初学者易犯错误及其纠正方法

(1) 摆臂僵硬、不协调、无节奏。产生的原因主要是摆臂概念不清，耸肩，肩和手臂紧张。

纠正方法：
①讲清摆臂的正确技术和作用；
②做原地摆臂练习，要求肩下沉，肩和手臂放松，半握拳；
③原地听信号做不同节奏的摆臂练习；
④做摆臂技术与腿部动作配合的竞走练习。

(2) 骨盆沿垂直轴转动不明显，步子过小。产生的主要原因是对竞走的技术概念不清，髋关节灵活性、柔韧性差，腿部肌肉力量不够。

纠正方法：
①通过观看竞走技术录像，建立正确的技术概念；
②讲清髋关节转动的概念和技术要求；
③做提高髋关节灵活性的练习，如原地支撑送膝转髋、双脚开立左右转髋、交叉步走等练习；
④加强腿部肌肉力量的练习，如原地纵跳，行进间脚尖跳等练习；在地上摆放标志，按标志步长走。

(3) 双脚无双支撑时期，双脚离地。产生的主要原因是步频过快，步长过大或过小；后蹬角度大，作用力向上；支撑腿弯曲。

纠正方法：
①加强腿部肌肉力量的练习；
②反复练习步长和步频，要求合理地控制步长和步频；
③练习时要求摆动腿不要向上摆，同时要减小后蹬角度，强调支撑腿要有蹬直阶段。

(4) 支撑腿在垂直部位屈膝。产生的主要原因是膝关节支撑力量和柔韧性、灵活性差。

纠正方法：
①加强腿部肌肉力量的练习；
②多做一些膝关节柔韧性、灵活性练习。

(5) 竞走时身体重心起伏，左右摇摆过大。产生的主要原因是没有掌握骨盆沿垂直轴转动技术，而是左右扭髋，左右摆臂，或两脚不在一条直线上走。同时，后蹬角度大，作用力向上。

纠正方法：
①反复做摆臂练习和髋关节灵活性、柔韧性练习；
②练习竞走时，适当加大摆动腿的前摆幅度，但要降低摆动腿的脚掌在前摆时与地面的高度，同时要减小蹬地的角度，防止重心起伏；
③地上画一条直线，在直线上做竞走练习。

（四）健身走

1. 健身走方式

（1）散步：散步是一种最为流行的健身方法。其特点是加快自然，随心所欲，运动量的大小可以通过步速进行调节。若想加大运动量，只要加快步伐就能达到目的。

（2）赤脚走路健身：赤脚走路健身的方法，已被人们所了解。因为长期穿鞋行走会导致足部肌肉的萎缩，甚至退化，形成足底筋膜韧带松懈无力、足弓塌陷等，甚至发生足筋膜炎、骨劳损以及某些压缩性骨折、足跟骨刺等足部及下肢疾病。经常光脚走路锻炼，能让足底筋膜、韧带、穴位及神经末梢，多与地和地面上的沙土、草地以及不平整的大小鹅卵石的路面接触，使足底那些敏感区域不断受到刺激。这些刺激信号传入相应的心脏器官以及与之相应的大脑皮层，将会调节身体各部分的功能，治疗某些疾患，达到强体、保健、防病和辅助治疗的效果。

（3）上下楼梯：上下楼梯是近些年在城市中兴起的一种有效的锻炼方法。

（4）快步走：快步走是一种步幅适中，步频和步速较快（130～250米/分），运动量稍大的走法。它适用于有一定锻炼基础的健康中老年人。

（5）倒步走：倒步走即倒退着走步。据有关研究说明，倒步走比正步走的氧消耗高31%，心速快15%，血液中的乳酸含量也较高。

2. 怎样把握健身走的运动强度

专家提供了一个运动中心率的计算公式：最大心率＝220－年龄；而最低运动心率＝最大心率×0.6，最高运动心率＝最大心率×0.9。专家认为，强度较低的锻炼会改善全面健康。以一个年龄40岁的人为例，他的最大心率为220－40＝180，最低运动心率为180×0.6＝108，最高运动心率为180×0.9＝162。因而他进行健身走锻炼的最佳方式，是坚持5分钟以上，心率维持在108及略高水平的运动。

二、跑步基本技术

跑是由单脚支撑与腾空相交替，摆臂、摆腿、扒地缓冲与后蹬密切配合的周期性运动。跑的一个周期就是一个复步。在一个复步中，人体要经过两次单脚支撑和两次腾空。一个复步包括两个单步，在每一复步的下肢运动中可分为两个阶段：支撑阶段，即从脚着地到脚离地；腾空阶段，即从脚离地到另一脚着地。在一个周期中，运动员身体重心移动轨迹会产生上下波动，这是腾空与着地缓冲的必然结果。但在跑进时，应防止身体重心的左右晃动，注意跑的直线性。跑包括短跑、中长跑、接力跑和跨栏跑。这里主要介绍短跑、接力跑和中长跑。

（一）短跑

短跑是径赛距离最短、速度最快的项目，属于极限强度的运动，是典型的以无氧代谢为主的运动项目。它包括100米、200米和400米。短跑技术一般可分为起跑、起跑后的加速跑、途中跑、终点冲刺四个部分。

1. 100米跑技术

（1）起跑的任务：使身体迅速摆脱静止状态，尽可能获得较大的起动速度，为起跑后的加速跑创造有利的条件。

田径规则规定，在短跑比赛中，运动员必须采用蹲踞式起跑，必须使用起跑器。起跑器安装有拉长式、普通式两种（如图7-1所示）。前起跑器的支撑面与地面夹角40°～45°，后起跑器的支撑面与地面的夹角为 70°~80°。两个起跑器的左右距离约 15 厘米。

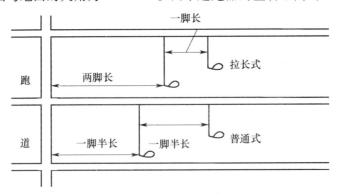

图 7-1 两个起跑器的安装方法

起跑技术分"各就位""预备""鸣枪"(或"跑")三个技术环节。

各就位：听到"各就位"口令后，做几次深呼吸，走到起跑器前俯身以两手撑地，四指并拢或稍分开，与拇指成八字形，撑于起跑线后。两脚依次踏在前后起跑器的抵足板上，有力的腿在前，后膝跪地，两手与肩同宽，两臂伸直，身体重心稍前移，肩与起跑线齐平，头与躯干保持自然放松姿势，注意听"预备"口令。

预备：听到"预备"口令时，臀部逐渐提起，使臀部稍高于肩 10~20 厘米，同时重心前移，两肩稍过起跑线，体重移到两臂和前腿上。前腿大小腿的夹角约为 90°，后腿大小腿夹角约为 120°，两脚贴紧在前后起跑器支撑面，请集中注意力听枪声。

鸣枪：听到枪声后，两手迅速推离地面，屈肘做有力的前后摆动，同时两脚快速用力蹬起跑器。后腿快速蹬离起跑器后，快速屈膝向前上方摆出。后腿前摆时，不要太高，要加快摆动速度。同时前腿用力蹬起跑器，髋、膝、踝三关节充分蹬直时，后腿也前摆至最大限度，大腿积极下压，用脚前掌在身体重心投影点着地，如图 7-2 所示。

图 7-2 起跑的技术

（2）起跑后的加速跑：起跑后的加速跑是从蹬离起跑器到途中跑的一段距离，一般为 15~25 米。它的任务是在最短距离内尽快地发挥出最大的速度。

蹬离起跑器后，身体处于较大的前倾姿势，要积极加快腿与臂的摆动和蹬地动作，保持身体平衡。第一步不宜过大，一般为 3.5~4 脚长，第二步为 4~4.5 脚长，以后步长逐渐增加，步频逐渐加快，两臂积极摆动，两腿依次用力蹬地，着地点逐渐吻合于一条直线上，上体随之逐渐抬起。当身体达到正常姿势并发挥到最大速度时，加速跑已结束，就转入了途中跑，如图 7-3 所示。

图 7-3 起跑后的加速跑技术

博尔特百米起步

(3) 途中跑：途中跑的任务是继续发挥和保持最高速度跑到终点。在跑的周期中，包括后蹬与前摆、腾空、着地缓冲等动作，跑时要做到自然放松。

途中跑时，头正对前方，两眼向前平视，上体稍前倾。支撑腿迅速用力后蹬，使髋、膝、踝三关节充分伸直。摆动腿的大腿迅速前摆，小腿随惯性折叠，前摆时带动同侧髋向前上方送出。当摆动结束时，要积极下压，用前脚掌着地，完成"扒地"动作。同时两臂弯曲，以肩为轴轻松有力地前后摆动。前摆时不超过胸中线和下颌，后摆时，肘关节稍向外，大臂不超过肩，小臂与躯干平行，如图 7-4 所示。

图 7-4 途中跑的技术

100 米起跑与行进间欣赏

(4) 终点冲刺和撞线：终点冲刺的任务是尽量保持高速跑过终点。在跑到距终点 15~20 米处，应加快两臂摆动。距终点线最后一步时，上体迅速前倾，用胸或肩部撞线。跑过终点后不要突然停止，应逐渐减速慢跑。

2. 200 米、400 米跑的基本技术

(1) 弯道起跑和起跑后的加速跑：200 米、400 米跑是由弯道起跑，并有一半以上的距离是在弯道上进行的。为了在弯道起跑后能有一段直线距离进行加速跑，起跑器应安装在跑道外沿正对弯道切线方向的地方。"各就位"时，左手置于起跑线后 5~10 厘米处，身体正对切点（图 7-5）。起跑后的加速跑应沿着直线跑进，速度逐渐加快，上体逐渐抬起。跑到了切点后，身体要逐渐向内倾斜，自然地进入弯道跑。

图 7-5 弯道起跑的技术

(2) 弯道跑的技术：弯道跑时，整个身体要向左倾斜，两臂摆动幅度是右臂大于左臂。左脚以脚掌外侧着地，右脚以脚掌内侧着地，如图7-6所示。弯道跑时，身体前倾并向左侧跑道圆心方向倾斜。越是里道，跑速越快，身体越要向左侧倾斜。

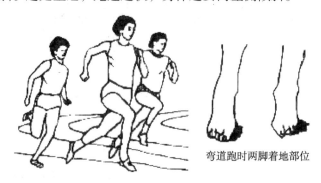

弯道跑时两脚着地部位

图7-6 弯道途中跑的技术

3. 短跑的练习方法

（1）短跑技术的专门性练习。

①原地摆臂：两腿前后自然站立（前腿微屈），重心投影点落在前脚上，两臂做前后交替、均匀、快速摆动。

②小步跑：由提踵、提腰开始，大腿稍抬起，约与地面呈45°或稍大于45°（可达60°左右）。大腿快速下压时，膝充分放松，做"扒地"动作，频率由慢到快。从原地到行进间做上述练习，可逐渐地向高抬腿跑、加速跑或途中跑过渡。小步跑的目的是体会前摆下压和"扒地"动作，频率由慢到快。

③高抬腿跑：上体正直或稍前倾，身体重心提高，大腿高抬与躯干约呈90°。然后积极下压，膝关节放松，小腿自然伸开，用前脚掌着地，支撑腿三关节充分伸展，骨盆前送，两臂前后摆动。

④后蹬跑：上体稍前倾，后蹬腿充分蹬直，最后通过脚趾蹬离地面。摆动腿以膝盖领先向前积极摆出，两臂前后协调摆动。频率由慢到快，幅度由小步跑到大步跑过渡。后蹬跑的目的是体会后蹬时髋、膝、踝三个关节的蹬伸动作，发展下肢的蹬摆力量。

⑤车轮跑：目的是体会大腿摆动下压和"扒地"动作。成仰卧姿势，两腿抬起做车轮跑动作，两手支撑腰部做车轮跑动作。

（2）发展反应速度的主要练习方法。

原地做快速小步跑，听哨声（或击掌声）快速向前跑出；原地背对跑的方向做快速小步跑或向上跳，听哨声（或击掌声）快速向后跑出。

（3）发展加速度的主要练习。

30~80米的加速跑6~8次；下坡跑（发展步频）；让距追逐跑；不同距离的接力游戏或比赛。

（4）发展最高速度的主要练习。

30~60米行进间快速跑3~8次；40~80米跑练习，最好用石灰打点做标记。侧重发展频率时，其间隔比最大步长略小10~20厘米；用于发展步长时，其间隔应比最大步长略长5~10厘米。每次练习可跑6~9次。80~120米变节奏跑，做6~8次；30~60米反复跑，做6~9次；50~60米下坡跑，做6~9次；60~80米下坡跑，做4~6次；负重快跑40~60米跑，做

6~8次。

(5) 发展短跑力量的练习。

①力量训练的基本手段是抗阻力训练，即在完成练习时，全身或某一部分附加重物、阻力等。如拉橡皮带练习、双人对抗练习等。

②跳跃力量训练：短距离跳跃（快速而连贯）、立定跳远、立定三级跳远、十级蛙跳、连续单脚跳、连续跳栏、跳台阶、长距离跳、连续触胸跳和连续分腿跳等。

(6) 发展短跑一般耐力的基本练习方法。

①匀速越野跑 5 000～10 000 米。

②在运动场草地上匀速跑 5 000～10 000 米。

③大运动量的变速跑（直道快、弯道慢或直道慢、弯道快）。

(7) 发展短跑专项的练习方法。

①间歇时间长、强度为个人最好成绩的 90% 的主项或超过主项距离的反复跑，跑间休息为 5～10 分钟。如 100 米、200 米、150 米、200 米、250 米跑。

②间歇时间短、强度为 80%～85% 的等距离反复跑。如 100 米、200 米运动员跑 6～7 次等。

③间歇时间短、强度为 80%～85% 的不等距离的组合跑。这种跑由短距离开始，逐渐增加至长距离，然后又逐渐减小。这种练习称为阶梯跑或组合跑。

④间歇时间短、强度为 90% 以上的组合跑。这种组合跑通常由两个距离组成。如 100 米+50 米，150 米+100 米，300 米+150 米等。间歇时间为 1 分钟，强度也可以是第一个距离用比赛速度跑，第二个距离用全力跑。

⑤用比赛平均速度反复跑等距离，间歇时间多为 3～4 分钟或走回原地再跑。这种方式常为 400 米运动员所使用。

⑥短距离的反复跑，通常指 100 米以内距离的反复跑。如 4～5 次的 60 米，跑完后继续走回，强度为 90% 以上。

⑥大量的短距离的变速跑。如 60 米快跑、40 米慢跑做 8 组，常为 100 米运动员用。

(8) 柔韧性练习。

①原地前后左右摆腿。

②手扶肋木做左右转髋练习。

③行进间正踢腿、外摆腿、里合腿、侧踢腿。

④原地前后、左右劈腿。

⑤俯撑高抬腿。

4. 易犯错误及其纠正方法

(1) 起跑易犯错误：起跑的第一反应同起跑后加速跑的衔接不紧，头和上体抬起过早。

纠正方法：

①明确"预备"时，重心要稍前移，注意力主要集中于后脚；

②明确"跑"的第一反应是两腿"后摆前蹬"，同时两臂"推摆"配合，后腿前摆不宜过高，着地点不要过远；

③练习时，在起跑线前上方合适的距离，设置标志物（绳、杆等），限制学生头和上体抬起的时机；

④反复进行起跑接加速跑30~40米的练习。

(2) 途中跑易犯错误：

①后蹬不充分，上体后仰。

纠正方法：通过示范、讲解，使学生明确后蹬动作、过程的合理用力方式，建立正确的后蹬技术概念；通过短距离跑的专门性练习（高抬腿跑、后蹬跑等），让学生加深体会蹬伸膝、踝关节的动作技术；反复做放松大步40~60米中速跑练习。要求重心要高，前摆和后蹬幅度要大。指导学生合作学练，学生两人一组，一人做原地后蹬练习，体会后蹬用力顺序、动作，另一人双手抵其肩阻抗相助；学生两人一组，一人腰系橡皮带做后蹬跑练习，另一人用适宜力量牵拉橡皮带配合练习。

②前摆大腿抬不起来。

纠正方法：通过示范、讲解，使学生明确大腿前摆的合理姿势；反复做快速跑的专门性练习（原地和行进间或支撑下高抬腿跑、后蹬跑、车轮跑等），让学生体会跑的时候，大腿以膝领先，积极地向前上方摆动的本体感觉；通过上坡跑、跑台阶的练习，加强大腿前摆的练习；中等速度跑40~60米，改进蹬摆技术。

③摆臂紧张。

纠正方法：通过讲解、示范、原地摆臂练习等形式，规范学生的摆臂动作；要求学生要沉肩，且肩部放松，两臂自然屈肘，以肩为轴前后摆动；中速跑40~60米，要求学生摆臂的姿势正确。

④踝关节紧张。

纠正方法：通过讲解、示范和学生模仿练习等，建立正确的脚着地部位和方式等概念，体会踝关节的放松和脚后扒式着地；做跑的专门练习（小步跑、高抬腿跑等），加强练习；做速度稍慢一点60~80米跑的练习，进一步体会跑进的过程中，脚着地的方式和踝关节的放松。

(3) 终点跑易犯错误：上体后仰，明显减速。

纠正方法：

①进一步明确跑"过"终点的实际意义；跑过终点线后，才能逐渐、自然地减速。

②结合全程跑练习，反复重点进行终点跑的练习；明确跑的后程，由于体力等原因，后蹬力量不充分，易于出现大腿前摆过高、头和上体后仰的现象，这时要有意识地加强摆臂和加大上体前倾的幅度。

③在终点线后合适的距离，设置"第二终点线"，并要求学生跑过第二终点线。

(二) 接力跑

接力跑是由跑和传、接棒技术组成的集体径赛项目，能培养团结协作的集体主义精神，是发展速度素质的有效手段。它包括4×100米接力跑和4×400米接力跑。

接力跑的技术基本同短跑，只是传递接力棒时，要求各棒队员之间协调配合，保证在快速跑进中完成传和接棒动作。接力跑成绩的好坏，不仅取决于每个队员单项跑的成绩，而且在很大程度上取决于队员之间的密切配合和传、接棒技术的好坏。接力跑的距离越短，传、接棒技术越难。所以，学习接力跑技术时，应以4×100米接力跑为主。

1. 接力跑的技术

(1) 4×100米接力跑技术。

①起跑。

持棒人的起跑：跑第一棒者通常采用蹲踞式起跑，用右手的中指、无名指和小指握住棒的末端，用大拇指和食指分开撑地，接力棒不得触及起跑线或起跑线前面的地面。起跑技术和弯道起跑技术相同。

接棒人的起跑：跑第二、三、四棒者用站立式或用手撑地的半蹲踞式起跑姿势，站在自己的接力区后端或预跑线内，两腿前后开立，两膝弯曲，上体前倾。第二、四棒运动员站在跑道外侧，所以，用右腿在前、右手撑地，身体重心稍向右偏，头转向左后方，目视跑来的同队队员和自己的起动标记；第三棒运动员站在跑道内侧，应以左脚在前，用左手撑地，身体重心稍向左偏，头转向右后方，目视跑来的同队队员和自己的起动标记。当传棒人跑到标记线时，接棒人便应迅速起跑。

②传、接棒的方法。传、接棒方法一般有上挑式、下压式和混合式三种。

上挑式：接棒的手臂自然后伸出，掌心向后，拇指与其他四指自然张开，虎口朝下，传棒人将棒由下向前上方送入接棒人的手中。

这种方法的优点是，接棒向后伸手的动作比较自然，容易掌握；缺点是接棒时只能握在接力棒的中间，待第三棒传给第四棒时，只能握住棒的前端，容易造成掉棒和影响持棒快跑。

下压式：接棒的手臂自然向后伸出，手腕内旋，掌心向上，虎口张开朝后，拇指向内，其余四指并拢向外，传棒人将棒的前端从上向下"压"入接棒人手中。

这种方法的优点是，每一棒次的接棒都能握住棒的一端，便于下一次接棒和有利于速度的发挥；缺点是接棒人后伸的手动作紧张、不自然。

混合式：跑第一棒队员用右手握棒起跑，沿跑道内侧跑，用"上挑式"将棒传给第二棒队员的左手；第二棒队员接棒后沿跑道外侧跑，用"下压式"将棒传给第三棒队员的右手；第三棒沿弯道内侧跑用"上挑式"将棒传给第四棒队员的左手；第四棒接棒后一直跑过终点。这种方法综合了"上挑式"和"下压式"的优点。

③接棒的时机和标志线的确定。

传、接棒的时机。接棒队员站在预跑区内或接力区后端，待看到传棒人跑到标志线时便迅速起跑。当传棒人跑到接力区内，离接棒人1.5米左右时，要立即向接棒人发出"嗨"或"接"的传、接棒信号，接棒人听到信号后迅速向后伸手接棒。传棒人完成传棒动作后逐渐降低跑速，待其他道次运动员跑过后离开跑道。

标志线的确定。为保证传、接棒动作能在快速奔跑中完成，要准确地确定标志线。它是根据传、接棒人的跑速和传、接棒人技术的熟练程度而定的。如果接棒人在接力区前10米预跑线处出发，跑到接力区末端27米处传、接棒，传、接棒时两队员之间的距离为1.5米，则标志线的距离为：传棒人最后30米平均速度×接棒人起跑27米所需时间－(27米－1.5米)。假设传棒人最后30米平均速度为9秒，接棒人起跑27米所需时间为3.5秒，即可算出标志线距离的初步数据为：9米/秒×3.5－(27米－1.5米)＝31.5米－25.5米＝6米。这仅是提供参考的数字，在实践中还需通过多次实践不断加以调整。

④队员的分配。接力跑是由四个人配合跑完全程。在安排各棒队员时，必须考虑发挥每个人的特点。一般安排起跑技术好并善于跑弯道的人跑第一棒；第二棒应是速度耐力好又善于传、接棒的人跑；第三棒除具备第二棒运动员的长处外，还要善于跑弯道；把全队速度最

好、冲刺能力最强、拼劲最足的运动员放在最后一棒跑。

（2）4×400米接力跑技术。

在进行4×400米接力跑时，由于跑速降低，传接棒就比较容易进行，一般是根据传、接棒运动员跑速来决定传、接棒的方式。

第一棒采用蹲踞式起跑，起跑技术同4×100米接力跑的起跑；第二棒采用站立式起跑姿势，头部转向后方，看好自己的队员。如果传棒人跑的速度快时，则接棒人早些起跑；如果传棒人显得精疲力竭时，接棒人可主动把棒拿过来。4×400米接力跑时，可采用换手传、接棒的方法，右手接棒后立即换到左手。

2. 接力跑的练习方法

（1）教师简述接力跑的知识和规则，示范传、接棒方法。

（2）原地做"上挑式"或"下压式"传、接棒练习：将学生排成二列横队或纵队，前后相距1米左右，传棒人的右肩对着接棒人的左肩，轮流做传、接棒练习，体会正确的接棒时机和手形。

（3）在走步和慢跑中进行"上挑式"或"下压式"传、接棒练习。方法和要求同（2）。

（4）在慢跑中根据同伴的信号进行传、接棒练习，待熟练后在中速跑和快速跑中做传、接棒的练习。

（5）在全程跑中进行完整技术练习。成队连续进行50～100米接力跑练习。

（6）4×50米接力跑练习或竞赛，组织时尽量使各队力量平均。

（7）4×100米接力跑练习或竞赛，组织时尽量使各队力量平均。

（8）接力跑的速度训练与短跑相同，但练习时应着重在快速跑中进行传、接棒技术练习，并且在反复实践中确定起跑标志线的距离和传、接棒的时机。

3. 接力跑易犯错误及其纠正方法

（1）接棒人过早地超越传、接棒标志线。

产生原因：接棒人起跑太早，起跑标志线离接力区过远，高估了传棒人的跑速，接棒人过于紧张。

纠正方法：全神贯注地起跑，缩短起跑标志线和接力区距离；经常在高速跑的情况下练习传、接棒动作；正确判断同伴的跑速和自己的竞技状态。

（2）传棒人超过接棒人。

产生原因：接棒人起跑太晚，低估了传棒人的速度，反应太慢，指从看到传棒人到达起跑标志线时到自己真正开始跑时时间太长。

纠正方法：全神贯注地起跑，延长起跑标志线和接力区之间的距离；经常在高速跑的情况下练习传、接棒动作；正确判断同伴的跑速和自己的竞技状态。

（3）接棒人接棒时回头看，影响跑速。

产生原因：对接棒信心不足，精神过于紧张。

纠正方法：练习较慢速度时的接棒动作；目光始终向前，反复练习，消除紧张状态。

（4）掉棒。

产生原因：传、接棒时过于紧张，接棒人还没做好接棒动作就传了棒，手持棒的部位不正确。

纠正方法：在中速跑进中安全地传、接棒，传、接棒时严格按照先后次序；传棒人应负主要责任，必须握紧棒，直到安全送到接棒人手中为止；明确传、接棒时持棒的正确部位。

（5）传棒人持棒臂前送太早，或接棒人接棒臂后伸过早，或起跑时接棒臂就拖曳在后，影响跑速的发挥。

产生原因：传棒人跑到终点时过于疲劳，担心自己不能及时赶上接棒人；接棒人担心自己不能及时接到棒。

纠正方法：在特别强调注意的动作及其意义的情况下，反复进行传、接棒动作练习；消除紧张心理。

（6）接棒人没按应跑的跑道一侧跑进，给传递接力棒造成困难。

产生原因：没有形成各棒次在跑道内侧或外侧的习惯。

纠正方法：反复讲解和示范各棒次队员正确的跑进路线和传接棒技术，在队员中形成正确的概念之后反复练习。

（三）中长距离跑

中距离跑项目为男女800米、1 000米、1 500米、3 000米等。长跑是以耐力为主的项目，男女5 000米、10 000米均属于长距离跑。马拉松跑（42.195千米）属于超长距离跑。另外，还有公路赛、半程马拉松、25千米、30千米、100千米和公路赛接力跑。中长跑的特点是长时间的内脏器官工作和连续的肌肉协调活动。跑时要轻松协调、重心平稳、直线性好、节奏性强，尽可能减少能量的消耗。保持步长，提高跑的步频是当今中长跑技术发展的趋向。

1. 中长跑的技术

中长跑是一项人体负荷很大，锻炼价值高的运动项目。经常参加锻炼能改善呼吸系统和心血管系统功能，发展耐力素质。同时可培养人们的勇敢、顽强、不怕苦、不怕累和克服困难的意志品质。中长跑的技术，根据全程跑的特点分为起跑、起跑后的加速跑、途中跑、终点跑和呼吸五个部分。

（1）起跑。田径规则规定，中长跑起跑必须是站立式起跑。起跑技术分为"各就位""鸣枪"两个技术环节。

发令前要求参加比赛者站在起跑线后3米的集合线。听到"各就位"的口令后，先做一两次深呼吸，轻松地走到起跑线后，两脚前后开立。有力的脚在前面紧靠起跑线的后沿，前脚脚跟和后脚脚尖之间的距离为一脚长，两脚左右间隔约为半脚长。体重落在前脚上，后脚用脚掌支撑站立。两腿弯曲，头部与躯干保持在一条直线上，眼向前看，身体保持稳定姿势，集中注意力听枪声。

（2）起跑后的加速跑。听到枪声后，两脚用力蹬地。后腿蹬地后迅速前摆，两臂配合两腿的蹬摆做快而有力的前后摆动，使身体快速向前冲出。随着跑距的延长，上体逐渐抬起，加速跑时，占领有利的战术位置，为途中跑创造条件。起跑后，上体前倾稍大，蹬、摆积极有力，和短跑基本相似。

（3）途中跑。途中跑在技术结构上与短跑相同。由于中长跑距离长，体力消耗大，要求跑时动作更要放松、协调、平稳和省力。途中跑技术主要体现在动作的经济性和实效性两个方面。

它与短跑相比，在上体的前倾角度、摆臂、摆动腿的动作幅度、步长和后蹬力量等方面都要小，后蹬角度相对较大。脚着地时，前脚掌或前脚掌外侧先着地，然后过渡到全脚掌着地。进行中长跑时，做到轻松自如、步伐均匀、步长适中、重心平稳、呼吸与动作节奏配合好，才能提高中长跑的成绩。

（4）终点跑。终点跑是在身体十分疲劳的情况下进行的。它是中长跑临近终点时最后一段距离的冲刺跑。终点跑的距离要根据不同项目、个人特点、场上的情况和战术要求而定。比赛距离越长，终点跑的距离相对加长。冲刺时应动员全部力量，加快摆臂、加大后蹬、提高频率，以顽强的意志冲过终点。

（5）中长跑的呼吸。中长跑时，首先感到呼吸困难。主要是因为能量消耗大，机体对氧的需求量增加，肺通气量比安静时增加 10~15 倍以上，每分钟可达到 100 多升。为了供给机体充足的氧气，必须掌握一定的呼吸频率和呼吸深度。呼吸应做到均匀深长，吸入的气体最好稍有停留，然后再均匀呼出。只有充分地呼出二氧化碳，才能充分地吸进氧气，所以呼吸必须与跑步协调配合。多数长跑者都采用"二步一吸，二步一呼"或"一步一吸，一步一呼"的方法。随着疲劳的出现，呼吸的频率也有所加快。呼吸是利用鼻与半张开的嘴同时进行的。冬天练长跑和顶风时，可以用鼻子呼吸或用鼻子吸入嘴呼出的方法。跑速加快以后，靠鼻子呼吸就不够了，需用鼻子和嘴同时呼吸。

由于内脏器官工作条件的改变，氧气的供应落后于肌肉活动的需要，所以跑到一定阶段往往会出现胸部发闷、呼吸节奏破坏、呼吸很困难、跑速降低而难以坚持跑下去的感觉。这种现象即为通常所说的"极点"，这是跑的过程中出现的正常现象。跑的强度越大，"极点"出现得越早。当"极点"出现时，一定要以顽强的意志坚持下去。同时要注意呼吸的方法，做到深呼吸，特别是加深呼气。另外，可适当调整跑速。

2. 中长跑的练习方法

（1）一般耐力练习方法。

一般耐力训练是发展中长跑专项耐力的基础。一般耐力是通过强度小、时间长，诸如越野跑、游泳、爬山和各种球类练习进行的训练。

①持续跑的练习方法。发展一般耐力要以增加量开始，循序渐进，波浪式地前进，随着训练水平的不断提高，适当增加跑量和强度。用规定速度进行长时间的持续跑是中长跑训练的最基本的方法之一。持续跑的强度相当于全力跑的 60%~70%，每分钟的脉搏次数为 120~150 次；持续跑的速度一般来说比全力跑慢得多。但是有时也通过改变它的距离、时间、跑速等来调节训练内容，所以形成了不同类型的持续跑。

长时间慢速跑（持续时间 1~3 小时）脉搏在 130~150 次/分。它是保持运动员的基础耐力或者作为紧张训练和比赛后一种恢复手段。

长时间中速跑（持续时间 1~2 小时）脉搏在 155~156 次/分。它是发展运动员的有氧代谢功能的主要手段。

长时间快速跑（持续时间 30~60 秒）脉搏 165~175 次/分。它是发展有氧和无氧代谢功能的一种手段，初学者不宜采用。

②"法特莱克"跑的练习方法。"法特莱克"又称为速度游戏，是发展耐力与速度的良好手段。它是充分利用了山地、湖边、森林、草坪的自然条件作为"法特莱克"的场地。在"法特莱克"的训练中，保留了大运动量的特点，又利用了地形，增加了训练难度。瑞典教练员霍迈尔给运动员制定的"法特莱克"内容大致有以下两种：

慢跑10分钟，接着再自由跑12～20分钟，途中做10～15分钟、每次70～100米的加速跑。而后做各种跳跃练习，再慢跑10分钟，用3/4的力量跑2～3次，每次300～500米。当中间歇800米慢跑，做10×300米、3×300米、8×400米均可，最后匀速跑5～10分钟。

慢跑10分钟，接着做1 200～2 000米轻快的匀速跑，走5分钟，再进行50～60分钟快速跑。其中慢跑休息，量自己掌握。做各种跳跃练习，放松慢跑。而后做200米上坡跑，15分钟慢跑，途中多次疾跑，慢跑15分钟。这种跑法不仅可以提高内脏功能，提高有氧代谢能力，还可以培养运动员的意志品质，改进跑的技术和提高身体素质。

（2）发展耐力常采用的力量练习方法。

①立定跳远、多级跳、单足跳、跨跳、跳高、蛙跳、跳远、三级跳远及各种跳跃游戏。

②俯卧撑、立卧撑、俯撑曲伸腿、轻器械练习（如实心球、哑铃、沙衣、沙袋等）。

③利用地形条件（如山坡、沙滩等）进行跑的练习。

④其他的负重（如杠铃等）练习。

进行力量训练还应注意以下几点：

①认真检查场地（如地面平整、沙坑松软等）和器械，必要时要加强保护措施。

②注意观察运动员的身体情况和情绪。

③每次力量练习后，要放松练习。

④在两周内至少要安排一次力量练习。

（3）灵敏性、柔韧性练习方法。

①各种专门练习，如徒手体操、器械体操、技巧练习、球类活动、游戏、舞蹈等。

②田径中的其他项目（跨栏等）练习。

③各种转肩、转体练习。

④各种压腿、摆腿、踢腿、劈叉等练习。

发展柔韧性练习时还应注意以下两点：

①在采用爆发式（急骤地拉长肌肉组织）和慢张式（静力的拉长）这两种方法时，应以后一种为主，其效果较好。对于前一种方法，也应给予一定重视。一般在练习中，先做慢张式练习，接着再做爆发式练习。

②柔韧性练习后，应做放松练习；必须坚持系统不间断的训练；要做好准备活动，应循序渐进，不提出过高、过急的要求，以免造成伤害事故。

（4）专项耐力练习。

发展专项耐力一般采用间歇跑、重复跑、变速跑、接近专项距离或略超过专项距离的计时跑，以及专项检查跑、检测、比赛等。

①间歇跑训练：是严格按预先规定的距离、次数、间歇时间和休息方式反复练习的方法。间歇跑时，使心率保持在120～180次/分钟，使心输出量处于最佳水平上。间歇时间应使肌肉得到休息，而内脏仍处于很高的活动水平，使整个训练对心脏功能的增强有显著效果。一般常在200～600米距离上采用间歇跑。在各年级段的训练中，均可以采用间歇跑的练习。

②重复跑训练：是按预先制定好的强度（全力或接近全力）进行运动练习，然后采取

走和坐的休息方式,待疲劳得到恢复后,再进行同等强度的重复运动的一种训练方法。如果采用重复跑练习,选择的段落应以专项距离为主。如 800 米跑,以 400~600 米为主;1 500 米跑,以 700~1 200 米为主;3 000 米跑,以 1 000~2 600 米为主;5 000 米跑,以 1 000~4 000 米为主;10 000 米跑,以 1 000~6 000 米为主。

③各种训练手段和方法的综合运用。

④长距离的大强度越野跑。

(5) 中长跑的战术训练。

制定战术时必须以自己的能力为基础。科学分配体力是取得优异成绩的主要战术。通常耐力好而速度差的选手多采用领先跑的战术,以便在跑程中能较好地发挥自己的特长,甩掉对手。而跟随跑,是最后一段发挥速度优势,全力冲刺超越对手,夺取胜利。弯道跑时,应靠近跑道内沿跑进,以免多跑距离。途中超越对手应利用惯性在下弯道或直道上进行。逆风跑时,应适当增大身体的前倾度,相应缩短步长,用加快频率来弥补速度的损失;顺风跑时,上体要稍微直立些。

中长跑比赛的战术不是一成不变的,应根据场地、气候、对手等情况灵活掌握,做到知己知彼,以己为主,争取胜利。

3. 中长跑易产生的错误及其纠正方法

(1) 起跑抢跑和起跑后加速过快。

产生原因:不重视中长跑的起跑技术,身体重心过分前移。不善于分配体力,急于抢位。

纠正方法:加强中长跑起跑技术练习,强调"各就位"姿势时身体重心的稳定。要教育学生遵守起跑规则,教会学生合理地分配体力和加速跑的方法。

(2) 跑的动作紧张不协调。

产生原因:技术概念不清,不会放松肩部和腿部的肌肉。身体姿势不正确,过于前倾后仰。

纠正方法:反复讲解与示范,使学生了解正确的动作过程。多做柔韧性练习,增强弱肌群的力量,使各部分肌肉力量发展平衡;多做上体保持正直的慢跑、中速跑、变速跑和跑的专门性练习,强调身体放松。

(3) 身体重心起伏过大,跑的直线性差。

产生原因:后蹬角度太大,摆臂方向不正确,脚着地成八字形使两腿的力量不均匀。

纠正方法:注意膝关节向正前方摆动,用适宜的后蹬角度跑;加强弱腿力量练习,增强手臂、肩带的力量;加强摆臂技术练习,沿跑道的白线跑,强调用前脚掌内侧着地。

(4) 后蹬效果不好,形成"坐着跑"。

产生原因:技术概念不清,蹬地腿离地过早。关节灵活性和腿的柔韧性差,腿部和踝关节力量差。

纠正方法:反复讲解和示范,建立正确的技术概念。加强后蹬跑、跨步跳、上坡跑、支撑送髋、原地多级跳等练习,要求髋、膝、踝关节充分蹬直,强调送髋动作,加强腿部力量练习。

(5) 呼吸方法不正确和跑的节奏性差。

产生原因:学生对跑时的呼吸方法、跑的节奏掌握不好,跑的速度感及均匀分配体力的能力差。

纠正方法：反复讲解示范，使学生了解正确的呼吸方法及跑的节奏性的重要意义。原地跑步，练习呼吸、步子的协调配合，逐渐过渡到途中跑，保持呼吸和步子的协调配合；多做各种跑的练习，在练习中强调保持稳定的步长和步频以及均匀的跑速，通过分段报时的方法，逐渐培养跑的速度感。

第四节　竞走、跑步运动规则介绍

一、竞走比赛规则简介

竞走比赛有两个核心规则。首先，竞走运动员必须始终保持至少有一只脚与地面接触。其次，前腿从着地的一瞬间起直到垂直位置必须始终伸直，膝关节不能弯曲。

比赛中有6~9名专职的竞走裁判员监督运动员。按规则规定，他们不能借助任何设备帮助判断，只能依靠自己的眼睛来判断运动员是否犯规。当竞走裁判员看到竞走运动员的动作有违反竞走技术的迹象时，应予以黄牌警告，并在赛后报告给主裁判。当运动员的行进方式违反竞走技术的规定，表现出肉眼可见的腾空或膝关节弯曲时，竞走裁判员须将一张红卡送交竞走主裁判。当竞走主裁判收到针对同一名运动员的三张来自不同竞走裁判员的红卡时，该运动员即被取消比赛资格，并由主裁判或主裁判助理向其出示红牌通知他（她）。

二、短跑的比赛规则简介

（1）参加比赛的运动员必须使用起跑器和采用蹲踞式起跑。

（2）在没有鸣枪之前而有跑的动作即为犯规。第一次犯规警告，第二次则取消比赛资格。

（3）在直道跑时，由于串道、跌倒或其他动作影响他人，应视为犯规。

（4）在弯道跑时，运动员的脚不得踩踏左侧分道线，不得阻碍其他运动员在各自道内的正常跑进。

三、接力跑的规则简介

（1）接棒运动员必须在预跑区内起跑。

（2）传、接棒必须在20米接力区内完成。是否在接力区内的判断标准，仅取决于接力棒的位置，而不取决于运动员的身体或四肢。

（3）运动员必须持棒跑完全程，若棒掉落必须由掉棒运动员拾起，但不得阻碍其他运动员的跑进。

（4）传棒后，凡串道或离道时阻碍他人的跑进，则为犯规，应取消比赛资格。

四、中长跑的规则简介

（1）推、撞、挤或有意阻挡他人，应取消比赛资格。

（2）未到抢道标志，不得提前切入内道。

(3) 不合理的左侧超越或者从右侧超越后又故意阻挡他人者，应取消比赛资格。

(4) 比赛中擅自离开跑道，则不得继续比赛。

复习思考题

1. 短跑技术包括哪几个部分？参加短跑锻炼有什么好处？
2. 中长跑如何进行呼吸？极点是什么意思？

第八章　跳跃、投掷运动

学习提示

跳跃和投掷是人的本能，跳得更高、投得更远是人们对突破锻炼身体极限的一种追求。

第一节　跳跃运动

一、跳跃运动简介

跳高起源于古代人类在生活和劳动中越过垂直障碍的活动。现代跳高始于欧洲。18世纪末苏格兰已有跳高比赛，19世纪60年代开始流行于欧美国家。1827年9月26日在英国圣罗兰·博德尔俱乐部举行的首届职业田径比赛中，威尔逊（Adam Wilson）屈膝团身跳越1.575米。这是第一个有记载的世界跳高成绩。跳高有跨越式、剪式、俯卧式、背越式等过杆技术。现在，绝大多数运动员都采用背越式。跳高横杆可用玻璃纤维、金属或其他适宜材料制成，长3.98～4.02米，最大质量2千克。比赛时，运动员必须用单脚起跳，可以在规定的任一起跳高度上试跳，但第一高度只有3次试跳机会。男、女跳高分别于1896年和1928年被列为奥运会比赛项目。

跳远起源于人类猎取或逃避野兽时跨越河沟的活动，后成为军事训练的手段，为公元前708年古代奥运会五项全能项目之一。现代跳远运动始于英国。1827年9月26日在英国圣罗兰·博德尔俱乐部举行的首届职业田径比赛中，威尔逊（Adam Wilson）越5.41米的远度。这是第一个有记载的世界跳远成绩。跳远的腾空动作有蹲踞式、挺身式和走步式。20世纪70年代出现前空翻跳远，因危险性大，被国际田联禁用。最初，运动员是在地面起跳，1886年开始采用起跳板。起跳板白色，埋入地下，与地面齐平，长1.22米，宽20厘米，距沙坑近端不少于1米。起跳板前有起跳线，起跳线前有用于判断运动员起跳是否犯规的橡皮泥显示板或沙台。运动员必须在起跳线后起跳。比赛时，如运动员不足8人，每人可试跳6次；超过8人，则先试跳3次，8名成绩最好的运动员再试跳3次。最后以运动员6次试跳的最好成绩排列名次。男、女跳远分别于1896年和1948年被列为奥运会比赛项目。

二、跳跃运动对人的好处

跳跃运动能增强人体大腿的肌肉和韧带的强度，提高人体的弹跳能力和协调性，培养勇敢顽强、拼搏进取的精神。

第二节　跳跃技术与练习方法

跳跃类项目都是从水平位移转变为抛射运动，整个运动过程分为助跑、起跳、腾空与落地几个紧密相连的技术阶段。它包括跳高、撑竿跳高、跳远、三级跳远。这里主要介绍背越式跳高、蹲踞式和挺身式跳远。

一、跳高

跳高技术的发展，经历了跨越式跳高、剪式跳高、滚式跳高、俯卧式跳高、背越式跳高的技术改进。背越式跳高的技术能发挥运动员的速度、爆发力和成绩，取代了其他跳高的方式。现在体育教学中，以背越式跳高技术为主要的学习内容。从事跳高项目的锻炼，可以增强人的腿部力量，培养学生勇敢、果断、敢于克服困难的良好品质。背越式跳高技术是由助跑、起跳、腾空过杆与落地三个部分组成。

（一）背越式跳高的基本技术

1. 助跑

助跑的任务要求是获得水平速度，在起跳前立即调整技术动作的结构和节奏。其目的是达到合理的身体姿势，促使背越式跳高成为一个独特的跳高技术。

目前，背越式跳高的助跑大多数采用 8～12 步或 9～13 步。助跑开始前 4～8 步要加速跑，但是后 4 步是跑弧线。在跑动中整个身体要向弧心倾斜，速度要加快，倾斜要适当加大。做全程助跑时要保持高重心，跑的节奏要鲜明，速度要逐渐加快。到最后一步要积极、快速、准确地踏上起跳点，要及时把水平速度转化为垂直速度，为起跳创造良好的条件。另外，在学习背越式跳高助跑中，要注意步子动作自然放松，速度与节奏稳定。背越式跳高助跑距离的丈量，采用走步丈量的方法，如图 8－1 所示。

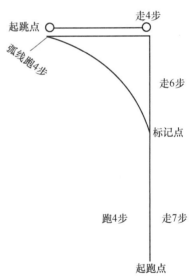

图 8－1　背越式跳高助跑距离丈量方法

2. 起跳

起跳是跳高技术的最关键技术。起跳的任务是在助跑速度基础上，迅速地转变人体运动方向，而且获得尽可能大的垂直速度。同时要产生一定的旋转动力，保证顺利地完成过杆动作。

起跳腿要沿弧线的切线方向踏上起跳点，用脚跟外侧先接触地面，并迅速地滚动到全脚掌着地，脚尖指向弧的切线方向。这时，摆动腿蹬离地面开始摆腿，重心迅速跟上并积极前移，使起跳腿伸肌进行退让工作。当身体重心移到支撑点上方时，摆动腿继续向上摆，把同侧髋带出，带动骨盆扭转。同时蹬伸起跳腿，两臂配合腿的动作向上提肩摆臂，要及时地做引肩的动作，如图 8－2 所示。

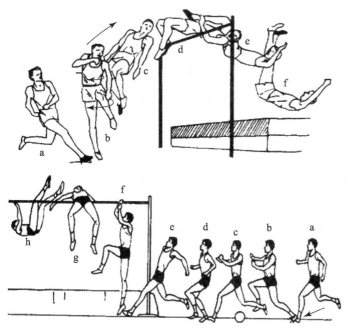

图 8-2 背越式跳高技术

背越式跳高技术分析

3. 腾空过杆与落地

起跳腾空后,身体保持伸展的姿势向上腾起的动作,在摆动腿和同侧臂动作力量带动下,加速身体的纵轴旋转。同时身体迅速转向背对横杆,这时摆动腿的膝关节要放松,起跳腿蹬伸离地面后要自然下垂,肩继续向横杆伸展,头和肩越过横杆后,髋部要较快地向上升起,然后充分上挺,两腿的膝关节自然弯曲稍分开,两臂置于体侧,在杆上成背弓姿势。当身体重心越过横杆时,要含胸收腹,髋部发力,带动大、小腿快速向后上方甩动,使整个身体离开横杆后,以肩背部落于海绵垫上。

(二)背越式跳高的练习方法

(1)介绍背越式跳高技术并结合图片、挂图、观看录像等手段,简要地讲述跳高的意义和特点,使学生懂得背越式跳高的完整技术。

(2)学习原地摆腿和摆臂的技术。

(3)上一步做起跳技术,要求掌握摆动腿蹬地后快速起摆,在摆动腿和摆臂带动下,起跳腿快速蹬伸跳起动作的练习。

(4)沿着直径为10~15米的圆圈快跑。要求掌握身体的向内倾斜,从直道进入弯道的跑动动作的练习。

(5)起跳转体的动作技术,3~5步助跑起跳,身体腾空后沿身体纵轴转体180°,背对横杆落地动作的练习。

(6)4~6步弧线助跑起跳后,坐上高器械。要求掌握进入弧线助跑时,控制身体向内倾斜,起跳后身体垂直向上腾起,然后坐上高器械动作的练习。

(7)起跳后倒动作的技术。双脚并立,双腿屈膝发力向上方蹬伸跳起,腾空后,肩背积极后倒,以肩部和背部着垫子的练习。

(8)跳上垫子动作的技术。3~5步助跑起跳、转体、提髋,做背弓动作,落在垫子上动作的练习。

（9）过杆和落地动作的技术。仰卧在垫子或草地上，两肩和两脚撑地做向上抬臀挺髋动作的练习。

（10）立定背越式跳高动作的技术。要求掌握两腿屈膝半蹲，然后用力向上跳，两臂配合上摆，肩向后伸展，抬臀、挺髋成背越式姿势，肩背着垫动作的练习。4步助跑、起跳、过杆的动作练习。

（11）8步助跑，起跳过低横杆技术动作的练习。

（12）全程跑8~12步，背越式跳高、助跑、起跳、腾空过杆与落地技术动作的练习。

（三）易犯错误及其纠正方法

1. 迈步起跳时，上体倒向横杆

产生原因：迈步时脚尖偏向横杆（俯卧式），过早直体（背越式）；骨盆前移速度不够；急于过杆。

纠正方法：多做迈步练习，体会动作用力顺序，特别是快速前送骨盆动作；多做不过杆的迈步起跳和助跑起跳练习。

2. 起跳前冲太大，向上不够

产生原因：助跑速度过快，来不及做起跳动作；起跳动作不对，送髋不够；摆动慢，摆动得太晚。

纠正方法：多做起跳练习，掌握正确的起跳技术；多做迈步摆腿练习，加快骨盆前送动作，不仅加快迈步速度，而且要带动摆动腿早摆、快摆；反复助跑，掌握好助跑节奏，在此基础上做助跑起跳练习。

3. 起跳向上腾起，但"进"不去杆

产生原因：起跳的制动太大，迈步腿前伸太远，上体后仰；助跑速度慢，起跳前身体重心太低。

纠正方法：多做迈步起跳练习，要求动作积极、快速；加快助跑速度，改进跑的技术。

4. 起跳时摆动腿摆动的时间、速度、幅度不合适

产生原因：迈步时的骨盆动作缓慢；助跑最后一步起跳腿蹬地不积极；摆动腿的柔韧性差，力量不足。

纠正方法：多做迈步摆腿练习；做"摆动腿"支撑蹬地的跨跳练习；加强摆动腿的柔韧性和力量；做负重或不负重的摆腿练习；两步助跑起跳，摆动腿用脚或膝触高物等。

5. 迈步时，起跳腿抬得太高，向下"打"地

产生原因：倒数第二步脚的移动不够；髋前移距离短，大腿向上抬。

纠正方法：做两步助跑的迈步起跳练习，多体会倒数第二步脚的移动和迈步送髋等技术。

二、跳远

跳远是克服水平障碍的跳跃项目。跳远的完整技术由助跑、起跳、腾空、落地四个部分组成。跳远有蹲踞式跳远、挺身式跳远和走步式跳远。快速的助跑和正确有力的起跳动作是跳远的技术重点。经常从事跳远技术练习，对于发展人的速度、弹跳力、协调性具有良好的作用。

（一）跳远技术

1. 助跑

助跑任务是为了获得最大的水平速度，并为迅速有力的起跳做好准备。助跑一般采用"站立式"起动姿势。助跑距离应根据各人发挥速度的快慢来决定，一般来说男子助跑距离是32~38米，助跑步数是18~22步；女子助跑距离是26~35米，助跑步数是16~20步。

在确定助跑点时，一般采用两个标志。第一标志是助跑的起跑线。起跑时，后蹬要充分有力，并要做到逐渐加速。踏上第二标志时，在离起跳板6~8步的地方，使助跑快速接近和达到最高速度，这时做好准备踏板。倒数第二步的步幅稍长，身体重心略有降低，最后的一步略小，使身体重心升高而进入起跳。

助跑技术动作要求助跑时，肩带要放松，两臂配合两腿动作放松而协调地摆动，跑的节奏要明显，步子轻松自然，富有弹性，促使身体重心平稳地沿着直线向前运动。

2. 起跳

起跳的任务是充分利用助跑速度，获得尽可能大的腾起初速度和合理的腾起角。起跳动作是从助跑最后一步开始的。起跳时，大腿积极下压，小腿迅速前伸，用全脚掌立即转移到脚前掌着地。当身体重心接近起跳腿的支撑点时，起跳腿迅速用力蹬伸，同时摆动腿以膝领先，积极向前上方摆到水平位置。两臂也配合腿部动作用力上摆，使起跳腿髋、膝、踝关节充分伸直。

要求上体正直，眼视前方，踏板起跳。

3. 腾空

起跳后的腾空姿势，是身体起跳后进入腾空中的姿势。正确的腾空动作，是防止身体前旋，主要是维持身体平衡，为落地动作做好准备。

起跳腾空后，身体保持起跳后的伸展。摆动腿屈膝前摆，大腿高摆至水平位置，小腿自然下垂，上体正直，头向上顶，两臂上摆提肩，腰腹部肌肉紧张用力，向上提髋，在空中成为跨步飞行姿势，这个姿势称为腾空步。腾空步以后的空中动作有三种：蹲踞式、挺身式、走步式。这里介绍蹲踞式和挺身式两种。

（1）蹲踞式。起跳腾空后，保持腾空步的姿势，上体正直。当腾空到最高点时，起跳腿向前上方和摆动腿并拢，两臂自然下垂，上体稍前倾，在空中成"蹲踞"姿势。快落地时，小腿前伸，同时两臂由前向后下方摆动，借高举大腿的惯性，将小腿前伸落地，如图8-3所示。

图8-3 蹲踞式跳远技术

2016年欧洲女子跳远锦标赛精彩集锦

（2）挺身式。完成腾空步后，摆动腿大腿积极下放，小腿由前向后成弧形摆动，髋关节伸展，两臂由下向上方摆动。这时，留在体后的起跳腿与后摆的摆动腿靠拢。臀部前移，胸腰稍向前挺，形成展体挺身的姿势。落地前，两臂上举或后摆，然后收腹，双腿前伸，上体前倾，完成落地动作，如图8-4所示。

图8-4 挺身式跳远技术

4. 落地

良好的落地技术动作，可以提高跳远成绩，能增加20厘米左右，而且可以防止伤害事故。在完成腾空动作后，两大腿向前上方抬起，小腿向前伸，同时臀部要向前移动，上体前倾，两脚着地迅速屈膝缓冲，借助向前的惯性作用，使身体重心向下向前移过支撑点，安全地落地，避免后坐或后倒。

（二）跳远练习方法

（1）介绍跳远的技术，结合图片、挂图、录像等手段，讲解跳远的技术。教学动作练习时，应把快速助跑和合理有力的起跳相结合作为重点。

（2）学习立定跳远的技术，要求两脚并立，屈膝半蹲，两臂后摆，上体前倾。然后两臂猛然向前上方挥摆，同时两腿用力蹬地，向上跳起，落地时屈膝下蹲动作的练习。

（3）学习助跑和起跳的技术，在跑道上进行18~20步助跑练习，确定助跑距离，掌握助跑踏板动作的练习。

（4）学习上步模仿起跳，在跑道上连续做3步助跑起跳动作的练习。

（5）在跑道上慢跑3~5步，做连续起跳和腾空步练习。从跳箱上做"蹲踞式"空中动作并练习落地动作。

（6）学习4~6步助跑起跳腾空步后，将起跳腿与摆动腿靠拢，收腹举腿尽量贴近胸部，成团身的蹲踞姿势，两脚同时落地。

（7）学习从跳箱上做"挺身式"空中动作并落地的练习。助跑6~8步起跳后做挺身展体，再收腹落地动作的练习。

（8）学习跳远全程助跑、起跳、腾空、落地的完整技术动作的练习。

（9）发展跳远的速度可以采用短距离的反复跑、行进间快跑、改变节奏跑、上下坡跑、跨栏跑等。

（10）发展快速力量：中等力量的负重练习（负重提踵、负杠铃原地跳、负重弓箭步走等）、负大重量的蹲起、用各种方法举杠铃和双人对抗性练习。

（11）发展弹跳力：

①一般跳跃练习：单足跳、跨步跳、分腿跳、蛙跳、直腿跳等。

②跳跃障碍练习：跳跃栏架、跳上台阶或各种物体。

③与专项技术相近的跳跃练习：助跑跳起触高、跳高、多级跳和三级跳远等。

（三）易犯错误及其纠正方法

1. 助跑阶段

（1）助跑步点不准。

产生原因：开始助跑的姿势不固定；助跑加速不均匀，节奏和步长不稳定。

纠正方法：
①固定助跑的启动方式，正确使用助跑标志。
②反复检查和调整助跑步点，在快跑中固定助跑的动作幅度、步频和节奏。
（2）助跑最后几步减速。
产生原因：
①步点不准，最后几步步长过大或过小。
②急于做强有力的起跳。
③跑时上体后仰、臀部后"坐"或后蹬不充分。
④快跑中起跳的能力差。
纠正方法：
①跑的路线正直，稳定助跑节奏，提高助跑的准确性。
②强调起跳技术的重要性，改进起跳技术。
③提高起跳能力。

2. 起跳阶段
（1）起跳腿蹬不直。
产生原因：
①起跳时髋没有积极前"送"。
②蹬伸用力开始太早或太晚。
③起跳腿落地太重，或落地时身体重心下降。
④动作不协调和力量素质差等。
纠正方法：
①多做"送"髋练习。仰卧在垫子上，起跳脚垫高30厘米，挺髋并带动摆动腿屈膝上举。
②减少起跳中的制动作用，提高向前用力的效果。
③加强高重心的最后几步助跑和起跳练习，强调起跳着地瞬间摆动腿的积极前摆。
④多做各种跳跃练习，改进动作的协调性和发展腿部力量。
（2）起跳方向不正。
产生原因：
①最后几步助跑的路线偏斜和起跳时身体侧倾。
②摆动腿方向不正。
③起跳中身体积极前移不够。
纠正方法：
①强调直线助跑的重要性，按事先画好的直线，反复进行助跑和起跳练习。
②反复做起跳的模仿练习，强调头和躯干成一直线，摆腿要正。
③做完整的跳远练习，强调跑过跳板，或在俯角斜板上练习起跳。
（3）"制动式"起跳。
产生原因：
①没有掌握正确的起跳技术，对保持高水平速度的意义认识不足。
②盲目追求过高的腾空高度。

纠正方法：
①正确认识水平速度对提高跳远成绩的重要性。
②强调在快速跑过起跳板的条件下起跳，起跳腿着地时脚要积极"扒"地。

3. 腾空阶段

（1）挺身过早。
产生原因：
①起跳不充分，摆动腿摆动不积极。
②摆动腿下落过早。
纠正方法：
①加强起跳练习，强调"腾空步"姿势，待身体腾越一定距离后，再做挺身动作。
②多做加强腰腹肌和下肢力量的练习。

（2）以挺腹代替挺身。
产生原因：
①"腾空步"后，摆动腿下落不积极。
②摆动腿没有后摆的动作，而且上体后仰。
纠正方法：
①在器械上支撑或悬垂，做挺身的模仿练习。
②加强短距离助跑的完整练习，要求上体保持正直，摆动腿积极下落并向后摆动。

4. 落地阶段

（1）着地时小腿前移不够。
产生原因：
①着地前低头，上体前压。
②腰腹力量和下肢柔韧性差。
纠正方法：
①立定跳远，要求着地前小腿向前伸出。
②短程助跑跳远，着地前高抬大腿。
③加强腰腹肌力量和大腿后侧肌群、韧带的柔韧性练习。

（2）着地后臀部后坐。
产生原因：
①脚跟着地后，没有迅速屈膝前跪。
②落地后身体不积极前移。
③摆臂姿势不正确。
纠正方法：
①做落地的模仿练习，强调及时屈膝，屈踝和向前"送"髋。
②做立定跳远练习，强调在着地前将两臂摆向体后，着地后用力前摆，协助身体迅速移过支撑点。

第三节 跳跃运动规则简介

一、跳高规则简介

（1）运动员可以在比赛升高计划中任何一个高度开始起跳，也可以在任何一个高度上根据自己的愿望决定是否试跳。但不管在任何高度上，只要3次试跳失败，即失去继续比赛的资格。

（2）如有下列情况之一，则判试跳失败：

①起跳后，横杆掉落；

②越过横杆之前，身体任何部分触及立柱之间、横杆延长线垂直面以外的地面或者落地区（如试跳中一脚触及落地区，但并没有从中获利，则不应判失败）。

二、跳远规则简介

（1）比赛中每人可以试跳3次，取前8名成绩优者进入决赛，进入决赛者每人可以再试跳3次。如只有8人或不足8人比赛时，每人均可试跳6次。

（2）如有下列情况之一，则判试跳失败：

①不论在未做起跳的助跑中还是在跳跃动作中，身体任何部分触及起跳线以外的地面；

②从起跳板两端以外，起跳延长线前或后起跳；

③在落地过程中触及落地区外地面，而区外触点较区内最近触点离起跳点近；

④完成试跳后，向后走出落地区。

（3）试跳成绩应以运动员身体任何部分着地的最近点至起跳线或者其延长线成直角丈量。

第四节 投掷运动

一、投掷运动简介

推铅球起源于古代人类用石块猎取禽兽或防御攻击的活动。现代推铅球始于14世纪40年代欧洲炮兵闲暇期间推掷炮弹的游戏和比赛，后逐渐形成体育运动项目。铅球的制作经历了用铁、铅以及外铁内铅的过程。正式比赛男子铅球的重量为7.26千克，直径11～13厘米；女子铅球的重量为4千克，直径为9.5～11厘米。早期推铅球没有固定的方式，可以原地推，也可以助跑推；可以单手推，也可以双手推；还出现过按体重分级别的比赛。最初采用原地推铅球技术，后逐渐发展到侧向推、上步侧向推。20世纪50年代，美国运动员奥布赖恩发明背向滑步推铅球技术，该技术被称为"铅球史上的一场革命"。20世纪70年代，苏联运动员巴雷什尼科夫发明旋转推铅球技术，由于旋转后难以控制身体平衡，至今只有极少数运动员使用。比赛时，运动员应在直径2.135米的圈内，用单手将球从肩上推出，铅球必须落在落地区角度线以内方为有效。男、女铅球分别于1896年和1948年被列为奥运会比赛项目。

投掷类项目包括推铅球、掷铁饼、掷标枪、掷链球。这类项目的完整技术可以分为准备阶段、预加速阶段、最后用力阶段和结束阶段。这里主要介绍原地正面双手头上投掷实心球技术和推铅球技术。

二、投掷运动对人的好处

投掷运动是一个全身协调用力的运动。它能提高人的协调性和柔韧性，主要发展上肢力量，增强学生的安全意识。

第五节 投掷技术与练习方法

一、投掷实心球

原地正面双手头上投掷实心球也是发展上肢力量、下肢力量和腰腹肌力量的一个最普及的投掷方法。投掷实心球的远近，关键在于是否全身协调用力，特别是腰腹肌力量，还取决于出手速度和角度。

投掷实心球的技术有很多种，现主要介绍原地正面双手头上投掷实心球技术。

（一）原地正面双手头上投掷实心球的技术

（1）握球的方法：两手自然张开，分别握住实心球的两侧。

（2）原地正面双手头上投掷实心球技术：正对投掷方向，两脚前后或左右开立与肩同宽，两臂伸直，双手持球于头上方。用力时，两腿弯曲，身体向后弯成一个弓形，两臂持球后引，借两腿蹬地、收腹，快速挥臂将球掷出。

（二）投掷实心球的技术练习方法

1. 单手或双手推实心球

（1）单手推实心球。两脚左右或前后开立，身体面对或侧对投掷方向。单手持球于肩上，另一只手扶球并向后引肩，利用转体、蹬地和伸臂的力量，将球向前推出。

（2）双手推实心球。两脚左右或前后开立，两腿弯曲，双手胸前持球，利用蹬地、伸臂的力量将球向前推出。

2. 单手或双手抛掷实心球

（1）单手抛掷实心球。两腿前后开立，一手体侧持球后引，借助向前摆臂的力量将球向前抛出。

（2）双手抛掷实心球。两脚左右或前后开立，上体前倾，两手体前持球。立腰抬上体，将球举至头后，然后迅速收腹，两臂用力前摆，将球向前或向上抛出。向侧或向后抛球时，可加转体或上体后仰动作。

3. 单手或双手投实心球

（1）单手投实心球。两脚前后或左右开立，一手举球至头上，用挥臂的力量将球向前、向侧投出。

（2）双手投实心球。两脚左右或前后开立，向左或向右转体，利用挥臂的力量将球向前、向侧投出。

二、推铅球

推铅球是学校体育教学和田径比赛的主要项目之一。经常从事这项运动的锻炼，能发展学生的速度、力量、灵敏性、协调性等身体素质，增强人体的上、下肢和腰腹部肌肉力量，特别是对肩带肌力量的增强有很大好处。铅球技术包括握球与持球、滑步、最后用力和维持身体平衡四个部分。

（一）侧向滑步推铅球的技术

1. 握球与持球（以右手为例）

握球的手五指自然分开，将球放在食指、中指及无名指的指根上。球的大部分重量在食指和中指之间，大拇指及小指自然地扶在球的两则。手腕成背屈，便于控制和稳定球体，促使滑步和最后用力发挥手指的力量。握好球后，将球放在肩上锁骨窝处，并紧贴着颈部，掌心向前，右肘微抬起，右上臂与躯干约成90°，躯干与头保持正直。

2. 滑步

侧向滑步：持球后，身体左侧对着投掷方向，右脚外侧靠近投掷圈后沿内侧，两脚左右开立与肩同宽。左腿向投掷方向预摆1~2次，待身体平衡后，左腿的大腿迅速有力地向投掷方向摆动，带动身体。同时右脚用力蹬地，迅速向前滑步，使身体重心向投掷方向移动。当滑到投掷圈中心附近，左脚积极落地，完成滑步动作，为最后用力创造良好条件，如图8-5所示。

图8-5 侧身滑步推铅球技术

3. 最后用力

侧向滑步结束时，左脚一着地，右脚迅速用力蹬地，脚跟提起，膝盖向内转，同时髋部也边转动边向前送出，上体逐渐抬起向投掷方向转动，右髋先于右肩。当身体左侧接近与地面垂直的一瞬以左肩为轴，右腿迅速充分蹬直，身体转向投掷方向。此时，挺胸、抬头、左腿支撑、右肩前送，右臂迅速用力向前上推球，同时伸直左腿。推球时，手腕用力，手指快速拨球。球出手后，迅速降低重心，两脚换位，维持身体平衡。

4. 维持身体平衡

铅球推出手后，两腿前后交叉。这时身体左转，及时降低重心，来减缓向前冲力，以维持身体的平衡，以便防止犯规。

（二）推铅球练习方法

（1）介绍推铅球的技术。通过讲解和示范、观看录像和图片等手段，使学生懂得推铅球的技术概念，提高学生推铅球的完整技术。

（2）学习铅球的握球、持球的技术。

（3）原地正面推实心球或小铅球练习，两脚前后开立，右脚在后。持球后身体后仰，右腿屈膝，重心后移。接着，右腿用力向前向上蹬伸，送髋挺胸将球推出。

(4) 原地侧向推铅球练习，体会"蹬、转、挺、推、拨"的动作练习。

(5) 原地侧向推铅球，完整技术教学。按侧向推铅球的预备姿势和最后用力技术的发力顺序，练习将铅球推出的动作。

(6) 发展推铅球力量训练方法。

①抓举、挺举、推举杠铃。

②肩负杠铃或其他重物半蹲、全蹲、下蹲跳起、转体、前屈体。

③肩负重物单腿深蹲跳起、转体 180°。

④仰卧推举、用较轻杠铃向斜上方连续推举。

⑤推或掷实心球、较重的壶铃。

⑥俯卧撑或指卧撑。

⑦各种跳跃练习，如立定跳远、立定三级跳远、多级跳等。

(7) 发展速度的方法。

①跑的专门练习，快速跑 20～40 米。

②肩负较轻杠铃或其他重物快速半蹲、深蹲。

③用较轻的铅球或其他器械练习。

④各种形式的跳跃练习和跨栏跑。

(三) 推铅球易犯错误及其纠正方法

(1) 推球时没有发挥蹬转的下肢力量。

纠正方法：明确最后用力顺序；上下肢动作不要过于主动；多做蹬伸抬体转髋、转肩的模仿练习和顶肩不伸臂的练习。

(2) 推球时候屈髋后坐。

纠正方法：加强蹬腿送髋练习，注意移重心；多做对墙推实心球练习。

(3) 滑步时候只有蹬伸，没有摆腿动作，形成跳滑。

纠正方法：首先认清摆动腿在滑步中所起的重要作用，然后加强摆动腿的练习。为了加强摆动腿摆动意识，可在摆动方向前面设标志物，使摆动腿摆动时接触目标，同时多做摆、蹬、收、压的模仿练习。

(4) 滑步后有停顿。

纠正方法：首先解决左脚落地不快的毛病，同时也要加强右腿蹬、转的动作。

(5) 推球时手指、手腕用不上力，甚至挫伤手指。

产生原因：

①手指、手腕力量较差；

②推球时手指、手腕过于放松，而紧张不够；

③球放的位置不对，如没有放在指根部，而放在手心处；

④概念不清，推球时肘关节下降，或没有做屈腕指拨球动作。

纠正方法：

①加强手指、手腕力量练习。如手指、手腕拨球，手指抓球，手指撑地俯卧撑等练习；

②明确概念，掌握手腕及手指推拨球的时机，多做原地徒手或利用较轻的铅球做屈腕拨指练习；

③加强正确的肘关节动作的练习，控制肘关节的下降。如一人推球，另一人站在侧面用

手托住推球人的肘关节以起到控制下降作用。

（6）推球时，肘部下垂，形成抛球。

产生原因：

①持球时，肘关节位置过低，使大臂与躯干的夹角太小；

②最后用力时，头部过早地转向投掷方向，使铅球过早离开颈部；

③概念不清、最后用力顺序不正确。

纠正方法：

①注意持球时肘关节自然抬起；练习时，同伴站在持球一侧，帮助肘关节抬起；

②提示不要过早地把头转向投掷方向，帮助控制球不离开颈部；

③明确最后用力的发力顺序，强调挺胸抬肘、推拨球。

（7）推球时，身体向左侧倾倒。

产生原因：

①推球时左膝弯曲，头向左转；

②左臂过分向左右方摆动，想通过左臂的摆动和身体的左侧，加强推球的力量。

纠正方法：

①提示左腿膝关节在最后用力时做积极的蹬伸，可通过多做徒手模仿练习建立正确动作；

②推球时头要保持正确位置，两眼注视投掷方向。

（8）滑步距离过短。

产生原因：

①摆腿、蹬腿力量不够；

②摆腿和蹬腿两者配合不好，有脱节现象；

③右腿蹬伸后收拉小腿不积极；

④有些人有怕犯规的心理。

纠正方法：

①加强力量练习，如肩负杠铃的群起、跳跃等练习；

②加强摆腿、蹬腿的配合练习；

③在做摆、蹬、收的综合练习时，为提高效果，教师可顺势施力；

④按规定的滑步距离在地面画出标志进行练习。

第六节 投掷运动规则简介

一、投掷实心球规则简介

（1）必须双手持球于头的正上方。

（2）必须原地站在投掷线后开始投掷。不得上步和助跑以及跳起，必须双脚触地。

（3）球出手后身体任何部位不得触及投掷线前面的地面，否则犯规。

（4）以实心球落地最近点与投掷线成直角丈量。

二、推铅球比赛规则简介

(1) 比赛中每人可以试掷3次,取前8名成绩优秀者进入决赛,每人可以再试掷3次,如只有8人或不足8人比赛时,每人均可试掷6次。

(2) 如有下列情况之一,则判试掷失败:

①以不符合规定的方式进行投掷,如铅球从肩下或肩后双手抛甩;

②在投掷过程中身体任何部分触及圈上沿,或抵趾板上沿,或圈外地面;

③在器械落地前走出投掷圈或跑道;

④投掷后从投掷圈前半部走出圈;

⑤器械落在角度线上或线外。

(3) 丈量应从器械着地的最近点与圆心的连线量至投掷圈内沿,以1厘米为最小单位。

复习思考题

1. 背越式跳高的优越性在哪里?
2. 跳远技术结构有哪些?其中哪部分技术最关键?为什么?
3. 怎样才能把实心球投出最远?

球类运动篇

第九章 篮球运动

学习提示

篮球是人们最喜爱的运动项目之一，在全世界各地得到广泛的开展。它具有对抗激烈的特点，比赛中技战术变化多端，个人与集体两方面的作用都很明显，是大学生参与度最高的体育项目之一。

第一节 篮球运动概述

一、篮球运动的起源与发展

1891年12月初，在美国马萨诸塞州斯普林菲尔德市基督教青年会干部训练学校（后为春田学院）的体育教师詹姆斯·奈史密斯博士（J. Naismith）发明了篮球游戏。当时的篮球规则只有13条。1891年，奈史密斯在马萨诸塞州斯普林菲尔德市基督教青年会干部训练学校任教。这所学校的体育系主任卢瑟·古利克为贯彻冬季体育课教学大纲，委托他设计一项室内集体游戏。他从当地儿童喜欢用球投向桃子筐（当地盛产桃子，各户备有桃子筐）的游戏中得到启发，创编了篮球游戏。

起初，奈史密斯将两只桃篮分别钉在健身房内看台的栏杆上，桃篮上沿距离地面约3.05米，用足球做比赛工具，向篮筐投掷。投球入篮得1分，按得分多少决定胜负。每次投球进篮后，要爬梯子将球取出再重新开始比赛。此后逐步将桃篮改为活底的铁篮，再改为铁圈下面挂网。人们称这种游戏为"奈史密斯球"或"筐球"。很长一段时间之后，经过他与同事们反复商量，才将此游戏定名为"篮球"。

篮球运动于1895年由美国基督教青年会的传教士来会理（David Willard Lyon）传入中国的天津市。1896年，天津基督教青年会举行了我国第一次篮球游戏表演。随后在北京、上海基督教青年会里也有了此项活动。在1910年的全运会上举行了男子篮球表演赛之后，全国各大城市的大、中学校的篮球活动逐渐开展起来。其中以天津、北京、上海开展得较好，水平也较高。当时的比赛规则很简单，在球场中间画一个直径为1米的中圈，中锋队员跳球时一只手必须置于背后腰部，任何一足都不得踏出圈外。当时的技术也简单，中圈跳球后，谁接到球就自己运球，超过防守人就投篮。当时只会直线运球前进，传球方法是单、双手胸前传球。跑动投篮是用单手低手上篮；立定投篮无论远近都是用双手腹前低手投篮。1925年前后，进攻和防守的5名运动员有了较明确的分工，中锋对中锋，后卫对前锋，各自盯住自己的对手。但前锋的职责是只管进攻投篮，不管退守；后卫的职责是只管防守抢截球，不管投篮。前锋和后卫很少全场跑动，只有中锋要攻守兼顾。之后又逐渐改为两后卫一人助攻（活动后卫），一人留守后场（固定后卫），两前锋也变为一人留在前场专管偷袭、快攻，一人退守后场助防。技术动作也有所发展，跑动投篮出现了单手、高手投篮；立定投篮出现了双手胸前投篮；传球出现了单、双手击地传球；运球出现了两手交替运球躲闪防守和超越防守向前推进的技术。规则中增加了罚球区和罚球线，队员犯规4次即被取消比赛资格。犯规罚球可由队长指定任何一个队员主罚。比赛时间分为上、下半时各20分钟，中间休息10分钟。每次投中或罚中后，都在中圈跳球，重新开始比赛。而中国篮球运动水平在1926年之后有了较大提高。

1892年，篮球运动的发明人奈史密斯订出了18条简易规则。篮球运动进入对抗比赛的阶段，继而产生了比赛的组织领导者、执法公断者——裁判员。

在国外称篮球裁判为"球证"，每场比赛有正、副两个"球证"。中华人民共和国成立前，我国称篮球裁判为"司令"，每场篮球赛只有一个"司令"；中华人民共和国成立后改称为裁判员，每场球赛设正、副两个裁判员。

我国现行篮球裁判分为：终身荣誉国际级、国际级、国家A级、国家级、一级、二级、三级。由于篮球比赛的速度和强度都越来越大，为了更全面、准确地执行规则，根据国际篮联的要求我国已开始执行三人执裁方法，每场比赛设前、中、后三个裁判。

根据篮球比赛中攻守对抗的规律，可将篮球技术分为进攻技术和防守技术。篮球技术是篮球比赛中为了一定目的的专门动作和方法的总称，是篮球运动的基础。

二、篮球运动的特点

（一）集体性特点

篮球运动比赛是以两队成员相互协同攻守对抗的形式进行的竞赛过程。只有集整体的智慧和技能，发挥团队精神，协同配合，才能获得最佳成效。

（二）对抗性特点

篮球运动攻守对抗竞争是在狭小的场地范围内快速、凶悍近身进行的，获球与反获球，追击、抢夺，限制与反限制，不仅需要斗智，还需要充沛的体能和顽强的意志。因此，篮球运动是一项高强度的激烈对抗的运动。

（三）转换性特点

攻守快速转换是现代篮球比赛的重要特点。攻后必守，守后必攻，攻守不断转换，转换发生在一瞬之间，瞬间变化无常，使比赛始终在快节奏情况下进行，给人以悬念。这也是篮球比赛的魅力所在。

（四）时空性特点

篮球比赛在一定的时间内围绕空间的球和篮筐展开攻守对抗，因此在比赛过程中必须要有强烈的时间观念和空间意识，运用各种形式、方法和手段去争夺时间，拼抢空间优势，从而取得主动，赢得胜利。

（五）综合性特点

篮球运动包括跑、跳、投等身体活动。从其涵盖的科学内容体系而言，它涉及社会学、军事学、生物学、管理学、体育学、竞技学、教育学等。因而，篮球运动是一项综合性的体育运动。

（六）职业性特点

自20世纪中期在欧美国家率先成立职业篮球俱乐部以后，随着竞技水平的提高以及赛制和规则的完善，现代篮球运动在全球蓬勃发展。运动员智能、体能和技术、战术水平的不断提高，对推动职业化进程起了新的催化作用。至20世纪八九十年代，职业篮球俱乐部如雨后春笋般在美、欧、澳、亚建立起来。特别是在国际奥委会同意美国NBA职业球员参加国际大赛后，全球职业化篮球已发展成为一项新的产业。这是21世纪篮球运动发展的一个新的特点。

（七）商业性特点

篮球运动商业化的重要特征是篮球运动的组织体制、赛制和训练管理机制的商业化气息越来越浓。运动员自由人地位的确立，运动技能价值观的变更，俱乐部产权的明晰，对独立社会法人代表的重新认识，这一系列的变革一方面促进了世界篮球运动向更高的竞技水平发展，另一方面也有力地推动了职业化篮球向商业化、产业化方向的发展。这已成为21世纪世界篮球竞技运动发展的新趋势。

三、篮球运动的锻炼价值

篮球运动是最受人们喜爱的运动项目之一。它之所以在全世界范围内得到如此广泛的开展，是由于它具有以下锻炼价值：

第一，篮球运动具有较强的集体性。它要求每个运动员在比赛中必须做到齐心协力、密切配合。只有个人为集体而奋斗，集体才能为个人的技术发挥创造机会，这样才能达到战胜对方的目的。所以，篮球运动能培养团结友爱的集体主义精神和严格的组织纪律性。

第二，篮球比赛的技战术具有运用的复杂性和紧张激烈的对抗性，从而可以培养队员顽强的意志力。现代篮球比赛在时间和空间上的争夺越来越激烈。在错综复杂、变化多端的情况下进行比赛，要求运动员不仅要掌握协调多样的技术动作，而且还要具备随机应变的能力，如突然改变方向、突然改变速度、时而急停、时而起跳等。运动员不仅要注意球的转移、球篮的位置，还要注意到同队和对方队员的各种行动，并随时做出及时的判断，主动采取合理的应变行动。因此，通过篮球运动教学、训练和比赛，能提高各感受器官的功能，提高广泛分配和集中注意的能力，以及空间、时间和定向能力。运动员在比赛过程中，经常变换动作，对提高神经中枢的灵活性、提高神经中枢协调支配各器官的能力起着良好的作用。

第三，篮球运动的技术动作是由各种各样的跑、跳、投等基本技能组成的。它能促进运动者的力量、速度、耐力、灵敏性等身体素质的全面发展，提高内脏器官的功能。

第四，篮球运动具有较大的吸引力，参加者不受年龄、性别的限制。它既能增强体质、促进健康，又能丰富人们的业余文化生活，从而提高劳动、工作和学习的效率。

第二节　篮球运动基本技术与练习方法

一、移动

（一）基本技术

1. 起动

起动是队员在球场上由静止状态变为运动状态的一种动作。它是获得位移初速度的方法。

动作方法：起动时，身体重心向跑动方向移动，以后脚（向前起动）或异侧脚（向侧起动）的前脚掌内侧突然用力蹬地，同时上体迅速前倾或侧转，手臂协调地摆动，充分利用蹬地的反作用力，迅速向跑动方向迈步，如图9－1所示。

动作要点：猛蹬地，快跨步，快频率。

2. 变向跑（以从左向右变向跑为例）

变向跑是队员在跑动中利用突然改变方向完成攻守任务的一种方法。

图9－1　起动

动作方法：从左向右变向时，最后一步右脚着地，脚尖稍内扣，用前脚掌内侧用力蹬地，屈膝，腰部随之左转，上体向左前倾，快速移动重心，左脚向左前方跨出，然后加速前进。

动作要点：前脚掌内侧用力蹬地，重心转移快，右脚上步快。

3. 侧身跑

侧身跑是队员向前跑动中为了观察球场上的情况，摆脱防守接侧向传来的球而采用的一种跑动方法。

动作方法：在跑动时，头部和上体转向侧面或有球的一侧，两脚尖要朝着移动方向。既要保持奔跑速度，又要完成攻守的动作。

动作要点：上体前倾自然侧转，脚尖朝前。

4. 急停

急停是队员在跑动中突然制动速度的一种动作方法。它也是各种脚步动作衔接和变化的过渡动作。急停的动作有两种：

（1）跨步急停

动作方法：在快速跑动中急停时，先向前跨出一大步，用脚跟先着地过渡到全脚抵住地面，并迅速屈膝，同时身体微向后仰，后移重心。然后，再跨出第二步，脚着地时脚尖稍向内转，用前脚掌内侧蹬地，两膝弯曲，身体稍有侧转，微向前倾，重心移至两脚之间，两臂屈肘并自然张开，帮助控制身体平衡。

动作要点：第一步要用脚外侧着地。第二步落地时用前脚掌内侧蹬地控制身体重心。

（2）跳步急停

动作方法：队员在中慢跑时，用单脚或双脚起跳（一般离地面不高），上体稍后仰，两脚同时平行落地。落地时全脚掌着地，用前脚掌内侧蹬地，两膝弯曲，两臂屈肘微张，以保持身体平衡。

动作要点：落地时，应用前脚掌蹬地，屈膝降重心，重心控制在两腿之间。

5. 滑步

滑步是防守移动的一种方法。它易于保持身体平衡，可向任何方向移动。

动作方法：两脚平行站立，两膝较深弯曲，上体微向前倾，两臂侧伸。向右侧滑步时，左脚前脚掌内侧蹬地，右脚向右（移动方向）跨出，在落地的同时，左脚紧随滑动，向右脚靠近，两脚保持一定距离，右脚继续跨出。

动作要点：在滑步时，要保持屈膝低重心的姿势，身体不要上下起伏，两腿不要交叉，重心保持在两脚之间，两臂伸开，眼要注视对手。

（二）练习方法

（1）基本站立姿势（面向、背向、侧向），听或看信号开始跑练习。

（2）自抛或别人抛球后，迅速快跑，把球接住。

（3）成一路纵队，采用全场"之"字形急停急起。练习时，一队员急停转向后，第二名接上再做，依次进行。

（4）看手势做前、后、侧滑步练习，全场"之"字形滑步练习。

（三）易犯错误及其纠正方法

1. 易犯错误

（1）基本站立姿势或起动前身体重心偏高，步幅过大，不便于迅速蹬地。

（2）变向跑时前脚掌内侧不主动用力，腰胯动作未协调用力。

（3）侧身跑时上体转体不够，侧转时内倾不够，跑步时脚尖不是向前。

（4）急停时身体重心过高，腰胯用力不够或过于紧张，没有用力蹬地和控制身体重心的动作。

（5）滑步时两脚并步，形成跳动移动，重心过高，滑步时上下起伏。

2. 纠正方法

（1）教师用正确的示范动作引导学生练习，并在练习中反复用语言提示。

（2）为了使学生掌握规范的动作，在教学方法上可采用分解练习，由慢至快，由简入繁。

（3）跑的练习中，反复强调前脚掌内侧用力的部位，以腰胯用力带动重心迅速转移。

（4）强调两腿弯曲降重心，或采用限制高度的滑步练习。

二、传球和接球

（一）基本技术

1. 双手胸前传球

动作方法：双手持球的方法是两手指自然分开，拇指相对成八字形，用指根以上部位持球，手心空出。两肘自然弯曲于体侧，将球置于胸腹之间的部位，身体成基本站立姿势。传球时，在后脚蹬地、身体重心前移的同时前臂迅速向传球方向伸出，如图9-2所示。球出手后，身体迅速调整成基本站立姿势。传球距离近，前臂前伸的幅度小。远距离的传球，则需加大蹬地、伸臂和腰腹的协调用力。传球距离越远，伸臂的动作速度越快。

图 9-2 双手胸前传球

动作要点：持球动作正确，蹬（地）、伸（臂）、翻（腕）、拨（食、中指）球动作连贯，用力协调。

2. 单手肩上传球

单手肩上传球是单手传球中一种最基本的方法。

动作方法：传球时（以右手传球为例），左脚向传球方向迈出半步，右手托球，同时将球引到右肩上方，肘部外展，上臂与地面近似平行，手腕后仰。左肩对着传球方向，重心落在右脚上，右脚蹬地，转体，右前臂迅速向前挥摆，手腕前屈，通过食指、中指拨球将球传出，如图 9-3 所示。

图 9-3 单手肩上传球

双手胸前传球和单手肩上传球

动作要点：自上而下发力，蹬地、扭转肩、挥臂和扣腕动作连贯。

3. 双手接球

双手接球是最基本的接球方法，也是在比赛中运用最多的动作之一。

动作方法：双手接球时，两眼注视来球，两臂伸出迎球，手指自然分开，两拇指成八字形，手指向前上方，两手成一个半圆形。当手指触球后，迅速抓握球，两臂随球后引缓冲来球的力量，两手握球于胸腹之间，保持身体的平衡，做好传球、投篮或突破的准备。

动作要点：伸臂迎球，在手接触球时，收臂后引缓冲，握球于胸腹之间，动作连贯。

（二）练习方法

（1）定点传球练习：在墙上至少画出高度不同的 3 个点，作为传球目标。从距墙 3 米处开始传球，先双手胸前传球、双手反弹传球，然后双手头上传球等。

（2）迎面传接球练习：全体队员分成两组，面对面地各站成一路纵队，相距 3~4 米。

（3）全场 3 人 8 字形围绕传接球练习：全体队员先分成 3 组，面向球场分别站成一路纵队，间隔距离相等。要求向前跑动互相传球，不许运球，不许掉球。

(三) 易犯错误及其纠正方法

1. 易犯错误

（1）双手胸前传球时，持球动作不正确，全手掌触球，手心没有空出，手指僵硬，两拇指距离过大或过小。

（2）双手胸前传球时两臂用力不一致，成推挤动作，出手后两手交叉。

（3）单手肩上传球时，没有摆臂、拨指、抖腕动作。

（4）双手胸前接球时，两手没有形成半圆。

2. 纠正方法

（1）两人一组，面对2～3米站立，做双手胸前传球的正确模仿练习。

（2）两人一组，一人对墙传球，另一人纠正动作。

（3）两人一组，一人接各种距离、各种形式的传接球，体会动作要领。

（4）多做自抛自接球练习，养成张手、伸臂、迎球及时屈肘引臂的练习。

三、投篮

(一) 基本技术

1. 原地单手肩上投篮

原地单手肩上投篮是最基本的投篮方法。

动作方法：以右手投篮为例。双脚原地开立，与肩同宽，右脚稍前，身体重心落在两脚之间，屈肘，手腕后仰，掌心向上，五指自然张开，持球于右眼前上方，左手扶球侧，两膝微屈，上体放松并稍后倾，目视瞄篮点。投篮时，下肢蹬地发力，腰腹伸展，抬肘伸前臂，手腕前屈带动手指弹拨球，最后通过食指、中指柔和用力将球投出。球离手后，右臂应有自然跟随动作，如图9-4所示。

图9-4 原地单手肩上投篮

动作要点：持球手法正确，蹬（地）、抬伸（抬肘、伸前臂）、屈（腕）、拨（手指拨球）协调连贯。

2. 原地双手胸前投篮

原地双手胸前投篮是篮球运动中较早的投篮方法之一。

动作方法：双手持球于胸前，肘关节自然下垂，两脚前后或左右开立，两膝微屈，重心落在两脚之间，目视投篮点。投篮时，两脚蹬地，上肢随着蹬地向前上方伸臂，两手腕同时外翻，手腕前屈，拇指用力拨球，使球通过食、中指端将球投出。球出手时，身体随投篮出手方向伸展，如图9-5所示。

动作要点：自然屈肘，投篮时，下肢先发力，蹬（地）、伸（前臂伸）、旋（内）、拨（手指拨球）要连贯，左右手用力要协调。

3. 行进间单手肩上高手投篮

行进间单手肩上（高手）投篮是比赛中广泛应用的一种投篮方法。

动作方法：以右手投篮为例。当球在空中运行时，右脚向来球方向或投篮方向跨出一大步，同时接球。左脚向前跨出一小步，

图9-5　原地双手胸前投篮

脚跟先着地，上体稍后仰，并用力蹬地起跳。右腿屈膝，左脚蹬离地面，同时双手向前上方举球。腾空后，右臂向前上方伸展，腕、指动作同原地单手投篮，如图9-6所示。投篮出手后，两脚同时落地，两腿弯曲，以缓冲落地的力量。

图9-6　行进间单手肩上高手投篮

投篮技术

动作要点：节奏清楚，起跳充分，举球、伸臂、屈腕、拨球动作连贯，用力适度。

2. 行进间单手肩上低手投篮

这种投篮动作多在快速跑动中超越对手并接近篮下时运用，具有速度快、伸展距离远的特点。

动作方法：以右手投篮为例。行进间右脚跨出一大步的同时双手接球，并用身体保护球。接着，左脚迈出一小步，同时用力蹬地起跳，随之充分伸展身体，右臂外旋伸直向篮圈方向举球（手心向上）。当举球手接近篮圈时，做以中间三指为主的向上拨球动作使球通过指端投出，如图9-7所示。投篮碰

图9-7　行进间单手肩上低手投篮

板时要注意控制球的旋转。

（二）练习方法

（1）单手站姿投篮练习：初学者可在距球篮 1.5 米处练习（球篮区域或侧面均可），要求抬肘伸臂充分，用手腕前屈和手指柔和地拨球。

（2）定点投篮练习：围绕罚球区 0°、30°、45°、90°等七个点移动投篮。

（三）易犯错误与纠正方法

1. 易犯错误

（1）持球手法不正确，五指没有自然分开，用手心托球。

（2）肘关节外展，致使上肢各关节的运动方向不一致。

（3）双手投篮时，两手用力不一致，伸臂不够充分。

2. 纠正方法

（1）借助外部条件限制，让学生以投篮的手臂靠近墙壁做徒手或持球的投篮模仿练习，纠正投篮时的肘部外展。

（2）变换条件缩短投篮距离练习，让学生距离球篮 2~3 米处进行投篮练习。

（3）教师应反复讲解、示范，在练习中经常采用语言条件刺激，提示学生"跨""二步小""提膝""出手"等。

四、运球

（一）基本技术

1. 高运球

通常在没有防守队员时运用。其特点是球反弹较高，便于观察场上情况。

动作方法：运球时两腿微屈，上体稍前倾，目平视。以肘关节为轴，前臂自然屈伸，手腕和手指柔和而有力地按拍球的后上方，用指根及指腹部位触球，食指向前。球的落点控制在运球手同侧脚的外侧前方，使球的反弹高度在胸腹之间，手、脚协调配合。快速运球行进时，手触球的部位要向后移，用力要稍加大，球的落点离脚要远些，如图 9-8 所示。

图 9-8　高运球

动作要点：在手型正确的基础上，主动迎球，随球上引，前臂屈伸，控制球的落点。手按拍和脚步移动协调配合。

2. 低运球

在高运球行进过程中遇到防守队员时，常用低运球摆脱防守队员的抢截。

动作方法：运球行进中遇防守队员时，减速弯腰屈腿、屈腕，用手指和指根部位短促地按拍球的后上部，使球控制在膝关节高度，从防守人的一侧超越，如图 9-9 所示。

图 9-9 低运球　　　　　　　　　　　　　运球技术

动作要点：重心降低，上体前倾，按拍球短促有力。

3. 运球急停急起

在对手防守较紧时，利用速度的变化摆脱对手。

动作方法：在快速运球中突然急停，使身体重心下降，手按拍球的前上方，使球停止向前运行，目视前方。急起时，两脚用力蹬地，上体迅速前倾起动，同时手按拍球的后侧上方，人、球同步快速前进，如图 9-10 所示。

图 9-10 运球急停急起

动作要点：急停稳、起动快，人和球速一致，上体前倾和脚的蹬地协调配合。

4. 体前变向运球

在快速行进间运球中，当对手堵截运球前进的路线时，突然向左或向右改变运球方向，以摆脱防守。

动作方法：以右手运球为例。运球队员从防守队员左侧变向突破时，先向其右侧做变向运球假动作。当对手移动堵截运球时，突然用右手按拍球的右侧后上方，使球经自己体前向左侧前方反弹。同时，左脚迅速随球向左侧前方跨步，上体同时向左扭转，身体重心要降低，侧肩贴近防守者，将球压低。当球反弹至腹部高度时，右脚蹬地迅速前迈，左手拍球的后侧上方，超越防守，如图 9-11 所示。

图 9-11 体前变向运球

动作要点：重心降低，拍球的部位正确，拍按球后要转体护球，蹬跨有力，变向换手后加速。

（二）练习方法

（1）走动中运球练习：初学篮球者可运球自如地在球场上来回走，练习时可选对面墙上的某一标记。眼睛要始终盯着这一标记，不许低头看球。

（2）熟悉球性练习：距墙1米左右站立，双手持球于头上。先用右手向墙上运球10次，再用左手向墙上运球10次，如此交替练习。

（3）体前变向运球练习：在场地中间或运球路线上放两把椅子。先左手运球，接近椅子的一刹那，突然从左手变向右手运球绕过它。在另一把椅子前从右手变向左手再做一次。

（4）一对一练习：两人一组，每组的第一个队员防守，第二个队员拿球进攻。在规定的3米宽的场地内，持球队员采用各种运球方式向前场推进，到对面端线后，交换攻守位置。

（三）易犯错误与纠正方法

1. 易犯错误

（1）运球时低头，不能全面观察场上情况。

（2）运球时掌心触球或单靠手指拨球。

（3）行进间跑动速度与运球速度不协调，持球时间长，容易带球跑。

（4）运球时用手打球，不是用手腕、手指按拍运球。

2. 纠正方法

（1）看教师手势运球，并反复模仿正确技术。

（2）进行运球的熟悉球性练习。

（3）听信号做各种形式运球。

（4）设置障碍架进行变向练习。

五、持球突破

（一）基本技术

持球突破可分为原地持球突破和运球中突破。根据动作结构可分为交叉步运球突破和同侧步运球突破两种。

1. 交叉步持球突破

动作方法：以右脚做中枢脚为例。突破前，两脚左右开立与肩同宽，两膝微屈，重心控制在两腿之间，持球于胸腹之间。突破时，左脚前脚掌内侧用力蹬地，同时上体右转探肩，贴近对手，球移至右手，左脚交叉前跨抢位，同时向左脚左斜前方推放球，右脚用力蹬地跨步，加速超越对手，如图9－12所示。

动作要点：假动作要逼真，蹬地跨步有力，起动突然，四个环节协调连贯。

2. 同侧步（顺步）持球突破

动作方法：以左脚做中枢脚为例。突破前，两脚左右开立稍大于肩，两膝微屈，重心控制在两腿之间，持球于胸腹前。突破时，右脚向右前方跨一大步，同时转体探肩，重心前移，右手放球于右脚侧前方，左脚迅速蹬地并向右前方跨出，加速运球超越对手，如图9－13所示。

图 9-12　交叉步持球突破

图 9-13　同侧步（顺步）持球突破

运球突破

动作要点：起动突然，跨步、推放球快速连贯，中枢脚离地前球要离手。

（二）练习方法

（1）原地模仿练习。

（2）原地一对一。

（3）半场或全场一对一。

（4）半场二对二。

（三）易犯错误与纠正方法

1. 易犯错误

（1）交叉步持球突破时，由于跨步脚尖方向不正确，造成转体过大现象。

（2）运球突破时的球落点没有在脚的侧前方。

（3）突破时侧身、探肩不够，身体重心高，后蹬无力，加不上速度，起动不起来。

（4）中枢脚离地面过早造成走步违例。

2. 纠正方法

（1）找出犯有典型错误的学生做动作，然后剖析其原因，强化动作的关键，建立正确动作的表象。

（2）正误动作比较，让学生自我剖析，教师进行总结。

（3）利用标志线限制，学生在自己面前画出正确的突破路线和运球的落地点不对的位置，要求侧身、压肩，不得绕弧线切。

（4）借助障碍架限制使学生在距篮 5 米远处的 45°处站成一路纵队，距排头 1 米远处放一个"丁"字形障碍架（或由人用两手侧平举站立代替）进行练习。

六、防守技术

（一）基本技术

1. 防守无球队员

防守人员站于对手与球篮之间偏向球一侧的位置上。根据无球队员移动切入的路线，防守无球队员可分为防纵切和防横切。

2. 防守有球队员

防守人员站于对手与球篮之间的位置上，重点是防投篮、突破、运球、传球等不同的进攻动作。

（二）练习方法

1. 阻止接球练习

教练员站在限制区弧顶上，一攻一守的两名队员可以从球点的任一侧开始一对一的阻止接球练习。

2. 追防练习

攻守各三名队员面对面地站在罚球线上（防守者面对篮，进攻者背对篮），一名进攻者得到教练员传来的球时，面对他的防守者立即从对手身旁跑向最近的端线，触摸端线后迅速返回参加到防守中。进攻者一旦接球，则快速推进，打快攻。

（三）易犯错误与纠正方法

1. 易犯错误

（1）防守时脚步移动慢。当对手由无球到有球时，防守不能及时到位，或上步前冲过猛，或对持球者不敢逼近。

（2）防中投时不举手干扰封盖或封盖时挥臂幅度过大，造成犯规。

（3）防突破时，身体重心不稳，手脚配合不协调，易受对手假动作迷惑。当对手突破时，脚步移动慢，轻易放弃防守或造成犯规。

（4）防运球时脚步移动慢，不敢贴近对手，用手臂拦截代替抢先移动，盲目掏球。

2. 纠正方法

（1）强调防守时注意力集中。可以采用二攻二守、三攻三守的练习。要求进攻者固定位置传接球，强调防守者随球转移及时移位，做到球到手人到位，球传出立即后撤，人球兼顾，提高脚步移动速度和控制重心的能力，增强防守有球与无球的转换意识。

（2）强调对方举球投篮时必须扬手干扰，不让对手轻松投篮出手。盖帽时要手臂伸展向上起跳封球，提高起跳、封盖的判断能力及保持身体平衡的能力。

(3) 简化练习方法，要求进攻者协助防守者练习，并检验防守者的动作和反应。进攻的动作由慢到快，由单一到组合，逐步增加。

七、抢篮板球

(一) 基本技术

抢篮板球技术根据动作结构可分为抢进攻篮板球和抢防守篮板球两种。

1. 抢防守篮板球

防守队员先挡人，利用后转身、前转身和跨步等动作把对手挡在自己身后，堵住进攻队员向篮下冲抢的移动路线，并及时判断出球的反弹方向。起跳时，力争在最高点处手与球在空中相遇。抢到篮板球后，双脚同时落地，屈膝降重心，上体稍前倾保持身体的平衡，把球放在远离对手的一侧，同时要衔接好下一个动作。

2. 抢进攻篮板球

冲抢是抢占的关键。当你投篮出手后，就要判断好球可能反弹的方向，利用突破的起动插向防守者身前，或借助虚晃、变向、转身动作绕过防守人的堵挡，抢占有利位置。

(二) 练习方法

(1) 对墙练习：持球站在离墙 1.5 米的地方，尽量用力对墙掷球、起跳、抢球。

(2) 空中大力抢球练习：持球站在离篮 1.5 米的地方，投篮、起跳、抢球。

(3) 三对三练习：一组在罚球线的中点上，另外两组站在罚球圈的两侧距篮约 1.8 米的位置，各组背对球篮的人为防守员。教练员投篮出手后，防守队员立即完成转身、撤步与挡人动作。

(三) 易犯错误与纠正方法

1. 易犯错误

(1) 抢篮板球时挡人不积极，不及时。

(2) 对球反弹的方向、落点判断不准确。

(3) 起跳时机掌握不当，或过早或太慢，未能在跳至最高点时抢球。

(4) 抢球时，因手法不正确而对球的控制不好。

2. 纠正方法

(1) 两人一组，一攻一守，练习抢位，以提高拼抢意识和快速合理的抢位技术。

(2) 两人一组，一投一抢，体会对球的反弹方向和落点的判断。

(3) 加强手对球的控制能力的辅助练习及弹跳力的练习，提高抢获球能力。

(4) 采用自抛自抢，体会抢球动作、抢球时间和得球后的落地动作。

第三节　篮球运动竞赛规则简介

一、竞赛规则简介

(一) 场地和器材

球场长 28 米、宽 15 米。球场有明显的长边的界线叫边线，短边的界线叫端线。场中有中线、限制区、罚球区和 3 分投篮区及中圈。

(二) 比赛规则

(1) 比赛时间：比赛由 4 节组成，每节 10 分钟。第一节和第二节、第三节和第四节中间休息时间分别为 2 分钟。上、下半场之间休息 10 分钟或 15 分钟。如果在第 4 节比赛时间终了时比分相等，为打破平局，需要加时决胜，每一决胜期为 5 分钟。

(2) 比赛的胜负：在比赛时间内得分较多的一队为胜队。

(3) 比赛开始：比赛在中圈内跳球开始。当主裁判持球步入中圈执行跳球时，比赛正式开始。

(4) 交替拥有：交替拥有是以掷球入界而不是以跳球来使球成为活球的一种方法。

(5) 球中篮和它的得分值：球进入球篮，如是罚球得 1 分；如是从 2 分区投篮得 2 分；如是从 3 分投篮区投篮得 3 分。

(6) 罚球：是给予一名队员从罚球线后的半圆内的位置，在无争抢的情况下投篮得 1 分的机会。

(三) 违例

违例是违犯规则。罚则是将球判给对方队员在最靠近发生违例的地点掷球入界，正好在篮板后面的地方除外，除非规则另有规定。

1. 队员出界和球出界

当队员身体的任何部分接触界线上、界线上方或界线外的除队员以外的地面或任何物体时，即是队员出界。当球触及了在界外的队员或任何其他人员，界线上、界线上方或界线外的地面或任何物体，篮板支撑架、篮板背面或比赛场地上方的任何物体即是球出界。

2. 非法运球

当在场上已获得控制活球的队员将球掷、拍、滚或运在地面上，并在球触及另一队员之前再次触及球为运球开始；当队员双手同时触及球或允许球在一手或双手中停留时为运球结束。下列情况不算运球：连续投篮、运球前后的漏接、用拍击的方式试图获得球等。

3. 带球走

当队员在场上持着一个活球，其一脚或双脚超出本规则所述的限制向任一方向非法移动的是带球走。判断带球走的关键是确定和观察持球队员的中枢脚。

4. 3 秒违例

当某队在前场控制活球并且比赛计时钟正在运行时，该队的队员不得停留在对方队的限制区内超过持续的 3 秒，否则为违例。

5. 8 秒违例

每当一名队员在他的后场获得控制活球时，他的队必须在 8 秒内使球进入他的前场，否则为违例。

6. 24 秒违例

每当一名队员在场上获得控制活球时，他的队必须在 24 秒内尝试投篮。在 24 秒装置的信号发出前，球必须离开投篮队员的手。而且球离开投篮队员的手后，球必须触及篮圈或进入球篮，否则为违例。

7. 球回后场违例

控制活球的队员不得使球非法地回他的后场，否则为违例。宣判球回后场违例必须符合以下三个条件：该队已控制球，该队在前场最后触及球，该队在后场最先触及球。

8. 脚踢球和拳击球违例

故意踢或用腿的任何部分阻挡球或用拳击球是违例。

（四）常见犯规

犯规是对规则的违犯，含有与对方队员的非法身体接触和（或）违反体育道德的举止。犯规者的每一次犯规应被登记，记入记录表并相应地被处罚。

1. 侵人犯规

侵人犯规是队员与对方队员的接触犯规。无论球是活球或是死球，队员不应通过伸展他的手、臂、肘、肩、髋、腿、膝或脚来拉、阻挡、推、撞、绊、阻止对方队员行进，不应将其身体弯曲成"反常的"姿势（超出他的圆柱体），也不应放纵任何粗野或猛烈的动作。

罚则：（1）应给犯规队员登记一次侵人犯规。（2）如果对正在做投篮动作的队员发生犯规，应按下列所述判给投篮队员若干罚球：①如果投篮成功，应计得分并判给1次追加的罚球。②如果从2分投篮区域的投篮不成功，应判给2次罚球。③如果从3分投篮区域的投篮不成功，应判给3次罚球。

2. 双方犯规

双方犯规是两名互为对方的队员大约同时相互发生侵人犯规的情况。

罚则：应给每一犯规队员登记一次侵人犯规，不判给罚球。

3. 违反体育道德的犯规

根据裁判员的判断，一名队员不是在规则的精神和意图的范围内合法地试图去直接抢球，由此发生的接触犯规是违反体育道德的犯规。

罚则：①登记犯规队员一次违反体育道德的犯规。②应判给被犯规的队员相应的罚球，以及随后在记录台对面的中线延长部分掷球入界。

4. 技术犯规

技术犯规是包含（但不限于）行为性质的队员非接触的犯规。

罚则：①由一名队员犯规，应给他登记一次技术犯规，作为队员犯规并作为全队犯规之一计数。②由一名教练员、助理教练员、替补队员或随队人员犯规，给教练员登记一次技术犯规，并不作为全队犯规之一计数。③应判给对方队员2次罚球，以及随后在记录台对面的中线延长部分掷球入界。

5. 取消比赛资格的犯规

队员、替补队员、教练员、助理教练员或随队人员任何恶劣的违反体育道德的行为是取消比赛资格的犯规。一名队员被登记了2次违反体育道德的犯规时，该队员也应被取消比赛资格。

罚则：①应给犯规者登记一次取消比赛资格的犯规。②相应的罚球以及随后在记录台对面的中线延长部分掷球入界。

二、篮球规则手势欣赏

（一）违例手势

(二) 犯规手势

复习思考题

1. 试述移动技术包括的内容。
2. 详述急停与前后转身的动作方法。
3. 简述双手胸前传球的动作方法。
4. 试述现代篮球运动中投篮技术的发展趋势与特点。
5. 简述行进间单手肩上投篮的动作方法与要点。
6. 如何确定持球队员的中枢脚？

第十章 排球运动

学习提示

排球运动是人们十分喜爱的体育运动，也是我们国家三大球中水平最高的球类运动。高度的技巧和团队的密切配合使人们喜欢欣赏和参与，也是大学生课内外体育锻炼的重要内容。

第一节 排球运动概述

一、排球运动的起源与发展

据史料记载，排球运动于19世纪末始于美国。1895年，美国马萨诸塞州霍利奥克市基督教男子青年会体育干事威廉摩根（Willian Morgan）认为当时流行的篮球运动过于激烈，于是创造了一种比较温和的、老少皆宜的室内游戏。1896年，美国普林菲尔德市立学校的哈尔斯戴特（A. T. Halstead）博士把摩根游戏起名为"volleyball"，并沿用至今。1896年在斯普林菲尔德体育专科学校举行了世界上最早的排球比赛，1905年传入中国，1906年一名美国军官约克把排球带到了古巴，1908年传到日本，1910年传入菲律宾。亚洲最早的排球比赛是1913年在菲律宾马尼拉举行的。1947年，排球运动世界性组织——国际排球联合会成立。随着排球技术水平的不断提高，规则也逐步完善。1964年，排球被列为奥运会正式比赛项目。

排球是我国三大球中的"后起之秀"，兴起时间晚，但发展较快。20世纪80年代是我国排球运动最辉煌灿烂的时期。中国女排运用"快速反击""位置差""单脚起跳背飞"等新技术，从1981—1986年连续五次获得世界大赛冠军（被誉为"五连冠"），大大振奋了中华民族精神，确立了中国女排世界女排霸主的地位。时隔17年之后，在2003年的世界杯上，中国女排再一次问鼎世界女排。在2016年巴西里约奥运会上，中国女排以顽强的斗志力克群雄重温旧梦，再次夺得世界冠军，又一次证明了中国女排的实力。

沙滩排球于20世纪20年代初在加利福尼亚州圣莫尼卡海滩兴起。1930年，圣莫尼卡举行了第一场双人配合的沙滩排球赛。1996年，沙滩排球首次成为奥运会的比赛项目。

二、排球运动的特点和锻炼价值

（一）排球运动的特点

（1）形式的多样性和广泛的群众性。排球场地设备简单，比赛规则容易掌握，运动量可大可小，适合于不同年龄、不同性别的人。

（2）技术的全面性和高度的技巧性。排球规则规定要进行位置轮转，这就要求队员必须全面地掌握各项技术，能在各个位置上比赛。同时排球击球时间短暂，击球空间多变。

（3）激烈的对抗性和严密的集体性。排球比赛中，双方的交锋始终是在激烈的对抗中进行，同时也是在集体的配合中进行的。水平越高的比赛，对抗争夺越激烈，集体配合也越严密。

（4）轻松的娱乐性和高雅的休闲性。主要以娱乐健身为目的，没有统一的竞赛规则。如软式排球、气排球、4人排球、9人排球。

（二）排球运动的锻炼价值

（1）增进健康、强健体魄。根据排球运动的特点，参加排球运动不仅能提高人们的力量、速度、灵活、耐力、弹跳、反应等身体素质和运动能力，还能改善身体各器官、系统的机能状况。

（2）培养与锻炼良好的心理素质。排球运动能培养机智、果断、沉着、冷静等心理素质。

（3）培养勤奋、助人、拼搏的优秀品质。通过排球比赛和训练，可以培养团结战斗的集体主义精神；可以锻炼胜不骄、败不馁、勇敢顽强、克服困难、坚持到底的良好品质。

（4）培养人的信息意识，提高配合及应变能力。排球运动是一项依靠判断集体配合取胜的球类竞赛。准确的判断并预测将要发生的情况而迅速做出决策已成为制胜因素之一。因此，运动员在场上要相互协调，并不断观察同伴的意图，才能默契地与之合作。

第二节　排球运动基本技术与练习方法

一、排球运动基本技术及练习方法

排球运动技术包括准备姿势及移动、垫球、传球、发球、扣球、拦网六大技术。

（一）准备姿势及移动

1. 准备姿势动作方法

正确的准备姿势按其身体重心高低可分稍蹲、中蹲和低蹲三种。其中，中蹲运用最多。其动作为：两脚开立，距离比肩稍宽（女子比男子更宽），两脚尖适当内扣，脚后跟抬起，膝关节弯曲，大小腿之间成90°，上体前倾，重心着力点在前脚掌拇指根部，两肩前探超出膝关节，两臂自然弯曲置于胸腹之间，抬头看球，随时准备移动。

2. 准备姿势练习方法

（1）成两列横队，在教师指导下做各种准备姿势。

（2）两人一组，一人做准备姿势，另一人纠正其错误动作，两人交换进行。

3. 移动动作方法

从起动到制动的过程称为移动。移动步法有并步、滑步、跨步、交叉步、跑步、综合步等。移动的动作方法为：判断及时快反应，抬腿弯腰移重心；移步转换衔接好，身体快移重心稳。

4. 移动练习方法

（1）成半蹲准备姿势，向教师手指的方向做各种步法的移动。

（2）两人一组相对站立，一人跟随另一人做同方向的移动。

（3）以滑步和交叉步进行3米往返移动，手触及两侧线。

（4）两人一组，一人持球向不同方向抛出2~3米，另一人移动对准球，用双手在额前接住球。

（5）成纵队立于网前，依次接教师抛向场地不同方向及不同弧度的球。

5. 易犯错误与纠正方法

易犯错误：准备姿势不合理，预判能力弱，起动后步频慢。

纠正方法：接身前低球，向侧面移动接球，向后移动接球。

（二）垫球

垫球是通过手臂或身体其他部位的迎击动作，使来球从垫击面上反弹出去的击球动作。常用的双手垫球手型有抱拳式、互靠式、叠指式，如图10-1所示。

抱拳式　　　　　　　　互靠式　　　　　　　　叠指式

图10-1　双手垫球手型

1. 垫球动作方法

（1）正面双手垫球。两臂前伸插球下，两臂夹紧腕下压；蹬地跟腰前臂垫，击点尽量在腹前；撤臂缓冲接重球，轻球主动抬臂击，如图10-2所示。

图10-2　正面双手垫球

（2）体侧垫球。向侧跨步侧前伸臂，向内转体提肩击球。

（3）背垫球。蹬挺抬仰两臂摆，背对目标肩上击。

2. 垫球技术练习方法

（1）原地徒手模仿完整的垫球动作。

（2）一人持球固定在小腹前高度，另一人从准备姿势开始，做垫击模仿动作。

（3）自垫练习：原地连续向上垫球练习。

（4）两人一组，相距3~4米，一抛一垫，要求抛垫到位。

（5）两人一组，相距3米，左右抛球，另一人移动垫球。

（6）两人一组，相距3~4米连续对垫。

（7）一人一球，对墙自垫练习。

（8）两人一组，相距9米左右，一人发球，另一人将球垫到指定位置。

3. 垫球易犯错误与纠正方法

易犯错误：

（1）垫球前准备姿势不正确，重心过高、过低，或重心靠后，影响垫球效果。

(2) 击球位置不正确，球易击在手、前臂和肘关节等处，影响垫球质量。

(3) 手臂击球时弯曲。

(4) 非全身协调用力击球。

纠正方法：

(1) 多做徒手练习，体会正确动作要领。

(2) 多垫固定球练习，体会全身协调用力，正确的击球位置和正确的击球动作。

(3) 做完整垫球练习时要由易到难，由难到易反复进行，体会正确动作。

(4) 观察别人的动作，吸取正确动作，找出错误所在，提高动作质量。

（三）传球

传球是利用全身协调力量并通过手指、手腕的弹击动作将球传至一定目标的击球动作。

1. 传球动作方法

(1) 正面传球（图 10-3）。

图 10-3 正面传球

正面双手垫球和双手传球

蹬地伸臂对正球，额前上方迎击球；触球手形成半球状，指腕缓冲控制球。

(2) 背传。

上体稍直臂上抬，掌心向上腕后仰；背部对正目标处，协调传球后上方。

重点：手形呈半球形，用蹬地、伸臂和手指的力量将球传出。

难点：手腕回落，缓冲来球力量；手掌伴送球，控制出球方向，使出球柔和；手指弹拨球。

2. 传球技术练习方法

(1) 成两列横队，随教师口令做徒手传球。

(2) 每人一球，向自己头顶上方抛球，然后用传球手形接住，自我检查手形。

(3) 连续自传，传球高度不低于 50 厘米。

(4) 两人一组，抛传球。

(5) 两人一组，对传练习。

(6) 两人一组，隔网对传练习。

3. 传球易犯错误与纠正方法

易犯错误：

(1) 传球手形不好，影响传球效果。

(2) 击球点过高或过低。

(3) 上下肢传球时用力不协调。

(4) 手指手腕的缓冲控制不当，容易持球。

纠正方法：

（1）反复做徒手练习，建立正确动作概念，体会正确动作。

（2）反复做原地抛接球练习，逐渐体会正确手形和正确击球点。练习熟练以后，将球抛离身体，通过快速移动，人至球下将球接住。

（3）多做简单抛传动作，体会传球正确动作和全身协调用力。

（4）传球时固定击球点后，肘关节应自然下垂。

（四）发球

发球是队员在发球区内将球抛起，用一只手将球击入对方场区的击球方法。

1. 发球动作方法（右手击球为例）

（1）正面上手发球。前后开立面对网，抛球右肩前上方，高度适中比手高；转体收腹带手臂，弧形鞭打用力量；全掌击球中下部，手腕推压呈上旋，如图10-4所示。

图10-4 正面上手发球

正面上手发球
与下手发球

（2）正面下手发球。左手抛球低出手，右臂摆动肩为轴；击球一刹不屈肘，掌根部位击准球。

（3）侧面下手发球。腹前低抛球，转体带摆臂；击球后下部，控制球路线。

重点：抛好球，以蹬地、转体的力量带动挥臂，用掌根或半握拳的拳面等部位击球。

难点：把握抛球的高度和蹬地、转体及挥臂击球的时机。

2. 发球技术练习方法

（1）单手抛球练习。

（2）结合抛球进行引臂和挥臂练习，抛球、引臂、击球动作要协调。

（3）近距离的隔网发球练习。

（4）在发球区内向对方场区发球。

（5）在发球区内向指定区域发球。

3. 传球易犯错误与纠正方法

易犯错误：

（1）球抛得不稳、不垂直，影响击球的准性。

（2）击球点不正确，使击出的球易下网或出界。

（3）击球手臂过于弯曲，影响击球速度和力量。

（4）击球后身体重心不前移，手臂挥动路线不正，有侧面挥动现象。

纠正方法：

（1）反复进行发球的徒手练习，建立正确动作概念。

（2）多练习抛球，直至将球抛得又稳又垂直。

（3）多进行近距离发球，体会动作要点，固定击球点。

（4）互相观察发球动作，利于改进动作。

（五）扣球

扣球是队员跳起在空中，将高于球网上沿的球有力地击入对区的一种击球方法。

1. 正面扣球动作方法（图10-5）

图10-5　正面扣球

助跑节奏慢到快，一步定向一步跨；后步跨上猛蹬地，两臂配合向上摆；腰腹发力应领先，协调挥臂如甩鞭；击球保持最高点，全掌包球击上旋。

重点：两步助跑起跳的第一步要小（单脚迈），第二步要大（双脚跨），屈膝缓冲向上跳（控制前冲）。

难点：选择好起跳点，把球控制在人与球网之间，右肩的前上方。

2. 扣球技术练习方法

（1）学生做一步助跑起跳，两步助跑起跳练习，注意动作协调性。

（2）徒手做助跑起跳练习。

（3）徒手挥臂练习。

（4）两人一组，一人持球高举固定球，另一人扣球练习。

（5）连续对墙扣反弹球。

（6）4号位扣教师抛来的球。

（7）4号位扣教师的传球。

3. 扣球易犯错误与纠正方法

易犯错误：

（1）助跑起跳前冲，击球点保持不好，常常触网。

（2）上步起跳时机掌握不好，上步忽早忽晚，不能在最高点击球。

（3）挥臂扣球路线不正确，使击球点过低。

（4）击球手法不正确，非全手掌扣球。

纠正方法：

（1）反复做徒手练习，体会正确动作要领。

（2）多进行扣固定球练习，建立正确动作概念，体会扣球发力，使手臂挥动路线正确，手与球吻合得好。

（3）反复进行扣球练习，逐渐建立良好的时空感觉。

（4）多观察正确动作，以修正自己的动作。

（六）拦网

拦网是队员靠近球网，将手伸向高于球网处阻挡对方来球的行动。

1. 单人拦网动作方法

拦网判断是关键，及时起跳莫提前；半蹲起跳稍含胸，手臂平行尽量伸；两臂相距一球径，十个指头自然张；看清动作拦路线，触球一瞬要用力；手成弧形包住球，球遇盖帽拦回去。

2. 拦网技术练习方法

（1）原地做拦网的徒手动作练习。

（2）由3号位向2、4号位移动拦网徒手练习。

（3）低网扣拦练习：两人一组，原地一扣一拦。

（4）结合扣球练习拦网技术。

3. 拦网易犯错误与纠正方法

易犯错误：

（1）起跳过早。

（2）起跳后身体碰网。

（3）拦网起跳时，脚过中线或身体触网。

（4）拦网时手离网较远，球从手与网之间漏下。

（5）对扣球路线判断错误。

纠正方法：

（1）分析各种扣球的起跳时机，在练习中反复体会拦网的正确起跳时间。

（2）徒手模仿拦网练习，拦固定球练习。

（3）看信号做原地或快速移动起跳拦网练习，学会最后一步制动和垂直起跳。

（4）徒手练习近网起跳，双手尽量伸到对方上空。结合扣球，练习网前起跳、手臂伸过网的动作。

（5）看清扣球人的助跑路线，选择正确的起跳点。

二、排球战术

战术可以看作是在规则允许的前提下，由技术组合而成的套路。它包括阵容的配备、基本站位与攻防形式等。

（一）阵容配备

常用的是"四二"和"五一"配备，如图10-6所示。

"四二"配备

"五一"配备

图10-6 阵容配备

"四二"配备是由四名进攻队员和两名二传队员组成。

"五一"配备是由五名进攻队员和一名二传队员组成。

(二) 进攻战术

进攻战术一般有"中一二""边一二""插上"等。

(1) "中一二":二传在3号位,把球传向2、4号位或后排组织。该阵形易学、易组织,但进攻点少,缺少变化,易被对方防守,如图10-7所示。

(2) "边一二":二传在2、3号位之间,把球传向3、4号位及后排组织。该阵形与"中一二"相比,进攻点多,且富于变化,如图10-8所示。

(3) "插上":二传从后排插到前排2、3号位之间,把球向2、3、4号位及后排组织,形成多点立体交叉的攻势。大型比赛中常可以看到,如图10-9所示。

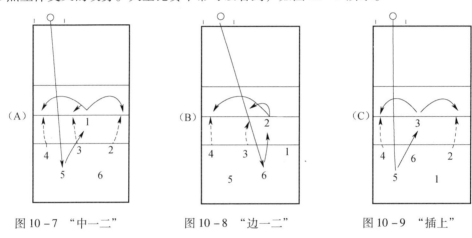

图10-7 "中一二"　　　图10-8 "边一二"　　　图10-9 "插上"

(三) 防守战术

(1) "心跟进":当对方经常采用打吊结合,本方拦网能力强,能封住后排中场时采用。对方4号或2号位队员进攻时,本方2、3号位(或3、4号位)队员拦网,后排中的6号位队员在拦网队员之后进行保护,其余队员组成弧形防守。

(2) "边跟进":当对方进攻较强,战术变化多,吊球较少时采用。对方4号进攻时,前排2、3号位队员组成双人拦网,其余队员组成半圆弧形防守。

第三节　排球运动竞赛及规则简介

一、场地及设施

1. 排球比赛场地

排球比赛是在长18米、宽9米的长方形场地进行。场地所有线宽均为5厘米。距中线三米处有一条进攻线,以限制后排队员在前排进行攻击性击球。

2. 球网

球网长9.50米、宽1米。男子网高2.43米,女子网高2.24米。网上两端有标志带和标志杆。标志带垂直于边线;标志杆长1.80米,设在两侧标志带的外沿,高出球网80厘米。

3. 比赛用球

球的圆周为 65~67 厘米，重量为 260~280 克，气压为 0.30~0.325 千克/厘米。每场正式的排球比赛在比赛场上必须有三个排球。

二、主要规则

（一）胜一分、胜一局和胜一场

比赛采用每球得分制，胜一球即胜一分。

比赛的前 4 局以先得 25 分，并同时超出对方 2 分的队为胜一局。决胜局以先得 15 分，并同时超出对方 2 分的队获胜。正式比赛采用五局三胜制。最多比赛 5 局，先胜 3 局的队为胜一场。

（二）队员的场上位置

在发球队员击球时，双方队员（发球队员除外）必须在本场区内各站两排，每排 3 名队员。前排位置为 4、3、2 号位，后排位置为 5、6、1 号位。在发球队员击球瞬间，双方队员场上的站位必须与填写的上场站位表相符。球发出后，队员可以在本场区和无障碍区的任何位置。

（三）轮转

接发球队获得发球权后，该队队员必须顺时针方向轮转一个位置（2 号位队员转至 1 号位发球）。

（四）换人

规则规定，每局比赛每队可替换一人或多人。场上队员在同一局中可以退出比赛和再次上场各一次，只能回到原阵容位置上。替补队员每局只能上场一次，他/她只能由替换他/她下场的队员来替换。

（五）暂停

规则规定：第 1~4 局，每局有两次技术暂停，各为 1 分钟，每当领先队达到 8 或 16 分时自动执行。每一个比赛队每局还有一次机会请求 30 秒的普通暂停。决胜局（第五局）无技术暂停，每队在该局可请求两次 30 秒的普通暂停。

（六）发球

发球队员必须在发球区内发球，第一裁判员鸣哨后 8 秒钟内将球击出。

（七）比赛中的击球

每队最多击球三次（拦网除外），队员身体任何部位都允许触球。击球的犯规有"四次击球""持球""连击""过网击球"。

（八）触网

比赛进行中，任何队员的身体的任何部位触及 9.50 米以内的球网、标志杆、标志带为触网犯规。

（九）过中线

比赛进行中，队员整个脚、整个手或身体其他任何部分越过中线并触及对方场区时，为过中线犯规。

（十）过网击球

对方进攻性击球前或击球时，在对方空间拦网或触球为过网击球犯规。

（十一）后排队员进攻犯规

后排队员在前场区内，或踏及进攻线及其延长线，将高于球网的球击入对方场区，为后排队员进攻犯规。

（十二）"自由人"

自由人必须穿着与其他队员不同颜色（或不同式样）的上衣，且不得参与发球、拦网和试图拦网。他/她在换下任一后排队员时，不需经过换人过程，也不计在正常换人人次数内。其上下次数不限，但在其上下两次之间必须经过一次发球过程。

三、沙滩排球规则简介

沙滩排球是由每队两人组成的两队，在由球网分开的沙滩场地上进行比赛的运动。

（一）比赛方式

2001年1月1日开始，沙滩排球采用每球得分制。3局2胜制，胜2局的队为胜一场，前2局为21分，决胜局15分。某队先得21分，并同时超过对方2分的队为胜一局。当比分20:20时；某一队领先2分为止。决胜局某队先得15分，并同时超过对方2分的队为胜队；当比分14:14时，某一队领先2分即为胜队。

（二）比赛场地

比赛场地是长为16米、宽8米的长方形。其四周至少有3米宽的无障碍区，从地面向上至少有7米高的无障碍空间，没有中线和进攻线，所有界线宽5～8厘米。国际排联规定正式国际比赛的场地，沙滩必须至少40厘米深并由松软的细沙组成。

（三）比赛服装

队员的服装包括短裤或泳装；队员可戴帽子和太阳镜或眼镜；队员必须赤脚（除裁判员特许外）。

（四）球网

国际正式比赛成年男子网高2.43米，女子2.24米。不同年龄组网高有所区别，16岁以下2.24米（男、女），14岁以下2.12米（男、女），12岁以下2.00米（男、女）。

四、世界排球大赛简介

（1）世界锦标赛：1947年开始，每隔四年举行一次。

（2）世界杯赛：1964年开始，每四年举行一次。比赛地点固定在日本。

（3）奥运会：1964年东京奥运会开始增加排球项目比赛，四年一届。沙滩排球在1996年奥运会列为正式比赛项目。

（4）世界青年锦标赛：1977年在巴西进行首届比赛。参赛队年龄在20周岁以下，每四年一次。

（5）世界排球联赛（也称世界排球大奖赛）：从1993年开始，每年举行一次。

复习思考题

1. 排球运动起源于何年、何地？它的特点和价值是什么？
2. 正面双手垫球技术的动作方法是什么？容易犯的错误有哪些？如何改进？
3. 排球比赛男女的网高是一样的吗？网的高度是多少呢？
4. 排球比赛本方队员最多可击球几次？超出了称为什么犯规？
5. 排球比赛一般打几局？一局打多少分？

第十一章　足球运动

学习提示

被誉为"世界第一运动"的足球运动是世界上开展最广泛、影响最大的体育项目。同时，足球运动具有很高的锻炼价值，深受广大大学生喜爱。学习和掌握足球的基本知识、基本技术和战术，将有利于更好地欣赏和参与足球运动。

第一节　足球运动概述

一、足球运动的起源与发展

足球运动是以脚支配球为主，采用传球、带球及头球等技术，通过集体配合，两队间相互攻守对抗，以进球多少决定胜负的一项球类运动。它是世界上开展最广泛、影响最大的体育项目之一，被誉为"世界第一运动"。

古代足球起源于中国。我国古代把足球称为"蹴鞠"或"蹋鞠"，盛行于唐宋。现代足球起源于英国。1863 年，英国成立了世界上第一个足球协会——英格兰足球协会。所以人们把这一年视为现代足球的诞生年。1921 年，第 5 届奥运会开始有足球比赛。从 1930 年开始，举办四年一届的世界杯比赛。现在它已是除奥运会外，最大的体育比赛，成为世界上拥有球迷最多的体育项目。

二、足球运动的锻炼价值

（一）健体价值

足球运动是一项能全面锻炼和健全体魄的运动。在全民健身活动中，通过开展足球运动，可以增强人们的体质和提高健康水平，提高运动的力量、速度及灵敏度，提高弹跳、耐力、柔韧性等素质。特别是对增强心血管系统、呼吸和消化系统等人体器官的功能非常有益，能使人体的高级神经活动得到改善。据测定，一名优秀足球运动员的肺活量比正常人要多 2 000 ~ 3 500 毫升，安静时的心率要比正常人低 15 ~ 22 次/分。

（二）健心价值

经常参加足球运动，可以培养人们勇敢顽强、机智果断、勇于克服困难的优秀品质；可以培养人们敢于斗争、敢于胜利的战斗作风，以及发扬团结协作、密切配合、集体主义精神。观赏高水平的足球赛事，能给人们带来斗志和快乐。拼劲实足、力量型的北欧及英格兰足球和以巴西桑巴舞足球为代表的艺术足球，会使足球场上充满生气、惊险，使人从中品味到无穷的哲理。这为形成良好的性格、品质、心态，营造健康的氛围都有积极的影响。

第二节 足球运动基本技术与练习方法

一、足球颠球基本技术

颠球是指运动员用身体的各个有效部位连续地触击球，并加以控制尽量使球不落地的技术动作。颠球是运动员熟悉球性的一种练习手段。

（一）颠球基本技术

双脚脚背颠球：脚向前上方摆动，用脚背击球。击球时踝关节固定，击球的下部。两脚可交替击球，也可一只脚支撑，另一只脚连续击球。击球时用力均匀，使球始终控制在身体周围。

（二）颠球的练习方法

（1）一人一球颠球：体会触球的时间、触球的部位、触球的力量和整个动作的协调配合。

（2）两人一球颠球：用脚背、大腿、头部以及身体各部位触球，掌握好触球的力量，尽量不让球落地。每人可触球一次颠给对方，也可触球多次互颠。

（3）四五人一组，围圈用两球颠球：可规定每人触球的次数与部位，也可自由掌握触球的次数与部位。颠传时要注意观察，防止两个球同时颠传给同一伙伴。

二、足球踢球技术

脚内侧踢球

（一）踢球基本技术

1. 脚内侧踢球（又称脚弓踢球）

其特点是脚与球接触的面积大，出球准确平稳，易于控制出球方向，传球较准确，且易于掌握。但由于出球力量相对较小，适用于近距离传球和射门，如图11-1所示。

图11-1 脚内侧踢球

2. 脚背内侧踢球

适用于中、远距离传球和射门。比赛中常用脚背内侧踢定位球，传过顶球或转身踢球。

踢定位球时，斜线助跑，助跑方向与出球方向约成45°。支撑脚以脚掌外沿积极着地，踏在球的侧后方20~25厘米处。膝关节微屈，脚尖指向出球方向，身体稍向支撑脚一侧倾斜。在支撑脚着地的同时，踢球腿以髋关节为轴，大腿带动小腿由后向前摆。当身体转向出球方向，膝盖摆至接近球的内侧上方的刹那，小腿做爆发式前摆，脚尖稍外转，脚背跖屈，脚趾扣紧，脚尖指向斜下方，以脚背内侧踢球的后中部（要求出高球时，击球后下部）。踢

球腿继续前摆，两臂外展以维持身体平衡。（图 11 - 2、图 11 - 3）

图 11 - 2　脚背内侧　　　　　　　　　图 11 - 3　脚背内侧踢球

3. 正脚背（脚背正面）踢球

由于其解剖特点，摆幅相对较大，同时由于与球的接触面也相对较大，因此踢球的力量也较大，准确性也较强。所以，正脚背踢球适用于中长距离传球和射门。比赛中经常用脚背正面踢定位球、空中球、反弹球、倒钩球。

踢定位球时，直线助跑，最后一步稍大。支撑脚全掌积极着地，踏在球的侧方 10~15 厘米处。脚尖正对出球方向，膝关节微屈。踢球腿屈膝后摆，在支撑脚着地的同时，以大腿带动小腿，加快小腿的摆速由后向前摆，脚背绷直，脚趾扣紧，以脚背正面击球的后中部。（图 11 - 4、图 11 - 5）

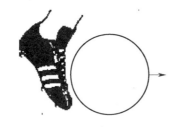

图 11 - 4　脚背绷直　　　　　　　　　凌空大力射球

图 11 - 5　正脚背踢球　　　　　　　　正脚背射球

4. 脚背外侧踢球

这种踢法难度大。但是由于脚踝灵活性较大，出球的隐蔽性较强，所以运用范围广。比赛中常用来踢定位球、弧线球或弹拨球等。

踢定位球（平直球）时，基本与脚背正面踢球相同。只是在踢球的瞬间，摆动腿的膝关节和脚尖内转，脚面绷直，脚趾扣紧，以脚外侧部位踢球的后中部。（图 11 - 6、图 11 - 7）

图 11-6 脚背外侧

图 11-7 脚背外侧踢球

（二）踢球的练习方法

（1）各种踢球技术动作的模仿练习。在地面设想有一目标（足球），跨步上前做踢球动作，然后过渡到几步慢速助跑的踢球模仿动作练习，最后可做快速助跑踢球的模仿动作练习。练习中应注意要求有设想球，尤其注意设想触球一瞬间踢球脚踝关节的固定和脚背绷紧。

（2）一人用脚底挡球，另一人踢球。此方法应注意踢球腿摆动与触球部位的正确与否，同时还要检查其支撑阶段的状况。

（3）距足球墙5米左右进行踢球技术练习。此种方法主要强调小腿的摆动、大腿带动小腿进行摆动、脚与球接触面、支撑环节是否正确。练习一段时间后，可将距离逐渐增加。

（4）利用足球墙和标杆做踢旋转球的练习。可将标杆插在踢球者与墙之间，标杆与人及墙的距离视需要而定，开始可大些，当技术掌握后再逐步缩小。

（5）原地踢自抛的反弹球、空中球练习。这两种练习多采用正脚背踢球。

（6）原地踢弧线球练习。多采用脚背内侧或者外侧踢球。

（7）各种跑动中的踢球练习。

三、足球停球技术

停球是指运动员有目的地用身体的合理部位把运行中的球接下来，控制在所需要的范围内，以便更好地衔接下一个技术动作。接球是为下一个动作服务的，接球质量的好坏直接影响下一个动作的顺利完成。比赛中来球性质、状态不同，所以接球应根据不同情况，采用不同的动作方法。

（一）停球基本技术

停球的方法有多种，常用的有脚内侧、脚背正面、脚背外侧、脚底、大腿、腹部、胸部、头部等部位的停球。

1. 脚内侧停球

这是用脚内侧部位停球的一种技术。由于脚触球面积大，动作简单，较易掌握，比赛中经常使用这种技术接各种地滚球、平直球、反弹球、空中球。

（1）脚内侧停地滚球：支撑脚脚尖正对来球，膝关节微屈，同侧肩正对来球。接球腿提膝大腿外展，脚尖微翘，脚底基本与地面平行。脚内侧正对来球并前迎，当脚内侧与球接触的一刹那迅速后撤，把停接在脚下。

（2）脚内侧停反弹球：根据来球的落点，及时移动到位。支撑脚与球落点的相对位置在球的侧前方，支撑腿膝关节微屈，身体向接球后球运行的方向偏移。接球腿提起小腿且放松，脚尖微翘，脚内侧对着停球后球运行的方向并与地面成一锐角。当球落地反弹刚离地面时，大腿向停球运行的方向摆动，用脚内侧部位轻推球的中上部。

2. 大腿停球

大腿停球一般可以用来接抛物线较大的高空球和略高于膝的低平球，如图11-8所示。

（1）大腿接抛物线较大的下落球：面对来球方向，根据球的落点迅速移动到位。停球腿大腿抬起，当球与大腿接触的瞬间大腿下撤将球停到需要的位置上。

（2）大腿停低平球：面对来球方向，根据来球高度，接球腿大腿微屈，送髋前迎来球。当球与大腿接触瞬间收撤大腿，使球落在所需要的位置上。

图11-8 大腿停球

大腿停球

3. 腹部停球

在激烈的比赛中为了抢点控制球，根据比赛的需要也使用腹部接球。

（1）腹部停反弹球：接球者的身体正对来球方向跑动，判断好球的落点，身体前倾，腹部对准落地反弹的球，腹直肌保持紧张，推压球前进，如图11-9所示。

（2）腹部停平空球：来球较突然且与腹部同高时，应先挺腹，在腹与球接触瞬间迅速含胸收腹，将球停下来。

图11-9 腹部停球

4. 胸部停球

由于胸部停球部位较高，加之胸部面积大、肌肉较丰满等特点，易于掌握，故是停高球的一种好方法。胸部停球包括挺胸式、收胸式两种方法。

（二）停球的练习方法

1. 个人停球练习

（1）各种停球的模仿练习，主要体会动作要领和方法。

（2）接迎面地滚球，两人面对面站立，间隔10米左右，一人踢（抛）地滚球，另一人主动迎上接球。

（3）自己向上抛或踢球，用脚内侧或脚外侧停反弹球。

（4）自己向墙上抛或踢球，然后迎上去接反弹球。

（5）自抛自颠接空中球。

（6）对墙踢球，迎上去接反弹回来的球。

胸部停球

其他部位停球

(7) 接两侧的地滚球。

2. 多人停球练习

(1) 三人一组成纵向站立，甲、乙传球，丙迎上向两侧或身后接球，再传向另一方。
(2) 两人对面抛高球练习接反弹球。
(3) 两人对面互踢定位球练习接反弹球。
(4) 互抛接空中球。
(5) 两人对面互踢定位球练习接空中球。

四、足球运球基本技术

运球指运动员在跑动中用脚的推、拨、扣，使球保持在自己控制范围内的连续动作。

（一）运球基本技术

运球技术动作通常是由运球方法的选择与准备、跑动中间断触球、为下一动作的连接做好准备三个环节组成。带球时，身体自然放松，上体稍前倾，两臂自然摆动，步幅适中。带球脚提起，膝关节微屈。脚背正面带球要脚尖下指，脚背外侧带球要脚内转，在迈步前伸着地前，用脚推拨球。扩大视野，同时兼顾球和场上情况。

(1) 脚背正面运球：是快速推拨球前进的一种带球方法。
(2) 脚内侧运球：触球面积大，能有效地利用身体保护球。
(3) 脚背外侧运球：触球面积大，有利于快速奔跑和改变带球方向的一种带球方法。
(4) 护球：持球队员不能转身时，则利用身体把球与对手隔开。常用的护球方法有背身护球和侧身护球。

（二）运球的练习方法

1. 原地带球

(1) 两脚的脚内侧左右拨球。
(2) 脚底向左右拖拉球。
(3) 单脚支持，另一脚底踩在球的上部，双脚交替连续做向后拖球的模仿练习。

2. 行进间带球

(1) 慢跑中分别用单脚脚内侧、外侧和正脚背进行直线运球练习。
(2) 慢跑中沿弧线做顺、逆时针两脚不同部位的带球练习。
(3) 用各种不同的脚法做扣、拨、拉的动作，做曲线变速变方向带球。
(4) 运球绕过插在地上的若干标志杆。
(5) 两人一组，一人运球，另一人进行抢堵，做运球过人练习。

五、足球头顶球基本技术

（一）头顶球基本技术

各种头顶球都是由蹬地、摆体、颈部紧张、用甩头或头正面击球等动作所组成。头触球的部位和触球的时间是头顶球的重要环节。头顶球时要养成目迎目送的习惯。顶球时不要缩脖子，更不要闭眼睛，要敢于主动迎击球。

1. 前额正面顶球

上体后仰成弓形，颈部保持紧张。当球运行到身体垂直部位前的一刹那，两脚用力蹬地向前摆体、甩头，用前额正面部位顶球的后中部，如图 11-10、图 11-11 所示。

图 11-10　前额正面　　　　图 11-11　前额正面顶球　　　　前额正面接球

2. 前额侧面顶球

上体和头部向出球方向的异侧稍转动，后脚用力蹬地，上体迅速向出球方扭转，同时甩头，用额侧部位击球中后部，如图 11-12、图 11-13 所示。

图 11-12　前额侧面　　　　图 11-13　前额侧面顶球

（二）头顶球的练习方法

1. 个人进行头顶球练习

（1）原地做各种头顶球的模仿动作练习，体会动作要领。

（2）利用吊球或者同伴手托举的球进行练习，体会完整的动作技术。

（3）利用足球墙进行练习，自抛球由墙弹回进行各种顶球练习。

前额侧面顶球

2. 多人头顶球练习

（1）两人或两人以上在一起进行抛球—头顶球练习。

（2）两人一组连续对顶练习。

（3）顶球射门练习：顶球队员站在罚球弧附近，掷球队员站在球门内或球门侧面将球抛至罚球点附近，顶球队员跑上顶球入门。

（4）两人一球，相距 20 米左右，甲传过顶球飞向乙，乙顶回给甲。数次后轮换传、顶球。

（5）顶球者站在罚球线附近，顶守门员抛来的球射门。

六、足球抢截球技术

（一）抢截球基本技术

1. 抢球

用规则允许的条件和动作，把对方控制的或将要控制的球夺过来，踢出去或破坏掉。

(1) 正面抢球：面向对手，两脚前后开立，两膝微屈，身体重心下降并放在两脚间。当对手运球触球后即将着地或刚着地时，抢球者快速移动重心，支撑脚用力后蹬，抢球脚以脚内侧对着球并屈膝向球跨出，从正面抢堵球。同时，上体稍前倾，身体重心移至抢球脚上，支撑脚随即前跨，维持身体平衡。如双方的脚同时触球时，则要顺势向上提拉，使球从对方脚背滚过，身体要迅速跟上，把球控制住，如图 11-14 所示。

(2) 侧面抢球：在与对方带球队员并肩跑动时，身体重心稍下降，同对方接触一侧的臂紧贴身体。当对方的外侧脚着地时，用肩以下、肘以上的部位，以适当的力量去冲撞对手相应的部位，使其失去平衡而离开球，并迅速将球控制在自己的脚下。

图 11-14　正面抢球

2. 铲球

这是倒地抢球的一种技术。一般在对手接球前或带球过程中来不及用其他方法抢球时采用。当控球者拨出球的一刹那，或对方在接球时，左脚用力蹬地跨步，以抢球脚（右脚）的外侧沿地面向前侧滑出，用脚掌将球蹚出，用脚背或脚尖踢或捅出，然后小腿外侧、大腿外侧和臂部依次着地。

（二）抢截球的练习方法

(1) 两人一球练习。将球放在队员甲脚前，队员乙与其相距两米，并上步做正面脚内侧堵抢练习，当队员乙触球瞬间队员甲也用脚内侧触球。让抢球队员乙体会上步动作及触球部位，两人可轮换做抢球。

(2) 两人一球练习。甲、乙两队员相对站立，队员甲运球跑向乙（慢速），队员乙选择好时机实施正面脚内侧堵抢技术。

(3) 两人同方向慢跑，在跑的过程中两人可做适当的合理冲撞，体会冲撞的时机和冲撞的部位以及冲撞时如何用力等。

(4) 铲球练习。一人一球将球放在前面某一位置，练习者选择适当位置站立，原地蹬出做铲球动作练习。当基本掌握铲球动作后，练习者可将球沿地面缓慢抛出，自己追球将球铲掉，以体会如何对滚动的球实施铲球动作。待较熟练地掌握铲球动作后，再用以上方法进行铲控、铲传的练习。

(5) 一人直线运球前进，另二人由后追赶至适当位置抓住时机进行铲球练习。要求运球者给予适当的配合，使铲球者能在对手运球过程中体会实施铲球动作。

七、足球掷界外球基本技术

这是指将越出边线的球，通过规定动作用手掷入场内恢复比赛的一种方式，常用的有原地和助跑两种掷法。

（一）掷界外球基本技术

面对出球方向，两脚开立，双手持球置于脑后。掷球时，蹬地、收腹、振胸、甩臂，将球一次性用力掷入场内。掷球时可沿地面滑动，但双脚均不得离地。助跑掷界外球的动作要领与原地相同。借助于助跑的速度掷界外球是为了掷球更远。

（二）掷界外球练习方法

(1) 徒手模仿练习。

(2) 两人一组，间隔 15~20 米，原地对掷练习。
(3) 两人一组，间隔 20~25 米，助跑对掷练习。
(4) 掷远比赛。

八、足球守门员技术

守门员是全队防守的核心，其主要任务是不让球射入本方球门。守门员技术包括准备姿势和移动、选位、接球、扑球、托击球、发球等。

1. 准备姿势、移动、选位

准备姿势是两腿屈膝，重心前移，左右开立，两臂在胸前自然弯曲，并注视来球。移动主要采取滑步、交叉步以及跑步。选位是守门员的站位应在球与两球门柱所形成的分角线上，以扩大防守面积。

2. 接球

(1) 低手接球：主要接地滚球、低于胸部的平直球。

动作要领：接球时，成准备姿势，正对来球，两臂并肘前迎，两手小指靠近，掌心朝前上方。在手触球的刹那，随球后引并屈肘、屈腕，两臂夹紧将球抱于胸前。

(2) 高手接高球：用于接胸部以上的来球。

动作要领：身体正对来球，两臂上伸迎球，两手拇指相对成"八"字，手指自然张开，手掌对球做包球状。当手触球时，手腕和手指适当用力将球接住，并顺势屈肘，回收下引，迅速转腕将球抱于胸前。

(3) 扑球：守门员来不及移动正对来球时，常采用扑球动作接球。常用的有倒地扑侧面的低球、鱼跃扑球等。

(4) 托击球：在守门员没有把握接住球或有对方猛烈冲门情况下，为了避免接球脱手造成被动，常采用拳击球或用手将球托出界的方法，以避免球入球门。拳击球有单拳或双拳击球；托球也有单掌或双掌托球。

(5) 发球：发球是守门员接球后组织进攻的手段。它常用的方法用手抛球和脚踢球两种。无论采用哪种，都要求及时、准确、战术目的明确。

第三节　足球运动竞赛规则简介及欣赏

一、足球运动竞赛规则简介

（一）足球战术与比赛阵形

足球战术是指在比赛攻守过程中，为了战胜对手，根据主客观的实际所采取的个人行动和集体配合的总称。足球战术可分为进攻和防守战术两大系统，其中又分别包含着个人战术和由二人或二人以上协同配合形成的集体战术。实践证明，正确地组织战术和运用战术是夺取比赛胜利的重要因素。

比赛阵形是指队员在场上的攻守力量搭配、职责分工及位置排列。它有助于各种战术目的和方法的实现。

目前普遍采用的阵形有"四三三""四四二""五三二"等。

(1) "四三三"阵形：中场的三个队员有明确分工。根据情况可一个侧重防守，两个侧重进攻，或者相反。

(2) "四四二"阵形：中场的四个队员基本上是一字横向排开或者成菱形排列两种。其分工为：一名为进攻型前卫，一名为防守型前卫，另两名为边前卫。这样，全队攻防更加平衡。

(3) "五三二"阵形：后场有五位防守队员，侧重防守。进攻时边后卫可插上，增强攻击力。

(二) 足球运动竞赛规则

1. 比赛场地和球

比赛场地应为长方形，长为 90～120 米，宽为 45～90 米（国际足联规定世界杯决赛的标准场地为长 105 米、宽 68 米）；球门宽 7.32 米，高 2.44 米；球为圆形，其周长为 68～71 厘米；在比赛开始时球的重量为 396～453 克，充气后的压力为 0.6～1.1 个大气压。

2. 队员人数和比赛时间

每队上场比赛的队员不得多于 11 名、少于 7 名，其中必须有一名为守门员。比赛分为两个 45 分钟相等的半场，每半场因故损失的时间应由裁判员酌情补足。

3. 比赛开始、进行和死球

开球前，双方队员均应在本方半场内。开球队的对方队员还须在中圈外。当裁判员鸣哨后，开球队员必须将放在场地中心的球踢入对方半场。待球被踢并向前滚动一周后方为比赛开始。

比赛开始至结束时均在进行中，包括球从门柱、横木、角旗杆、场上的裁判员或巡边员弹回场内和场上队员犯规而裁判员未予判罚的过程。

当球的整体在地面或空中全部越过边线或端线和比赛被裁判员鸣哨停止时均为死球。恢复比赛的方式为发球门球、角球、任意球、掷界外球、点球和重新开球。

4. 越位

凡进攻队员较球更近于对方球门线者，即为处于越位位置。但如果该队员在本方半场内，或至少对方队员两人较其更近于对方端线，或其平行对方倒数第二个防守队员或者平行于对方最后两名以上（含两名）防守队员，则该队员不算处于越位位置。

5. 犯规与不正当行为

(1) 下列犯规，将判罚直接任意球：踢或企图踢对方队员；绊摔或企图绊摔对方队员；跳向对方队员；冲撞对方队员；打或企图打对方队员；推对方队员；为了得到对球的控制而抢截对方队员时，于触球前冲撞对方队员；拉扯对方队员；向对方队员吐唾沫；故意手球（不包括守门员在本方罚球区内）。

如果队员在本方罚球区内违反了上述十种犯规中的任何一种，应被判罚点球。

(2) 下列犯规，将判罚间接任意球：动作具有危险性；阻挡对方队员；守门员用手控制球时，在发出球之前行走四步以上；守门员在发出球之后未经其他队员触球，再次用手触球；守门员用手触及同队队员故意踢给他球；守门员触及同队队员直接掷入的界外球；守门员故意拖延比赛时间。

(3) 下列犯规，将被警告并出示黄牌：犯有非体育道德行为；以语言或行动表示异议；持续违反规则；延误比赛重新开始；当以角球或任意球重新开始比赛时，防守队员不退出规定的距离；未得到裁判员许可进入或重新进入比赛场地；未得到裁判员许可故意离开比赛场地。

（4）下列犯规，将被罚令出场并出示红牌：严重犯规、暴力行为、向对方或其他任何人吐唾沫、用故意手球破坏对方的进球或明显的进球得分机会（不包括守门员在本方罚球区内）。

6. 掷界外球

掷球时，掷球队员必须面向球场；两脚均应有一部分站立在边线上或边线外；单、双脚均不得全部离地；用双手将球从头后经头顶掷入场内；球未经其他队员踢或触及前，不得再次触球；不得将球直接掷入球门得分。

7. 比赛成平局后以互踢点球决胜的规定

裁判员将双方队员集中于中圈，选定球门，并集合双方队长猜币，猜中一方先踢。两队轮流各踢5球决胜，如未分出胜负，则两队应相继各出一人再决胜负，直至分出胜负为止。踢点球的队员必须是比赛结束时的场上队员。决胜过程中，场上队员均可与守门员互换位置；如守门员受伤，场下替补队员可以替补。

二、足球运动欣赏

（1）对技术风格的欣赏。足球比赛中，运动员们精彩的技术表演，一直都是观众们欣赏的焦点。进攻中巧妙的过人、精准的传球、美妙的射门，固然让人击掌叫绝，然而防守时有效的阻抢、出人意料的截断、勇猛准确的铲球同样让人赞叹不已。

（2）对战术打法的欣赏。如果说技术能力表现了运动员的个人才华，那么战术能力则体现了一支球队的整体作战能力。它是一支球队能否获得比赛胜利的关键因素。

（3）体育精神的欣赏。正如所有的体育项目一样，足球比赛的目的并非单纯是为了战胜并征服对手。在某种意义上，运动员通过比赛向人们展示了人类不屈服于任何困难和压力、一往无前的精神风貌。在足球比赛中，运动员所表现出的良好的体育精神，同样是欣赏比赛的重要内容。

复习思考题

1. 足球比赛的特点和价值有哪些？
2. 为什么说足球运动是世界第一运动？
3. 为什么要在青少年中积极开展足球运动？
4. 一场正式的足球比赛时间是多少？每方参赛队员多少人？每队可以换多少人？

第十二章 乒乓球运动

学习提示

乒乓球运动是一项易于在各年龄阶段人群中开展、普及率很高的体育运动。这项运动被誉为中国的国球。这项运动不仅是因为它为国家争得了荣誉，更重要的是它集观赏、健身、娱乐、竞技于一身，给从事这项运动的人们带来了健康和欢乐。

第一节 乒乓球运动概述

一、乒乓球的起源与发展

乒乓球起源于英国。欧洲人至今把乒乓球称为"桌上的网球"，由此可知，乒乓球是由网球发展而来。19世纪末，欧洲盛行网球运动。但由于受到场地和天气的限制，英国有些大学生便把网球移到室内，以餐桌为球台，书作球网，用羊皮纸做球拍，在餐桌上打来打去。

20世纪初，乒乓球运动在欧洲和亚洲蓬勃开展起来。1926年，在德国柏林举行了国际乒乓球邀请赛（后被追认为第一届世界乒乓球锦标赛），同时成立了国际乒乓球联合会。

乒乓球运动的广泛开展，促使球拍和球有了很大改进。最初的球拍是块略经加工的木板，后来有人在球拍上贴一层羊皮。随着现代工业的发展，欧洲人把带有胶粒的橡皮贴在球拍上。在20世纪50年代初，日本人又发明了贴有厚海绵的球拍。最初的球是一种类似网球的橡胶球。1890年，英国运动员吉布从美国带回一些作为玩具的赛璐珞球，用于乒乓球运动。

在名目繁多的乒乓球比赛中，最负盛名的是世界乒乓球锦标赛。起初每年举行一次，1957年后改为两年举行一次。1904年，上海一家文具店的老板王道午从日本买回10套乒乓球器材。从此，乒乓球运动传入中国。

二、乒乓球运动的锻炼价值

1. 可以有效地提高人的身体素质。长期参加乒乓球运动，随着水平的不断提高，活动范围的加大，运动量的加大，不仅相应地提高了速度素质、力量素质和身体的灵敏性、协调性，而且使肌肉发达、结实、健壮，关节更加灵活稳固。

2. 可以调节改善神经系统灵活性。增强中枢神经系统对其他系统与器官的调节能力，提高反应速度。打乒乓球时，球在空中飞行的速度是很快的，正手攻球只需0.15秒就可到达对方台面。在这样短暂的时间内，要求运动员对高速运动的来球方向、旋转、力量、落点等全面进行观察，迅速做出判断，并及时采取对策，迅速移动步法，调整击球的位置与拍面角度，进行合理的还击。而这一切活动都是在大脑指挥下进行的。经常从事乒乓球练习，可大大提高神经系统的反应速度。

3. 可以改善心血管系统和呼吸系统的功能。经常参加乒乓球运动,能使心血管系统的结构和机能得到改善,心肌变得发达有力,心容量加大,每搏输出量增多。一般健康成年男子安静时心率在 65~75 次/秒,成年女子为 75~85 次/秒;而受过乒乓球训练的运动员,安静时,男子心率为 55~65 次/秒,女子为 70 次/秒左右。能使心搏徐缓和血压降低,可以提高心脏的工作效率,有利于身体的新陈代谢,提高整个身体机能水平。

4. 可以提高心理素质。乒乓球是竞技运动。由于激烈的竞争,成功和失败的条件经常转换,参赛者情绪状态也非常复杂。参赛者经受这些变幻莫测、胜负难料的激烈竞争的锻炼,体验了种种情绪。同时,在比赛中要对对方的战术意图进行揣摩,把握自己的战术应用,因此使练习者的心理素质得到了很好的锻炼。

5. 可以促进交流,增加友谊。通过参加乒乓球运动,可以相互交流经验,切磋球技,达到相互学习、共同提高、建立良好人际关系的目的。

6. 可以使人心情舒畅,精神愉快。打乒乓球是一种高尚的文化娱乐活动,能使人们在精神上得到一种乐趣和享受,具有锻炼意志、调节感情之功效。

第二节 乒乓球运动基本技术与练习方法

一、握拍法

(一) 直拍握拍法(右手握拍为例,后同)

又分为快攻类、弧圈类、削球类。这里介绍快攻类。

食指第二指节和拇指第一指节绕拍柄构成钳形握住拍的前面,拍后三指自然弯曲重叠,中指第一指节贴于拍上端。

(二) 横拍握拍法

如见面时握手。中指、无名指、小指握拍柄,虎口贴拍肩,拇指稍弯曲捏拍,贴中指上,食指斜伸在拍的另一面,靠近拍边缘。

二、乒乓球运动的基本姿势与基本步法

(一) 基本姿势

两膝微屈,持拍手臂自然弯曲,置于身体右侧,手腕放松持拍于腹前,做到"注视来球,上体微倾,屈膝提踵,重心居中"。

(二) 基本步法

单步、换步、并步、跳步、跨步、垫步、侧身步、交叉步和小碎步等。

三、乒乓球的发球和接发球

(一) 发球技术

乒乓球的比赛首先是从发球开始的。一个好的发球能控制对方,为自己创造进攻机会;反之则会被对方利用造成本方的被动。乒乓球的发球技术有许多种。这里介绍基本的和主要的发球技术。

1. 平击发球

发球时持球手向上将球轻轻抛起,同时持拍手向后引拍。球经高点下降稍高于球网时,持拍手以肘部为轴心,前臂向右前方横摆击球。向前挥拍时,拍面前倾,击球中上部。击球后第一落点在球台的中央。

2. 正手发左侧上(下)旋球

抛球时右臂外旋,拍面略向左侧,向右上方引拍,腰略向右转动。球下降时,右臂从右上方向左下方挥动。当球接近网高时,前臂加速向左方挥摆,腰部配合左转。击球中部向左侧上方摩擦为左侧上旋球;击球中下部向左侧下方摩擦为左侧下旋球。

3. 反手发右侧上(下)旋球

抛球时右臂稍内旋,使拍面几乎垂直,向左后方引拍,腰部略向左转动。球下降时右臂从左后方向右上方挥动。当球接近网高时,前臂加速向右上方挥摆,腰部配合右转。击球中部向右侧上方摩擦为右侧上旋球;击球中下部向右侧下方摩擦为右侧下旋球。

4. 侧身正手高抛发球

站位偏左半台,身体侧对球台。当球抛起后,持拍手臂立即向右侧后上方引拍,手腕外展,腰腹向右侧上稍挺起。待球落至头与右胸高度时,开始挥臂,在右腰前约比网高时击球,击球动作同正手左侧上(下)旋球。

(二)接球技术

首先必须根据对方发球的位置来决定自己的位置。要识别对方采用哪一类的发球,必须注意他在发球时挥臂动作和球拍移动方向。要根据对方发球时摆臂振幅大小和手腕用力的不同程度来判断来球落点的远近和强弱旋转;要根据来球的飞行弧线和速度来判断球的旋转性能。接发球的方法基本上是由点、拨、推、拉、搓、削、摆短、撇侧旋、挑等多种综合性技术组成的。接发球的教学和发球的教学通常是结合在一起进行的。教学时要以简单的固定旋转、落点开始,然后过渡到复杂的综合的多种发球和接发球。

四、推挡球

推挡球是乒乓球技术中的基本技术之一。其特点是站位近、动作小、球速快、变化多。

(一)基本技术

1. 快推

站位靠近球台,上臂适当后撤引拍,迎球挥拍。推球前手臂迅速迎前,在来球上升期触球。球拍触球一刹那,前臂稍外旋,食指压腕击球中上部,手臂稍向上辅助发力。击球后随势挥拍,击球后迅速还原。

2. 加力推挡

站位离台50厘米,前臂提起引拍,上臂后收肘部靠近自身,迎球挥拍,上升后期或高点期击球。触球时,上臂、前臂、手腕加速向前下方推压,转腰配合用力,拍面前倾击球中上部。击球后随势挥拍,迅速回原。

3. 推下旋

手臂内旋,拍面稍后仰,上臂后引,前臂上提,球拍引至身体前方。迎球时,手臂、手腕向前下方挥动,在来球高点前期后击球中部向前下方用力推切。击球后迅速还原。

(二)练习方法

徒手做推挡球的模仿动作,体会动作要点;对墙做推挡球练习;两人在台上做各种线路的推挡球练习；两人全力推挡。

五、攻球技术

攻球技术是乒乓球的一项重要技术，也是得分的重要手段。它包括正手攻球、反手攻球和侧身攻球三大类。我们重点介绍正手攻球。

（一）基本技术

1. 正手快拉

站位近台，手臂放松，上臂在身体右前方，前臂略下沉。拉球时，前臂迎击来球的最高点（下降前期），手腕同时向前、向上转动摩擦球，制造弧线。判断清楚来球的下旋程度，来球下旋强，球拍向上摩擦力量大，弧线高一些；反之，摩擦力量小，弧线低。拉球后应立即放松还原。

2. 正手快攻

站位近台，前臂与地面略平，以前臂发力为主，拍面前倾，触球中上部以向前上方发力为主。前臂挥动要快，用力适当。快攻时，落点要多变。落点变化依赖手腕调节拍面方向，改变击球部位。球拍触球中右部，转动手腕可打出斜线；球拍触球中部，向前向下击球，可打出直线。球击出后，还原要迅速，放松准备下一板击球。

3. 正手扣杀

手臂自然弯曲并内旋使拍面稍前倾，随着腰髋的转动，手臂向后移动将球拍引至右后方。手臂向前迎球，在球的高点期，上臂带动前臂同时加速向左前下方发力挥动，腰、髋向左转动配合发力，拍面前倾击球中上部。击球后迅速还原。

（二）练习方法

徒手练习：根据正反手攻球的技术，徒手模仿练习体会挥臂，腰部扭转和重心交换等动作要领。

单个动作练习：一人发球一人攻球，打一板球再重新发球。

攻推挡练习：一人推挡，一人练习攻球。

对攻练习：两人在对攻中练习各种线路的对攻。

发力攻练习：按以上练习方法，加大攻球力量。

六、搓球

搓球是近台还击下旋的一种基本技术。

（一）基本技术

站位近台，在上升前期击球。击球前拍面稍后仰，手臂迅速前伸迎球。根据来球的旋转程度调节拍面和用力方向，来球下旋强，拍触球底部，向前用力大些；来球下旋弱，拍触球中下部，向下用力大些。搓完迅速还原，准备回击下一板球。

（二）练习方法

徒手做模仿搓球练习；自己抛球，弹起后将球搓过网；接发球时，将球搓回对方球台；对搓练习；正、反手快搓练习；搓球与抽球结合练习。

七、弧圈球技术

弧圈球是一种将力量、速度和旋转结合为一体的进攻性技术，可分为正手弧圈球技术和反手弧圈球技术。根据旋转特征可分为加转弧圈球、前冲弧圈球和侧旋弧圈球。

（一）正手拉加转弧圈球（前冲弧圈球）基本技术

拉球（右手持拍为例）的准备动作是，左脚在前右脚在后，身体向右扭转，右肩略低于左肩。拉加转球时，手臂自然下垂，球拍后引幅度小（拉前冲弧圈时，手臂略高，球拍自后与腰同高）。拉加转球的击球时间在下降期，拍面稍前倾，摩擦球的中部偏上位置，发力方向以向上为主略带向前。击球时候，脚掌内侧蹬地，以转腰带动肩、上臂、前臂和手腕发力将球击出（前冲弧圈球时间为高点下降前期，拍面前倾角度比加转球大，摩擦球中上部经向前发力略带上）。拉完后迅速还原，准备下一拍动作。

（二）练习方法

徒手做模仿拉弧圈球的动作；一人发下旋球，另一人练习拉弧圈球；一人推挡，一人练习连续拉弧圈球；二人对搓，固定一个搓中转拉。

八、直拍横打技术

直拍横打完善、丰富、发展了直拍反手位技术，极大地弥补了传统直拍反手位的不足，带动了全方位的直拍对抗横拍的技术革命。直拍横打有拨、拉、打、带、挑、撕等技术。这里介绍快拨、弹打技术。

（一）基本技术

1. 快拨

前臂外旋，手腕稍向内屈，向左后上方引拍。击球时，拍形稍前倾，主要用拇指、食指发力，在来球上升期击球中上部，向前方挥动。击球后手臂随势前送，迅速还原。

2. 弹打

上臂抬起，重心略高，肘关节稍前顶，前臂外旋，拇指压拍，食指放松，拍形前倾，在来球上升后期或高点期击球中上部。撞击球短促有力，向前下方弹压。击球后应迅速还原。

（二）练习方法

徒手做横打技术的模仿练习；一人推挡（或攻球），一人练习横打技术；两人对练横打技术。

第三节　乒乓球运动竞赛规则的简介与欣赏

一、乒乓球竞赛规则简介

（一）定义

回合：球处于比赛状态的一段时间。

重发球：不予判分的回合。

得分：判分的回合。

击球：用握在手中的球拍或执拍手手腕以下部位触球。

阻挡：对方击球后，处于比赛状态的球尚未触及本方台区，也未越过台面或端线，即触及本方运动员或其穿戴的任何物品。

端线：球台的"端线"包括其两端的无限延长线。

（二）合法发球

发球时，球应放在不执拍手的掌上，手掌张开和伸平。球应是静止的，在端线之后和比赛台面的水平面之上。

（三）合法还击

对方发球或击球后，本方运动员必须击球，使球直接越过或绕过球网装置，或触及球网装置，或触及球网装置后再触及对方台区。

（四）失分

回合中出现重发球以外的下列情况，应判失一分：未能合法发球；未能合法还击；阻挡；连续两次击球；球连续两次触及本方台区；用不符合规定的拍面击球；运动员移动了比赛台面；不执拍手触及比赛台面；运动员或其穿戴的任何物品触及球网装置；在双打中，除发球和接发球以外，运动员未能按正确的次序击球。

（五）一局比赛

在一局比赛中先得 11 分的一方为胜方。但打到 10 平后，先多得 2 分的一方为胜方。

（六）比赛

一场比赛应采用五局三胜或七局四胜制。比赛应连续进行，在局与局之间运动员有权要求不超过 1 分钟的休息。每场比赛每方有权要求一次不超过 1 分钟的暂停。

二、乒乓球比赛欣赏

首先，熟悉和掌握乒乓球最新规则的主要内容是欣赏比赛所需要的基本常识。近年来国际乒联相继推出了 11 分制、40 毫米大球、无遮拦发球等改革措施，对乒乓球运动产生了较大的影响。

其次，要了解乒乓球运动的发展趋势。1988 年，乒乓球被列入奥运会正式比赛项目，大大推动了乒乓球运动的发展。进入奥运时代以来，欧亚竞争更加激烈。乒乓球向着更快、更新、更强的方向发展。

最后，观赏比赛，重点在运动员的打法和技战术运用。乒乓球打法有快攻类、快攻结合弧圈类、弧圈结合快攻类、削球和削攻类。每类又有一到三种打法。每种打法各具技术特色，形成看点。乒乓球战术种类繁多，按项目分为单打、双打战术；按攻、防性质分为进攻性、防守性战术；按技术使用顺序分为发球抢攻、接发球、相持阶段战术。乒乓球比赛不仅是比技战术，更为重要的是比智慧，比心理，比勇气。我们会为运动员的高超球艺叫好，也会为他们的机智而折服，更会为他们顽强的拼搏精神喝彩。但比赛总会有胜负之分，我们应客观看待结果，应更为关注运动员的临场表现。

2017 年乒乓球世锦赛十佳球　　　　　　　　　　乒乓球发球集锦

复习思考题

1. 乒乓球握拍技术有哪些手法？说出它们的特点。
2. 乒乓球练习步法有哪些部分组成？
3. 试述乒乓球正手发左侧上（下）旋球的基本技术动作。

第十三章 羽毛球运动

学习提示

羽毛球运动对普通人群来说是一种游戏，只要天气允许，任何一块空地都可以进行此项活动。而对于羽毛球爱好者来说，它却是一项对抗性很强的竞技运动。经常参加此项活动可全面地提高身体素质。因此它深受群众欢迎，是一项普及性很高、全球性的运动项目。

第一节 羽毛球运动概述

一、羽毛球运动起源与发展

羽毛球是一项在室内外均可开展的小型球类运动，有单打和双打两种形式。单打有男子单打和女子单打两项；双打有男子双打、女子双打和混合双打三项。古代类似羽毛球的毽子球游戏在我国和其他亚洲、欧洲国家都有记载。现代羽毛球诞生于英国。19世纪60年代，一批退役的英国军官从印度把"普那"（Poona）——类似羽毛球运动的一种游戏带回英国。1873年，英国波菲特公爵在伯明顿庄园宴请宾客，一些印度回来的军官表演了"普那"游戏。从此这种游戏开始在英国流行，伯明顿庄园也因此成为现代羽毛球运动的发源地，后将羽毛球运动命名为 Badminton（伯明顿）。

1893年，世界上第一个羽毛球协会在英国成立。20世纪初，羽毛球运动开始传到世界各地。1934年，由丹麦、英国、法国等10多个国家发起成立了国际羽毛球联合会（简称国际羽联），为推动羽毛球运动最终走向世界起到了关键性的作用。如今，由国际羽联管辖的世界性比赛有汤姆斯杯（国际男子羽毛球团体锦标赛）、尤伯杯（国际女子羽毛球团体锦标赛）、奥运会羽毛球赛、世界羽毛球系列大奖赛、苏迪曼杯团体赛、全英羽毛球公开赛等。

羽毛球运动于20世纪初传入中国。1963年前后，随着华侨中的羽坛名将回国，我国羽毛球运动开始走向繁荣。20世纪80年代后，中国选手在各项世界大赛中连续取得优异成绩。到现在，中国选手获得过所有羽毛球世界性比赛的冠军，是世界上最强的羽毛球运动国家之一。

羽毛球运动从1992年的巴塞罗那奥运会开始进入奥运会，其中包括男女单、双打4个项目。我国运动员在奥运会羽毛球比赛中多次获得冠军，为祖国争得荣誉。

二、羽毛球运动的锻炼价值

羽毛球运动是一项为广大学生喜爱的体育运动项目。它具有球小、速度快、变化多等特点。不仅运动器材设备比较简单，在室内外都可以进行，而且基本技术容易掌握，参与性强，运动量可大可小，不同年龄、性别和身体条件的人都可以参加，因此非常易于开展和普及。

经常参加羽毛球运动可以发展人的灵敏性和协调性，提高动作的速度和上下肢的活动能力，改善心血管系统的机能，提高身体素质，使身体得到全面发展，达到增强体质的目的。

同时，经常打羽毛球，还可以培养人们勇敢顽强、敢于胜利、机智灵活、沉着果断等优良品质和作风。

第二节 羽毛球运动基本技术与练习方法

羽毛球技术是指运动员在比赛中所采用的动作方法的总称。羽毛球的基本技术包括手法和步法两大类。手法有握拍法、发球法和击球法；步法有基本步法和前后左右移动的综合步法两大类。

一、羽毛球基本技术

（一）握拍法（正、反手握拍法）

1. 正手握拍法（以右手为例）

握拍之前，先用左手拿住球拍的拍杆，使拍面与地面垂直。然后右手虎口对准拍柄窄侧面内沿，小指、无名指和中指并握，食指稍分开，自然变弯并贴在拍柄上，如图13-1所示。

2. 反手握拍法

在正手握拍基础上，拍柄稍外转，即往左方向转。食指往中指、无名指、小指并拢，并注意把柄端靠近小指根部，使手心留有一定间隙，利于手腕和手指力量的灵活运用。

图13-1 常规握拍手势

3. 握拍法的关键

无论正手还是反手握拍法，它们的共同技术要点都是：一要放松；二要灵活；三要手指能最大限度地发挥力量。

4. 握拍法易犯错误及纠正方法

（1）拳握法：五指并拢，使劲一把抓的握法。这种握法会使手臂的肌肉僵硬，影响手指、手腕的灵活性。

纠正方法：

①通过技术示范，进行模仿练习。

②让握拍手自由转动拍柄后，按照正确的动作要领，反复练习。

（2）苍蝇握拍法：虎口对准拍面的握法。这种握法限制了屈腕动作，妨碍对拍面角度的自由控制。

纠正方法：

①按照正确的动作要领，练习前臂旋外的发力动作。

②练习正手、反手握拍的转换，在自己面前横划"∞"。

（二）发球法

按发球的基本姿势可分为正手和反手发球；按发出的球在空中飞行的弧线，可分为高远球、平高球、平快球、网前球。

1. 正手发球技术要领

站在靠近中线一侧，离前发球线1米左右的位置上。身体左肩侧对球网，左脚在前，脚尖向网；右脚在后；脚尖稍向右侧；两脚距离与肩同宽，身体重心放在右脚上。准备发球时，右手握拍向右后侧举起，肘部微屈，左手拇指、食指和中指夹住球，举在腹部右前方，然后放开球，挥拍击球。击球时，身体重心由右脚移至左脚上，如图 13-2 所示。

图 13-2 正手发球

2. 反手发球技术要领

发球站位可在前发球线后 10~15 厘米及中线附近，也可在前发球线后及边线附近。面向球网，两脚前后开立（右脚或左脚在前均可），上体稍前倾，身体重心在前脚上。右手臂屈肘，用反手握拍将球拍横举在腰间，拍面在身体左侧腰下。左手拇指与食指捏住球的两三根羽毛，球托朝下，球体或球托在球拍前对准拍面。击球时，前臂带动手腕朝前横切推送，使球的飞行弧线略高于网顶，下落到对方前发球线附近，如图 13-3 所示。

图 13-3 反手发网前球

正手发球与反手发球

发高远球时，球要发得高而远，使球向对方的后场上方飞行。发球后的仰角（球路线与地面形成的角度）要大于 45°，在对方底线上空几乎垂直下落，落点接近底线。

发平高球的飞行弧线比高远球低，多用前臂带动手腕发力，拍面稍微向前推送。其仰角大约是 45°。

发平快球时，前臂加速带动手腕向前上方挥动。拍面要向前上方倾斜，以向前用力为主。拍面仰角一般小于 30°，发出球的弧度以对方伸拍击不着球的高度为宜。

发网前球时，站位稍前。击球时，握拍要放松，大臂动作要小，主要靠小臂带动手腕向前切送。用力要轻，发出球刚好越网而过，落在对方前发球线附近。

3. 发球易犯错误及纠正方法

（1）易犯错误动作的共同点：发球时，挥拍动作僵硬，脚步移动速度慢；放球与挥拍配合不当，击球点靠近身体或离得太远；握拍太紧以致力量发不出；发球过手、过腰等。

纠正方法：

①通过技术示范，进行模仿练习。

②做慢动作挥拍练习，逐渐过渡到正常速度的挥拍练习。

(2) 易犯错误的不同点：

①发高远球时，球拍直向前挥未顺势向左上方挥动缓冲。

②发平高球时幅度掌握不好，手腕爆发力差，发不到底线，易被对方拦截。

③发平快球时，手腕没有鞭打动作，造成球速慢，易被对方抢攻。

④发网前球时，手腕上挑过高，没有切送动作，球离网太高，易被对方扑杀。

纠正方法：

①加强手腕的爆发力练习。

②加强发球力量和速度。

③强调发球动作的一致性。

④明确接发球动作的要领，有针对性地练习发球。

(三) 接发球法

接发球的站位和姿势。

1. 单打站位

单打站位于离前发球线1.5米处。在右发球区要站在靠近中线的位置；在左发球区则站在中间位置。这主要是防备对方直接进攻反手部位。一般左脚在前，右脚在后，双膝微屈，收腹含胸，身体重心放在前脚上，后脚脚跟稍抬起。身体半侧向球网，球拍举起在身前，两眼注视对方。

2. 双打站位

由于双打发球区比单打发球区短0.76米，发高远球易被对方扣杀。所以，双打发球多发网前球为主。接发球时要站在靠近前发球线的地方。双打接发球准备姿势和单打的接发球姿势基本相同。略有区别的是身体前倾较大，身体重心可以随意放在任何一脚，球拍举得高些，在球到网上最高点时击球，争取主动。但要注意右场区对方发平快球突袭反手部位。

(四) 击球法

羽毛球运动的各种挥拍击球技术，统称为击球法。正确的击球手法是打好羽毛球的主要条件之一。有了正确的击球动作就能更好地掌握和发挥羽毛球的各项技术，在比赛中就能通过高质量的击球夺取主动。

1. 正手击高球

在右后场区击球时，应左脚在前，右脚在后，稍屈膝。侧身对网，重心放在右脚前掌上，左手自然上举，抬头注视来球，右手持拍于身体右侧。击球前，重心下降准备起跳。起跳的同时右臂后引，胸舒展。当球落至额前上方击球点时，上臂往右上方抬起，肘部领先，前臂自然后摆，手腕尽量后伸，前臂急速内旋往前上方挥动，手腕向前闪动发力击球托后部。若手腕控制拍面击球托的右侧下部，球则向对角方向飞行。击球后，手臂顺势自然收至胸前，如图13-4所示。

2. 反手击高球

当对方将球击到己方左后场区时用反手击高球。首先判断好对方来球的方向和落点，迅速将身体转向左后方，移动步伐。最后一步用右脚前交叉跨到左侧底线，背对网，身体重心在右脚上，使球处在身体右上方。击球前，迅速换成反手握拍法，持拍于右胸前，拍面朝上。击球时，以上臂带动前臂通过手腕的闪动，自下而上地甩臂，将球击出。在最后用力时，要注意拇指的侧压力与甩腕的配合，以及两腿蹬地转体的全身协调用力，如图13-5所示。

图 13-4 正手击高球

图 13-5 反手击高球

正手击高远球与反手击高远球

3. 吊球

吊球通常是指在中、后场的高球，运用劈切或拦截的技术动作，使球轻轻地落在对方网前区。在击球瞬间球拍有劈切球动作的吊球技术称为劈吊；只以拍面拦住球，使其反弹回去的吊球技术称为拦吊。由于吊球的落点比较近网，与平高球结合运用，就可以拉开对手的防守范围，从而达到调动对方、掌握场上主动权的效果。吊球可分为正手吊球、头顶吊球和反手吊球。正手吊球又可分为正手劈吊和正手拦吊。

4. 扣杀（杀球）

扣杀是指把高球用力向前下方重击、重切或重"点"击球。球飞行的弧线较直，落地快、威胁大。因此，杀球是后场进攻和争取得分的主要手段。与平高球、吊球配合运用，效果更好。杀球从手法上可分为正手扣杀、头顶扣杀和反手扣杀；从力量上可分为重杀、轻杀和点杀（力量不大，但速度快，落点靠近前场）。下面我们主要介绍两种运用最普遍的杀球技术：正手扣杀和头顶扣杀。

（1）正手扣杀。正手扣杀的准备姿势和动作要领与正手击高远球技术大体相同。不同的是，右脚起跳后，身体后仰呈反弓后，收腰腹，前臂带动手腕用力下压，球拍正面击球托，击球点较击高远球稍前，无切击动作，使球沿直线向前下方飞行，击球后立即还原成准备姿势。正手扣杀对角线的准备姿势和动作要领与正手扣杀直线基本相同。不同点是，起跳后身体向左前方转动用力，协助手臂向对角方向击球。

（2）头顶扣杀。头顶扣杀的准备姿势和动作要领与头顶击高远球大致相似。不同的是，挥拍击球时，要集中全力往直线方向或对角线方向下压。拍面应稍前倾，拍面与击球方向的水平夹角一般控制在 75°~85°为宜。

5. 网前上手击球技术

网前击球技术包括放网前球、搓球、挑球、扑球、推球和勾球等。

（1）放网前球。放网前球是指当对方来球在网前时，用球拍轻轻一托，将球向上弹起，恰好一过网便向下坠落。放网前球往往是运动员没有及时赶到在较高位置上击球而被动使用的技术，但质量高的放网前球也能扭转被动的局面。

（2）搓球。搓球是指在网前用球拍切击球托，使球旋转翻滚越过网顶的击球技术。搓球时，由于运用了搓、切等动作摩擦球托的不同部位，使球在越过网顶时的轨迹异常，给对方回击球造成困难，从而创造进攻的机会。它是一种从一般放网前球技术的基础上发展起来的富有进攻性的技术。

（3）挑高球。挑高球是指把对方击来的网前球，挑高回击到对方后场。这是一种处于被动情况下的回击方法。把球挑得很高，挑到对方的后场以赢得时间重新调整身体的重心与场上位置，准备好下一次的击球。

（4）推球。在网前较高的击球点上，用推击的方法往对方底线击出弧度较平、速度较快的球，称为推球。由于击球点到过网的距离很短，球又平又快，再加上控制好落点，所以推球在比赛中具有很强的进攻性。

6. 击球易犯错误及纠正方法

（1）前场击球易犯错误：

①击球后身体重心继续前冲，回动有困难。

②球不过网或过网弧度太高。

③搓球不够滚动，勾对角不到位，挑球不够高、不够远，放网前球离网太远、太高，扑球出界、触网或不过网。

纠正方法：

①向前跨步时以脚跟外沿先着地，过渡到前脚掌，以脚趾制动，控制身体平衡。

②握拍要根据动作方法灵活放松，以维持用手指灵活控制拍面角度和掌握用力大小的能力。

③搓球要掌握好手腕、手指的切搓力量；勾对角时，手指、手腕动作要协调配合；挑高球时，注意拍面角度，合理利用向上挑球的爆发力。

（2）中场击球易犯错误：

①击球点在体后，造成出球无力。

②反应慢，接不到球。

③接球不过网。

纠正方法：

①多做徒手挥拍练习和多球练习，强调前后动作的衔接性。

②采用多球专门练习，提高控制球的能力。

③适当增加向前上方提拉的力量。

（3）后场击球易犯错误：

①击球点选择不当。

②动作缺乏一致性。

③球的落点和出球的幅度掌握不好。

纠正方法：

①纠正握拍方法和挥拍路线，发多球定点练习，在基本上不做移动的情况下回击球。

②加强挥拍练习，体后闪腕击球和"鞭打"击球技术的要领，进行综合性高球、吊球、

杀球练习，加强腰腹、手臂力量的练习。

③加强击球点的位置和击球发力方向，有针对性地练习不同的技术动作。

（五）步法

1. 上网步法

如果站位靠前，可用两步交叉步上网；若站位靠后场，则采用三步交叉跨步的移动方法。为了加速上网，还可采用垫步上网。

2. 后退步法

后退步法一般都用侧身后退，以便于到位后挥拍击球。如果右脚稍前的站位，则先完成右脚后蹬—髋部右后转—成侧身站位，然后采用三步并步后退或交叉步后退。

二、羽毛球的练习方法

（一）握拍的练习方法

（1）固定球拍，以持拍手的正确部位握拍，体会握拍感觉。

（2）握拍练习：两人之间互相交换握拍动作，反复练习，体会握拍技术动作。

（二）发球的练习方法

（1）首先学习正手发后场高远球。按照技术要领做挥拍练习，直到熟练。

（2）持拍面对墙壁做发球练习，既要照顾到击球的准确性，同时还要兼顾击球动作的正确性。

（3）在场地上练习发球，重点注意发球的落点。

（三）正手发高球和正手挑球技术的练习方法

正手向上颠球；用吊线球进行正手挑球；对墙发球；在场地上正式发球。

（四）后场高手击球（高球、吊球、杀球）技术的练习方法

（1）按技术动作要领，持拍、引拍、挥拍、击球、还原练习。

（2）原地进行"起跳转体90°着地后即返回原地，再反复起跳并完成上手挥臂动作"的练习。

（3）多球式喂球或一对一陪练式喂球练习。

（五）网前高点搓、推技术练习方法

定点多球式喂球、搓球、推球练习；两人隔网对练搓球；多球上网定点（或不定点）搓，推球练习。

（六）接吊与接杀技术练习方法

正手接吊球挑与反手接吊挑；正手接杀放网与反手接杀放网。

（七）步法练习方法

单个基本步法练习：垫步、并步、蹬步、交叉步、跨步的反复练习。

（八）羽毛球结合比赛的各种球路练习方法

（1）单项技术的重复练习：两人分边对打直线或对角线高球练习；两人各一边，做一吊一挑练习。

（2）组合技术练习：吊上网搓、推练习；头顶杀上网搓、推练习。

（3）一点打两点或两点打一点练习：一人在指定位置原地起跳击高球到对方两底角，

另一人在两底角移动击高球到指定位置；一点吊两点练习；两点吊一点练习。

（4）多球练习：多球发球练习；多球高、吊、杀一点或两点练习；多球搓、推、挑练习；多球综合练习；多球步法练习。

（5）球路练习：固定球路高吊上网练习；固定球路高杀上网练习；半固定路线高吊轮攻练习；不固定路线练习。

第三节 羽毛球运动竞赛规则简介与欣赏

一、羽毛球运动竞赛规则简介

（一）羽毛球场地（图13-6）

羽毛球场为一长方形场地，长度为13.40米，双打场地宽为6.10米，单打场地宽为5.18米。球场上各条线宽均为4厘米，丈量时要从线的外沿算起。球场界限最好用白色、

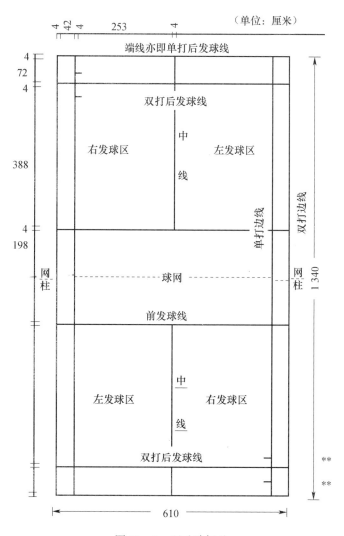

图13-6 羽毛球场地

黄色或其他易识别的颜色画出。羽毛球场地横向被中线平分为左右两个半区；纵向被分为前场、中场、后场。球场外面两条边线是双打场地边线，里面的两条线是单打场地边线。双打边线与单打边线相距 0.46 米，靠近球网 1.98 米与网平行的两条线为前发球线，离端线 0.76 米与端线相平行的线为双打后发球线。

羽毛球网全长 6.10 米，宽 0.76 米。球网的最上端 7.5 厘米的白色对折缝合，用细钢丝绳从中穿过，并悬挂在两端的网柱上（球网中心距离地面高度为 1.524 米，在网柱上的两端距地面 1.55 米）。球网一般用深绿色或深褐色的优质绳子，以 2 厘米左右的小方孔编制而成。男女羽毛球的网高都一样。

（二）羽毛球比赛方法及主要规则

1. 发球

（1）一旦发球员和接发球员都站好各自的位置，任何一方都不允许延误发球。

（2）发球员和接发球员应站在斜对角的发球区内，脚不触及发球区和接发球区的界线。

（3）从发球开始，直到球发出之前，发球员和接发球员的两脚必须都有一部分与球场接触，不得移动。

（4）发球员的球拍应首先击中球托。

（5）在发球员的球拍击中球瞬间，整个球应低于发球员的腰部。

（6）在击球瞬间，发球员的拍杆应指向下方，使整个拍头明显低于发球员的整个握拍手。

（7）发球开始后，发球员必须连续向前挥拍，直至将球发出。

（8）发出的球，应向上飞行过网。如果未被拦截，球应落在规定的接发球区。

2. 单打

（1）发球员的分数为 0 或双数时，双方运动员均应在各自的右区发球或接发球。

（2）发球员的分数为单数时，双方运动员均应在各自的左发球区发球或接发球。

（3）发球员和接发球员应交替对击直至"违例"或"死球"。

3. 得分和发球

（1）接发球员违例或因球触及接发球员场区内的地面而成死球，发球员就得 1 分。随后，发球员再从另一发球区发球。

（2）发球员违例或因球触及发球员场区内的地面而成死球，发球员就失去该次发球权，对方得分。随后接发球员成为发球员。

4. 双打

（1）只有接发球员才能接发球。如果他的同伴去接球或被球触及，则为"违例"，发球方得 1 分。

（2）发球被回击后，由发球方的任何一人击球，然后由接发球方的任何一人击球。如此往返直至死球。

5. 违例

以下情况均属违例：

（1）发球不合法。

（2）比赛时，球落在球场界线外，即不落在界线上或界内。

（3）球从网孔或网下穿过，球不过网。

（4）球触及天花板或四周墙壁。

（5）球触及运动员的身体或衣服，触及球场外其他物体或人。

（6）比赛时，球拍与球的最初接触点不在击球者网的这一边（击球者在击中球后，球拍可以随过网）。运动员的球拍、身体或衣服触及球网或球网的支撑物。

（7）运动员的球拍或身体从网上侵入对方场区；运动员的球拍或身体从网下侵入对方场区导致妨碍对方或分散对方注意力。

（8）妨碍对方，即阻挡对方紧靠球网的合法击球。比赛时，运动员故意分散对方注意力的任何举动，如喊叫、故作姿态等。

（9）击球时，球停滞在球拍上，紧接着被拖带抛出。

（10）同一运动员两次挥拍或连续两次击中球；同方两名运动员连续击中球。

（11）球触及运动员球拍后继续向其后场飞行。

（12）运动员严重违犯或一再违犯《羽毛球竞赛规则》第16条的规定。

（13）发球时，球挂在网上，停在网顶或过网后挂在网上。

6. 记分规则

（1）每场比赛采用三局两胜制。

（2）每局比赛为21分，率先得到21分的一方赢得当局比赛。

（3）如果双方比分打成20比20，则必须超过对方2分才算胜利。如打成29比29，则率先获得30分的一方获得胜利。

（4）首局获得胜利的一方在下一局比赛中首先发球。

（5）当一方在比赛中得到11分后，双方队员将休息1分钟。

（6）两局比赛之间的休息时间为2分钟。

二、羽毛球比赛欣赏

首先应充分了解羽毛球的各方面知识，提高自身的文化素养，并根据需要从多角度欣赏羽毛球比赛，感受其丰富的内涵。例如，从体育文化的角度，体育精神的角度，羽毛球运动史的角度，技战术、比赛形式和过程的角度，比赛结果的角度来欣赏。具体到羽毛球比赛的欣赏，第一看运动员的手法、步法的协调性。第二看运动员的战术运用。羽毛球的单、双打都有多种打法类型；单打有压后场底线、打四方球、下压为主、控制网前、拉开突击、守中反攻等类型；双打有快攻压网、前场打点、后攻前封、抽压底线等类型。其战术运用也丰富多彩。单打战术有发球、接发球、发球抢攻、压后场、攻前场、四方球结合突击、杀上网、吊上网等；双打有发球与接发球、发球抢攻、攻中路、避强打弱、后攻前封等战术。第三看运动员的精湛技艺。第四看运动员的赛风和拼搏精神。第五看运动员的绝招。

我国羽毛球技术风格可以归纳为：快速、凶狠、准确、灵活。欣赏羽毛球比赛，可以从快、准、刁、活四个方面细细品味。

"快"，在羽毛球的竞技中起决定胜负的作用。高水平选手都具备起动快、反应快、动作快的特点，能够从对方的击球姿势、击球响声的一刹那，判断出对手是扣、吊球或击高远球的意图，从而迅速做好稳妥的准备回击来球。另外，运动员在场上左右前后急停急起地奔跑，那轻盈矫健的步法，特别是跳起腾空的大力扣杀，给观众留下深刻印象。

"准"，也是吸引观众的一个方面。羽毛球在空中来回飞行一次时间在一秒之内，而羽毛球高手能在这瞬间控制住球，使它按照自己的意志飞行下落。

"刁"，刁钻是高手球艺的特点。无论是球路的刁钻或是技术手段的刁钻，都是运动员聪明才智的反映。高手们网前灵活多变的手腕、手指的细微变化，打出搓、勾、推、放等几种刁钻而落点不同的球，能让对手顾此失彼，难以招架。

"活"，表现为变化多端，这是羽毛球比赛的特点。在比赛时，双方的打法都是不断变化的，各种球路，前后、左右、直线、斜线等都力求扬长避短、克敌制胜。灵活多变的战术变化是调动对手、控制对手、取得胜利的重要因素。

总之，一场精彩的羽毛球比赛，既有乒乓球比赛那样细腻精巧的技术，又有网球比赛中前后左右奔跑、以力相搏的角逐；既有高雅的韵味，又有汗流浃背、几乎残酷的对峙，能给人们极佳的视觉享受。

林丹羽毛球技术欣赏

复习思考题

1. 简述羽毛球运动的起源及其发展概况。
2. 详述羽毛球场地的长宽、线宽、网高以及器材标准。
3. 根据上课时老师的示范和讲解，分析正手高远球技术过程。

传统体育篇

第十四章 武术运动

学习提示

武术是中华民族一份宝贵的文化遗产，也是一项集中地体现中华民族风格和特色的传统体育项目。

武术运动影响广泛，深受广大青少年喜爱。本章主要介绍了武术入门知识、基本功和少年拳。

第一节 武术运动概述

武术起源于我们远古时代人们的生产劳动。在原始社会时期，人类主要以狩猎等原始生产活动为主，并从中学会了徒手或手持木棒、石块等武器击打野兽的方法。而这些方法大多数都基本是本能的、自发的、随意的身体动作，人们还不能有意识地把搏杀技能作为一种专门练习，但击打技能却是武术的起源。进入旧石器时代，由于生产、狩猎的工具不断创新，人们在劈、砍、击、刺等技术上初步积累了经验。这时，以创造锋利工具的能动性、实用工具方法的主动性、运用格斗技术的自觉性为标志，武术进入了萌芽状态。到了氏族公社时期，部落战争促进了格斗技能的形成和发展。人们把成功的搏击方法加以总结，并开始成为军事训练的重要内容。使用兵器的技艺及战争所需的格斗技能也逐渐从生产技术中分离出来，逐渐发展成内外兼修的武术形式。

在原始的生产、生存活动中，由徒手搏击到持器械格斗并演变成近代的体育运动，这种发展趋势在世界各个地域的人类活动中都存在。但从原始格斗演变成击舞一体、内外兼修的武术形式，是中华民族特有的文化而形成的。军事战争是促使武术形成与发展的催化剂。商周时期，武术表现为军事训练的"田猎"和"武舞"。在春秋战国时期，诸侯纷争，战事频繁，练兵习武更是得到空前的重视和发展。在秦、汉、三国处于中国封建社会的上升时期，用于攻防格斗的武术与适于表演的套路并行发展。两晋南北朝时期，武术与养生相结合。而在唐代长安二年（702年），开始实行武举制。宋元时期民间练武活动蓬勃发展。明清是武术的大发展时期，其繁荣的一个重要标志是流派林立。不同风格的拳种和器械得到了空前发展，武术作为军事技术、健身手段以及表演技艺的多种价值为人们所认识和利用。如太极拳、形意拳、八卦掌等。近代以来，由于武术具有健身、防身、自卫的功效，所以能适应近代的变化，逐步成为中国近代体育的有机组成部分。在民国时期，民间出现了许多拳社组织。1910年在上海成立的"精武体育会"是维持时间最长、影响最大的团体。1927年，国民党政府在南京成立了中央国术馆，并组织了两次国术国考，还组织了一些规模较大的武术表演。

第二节 武术运动基本技术与练习方法

一、基本步型

（一）弓步

两脚前后或开立，前腿弓后腿绷，重心在当中（图14-1）。

练习方法：

（1）原地弓步练习。

（2）结合手法做原地或行进间前后左右弓步练习。

（3）肩负杠铃弓步练习。

（二）马步

两脚左右开立比肩稍宽一点，脚尖正对前方，挺胸立腰坐凳状站（图14-2）。

图14-1 弓步　　　　　　图14-2 马步

练习方法：

（1）原地做马步练习。

（2）两人互推双掌蹲成马步。

（3）计时、数数做马步练习。

（4）负重蹲成马步。

（三）仆步

挺胸立腰髋下沉，一腿铺平，脚尖内扣；一腿全蹲，全脚掌着地，膝和脚尖稍外展（图14-3）。

练习方法：

（1）仆步压腿练习。

（2）左右仆步移换练习。

（3）结合手法练习。

（四）虚步

前后开立虚实分，挺胸立腰成半蹲（图14-4）。

图14-3 仆步　　　　　　图14-4 虚步

练习方法:
(1) 先做高姿势练习。
(2) 结合手法做正确动作练习。

(五) 歇步

两腿交叉成全蹲,臀坐后跟把腰伸(图14-5)。

练习方法:
(1) 开立步左转体下蹲——直立。
(2) 右转体下蹲——还原。
(3) 扶同伴双手进行练习。
(4) 可结合上肢动作练习。

二、基本步法

(一) 插步

一脚经另一脚前横迈一步,两腿交叉(图14-6)。

图14-5 歇步　　　　　图14-6 插步

练习方法:
先练习下肢动作,然后再配合手法练习。

(二) 击步

后脚击碰前脚腾空落地(图14-7)。

练习方法:
(1) 先练习原地跃起两脚碰击动作,并逐渐增加向前上跃起幅度。
(2) 行进间练习。

(三) 垫步

后脚提起向前脚处落步,前脚以脚掌蹬地前跳落步(图14-8)。

图14-7 击步　　　　　图14-8 垫步

练习方法：
(1) 先练习原地两脚移位动作。
(2) 行进间练习。
(3) 结合手法、腿法练习。

三、基本手型

(一) 拳

四指卷紧，拇指压于食指、中指第二指节上（图 14-9①）。

(二) 掌

四指伸直并拢，拇指曲紧扣于虎口处（图 14-9②）。

(三) 钩

五指撮拢成钩形，倒腕（图 14-9③）。

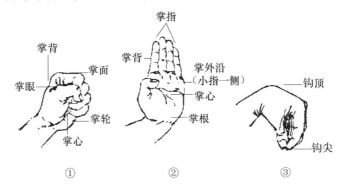

图 14-9 基本手型

练习方法：
(1) 反复握拳练习。
(2) 手掌屈伸练习，两手掌对掌擦掌练习。
(3) 手型变换练习。

四、基本手法

(一) 冲拳

拧腰送肩急悬臂拳，力达拳面（图 14-10）。

练习方法：
(1) 先慢做拳心向上，肘超过腰间快速悬臂向前冲拳，定势姿势，注意动作的准确性。
(2) 做快速有力的冲拳练习。
(3) 结合步型、步法做冲拳练习。
(4) 用推掌检查用力是否力达拳面。

(二) 架拳

前臂屈肘内旋，经体前上架于额前上方（图 14-11）。

练习方法：
(1) 先慢做，体会上架位置。

(2) 快速架拳练习与蹬腿。
(3) 左右手交替架拳练习。

图 14 - 10　冲拳

图 14 - 11　架拳

（三）推掌

以掌外沿为力点向前猛力推出（图 14 - 12）。

练习方法：同冲拳，力达掌跟。

（四）亮掌

臂成弧形举于头上，抖腕亮掌（图 14 - 13）。

图 14 - 12　推掌

图 14 - 13　亮掌

练习方法：
(1) 抖腕练习。
(2) 亮掌与转头练习。

五、基本腿法

（一）蹬腿

由屈到伸猛挺膝，用力向前蹬出，力达脚跟（图 14 - 14）。

练习方法：
(1) 扶固定物向前蹬腿，逐步增加蹬腿高度。
(2) 左右腿交替蹬腿练习。
(3) 行进间蹬腿练习。
(4) 结合手法练习。

（二）弹腿

由屈到伸猛挺膝，快速弹出，力达脚尖（图 14 - 15）。

图 14-14 蹬腿　　　　　图 14-15 弹腿

练习方法：同蹬腿。

（三）侧踹腿

由屈到伸猛挺膝，脚尖里扣，向侧踹出，脚底着力（图 14-16）。

练习方法：

（1）手扶肋木向侧踹腿，逐步增加高度。

（2）左右腿交替踹腿练习。

（3）行进间踹腿练习。

（4）阻力与对抗练习。

（5）结合手法练习。

（四）正踢腿

左脚上步直立，右腿挺膝，脚尖勾起向前额处猛踢（图 14-17）。

图 14-16 侧踹腿　　　　　图 14-17 正踢腿

练习方法：

（1）练习勾脚尖压腿。

（2）扶固定物踢腿。

（3）行进间左、右交替地踢腿。

（4）快速踢腿。

（五）侧踢腿

脚尖勾起，经体侧踢向脑后，其他同正踢腿（图 14-18）。

练习方法：同正踢腿。

（六）外摆腿

右脚上步，左脚尖勾紧，向右侧上方踢起，经面前向左侧上方摆动，直腿落在右脚内侧（图 14-19）。

练习方法：

（1）两手扶固定物，同伴用力把腿沿着外摆的路线做摆腿练习。

（2）外摆腿练习。

图 14-18 侧踢腿

图 14-19 外摆腿

（七）里合腿

同外摆脚，由外向内合（图 14-20）。

练习方法：同外摆腿。

（八）拍脚

支撑腿伸直，另一腿脚面绷平向上踢摆，同侧手在额前迎拍脚面，击拍要准确响亮（图 14-21）。

图 14-20 里合腿

图 14-21 拍脚

练习方法：

（1）踢腿练习。

（2）拍脚练习。

（3）快速连续拍脚练习。

（九）伏地后扫腿

上身前俯，两手推地，支撑腿全蹲作轴，扫转腿伸直，脚尖内扣，脚掌擦地，迅速后扫一周（图 14-22）。

图 14-22 伏地后扫腿

练习方法：

（1）弓步变仆步的转体沉髋练习。

（2）体会以拧腰带动扫腿的旋转动作，然后再逐步增加后扫腿的速度和力量。
（3）做以左脚掌为轴向后旋转的练习，再逐渐降低重心，做完整的后扫腿的练习。
（4）结合手法、腿法练习。

六、基本跳跃动作

（一）大跃步前穿

左脚上一步蹬地向前跃出，两臂依次向上画弧摆起，右、左脚依次落成仆步，右掌变拳收抱于腰间，左掌下落停于胸前成立掌，目视左掌（图14-23）。

图14-23　大跃步前穿

练习方法：
（1）先按上、下肢动作顺序练习。
（2）然后再完整练习。

（二）腾空飞脚

摆动腿高提，起跳腿上摆伸直，脚面绷平，脚高过肩，击手和拍脚连续快速、准确响亮（图14-24）。

图14-24　腾空飞脚

练习方法：
（1）先做原地或行进间拍脚练习。
（2）跳起上顶悬挂物体。
（3）做右腿蹬地起跳，左腿屈膝摆起，同时两臂上摆并在头上击响的踏跳练习。

（4）结合步法的完整技术动作练习。

（三）旋风脚

摆动腿直摆或屈膝，起跳腿伸直，腾空转体270°，异侧手击拍脚掌，脚高过肩，击拍响亮，转体360°落地（图14－25）。

图14－25　旋风脚

练习方法：

（1）原地或行进间的"左外摆—右里合"转体击响练习。
（2）不加腿法的抡臂转跳体360°的"翻身跳"练习。
（3）先转头看预定目标，然后做起转体90°的击响练习。
（4）做转体180°、270°的击响腿练习。
（5）练习原地旋风脚。
（6）助跑上步旋风脚练习。

（四）腾空摆莲

摆动腿要高，起跳腿伸直外摆，脚面绷平，脚高过肩，两手依次击手拍脚共成三响，不能有一响落空（图14－26）。

图14－26　腾空摆莲

练习方法：

（1）做"左里合—右外摆"的组合练习。
（2）上右腿起跳，摆扣左腿，从两手头上击响向右转180°。
（3）做360°的"转体跳"练习。
（4）助跑起跳的完整技术练习。

七、平衡与跌扑动作

（一）提膝平衡

支撑腿直立站稳，上体正直。另一腿在体前屈膝上提过腰，小腿垂扣内收，脚面绷直（图14－27）。

练习方法：

（1）做提膝平衡前先做弓步压腿、提膝抱腿等练习。

(2) 提膝控腿练习。
(3) 负重控腿练习。

（二）望月平衡

支撑腿伸直或稍屈站稳，上体侧倾拧腰向支撑腿同侧方上翻，挺胸塌腰。另一腿在身后向支撑腿的同侧方上举，小腿屈收，脚面绷平，脚底朝上（图14-28）。

图14-27 提膝平衡　　　　图14-28 望月平衡

练习方法：
(1) 先做抖腕、亮掌、摆头的练习。
(2) 完整练习。

八、跌扑动作

（一）扶地后倒

一腿支撑，屈膝降低身体重心，上身后倒，以背部、臀部和前臂及两掌同时着地（图14-29）。

练习方法：
(1) 在垫子上做慢速的扶地后倒练习。
(2) 同伴帮助下练习。
(3) 独立完成动作。
(4) 逐步过渡到草地或土地上做完整动作的练习。

（二）抢背

一脚起跳腾空前跃，上身卷屈，肩、背、腰、臀依次着地翻滚，轻快圆活，起身迅速（图14-30）。

图14-29 扶地后倒　　　　图14-30 抢背

练习方法：
(1) 做前滚翻，体会收下颌、含胸、收腹把身体团紧的要求。
(2) 做以右手扶地的抢背动作。
(3) 做腾空跃起的抢背动作。

（4）结合手法练习抢背动作。

（三）鲤鱼打挺

屈体使两腿上摆后迅速下打，挺腹振摆而起。两腿下打宽不过肩，起立轻快（图14-31）。

练习方法：

（1）在保护和帮助下体会动作。

（2）由高处向低处打挺展髋。

图14-31　鲤鱼打挺

九、套路

（一）武术操

动作名称：手型变换、击掌俯腰、摆掌勾手、分掌正踢、仆步亮掌、推掌冲拳。

1. 手型变换

预备姿势：直立抱拳，两脚并拢，两手握拳屈肘抱于腰间，两肘关节后夹，拳心向上，眼看前方。

（1）两拳臂内旋向前冲出，拳心向下，眼看前方。

（2）两拳变掌，由前向下经两侧直臂绕环至头上，掌心向上，指尖相对，抬头挺胸，眼看指尖。

（3）两掌向两侧下落成钩手至侧平举部位，钩尖向下，眼看前方。

（4）还原成预备姿势。

（5）（6）（7）（8）同（1）（2）（3）（4）。二（四）八呼。

2. 击掌俯腰

预备姿势：直立抱拳。

（1）两拳变掌，经体侧上举至头上击掌，挺胸抬头，眼看两手。

（2）上体前屈向下，同时两手五指交叉垂直下压，掌心触地，眼看两手。

（3）上体抬起再向前屈下振，掌心触地，眼看两手。

（4）还原成预备姿势。

（5）（6）（7）（8）同（1）（2）（3）（4）。二（四）八呼。

3. 摆掌勾手

预备姿势：直立抱拳。

（1）左脚向左侧出一步与肩同宽，同时向左后转体，左拳变钩，左臂侧平举；右拳变掌向左后方平摆，屈肘至于左肩前成立掌，指尖向上，眼看左勾手。

（2）同（1），唯下肢不动，上肢动作方向相反。

（3）还原成（1）的姿势。

（4）还原成预备姿势。

（5）（6）（7）（8）同（1）（2）（3）（4），唯动作方向相反。二（四）八呼。

4. 分掌正踢

预备姿势：直立抱拳。

（1）左脚上前一步，重心前移，右脚跟提起；同时两拳变掌，两臂体前由内向外向上交叉绕至侧平举，两掌成立掌，掌心向外，指尖向上，眼看前方。

(2) 右腿伸直，脚尖勾起向正前上方踢出，眼看脚尖。

(3) 右腿下落还原成全脚掌着地，同时两臂由外向内交叉从头上绕经腹前成侧平举，眼看前方。

(4) 还原成预备姿势。

(5)(6)(7)(8) 同(1)(2)(3)(4)，唯出右脚，踢左腿。二(四)八呼。

5. 仆步亮掌

预备姿势：直立抱拳。

(1) 左脚向左前方上一步成左弓步，同时两拳变掌，左臂左斜前上举，掌心向上；右臂右斜后下举，掌心向下，眼看左掌。

(2) 重心后移，右腿屈膝全蹲，脚尖外展；左膝伸直铺于地面，脚尖里扣成仆步。同时左臂屈肘翻掌由头前上方经脸前垂直下按，掌心向下；右臂直臂上摆至头右斜上方抖腕亮掌。头随左掌转动，至亮掌时抬头左转，眼看前方。

(3) 还原成(1)的姿势。

(4) 还原成预备姿势。

(5)(6)(7)(8) 同(1)(2)(3)(4)，唯动作方向相反。二(四)八呼。

6. 推掌冲拳

预备姿势：直立抱拳。

(1) 两脚蹬地向上跳成左右开立，与肩同宽，两拳变掌向前推出成立掌，指尖向上，掌心向前，眼看前方。

(2) 还原成预备姿势。

(3) 两脚蹬地上跳左右开立，与肩同宽，两拳臂内旋向左右冲拳，拳心向下，眼看前方。

(4) 还原成预备姿势。

(5)(6)(7)(8) 同(1)(2)(3)(4)。二(四)八呼。

(二) 少年拳第一套

动作名称：震脚架打、蹬踢架打；垫步弹踢、马步横打、弓步撩掌、虚步架打、跳步推掌、撩拳收抱。

预备势：直立抱拳。

两脚并拢，两手握拳屈肘抱于腰侧，两肘后夹，拳心向上，下颌微收，头向左转，眼看左前方。

1. 震脚架打

右脚提起在原地下震脚，左脚随即向左跨一步，向左转体90°成左弓步；同时左臂内旋屈肘横架于头前左斜上方，拳心向上；右拳臂内旋向前冲出，拳心向下。眼看前方。

动作要点：震脚时身体要直立下沉，左脚向前落步要轻。

2. 蹬踢架打

(1) 重心前移至左腿，右腿屈膝提起，脚尖上勾向前下方蹬踢，高不过膝。同时左臂外旋下压，拳心向上，右拳收抱于腰侧。眼看前方。

(2) 上动不停，右脚后退还原成左弓步架打姿势。

动作要点：蹬踢下压要有力，架打动作要连贯、快速。

3. 垫步弹踢

左腿直立，右脚向前垫步至左脚旁落地，左腿前抬，同时两臂屈肘抱拳，左脚迅速向前落步，右腿向前弹踢，脚面绷直与膝盖同高，眼看前方。

动作要点：垫步与弹踢要紧凑，弹踢时上体要稳定。

4. 马步横打

右脚向前落步随即向左转体90°成马步，同时右拳伸直由身体右侧向前平行挥摆横打，拳心向下，眼看右前方。

动作要点：右脚落地前，右拳即开始向身体右侧伸直；落步转体与横打的动作要协调一致；右拳平伸，两肩要平。

5. 弓步撩掌

向左转体90°成左弓步，同时右拳变掌直臂后摆随即向前撩出停于左膝前上方，掌心向上，左掌变拳附于右小臂，眼看右掌。

动作要点：转体成左弓步时左脚尖外展，右脚跟辗蹬；撩掌时上体稍前倾。

6. 虚步架打

右脚蹬地起立向右转体90°，左脚右移置于右脚前以脚尖点地成高虚步；同时右掌变拳，向右向上摆起，屈肘横架于头前右斜上方，拳心向上；左掌变拳收抱于左侧随即向左冲出，拳心向下。眼看左拳。

动作要点：右拳横架后左脚右移并收抱左拳，待成高虚步站定后再冲拳。

7. 跳步推掌

（1）左脚稍提起，在向左转体的同时向前落步，两臂屈肘抱拳，右腿随即屈膝提起，小腿后屈，左脚向前跳一步，眼看前方。

（2）右脚向前落成右弓步，同时右拳变掌向前推出成立掌，掌心向前，眼看前方。

动作要点：左脚向前落步后要立即向前跳出，右脚落地要轻。

8. 撩拳收抱

（1）向左后转体180°成左弓步，同时右掌变拳，右后向下、向前撩出停于左膝前上方，左拳变掌拍击抓握右拳背作响，眼看右拳。

（2）左脚蹬地起立向右转体90°，两臂上举，两手变掌于头前上方交叉，掌心向前，眼看前方。

（3）上动不停，左脚收回与右脚并拢，两掌变拳左右分开下落屈肘收抱于腰间，头向左转，眼看左方。

动作要点：撩拳要有力，拍击要响亮，收抱动作要连贯。

还原势：直立，两拳变掌，直臂下垂，头向右转，眼看前方。

（三）少年拳第二套

动作名称：抡臂砸拳、望月平衡、跃步冲拳、弹踢冲拳、马步横打、并步搂手、弓步推掌、搂手勾踢、缠腕冲拳、转身劈掌、砸拳侧踹、撩拳收抱。

预备势：直立抱拳，目视前方。

1. 抡臂砸拳

（1）左脚向左跨一步，前脚掌着地，上体右转，左拳变掌向右下擦出，掌心向右。

（2）上动不停，向左转180°，同时左手经上、向下绕环屈臂停于腹部，掌心向上；右拳向上抡起下砸，拳背落于左掌上；右腿屈膝提起，在砸拳的同时下跺震脚成并步半蹲，上体稍前倾；目视前下方。

要求与要点：转体、环绕、抡臂动作要协调一致，砸拳与震脚要同时完成。

2. 望月平衡

右脚后撤一步起立，右拳变掌；两手左右分开上摆，左手在头上方抖腕亮掌，右手至右侧平举抖腕成立掌；同时右腿后提，眼随左掌转动，在抖腕亮掌的同时向右转头；目视前方。

要求与要点：抖腕、转头、提腿的动作要同时进行。

3. 跃步冲拳

（1）上体左转前倾，左腿向前提起，左手后摆至体后，右手掌背经下挂至左膝外侧，掌心向下；目视左下方。

（2）左脚向前落步，右腿屈膝向前上提，左脚随即猛力蹬地向前跃出，两臂向前向上环绕摆动；目视右掌。

（3）右脚落地全蹲，左脚随即落地成仆步；两臂下落，右掌变拳收抱于右腰侧，左掌摆掌停于右胸前；目视前方。

（4）左掌经左脚向左平搂，同时重心前移，右脚蹬直成左弓步，右拳向前冲出，掌心向下，力达拳面，左掌变拳收抱于腰侧；目视右拳。

要求与要点：跃步要远，落地要轻。跃步时两手要与跃步动作自然相随。

4. 弹踢冲拳

重心移至左腿，右腿屈膝提起；在膝盖接近水平时，脚背绷平猛力向前弹踢，力达脚尖；同时左拳向前冲出，拳心向下，右拳收抱于腰侧；目向前平视。

要求与要点：弹踢与冲拳套同时完成，力点准确。

5. 马步横打

右脚向前落步，脚尖内扣，上体左转；同时右拳向前横打，拳心向下；目视右拳。

要求与要点：横打与转体的动作要协调一致，并要借转提拧腰的力量发力。

6. 并步搂手

右脚向左脚并拢屈膝半蹲，右拳变掌经右腿外侧向后搂挂至提后成钩手，钩尖向上；目视右方。

要求与要点：并步与搂手要同时进行，上体正直微前倾。

7. 弓步推掌

并步转体90°，左脚前上一步成左弓步；同时左拳变掌向前推出，力达掌外沿；右钩手变拳收抱于腰侧；目视前方。

要求与要点：转体、上步与推掌的动作要协调一致。

8. 搂手勾踢

（1）右拳变掌前伸于左腕上，使两腕交叉。

（2）上动不停，重心移至左腿上，两臂迅速向后分掌搂手至体后成钩手，钩尖向上；身体随之向左斜前方踢出；目视左前方。

要求与要点：两腕交叉和分掌搂手的动作要连贯，勾踢时力达脚腕。

9. 缠腕冲拳

（1）两钩手变掌于腹前，左手抓握右手腕；右腿屈膝，小腿自然下垂，脚尖外展。

（2）上动不停，右手翻掌缠腕，在向右转体的同时臂外旋后拉于腹前；同时，右脚震脚，屈膝半蹲，左腿提起。

（3）左脚向左侧跨一大步成马步，同时左手变拳经左腰侧向左冲出，拳眼向上，力达拳面；右掌变拳，收抱于腰侧；目视左拳。

要求与要点：抓握、缠腕、屈肘后拉、转体、震脚要连贯。

10. 转身劈掌

（1）右脚蹬地；屈膝上提并向右转体90°，随身体直立两拳变掌由两侧上举，在头前上方，右手背击左掌心；目视前方。

（2）上动不停，继续向右后转体180°，右脚向前落步成右弓步；同时右掌下劈，掌心向左外缘，左掌变拳收抱于腰侧；目视前方。

要求与要点：转体以左脚掌为轴共转270°，动作要连贯、平稳。

11. 砸拳侧踹

（1）重心移至左腿上，右脚蹬地屈膝上提，并向左转体90°；同时右掌变拳上举至头前上方，左拳变掌于腹前，掌心向上；随即右脚下跺震脚成步半蹲，右拳下落，以拳背砸击掌心；目视右拳。

（2）右腿直立，左腿蹬地屈膝上提，脚尖上勾，向左下方踹出，力达脚跟；同时右臂屈肘架于头上，左掌变拳收抱于腰侧；目视左方。

要求与要点：砸拳与震脚要同时完成；侧踹要快且有力，身体要稳定。

12. 撩拳收抱

（1）左脚前落成左弓步，同时左拳掌前伸，掌心向下；右拳由后向前撩击左掌，力达拳背；目视右拳。

（2）左脚蹬地，身体起立向右转体90°，两臂上举，右拳变掌，两掌于前上方交叉，掌心向前；目视左前方。

要求与要点：撩拳要有力，收抱动作要连贯。

还原势：直立，两拳变掌，直臂下垂；头向右转，摆正；目视前方。

第三节　武术运动竞赛规则简介与欣赏

一、主要规则解析

（一）竞赛通则

1. 竞赛性质

武术套路竞赛一般分为个人赛、团体赛、个人及团体赛三种类型。另外，按年龄可以分为成年赛、少年赛和儿童赛；按性别可分为男子赛和女子赛；按比赛成绩可分为甲级赛和乙级赛。竞赛性质只由竞赛规程规定。

2. 竞赛项目

国内武术套路竞赛项目分为：自选（或规定）项目、其他项目、对练项目和集体项目。

自选（或规定）项目包括：长拳、太极拳、南拳、剑术、刀术、枪术、棍术。

其他项目包括：

①其他拳术：形意、八卦、太极类；通臂、劈挂、翻子类；地躺、象形类；查、花、炮、红、华、少林类，共四大类。

②其他器械：单器械、双器械、软器械三类。

对练项目包括：徒手对练、器械对练、徒手与器械对练。

集体项目包括：徒手、器械等。

3. 名次评定

（1）个人单项名次：得分最多者为该项第一名，次多者为第二名，依此类推。如在一次比赛中有预、决赛，则以预、决赛得分总和最多者为该项第一名，次多者为第二名，依此类推。如果个人单项（含对练）得分相等时，按下列顺序决定名次：

①套路中有创新难度动作者，名次列前。

②动作完成分与演练水平分的低无效分之和高者列前。

③动作完成分与演练水平分的高无效分之和低者列前。

④演练水平分中有效分的平均值高者列前。如仍相等，名次并列。

（2）个人全能名次：按各单项得分总和的多少进行评定，得分多者为全能第一名，次多者为第二名，依此类推。如果个人全能得分相等时，以比赛获单项第一名多者列前；如仍相等，则以获得第二名多者列前，依此类推；如获得所有名次均相等，则并列。

（3）集体项目名次：得分最多者为该项的第一名，次多者为第二名，依此类推。集体项目得分相等时，名次并列。

（4）团体名次：根据竞赛规程关于团体名次的确定办法进行评定。团体总分相等时，以全队获得单项第一名多者列前；如仍相等，则以获得第二名多者列前，依此类推；如获得单项名次均相等，则并列。

4. 比赛服饰

（1）比赛时，运动员必须穿规定的比赛服装。

（2）运动员必须穿武术鞋或运动鞋。

（3）上场比赛时，不允许佩戴手表及耳环、项链、手镯等饰品。

（4）比赛服装上的广告标志或队标只允许印在左袖外侧一处，大小不得超过8厘米×5厘米。

5. 起势、收势、配乐与套路计时

（1）运动员应在同侧场内完成同方向的起势和收势。集体项目必须在场内完成起势和收势，方向、位置不限。

（2）运动员身体的任何部位开始动作时即为起势，开始计时。对练和集体项目在行进间开始动作者，须事先向裁判长申明。运动员完成整套动作后，须并步收势（计时结束），再转向裁判长行注目礼，然后退场。

6. 结构、布局的评分

结构恰当、布局匀称、攻防合理的分值为4分；动作熟练、配合严密的分值为3分；内容充实、结构紧凑的分值为2分；意识逼真、风格突出的分值为1分。

（二）长拳、太极拳、南拳、剑、刀、枪、棍的评分方法与标准

1. 评分裁判员的组成

在裁判长的直接领导下，参加评分的裁判员有两组。第一组由评判动作完成的裁判员组

成，人数为 3~5 人；第二组由评判演练水平的裁判员组成，人数为 3~5 人。

2. 评分标准

各项比赛的满分为 10 分。其中，动作规格分值水平为 6.8 分，演练水平分值为 3 分，创新难度分值为 0.2 分。

（1）动作完成分的评判。裁判员根据运动员现场发挥的技术水平，按照各竞赛项目的动作规格要求，减去对该动作规格中出现的与规格要求轻微不符、显著不符、严重不符的错误扣分和其他错误扣分，即为运动员的动作完成分。

由裁判员扣分的其他错误包括运动员完成套路动作时出现遗忘、失去平衡、附加支撑、倒地、器械或服装影响动作、器械变形、折断、掉地等。

（2）演练水平分的评判。裁判员根据运动员现场表现的套路演练水平，按照各竞赛项目在功力（劲力、协调各占 0.5 分）、演练技巧（精神、节奏、风格各占 0.5 分）、编排（内容、结构、布局各占 0.5 分）等方面的评分标准，整体比较，确定扣分。从该类分值中减去应扣分数，即为运动员的演练水平分。

（3）裁判员的示分。裁判员所示分数可保留到小数点后两位数，小数点后第二位数必须是 0 或 5。

（4）应得分数的确定。动作完成应得分与演练水平应得分之和即为运动员的应得分数。动作完成应得分与演练水平应得分的确定：如 3 个裁判员评分，取 3 个分数的平均值为运动员的应得分；如 4 或 5 个裁判员评分，去掉最高分和最低分，取中间 2 个或 3 个分数的平均值为运动员的应得分。运动员的应得分数只取到小数点后两位数。小数点后第三位数不作四舍五入。

（5）最后得分的确定。裁判长从运动员的应得分中减去"裁判长扣分"，再加上"创新难度动作"的加分，即为运动员的最后得分。

3. 指定动作和创新难度动作

（1）指定动作。武术竞赛既赛成绩，又交流技术。由于科学的发达，信息的流通，武术训练方法的不断科学化，国内专业队武术竞技水平十分接近，竞争也十分激烈。为提高裁判员评分的准确性和区分度，国家武术运动管理中心于 1996 年不但修改了规则，而且还推出了自选套路竞赛指定动作。指定动作是国家武术运动管理中心组织专家，根据武术运动规律编排出来的由技术新、难度大、要求高的单个或数个动作组合而成的武术技术动作。这些动作并非一成不变，而是由国家武术竞赛主管部门每年年底公布下一年比赛各自选套路指定动作的内容、规格、难度值，并配有动作图解和动作录像带等。参赛运动员均应准确填写自选套路指定动作位置确定图表，由运动员本人和教练员签名，并在比赛前交裁判组。

（2）创新难度动作。它是指必须符合武术运动的本质属性和运动规律的动作；必须是具备较高的专项素质与专项技能才能完成的动作；必须是由国家体育总局主办的全国正式比赛中从未出现过的动作。创新难度动作的申报单位必须以书面形式（配有技术图解或录像带）在赛前 30 天上报国家体育总局武术运动主管部门。然后由主管部门组织有关专家 5~7 人，组成"全国武术技术鉴定委员会"，对申报的创新难度动作进行讨论、确认，并把加分分值、命名和鉴定结果，在赛前以书面形式通知仲裁委员会和裁判组。

运动员若较好地完成申报的创新难度动作，则由裁判长按确认的分值给予加分；由于失败或与鉴定确认的动作不符，不予加分；若在完成创新难度动作过程中，出现其他错误，由裁判员按规则扣分。

（三）其他拳术、器械、对练、集体项目的评分方法与标准

1. 评分方法

（1）应得分数的确定：由5个裁判评分，取中间3个分数的平均值为运动员的应得分数。运动员的应得分数只取到小数点后两位，小数点后第三位数不作四舍五入。

（2）最后得分的确定：裁判长从运动员应得分数中减去裁判长按规定执行的扣分，即为运动员的最后得分。

2. 评分标准

各项比赛的最高得分均为10分，具体标准如下：

（1）其他拳术、器械的评分标准。

姿势正确、方法清楚的分值为4分；劲力顺达、动作协调的分值为3分；风格独特、内容充实的分值为2分；精神贯注、节奏分明的分值为1分。

（2）集体项目的评分标准。

质量的评分：姿势正确、动静分明、精神贯注、技术熟练。此类分值为4分。

内容的评分：内容充实、武术的特点和风格突出，整套动作中应包括项目的基本动作和基本方法。此类分值为3分。

配合的评分：队形整齐，动作协调一致。此类分值为2分。

结构、布局的评分：结构恰当，布局匀称、攻防合理的分值为4分；动作熟练、配合严密的分值为3分；内容充实、结构紧凑的分值为2分；意识逼真、风格突出的分值为1分。

前两部分由评判动作规格的裁判员评定，后两部分由评判演练水平的裁判员评定。

（四）裁判长的扣分以及对评分的调整

（1）武术套路比赛中裁判长的扣分范围。

①趋势、收势不符合规定或有意拖延时间。

②重做。

③出界。

④平衡时间不足。

⑤套路完成时间不足或超出规定时间。

⑥器械、服装不符合规定。

⑦动作组别不够。

⑧规定套路的动作缺少或增加。

⑨指定动作的扣分。

（2）当评分中出现明显的不合理现象时，在出示运动员最后得分前，裁判长须报告总裁判长。经总裁判长同意，可召集场上裁判员协商或同个别有关裁判协商，改变分数。被指定改分的裁判员必须服从。

（3）当有效分数（最高或最低）之间出现不允许的差数时，在出示运动员的最后得分数前，裁判长可召集场上裁判员协商或同个别有关裁判协商，改变分数。被指定改分的裁判员必须服从。

（4）总裁判长认为最后得分偏高或偏低时，在裁判组没有公开分数前，可与裁判长协

商，改变分数。被指定改分的裁判长必须服从。分数改变后，由总裁判长签名。

（五）套路比赛的有关规定

1. 完成套路的时间

（1）长拳、南拳和刀、剑、枪、棍的自选套路，不得少于1分20秒。如按年龄分组比赛时，18周岁以上的成年组不少于1分20秒，12~17周岁的少年组不少于1分10秒，不满12周岁的儿童组不少于1分钟。

（2）太极拳自选套路3~4分钟（到3分钟时，裁判长鸣哨示意），太极拳规定套路为5~6分钟（到5分钟时，裁判长鸣哨示意）。

（3）太极剑集体项目3~4分钟（到3分钟时，裁判长鸣哨示意）。

（4）其他项目单练不得少于1分钟，对练不得少于50秒。

2. 套路比赛场地与器械规格

（1）套路比赛在地毯上进行。单练和对练项目的场地长14米，宽8米，四周内沿应标明5厘米宽的边线。其周围至少有2米宽的安全区，在场地的两长边中间各做一条长30厘米、宽5厘米的中线标记。集体项目的场地长16米、宽14米，四周内沿应标明5厘米宽的边线。其周围至少有1米宽的安全区。

（2）武术器械的长度、重量、硬度等都有规定。如枪的全长必须等于本人直立直臂上举时从脚底到指端的长度，棍最短必须等于本人身高。枪杆和棍应由白蜡杆制成，粗细按不同年龄组均有规定。剑或刀的长度以运动员直臂垂肘反手持剑或直臂垂肘抱刀时，剑尖或刀尖不低于本人耳上端为准。剑、刀应由钢材料制成，对不同年龄组的器械重量均有规定。

复习思考题

1. 武术的手型和步型各有哪些？
2. 少年拳第二套动作名称有哪些？

第十五章 太极拳运动

学习提示

太极拳运动以其松、慢、匀、圆的独特风格和良好的锻炼效果深受不同年龄人群的喜爱。本章主要介绍太极拳的发展、特点和健身作用，学习杨氏16式简化太极拳的基本技术。

第一节 太极拳运动概述

一、太极拳运动的起源与发展

（一）我国太极拳的起源与发展

太极拳运动属于中国拳术之一，是中华民族五千年传统文化的结晶，也是我国精神文明宝库的瑰宝。太极拳运动在我国源远流长，关于太极拳的起源与创始人，历来众说纷纭，大致有以下几种观点：唐朝（618—907年）许宣平、宋朝（960—1278年）张三峰、明朝（1368—1644年）张三丰、明朝（1644—1911年）王宗岳，也有武术史研究者查阅县志和《陈氏家谱》后提出陈王廷才是太极拳的创造者。纵观近现代太极拳的发展就可见一斑，太极拳并非一人所创，而是前人不断开发、总结、整理、创新、发展而来。

太极拳数百年绵延不绝，名手辈出，流派纷呈。随着历史的发展和社会的变迁，太极拳的技术防御和祛病强身作用得到了不断的发展，在民间得以广泛流传，发展成为寓攻防技击和强身健体为一体的一种拳术。值得一提的是清乾隆年间山西民间武术家王宗岳，他著有《太极拳论》《太极拳解》《行功心解》，对后人学习、研究太极拳具有极大的参考作用。另一个在太极拳发展史里做出卓越贡献的人物是河北永年人杨露禅，三下陈家沟十余载向陈长兴学习太极拳，朝夕苦练，寒暑无间，尊师重道，终得太极精髓。他于1851年将太极拳带入当时的经济和文化中心北京，使得太极拳得到广泛的发展，称为杨氏太极拳。随杨露禅学拳者甚多，在其影响下，吴、孙、武式太极拳相继问世，流传至今已有一百多年，成为以姓氏命名的陈、杨、吴、孙、武氏太极拳等。

中华人民共和国成立后，太极拳发展很快，打太极拳的人遍及全国。当前，仅北京市公园、街头和体育场就设有太极拳辅导站数百处，吸引了大批爱好者。卫生、教育、体育各部门都把太极拳列为重要项目来开展，出版了上百万册的太极拳书籍、挂图。太极拳在国外也受到普遍欢迎。欧美、东南亚、日本等国家和地区，都有太极拳活动。据不完全统计，仅美国就已有30多种太极拳书籍出版。许多国家成立了太极拳协会等团体，积极与中国进行交流活动。太极拳作为中国特有的民族体育项目，已经引起很多国际友人的兴趣和爱好。太极拳是中华民族辩证的理论思维与武术、艺术、气功引导术的完美结合，是高层次的人体文化。其拳理来源于《易经》《黄帝内经》《黄庭经》《纪效新书》等中国传统哲学、医术、武术等经典著作,并在其长期的发展过程中吸收了道、儒、释等文化的合理内容,故太极拳被称为"国粹"。

(二)广东岭南职业技术学院太极拳运动项目的发展情况

多年来,广东岭南职业技术学院在开展"阳光工程"系列活动中不断创新和总结,结合学院师生练习太极拳的实际情况,于2010年由颜鸿填老师牵头重新创编了一套简单易学又能体现杨氏太极拳特点的传统杨氏16式太极拳,并于2011年出现在我校的教材上予以普及,一直沿用至今。

二、太极拳运动的特点和作用

(一)太极拳运动的特点

中正安定,舒展自然(姿势)　　轻灵沉稳,圆活连贯(动作)
基于腰腿,周身联合(协调)　　虚实刚柔,松整相济(劲力)
动中寓静,意领神随(意念)　　开合有序,呼吸平顺(节奏)

太极拳运动如"行云流水,连绵不断"。这种运动既自然又高雅,可亲身体会到音乐的韵律、哲学的内涵、美的造型、诗的意境。

(二)太极拳运动的作用

经常参加太极拳运动对神经系统有良好的影响,能使人精神饱满、思路敏捷,还能使人克服不良的身体姿态,提高肌肉的运动能力,特别是提高各肌群的协调能力,对提高肌肉的代谢能力有积极的作用。太极拳运动对预防、治疗癌症有一定的作用,是预防高血压、降低血脂和防治心血管疾病的最好锻炼方法。通过练习太极拳,能有效调节体内的阴阳平衡,使内气开合、升降、聚散有度,这种特殊的生理状态是祛病疗症、增强体质、提高健康水平的传统锻炼方法。

第二节　十六式太极拳

第一式:太极起势

预备姿势:身体自然直立,两臂自然下垂,下颌微回收,嘴巴闭合,上齿轻叩下齿,舌抵上颚,精神集中,全身放松,如图15-1所示。

两脚丌立:左脚向左开,两脚丌立与肩同宽,脚尖向前,两臂自然下垂,两手放在大腿外侧,眼向前平看,如图15-2所示。

两臂前举:两臂慢慢向前平举,两手高与肩平,与肩同宽,手心向下,如图15-3和图15-4所示。

屈膝按掌:两腿慢慢屈膝成半蹲,同时两掌轻轻下按,两肘下垂与两膝相对,眼平看前方,如图15-5所示。

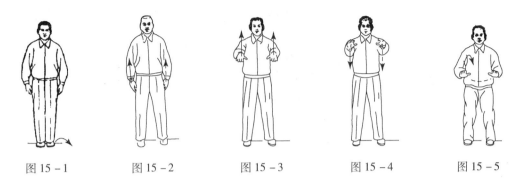

图 15-1　　　图 15-2　　　图 15-3　　　图 15-4　　　图 15-5

第二式：云手

转体云手一：双手往左移，掌心左下右上，如图 15-6 所示；身体重心移至右腿上，身体渐向右转，左脚尖里扣；左手经腹前向右上画弧至右肩前，手心斜向后，同时右手变掌，手心向右前；眼看右手，如图 15-7 和图 15-8 所示。

图 15-6　　　　　　图 15-7　　　　　　图 15-8

转体云手二：上体再向右转，同时左手经腹前向右上画弧至右肩前，手心斜向后；右手向右侧运转，手心翻转向右；随之左腿向左横跨一步；眼看左手，身体慢慢向左移动，如图 15-9 和图 15-10 所示。

转体云手三：收右脚，上体再向右转，同时左手经腹前向右上画弧至右肩前，手心斜向后；右手向右侧运转，手心翻转向右；眼看右手，如图 15-11 和图 15-12 所示。

图 15-9　　　　图 15-10　　　　图 15-11　　　　图 15-12

第三式：单鞭

勾手收脚：身体重心再渐渐移至右腿上，上体右转，左脚向右脚靠拢，脚尖点地；同时右手向右上方画弧（手心由里转向外），至右侧方时变勾手，臂与肩平；左手向下经腹前向右上画弧停于右肩前，手心向里；眼看左手，如图 15-13 所示。

转体迈脚：上体微向左转，左脚向左前侧方迈出，如图 15-14 所示。

弓步推掌：右脚跟后蹬，成左弓步；在身体重心移向左腿的同时，左掌随上体的继续左转慢慢翻转向前推出，手心向前，手指与眼齐平，臂微屈；眼看左手，如图 15-15 所示。

图 15-13

图 15-14

图 15-15

第四式：肘底锤

上步转手：右脚向左脚跟处并步踩实，右手经腹前向右上画弧至胸前，左手变掌往右向转手至右手肘底，如图 15-16 所示。

开步成锤：重心后移于右脚，左脚向前方点一步形成开步，左脚跟着地。左手继续上移，略低于肩膀，右手掌变拳下移停于左手肘下方，如图 15-17 所示。

图 15-16

图 15-17

第五式：白鹤亮翅

后坐转体：上体微向右转后坐，左手翻掌向下，左臂平屈胸前，右手向左上画弧，手心转向上，与左手成抱球状，眼看右手，如图 15-18 所示。

虚步分手：身体重心移至右脚，上体先向右转，面向右前方，眼看右手；然后左脚稍向前移，脚尖点地，成左虚步，同时上体再微向左转，面向前方，两手随转体慢慢向右上、左下分开，右手上提停于右额前，手心向左后方，左手落于左胯前，手心向下，指尖向前；眼平看前方，如图 15-19 和图 15-20 所示。

图 15-18

图 15-19

图 15-20

第六式：搂膝拗步

左搂膝拗步：（1）转体落手：上体微向左转，同时右手微向右、向下翻掌，由额前下落至面前；左手开始外旋向上翻掌。眼看前方，如图15-21所示。（2）转体收脚：上体向右转，随转体右手下落，经髋侧向右后上方画弧至与耳同高，手心斜向上，左手由左胯侧向上经面前再向右画弧至右肩前，肘部略低于腕部，手心斜向下。同时左脚收至右脚内侧，脚尖点地，身体重心在右脚。眼看右手，如图15-22和图15-23所示。（3）迈步屈膝：上体微向左转。右脚保持原屈膝程度，身体重心仍在右脚，随转体，左脚向左前侧方迈出一步，脚跟着地，两脚跟的横向距离大约30厘米。右臂屈肘收至右耳侧，虎口对耳，掌心斜向左下方；左手下落至腹前，手心向下。眼睛看前方，如图15-24和图15-25所示。（4）弓步搂推：上体继续左转至面向前方。左脚踩实，左脚弓屈，右脚自然伸直成左弓步。身体重心移至左脚，上体正直，松腰松胯。同时右手从耳侧向前推出，手指高与鼻平，推掌时沉肩垂肘，推到尽头时立腕，展掌舒指。左手继续向左前下方画弧由膝前搂过，按在左胯侧偏前，手心向下，指尖朝前，坐腕、展掌、舒指。眼看右手，如图15-26所示。

图15-21　　图15-22　　图15-23　　图15-24　　图15-25　　图15-26

右搂膝拗步：后坐跷脚、转体跟脚。与左搂膝拗步相同，只是方向相反，如图15-27至图15-32所示。

图15-27　　图15-28　　图15-29　　图15-30　　图15-31　　图15-32

左搂膝拗步：后坐跷脚、转体跟脚。与右搂膝拗步相同，只是方向相反，如图15-33至图15-38所示。

图15-33　　图15-34　　图15-35　　图15-36　　图15-37　　图15-38

第七式：手挥琵琶

后坐挑掌：右脚跟进半步，上体后坐，身体重心转至右腿上，上体半面向右转，左脚略提起稍向前移，变成左虚步，脚跟着地，脚尖跷起，膝部微屈，同时左手由左下向上挑举，高与鼻尖平，掌心向右，臂微屈，如图 15-39 和图 15-40 所示。

虚布合臂：右手收回放在左臂肘部里侧，掌心向左，眼看左手食指，如图 15-41 所示。

图 15-39　　　　　图 15-40　　　　　图 15-41

第八式：左右倒卷肱

（1）左倒卷肱

转体撤手、提膝屈肘：左臂屈肘折向前，右手由耳侧向前推出，手心向前，左臂屈肘后撤，手心向上，撤至左肋外侧；同时左腿轻轻提起向后（偏左）退一步，脚掌先着地，然后全脚慢慢踏实，身体重心移到右腿上，成左虚步，左脚随转体以脚掌为轴扭正；眼看左手，如图 15-42 至图 15-44 所示。

退步错手、虚步推掌：上体微向左转，同时左手随转体向后上方画弧平举，手心向上，右手随即翻掌，掌心向上；眼随转体先向左看，再转向前方看右手，如图 15-45 和图 15-46 所示。

图 15-42　　　图 15-43　　　图 15-44　　　图 15-45　　　图 15-46

（2）右倒卷肱

转体撤手：同时左手由左胯侧向左后上方画弧至与耳齐高，手心斜向上，肘部微屈。右手随之翻掌向上，如图 15-47 所示。

提膝屈肘、退步错手、虚步推掌：与左倒卷肱中的动作相同，左右式相反，如图 15-48 至图 15-50 所示。

图 15-47　　　　图 15-48　　　　图 15-49　　　　图 15-50

（3）左倒卷肱

转体撤手、提膝屈肘、退步错手、虚步推掌，重复相同动作，注意方向，如图 15-51 至图 15-54 所示。

图 15-51　　　　图 15-52　　　　图 15-53　　　　图 15-54

（4）右倒卷肱

转体撤手、提膝屈肘、退步错手、虚步推掌，与前式右倒卷肱动作相同，如图 15-55 至图 15-59 所示。

图 15-55　　图 15-56　　图 15-57　　图 15-58　　图 15-59

第九式：左揽雀尾

抱球收脚：身体继续向右转，左手自然下落逐渐翻掌经腹前画弧至右肋前，手心向上；右臂屈肘，手心转向下，收至右胸前，两手相对成抱球状；同时身体重心落在右腿上，左脚收到右脚内侧，脚尖点地；眼看右手，如图 15-60 所示。

迈步分手：上体微向左转，左脚向左前方迈出，上体继续向左转，右腿自然蹬直，左腿屈膝，成左弓步；同时左臂平屈成弓形，用前臂外侧和手背向左前方推出，高与肩平，手心向后；右手向右下落放于右胯旁，手心向下，指尖向前；眼看左前臂，如图 15-61 至图 15-63 所示。

转体伸臂：身体微向左转，左手随即前伸翻掌向下，右手翻掌向上，经腹前向上、向前伸至左前臂下方；然后两手下捋，即上体向右转，两手经腹前向右后上方画弧，直至右手手心向上，高与肩齐，左臂平屈于胸前，手心向后；同时身体重心移至右腿；眼看右手，如图

15-64 和图 15-65 所示。

图 15-60　　图 15-61　　图 15-62　　图 15-63　　图 15-64　　图 15-65

转身搭手：上体微向左转，右臂屈肘折回，右手附于左手腕里侧，上体继续向左转，双手同时向前慢慢推出，左掌心向后，右掌心向前，左前臂要保持半圆，同时身体重心逐渐前移变成左弓步，眼看左手腕部，如图 15-66 和图 15-67 所示。

弓步前挤、后坐收掌：左手翻掌，手心向下，右手经左腕上方向前、向右伸出，高与左手齐，手心向下，两手左右分开，与肩同宽，然后右腿屈膝，上体慢慢后坐，身体重心移至右腿上，左脚尖跷起，同时两手屈肘回收至腹前，手心均向前下方，眼向前平视，如图 15-68 至图 15-70 所示。

弓步按掌：身体重心慢慢前移，同时两手向前、向上推出，掌心向前，左腿前弓成左弓步，眼平视前方，如图 15-71 所示。

图 15-66　　图 15-67　　图 15-68　　图 15-69　　图 15-70　　图 15-71

第十式：右揽雀尾

转体扣脚：右腿屈膝，上体后坐向右转身，身体重心移至右腿，同时右手掌心向外、经面前向右平行画弧至右侧，手心向前，两臂场侧平举状，如图 15-72 和图 15-73 所示。

抱球收脚：左腿屈膝，身体重心移到左腿，上体微左转，右脚收至左脚内侧，脚尖点地。同时左臂向胸前平屈，手心向下；右手由体前右侧边向上翻掌边划弧下落至左腹前，手心向上，两手手心相对成抱球状。眼看左手，如图 15-74 和图 15-75 所示。

图 15-72　　　　图 15-73　　　　　图 15-74　　　　图 15-75

其余动作同左揽雀尾，只是左右式相反，如图 15-76 至图 15-85 所示。

图 15-76　　图 15-77　　图 15-78　　图 15-79　　图 15-80

图 15-81　　图 15-82　　图 15-83　　图 15-84　　图 15-85

第十一式：野马分鬃

（1）左野马分鬃

抱球收脚：重心后移，右脚尖外撇，重心右移收左脚，双手成抱球姿态，如图 15-86 和图 15-87 所示。

转体迈步、弓步分手：左脚向左前方迈一步，重心左移转体成左弓步，同时左手向上移，止于指尖与眼睛平齐。右手向下捋按至右胯侧，如图 15-88 至图 15-90 所示。

图 15-86　　图 15-87　　图 15-88　　图 15-89　　图 15-90

（2）右野马分鬃

转身抱球：重心后移，左脚尖外撇，身体重心由后往前平移至左腿，双手成抱球姿态，左手上右手下，两掌掌心相对，如图 15-91 至图 15-93 所示。

转体迈步、弓步分手：右脚向右前方迈一步，重心右移转体成右弓步，同时右手向上移止于指尖与眼睛平齐。左手向下捋按至左胯侧，如图 15-94 和图 15-95 所示。

图 15-91　　图 15-92　　图 15-93　　图 15-94　　图 15-95

（3）左野马分鬃

动作同右野马分鬃，只是左右式相反，如图15-96至图15-100所示。

图15-96　　　　　图15-97　　　　　图15-98　　　　　图15-99　　　　　图15-100

第十二式：闪通臂

开步抱球：身体重心于右腿，左脚向前经右脚内侧，再向左前迈出一步形成开步，双手成抱球状，如图15-101所示。

翻腕推按：身体重心前移，形成左弓步。双手同时向前斜上方推按，左手掌向前按推，右手掌翻腕上架，如图15-102和图15-103所示。

图15-101　　　　　　　图15-102　　　　　　　图15-103

第十三式：转身搬拦捶

转体扣脚、坐身握拳：上体后坐，身体重心移至右腿上，左脚尖里扣，身体向右后转，然后身体重心再移至左腿上；与此同时，右手随着转体向右、向下（变拳）经腹前画弧至左肋旁，掌心向下；左掌上举于头前，掌心斜向上，如图15-104和图15-105所示。向右转体，右拳经胸前向前翻转撇出，拳心向上；左手落于左胯旁，掌心向下，指尖向前；同时右脚收回后（不要停顿或脚尖点地）即向前迈出，脚头外撇；眼看右拳，如图15-106和图15-107所示。

图15-104　　　　　图15-105　　　　　图15-106　　　　　图15-107

上步拦掌、马步打拳：身体重心前移到右腿，左脚向前迈一步；左手上起经左侧向前上画弧拦出，掌心向前下方；同时右掌向右画弧收到右腰旁，拳心向上，如图15-108和图

15-109 所示。然后重心前移形成左弓步，右拳向前冲出，拳眼向上，高与胸平，左手附于右前臂里侧；眼看右拳，如图 15-110 和图 15-111 所示。

图 15-108　　　图 15-109　　　图 15-110　　　图 15-111

第十四式：如封似闭

穿掌翻手：左手边翻掌向上边由右手腕下向前伸出，右拳变掌并随之翻转向上，两手交叉后随即分开，以肩同宽，手心向上，平举于体前。眼看前方，如图 15-112 和图 15-113 所示。

后坐收掌：右腿屈膝，上体后移后坐，身体重心移到右腿，左脚尖跷起，如图 15-114 和图 15-115 所示。

图 15-112　　　图 15-113　　　图 15-114　　　图 15-115

弓步按掌：左脚踩实后屈膝前弓，身体重心前移，右脚自然伸直成左弓步。上身挺拔，松腰松胯。两手掌心向前，往前上方推出，按到顶点时，腕部高与肩平，沉肩垂肘，立腕展掌，如图 15-116 和图 15-117 所示。

图 15-116　　　　　　图 15-117

第十五式：十字手

退步分手：右腿屈膝后坐，重心移至右腿，转体分手，如图 15-118 和图 15-119 所示。

收脚合抱：重心移稳于右腿，收右脚踏实，两脚与肩膀同宽，脚尖朝前，双手画弧合抱于胸前，右手在外，手心朝里，两臂抡圆，腕与肩膀同高，眼看前方，如图 15-120 和图

15-121 所示。

图 15-118　　　　　图 15-119　　　　　图 15-120　　　　　图 15-121

第十六式：收势

翻掌前撑：两手向外翻掌前撑，如图 15-122 所示。

分手下落：两臂慢慢分开下落至两胯侧，如图 15-123 所示。

收脚还原：重心慢慢移至右腿，左脚脚跟先离地，随即脚掌轻轻提起落于右脚旁，双脚踏实，如图 15-124 和图 15-125 所示。

图 15-122　　　　　图 15-123　　　　　图 15-124　　　　　图 15-125

第三节　太极拳比赛规则简介与欣赏

一、太极拳比赛规则解析

（1）比赛裁判组成为裁判长 1 人，副裁判长 1 人，裁判 5 人，计时、记分员 1 人，套路检查员 1 人。运动员结束套路演练后，5 名裁判亮分，去其最高分和最低分，取中间 3 个分数的平均值，即为运动员的应得分。

（2）完成一套太极拳演练，时间为 5~6 分钟。到 5 分钟时，裁判长应鸣哨示意。时间不足或超时均会被扣分。

（3）比赛规定套路时，运动员的动作应与规定动作相符；比赛自选套路时，整个套路至少要包括四种腿法和六种不同组别的动作，发劲及跳跃动作可要也可不要。

（4）太极拳的评分标准总分为 10 分。其中，动作规格的分值为 6 分，即对手型、步型、手法、步法、身法、腿法等方面的要求；劲力、协调的分值为 2 分，即对运劲顺达、沉稳准确、连贯圆活、手眼身法步协调等方面的要求；精神、速度、风格、内容、结构、布局的分值为 2 分，即对意识集中、精神饱满、神态自然、内容充实、速度适中、结构合理、布局匀称等方面的要求。

另外，在观看运动员比赛时，应注意其拳架的高低（显示练习者功底是否深厚）、动作是否符合规格、重心是否有起伏、是否有断劲现象等，这样才能真正做到"内行看门道"。

二、太极拳比赛欣赏

太极拳比赛时，运动员由静至动，暗合"无极生太极、太极生两仪、两仪生四象、四象生八卦"之高深哲理。其动作匀速缓慢，如同滔滔江河连绵不绝；其动作动静开合、虚实刚柔、姿态优雅，给人以心旷神怡之感。因此，太极拳具有很高的欣赏价值。如个人会练太极拳，再了解一些比赛规则，则可进一步提高自身欣赏太极拳比赛的水平。

太极拳教学视频

复习思考题

1. 太极拳运动的特点是什么？
2. 太极拳和少年拳进行比较，它们各有什么风格？你最喜欢哪套拳，为什么？

第十六章 跆 拳 道

学习提示

跆拳道是一门韩国格斗术,以其腾空、旋踢脚法而闻名。跆拳道这个名称来源于韩语的"跆"(指用脚踢打)、"拳"(指用拳击打)、"道"(指格斗的艺术和一种原理)。现在是奥运会正式项目。

本章重点介绍了跆拳道的基本技术和练习方法。

第一节 跆拳道的概述

一、跆拳道的起源与发展

跆拳道古称跆跟、花郎道,是起源于古代朝鲜的民间武艺。早在公元688年,新罗王国统一了朝鲜,经济繁荣,百业兴旺,建立了一种"花郎制度"。到真兴王时,便创立了"花郎道"。花郎道是花郎制度的组织形式,即将年轻人组织到一起进行武艺锻炼。其宗旨是"事君以忠,事亲以孝,事友以信,临阵无退,杀身有择"。以此磨炼人的意志、锻炼人的体魄,培养造就了一批又一批忠君孝亲、英勇顽强、无所畏惧的战士。在一本描写新罗风俗习惯的书《帝王韵记》中,记载着跆拳道活动。

公元935年,勇敢善战的高句丽军队推翻了新罗王朝,建立了高句丽王朝。士兵们的战斗力来自平日的训练和对跆拳道的喜爱。他们平时常常用拳掌击打墙壁或木块,以磨炼手部的攻击能力。十分喜爱徒手搏斗的忠惠王曾专门邀请臂力过人、武功超众的士兵金振都(亦有称金扼郁的)到宫廷表演手搏技艺,使跆拳道声望大振,并日渐被广大民众所接受。1392年,高句丽王朝被李朝取代,武功及跆拳道没有得到足够的重视。但在民间,这一活动却始终没有停止。1790年汇编成书的《武艺图谱通志》中收录了"手搏""跆跟"等武艺的技术与方法,以及动作图解和一些器械的使用方法,并将很多技击性很强的武术技艺融会到跆拳道的技法之中。1910年日本侵占朝鲜后,建立起殖民政府,一度下令禁止所有的文化活动。跆拳道自然在劫难逃,一度在朝鲜境内销声匿迹。一些不甘寂寞或被生活逼迫的人远离国土,到中国或日本谋生,同时把跆拳道延续下来。更为重要的是,他们将其与中国武术和日本武道交融与结合,孕育了新的技术体系。第二次世界大战后,自卫术再度兴起。从异国他乡回归故土的朝鲜人也将各国的武道技艺带回本国,逐渐与跆拳道融为一体,形成了现在的跆拳道体系。1955年,正式称朝鲜的自卫术为"跆拳道"。1961年9月,韩国成立了唐手道协会,后更名为跆拳道协会,并成为全国运动会正式竞赛项目。1966年,它的第一个国际组织——国际跆拳道联盟成立。1973年5月在汉城①成立了世界跆拳道联合会。

---

① 汉城:今为首尔。

1975年,"世界跆拳道联合会"(简称世界跆联)被国际体育联合会接纳为正式会员。1980年,国际奥委会正式承认世界跆联。迄今为止,世界跆联已有144个会员国,6 500多万爱好者参加练习。1973年,"世界跆拳道协会"成立,有美国、中国香港和中国台湾、日本、马来西亚、新加坡、朝鲜、菲律宾、沙巴、柬埔寨、澳大利亚、象牙海岸、乌干达、英国、法国、加拿大、埃及、奥地利、墨西哥等二十多个国家和地区加入。目前会员仍在不断增加。1988年,跆拳道在韩国汉城奥运会首次亮相。为了适应国际重大比赛,跆拳道的技术在不断地变革和发展。世界跆拳道联盟的部门中有一个特别技术委员会,其主要任务就是改进现今的跆拳道技术。当然,今日的跆拳道动作似乎不像以前那样圆滑流畅,也不似以前那样重视运动中身体的平衡。然而,对当今跆拳道技术的检验并不在它的外观,而是在于实战之中。具体地说,就是在实战对抗中或在大街上遭受袭击被迫自卫的情形下,新型跆拳道的技术无疑要比拘于形式的老技术更胜一筹。

二、跆拳道的价值

练习跆拳道需要活动全身的肌肉和关节,因此,它是一项较全面的运动。人类一直很重视生命的维持和需要,所以无论对内环境还是外环境的变化,都能及时地做出适当的调整。外环境,就是指为了生存下去,人体与外界不可分割的那些关系;内环境,则是为了保持机体机能的统一与平衡。

第二节 基本技术与练习方法

跆拳道技术

(一) 前踢

以左势实战姿势开始。右脚向后蹬地,身体重心前移至左脚;右脚蹬地顺势屈膝提起,左脚以前脚掌为轴外旋约90°;同时,右腿迅速以膝关节为轴伸膝、送髋、顶髋,把小腿快速向前踢出,力达脚尖或前脚掌。踢击目标后,右腿迅速放松弹回,落回原地仍成左势实战姿势。

动作要领:

(1) 膝关节上提时大小腿折叠,膝关节夹紧,小腿和踝关节放松,有弹性。

(2) 踢击时顺势往前送髋;高踢时往上送髋。

练习方法:

(1) 从右势实战姿势开始。

(2) 左脚蹬地重心前移至右脚,右脚支撑;左脚随蹬地屈膝上提膝关节,上体略后仰。

(3) 右脚以脚掌为轴外旋约90°;同时,左腿迅速伸膝向前上踢击,左腿上直,力达脚尖或前脚掌。

(4) 踢击目标后,小腿快速放松回收,左脚落回成左势实战姿势。

(二) 横踢

右脚蹬地,重心移到左脚,右脚屈膝上提,两拳置之于胸前;左脚前脚掌辗地内旋,髋关节左转,左膝内扣;随即左脚掌继续内旋转180°,右腿膝关节向前抬置水平状态;小腿快速向右前横踢出；击打目标后迅速放松收回小腿，右脚落回成实战姿势。

动作要领：膝关节夹紧，向前提膝，尽量走直线；支撑脚外旋180°；髋关节往前顺，身体与大小腿成直线，严格注意击打的力点正脚背；踝关节放松，击打的感觉是"面团""鞭梢"。横踢攻击的主要部位有头部、胸部、腹部和肋部。

（三）后踢

左脚掌为轴内旋约90°，上身旋转重心移到左脚，右腿屈膝收腿直线踢出，重心前移落下。

动作要领：

（1）起腿后大腿与小腿折叠成一团。

（2）动作延伸，用力延伸。

（3）转身、踢膝、出腿一次性完成，不能停顿。

（4）击打目标在正后方稍偏右。

（四）劈腿

实战姿势开始。右脚蹬地，重心前移至左脚；同时，右腿以髋关节为轴屈膝上提，两手握拳置于胸前；随即充分送髋，上提膝关节至胸部；右小腿以膝关节为轴向上伸直，将右腿直举于体前，右脚过头；然后放松向下，以右脚后跟（或脚掌）为力点劈击，一直到前面，成实战姿势。

动作要领：腿尽量往高、往头后举，要向上送髋，重心往高起；脚放松往前落，落地要有控制；起腿要快速、果断；踝关节要放松。劈腿的主要攻击部位有头顶、脸部和锁骨。

（五）推踢

实战姿势开始。右脚蹬地，重心前移；右脚以髋关节为轴提膝前蹬；用右脚脚掌向前蹬推，力点在脚掌，推力向正前方。

动作要领：提膝后尽量收紧膝关节；重心往前移，利用身体的重量为力量；推的时候腿往前伸展、送髋；推的路线水平往前。推踢的攻击目标是腹部。

易犯错误：

（1）收腿不紧，直腿起，容易被阻截。

（2）上身太直重心往下落，腿不能水平前推。

（3）上身过于后仰，重心不能前移，不利于衔接下一个技术。

（六）勾踢

从左势实战姿势开始。右脚向后蹬地，身体重心前移至左脚；左脚支撑，右腿屈膝提起；左脚以前脚掌为轴，脚跟向内旋转约180°，右腿膝关节内扣，右腿向左前方伸出；伸直后，用脚掌向右侧用力屈膝鞭打；然后右腿顺势放松屈膝回收，落回原地成实战姿势。

动作要领：

1. 起腿后右腿屈膝抬过水平，然后内扣。

2. 右脚要随转体尽量向左前伸展。

3. 右脚掌向右鞭打时要屈膝扣小腿。

4. 鞭打后顺势放松。

练习方法：

（1）从左势实战姿势开始。

(2) 右脚向后蹬地，身体重心前移至左脚，左脚支撑，右脚屈膝前提。

(3) 左脚以前脚掌为轴，脚跟向内旋约180°，同时，右膝稍内扣。

(4) 右腿伸膝，右腿向左前方伸直。右脚在屈膝扣小腿动作的带动下，向右用前脚掌做鞭打动作。

(5) 右脚鞭打结束后，放松屈膝回收，落回原地成左势实战姿势。

（七）后旋踢

实战姿势开始。两脚以两脚掌为轴均内旋约180°，身体之右转约90°，两拳置于胸前。上体右转，与双腿拧成一定角度；右脚蹬地将蹬地的力量与上体拧转的力量合在一起，将右腿向后上以髋关节为轴直腿摆起；右腿继续向右后旋摆鞭打，同时上体向右转，带动右腿弧形摆至身体右侧；右腿屈膝回收，右脚落至右后成实战姿势。

动作要领：转身、旋转、踢腿连贯进行，一气呵成，中间没有停顿；击打点应在正前方，呈水平弧线；屈膝起退的旋转速度要快；重心在原地旋转360°。后旋腿攻击的主要部位有要额和胸部。

（八）双飞踢

两人从闭势实战姿势开始。攻方先用右横踢攻击对方左肋部，同时，左脚蹬地起跳，身体腾空右转，腾空高度在膝关节以上，但不宜过高；左脚起跳后在，空中用左横踢迅速踢击对方胸部或腹部；左右脚交换，右脚落地支撑，左脚横踢目标后迅速前落，成左势实战姿势。

动作要领：

(1) 右腿横踢目标的同时，左脚蹬地跳。

(2) 左脚起跳后迅速随身体右转横踢目标。

(3) 两腿在空中交换，右脚先落地。

分解动作教学：

(1) 实战姿势开始。

(2) 攻方起右腿向前横踢攻击目标。

(3) 左脚同时地起跳，在空中顺势交换两腿。

（九）膝的基本进攻技术

膝关节在跆拳道实战格斗中被用作近距离攻击对方的主要武器之一。这是因为膝关节是人体关节武器化中最具力量的一种，而且使用简单，一旦击中会置敌于死地。膝关节的主要使用技术是顶膝和撞膝技术。

(1) 顶膝：准备姿势开始。左脚上前迈半步成左弓步，同时双手自腰间前举，由拳变掌抓对方的肩部或衣襟。随即双手用力向下压拉对方的肩部或衣襟，同时提右膝向上顶击。顶击的主要部位有腹部、裆部、头面部。顶膝时两手的下压、下拉用力和提膝上顶的力量协调进行，形成合力顶击对方，达到置敌于死地的目的。

(2) 撞膝：准备姿势开始。左脚掌为轴碾地，身体左转，同时右腿屈膝上提，自右下向左上侧用膝部撞击，两拳抱于腹前。撞击的动作可用膝分别向异侧方向进行。撞击的用力方向是横向的。撞击的主要部位是腹腔神经丛和两软肋部。做动作时，提膝、转体、撞击的动作要连续协调，形成加速撞钟式的动作，以提高杀伤力。

（十）旋风踢

两人从闭势实战姿势开始。攻方左脚向右脚右侧前方跨一步，左脚内扣落地，身体向右旋转180°；左脚落地的同时右腿随身体继续右转向右后摆起，此时身体已转动360°；左脚蹬地起跳，顺势在空中用左横踢击打对方腹部或头部，右脚落地支撑。

动作要领：

（1）攻方上步转体动作要迅速果断，左脚内扣落地时脚跟对敌。

（2）右脚随身体又转向后右侧摆起时不要太高，以能带动身体旋转起跳为宜。

（3）左脚蹬地起跳，身体腾空，但不过膝，目的是快速旋转出腿。

（4）左脚横踢时，右腿向下落地，要快落站稳，即横踢目标的同时右脚落地。

（十一）掌的基本进攻技术

掌法在跆拳道实战中是非常多见的。虽然正式的跆拳道比赛不准使用掌法，但是，掌法在跆拳道品势练习、实战格斗以及防身自卫中，具有非同寻常的攻击效果，轻者致伤，重者致残致命。因而，练好掌法对增强实战格斗和防身自卫能力有着重大的意义。

（1）砍掌（手刀砍）：两脚开立成准备姿势，两手握拳置于腹前，手心向内。左脚前迈一步成左弓步，同时右手臂提肘上举，经由右前方将右手由拳变掌提到右前与头同高；随即前伸右臂，右臂外旋由外向内用右手向左前平砍，掌心向上。砍掌动作左右手刀砍势相同，只是方向相反。砍掌分仰掌砍击和俯掌砍击，攻击部位在颈动脉、锁骨和两肋。

（2）插掌（贯手）：准备姿势开始。左脚向前迈一步成左弓步，同时右手自腰间由拳变掌向前伸臂插出，右臂伸直，力达指尖；左手握拳收于腰间。插掌动作左右掌动作相同，只是方向相反。插掌分立插和平插掌两种形式，可仰掌亦可俯掌，攻击部位在脸部、心口、肋间和颈部。

（3）底掌掐击：准备姿势开始。左脚向前迈一步成左弓步，同时右手自腰间由拳变掌底向前掐击，利用底掌的大拇指和四指掐击对方的咽喉。掐击动作可左手亦可右手，只是方向相反。攻击的主要部位是对方的咽喉。

（4）掌根推击：亦叫熊掌推击，由准备姿势开始。左脚向前迈一步成左弓步，同时右手自腰间由拳变熊掌向前推出，力点在掌根；左手握拳，拳心向上收于腰间。掌根推击可用左手亦可用右手，动作相同，方向相反。掌根推击的部位在面部、胸部和腹部。

（5）双插掌：准备姿势开始。左脚向前边一步成左弓步，双手自腰间由拳变贯手向前同时插击。如果改变手型，将贯手改为熊掌，就可将动作变为熊掌双推击。插击或推击的部位主要是胸部、肋部和面部。

（十二）肘的基本进攻技术

肘关节由于骨结构本身的特点，使用肘的骨尖部，其击打的力度和威胁都很大。尤其是在贴身的近距离攻击中，肘的威力能更充分发挥，给对方以强有力的打击。因为肘关节前后左右都可以使用，所以肘的进攻动作可以向多个不同方向击出。

（1）顶肘：准备姿势开始。左脚向前迈出一步成左弓步，同时左臂屈肘上提至胸前，左拳置于胸前，拳心向下；右拳变掌提到胸前，用右手掌推动左拳，以左肩关节为轴，左肘关节尖领先，将左肘向前顶击。顶肘的动作左右肘关节都可进行，只是方向相反。顶肘攻击的主要部位是头面部、胸部、腹部和肋部。

（2）挑肘：准备姿势开始。左脚向前迈一步成左弓步，同时右拳自腰间上举，右肘关节屈曲收紧，肘尖自下向上挑起。挑肘动作可用左右肘完成，只是方向相反。挑肘攻击的主要部位有下颌和腹部。挑肘时要拧腰顺肩，以增加挑肘的距离和力量。

（3）摆肘：准备姿势开始。左脚向前迈一步成左弓步，同时，右臂以肩关节为轴，将屈曲夹紧的大小臂抬平后自外向内或自内向外用力摆击肘尖部；左手拳变掌用力推或压右拳贴紧胸部并助右肘摆动。肘关节由外向内摆动叫内摆击肘，由内向外摆动叫外摆击肘。摆肘攻击的主要部位是两颊部和胸部。

（4）砸肘：准备姿势开始。左脚上前一小步成前行步，同时，右臂以肩关节为轴屈肘上举；当右拳靠近耳侧时肘抬至水平以上，随即右肘用力向下砸。砸肘动作左右肘相同，只是方向相反。砸肘攻击的主要部位有头顶、面部和锁骨，也可用于对方倒地后的下砸攻击动作。

（十三）拳的基本进攻技术

拳法是跆拳道实战中最基本而又非常重要的技术。出拳的基本原则是从腰间发力将拳击出，抱拳于腰间时拳心向上，拳击出的过程中要做手臂的内旋动作，拳击至最远端时手臂伸直，拳向下，击打目标后放松收回。

（1）冲拳：由准备姿势开始。两脚开立与肩同宽，两手握拳置于腰间；左脚前迈成左弓步，同时右手拳内旋击出，手臂伸直，力点在拳面。冲拳动作可顺势冲拳（左脚弓步冲左拳），亦可拗式冲拳（左腿弓步冲右拳）。可向上、中、下三个方位冲拳，击打对方的头、胸腹和裆部。

（2）抄拳：左脚上成三七步，同时左手前伸抓住对方的衣襟，右手握拳收于腰右侧；两脚不动，重心前移成左弓步；同时左手回拉，右拳从腰间由下向上抄起用拳面击打对方的下颌部。抄拳的动作亦可用左手拳进行。击打的部位除下颌部，还有腹部。

（3）弹拳：两脚前后开立成左三七步，两手握拳，两臂屈肘置于腹前，左拳在内，右拳在外，拳心朝下；重心前移，成左弓步，同时左手臂屈肘上提至胸前；翻肘，以肘关节为轴，前臂向上摆起，用拳背弹击对方的鼻骨、人中穴或眼睛。

（4）截拳：两脚开立，左手握拳屈肘置于胸前，拳眼向上；右手握拳收于右侧腰间，拳心向上；左脚向左迈一步成左弓步，同时左臂以肘关节为轴，臂内旋向前向左侧前方用锤拳截击对方的面部、胸部或肋部。截击的位置在身体左侧前方，用力方向由内向外横向击打。

（5）鞭拳：两脚前后开立成右弓步，左手握拳收于腰左侧，拳心向上；同时右手握拳，右臂屈肘上提至肩高，右臂放置于左肩前方，拳心向内；右臂以肘关节为轴，由内向外用拳背鞭打对方的面部或胸部。左右势动作相同，只是方向相反。

（6）劈拳：两脚左右开立与肩同宽，右手握拳置于右侧腰间，拳心向上；同时左手握紧斜置于腹前，拳心向内；两脚不动，左臂由腹前向左上经脸前向左下直臂抡臂，用锤拳劈击对方的头部、颈部或锁骨。

（7）双冲拳：两脚并步站立，两拳拳心向上置于腹前；右脚前迈一步成左弓步，同时两拳自腰间向前冲击；两臂内旋，以双冲拳击打对方的面部、胸部和腹部。

第三节　竞赛规则简介与欣赏

跆拳道的基本哲学思想是：练习此项运动者必须修身养性，道德教育第一，运动技巧第二。跆拳道运动起源于传统韩国社会的优雅礼仪，要求身体面向对手，头部和身体按规定的角度弯下优雅地鞠躬。在世界跆拳道锦标赛中，男女各分为传统的 8 个级别。规则要求运动员身上、头上戴护具，并建议在道服内腹股沟、前臂和胫骨上佩戴护具并带护齿。

一、竞赛规则简介

（1）跆拳道比赛包括两方——"Chung"（青）和"Hong"（红）。双方以脚踢击打对手的头和身体或用拳击打对方的身体而得分。比赛分三个回合，每回合 2 分钟，两回合之间休息 1 分钟。选手可通过下述方法获胜：将对方击倒胜，得分最高，使对手被罚分达到 4 分，或对手被剥夺比赛资格。比赛开始前，裁判分别发出"cha-ryeot"和"kyeong-rye"指令后，双方立正并相互鞠躬，然后裁判喊"Joon-bi"和"Shi-jak"宣布比赛开始。

（2）每个合理的攻击将得分。击打对手的得分部位，除了头外，得分部位包括腹部及身体两侧。这三个部位标于对手的护具上。禁止击打对方臗关节以下部位，要用规则允许的身体部位击打对手。须用正确紧握的拳头的食指和中指的前部或脚踝关节以下的部位击打对方。若三位裁判中的至少两位对击打进行了认定并记录，则得分有效。

（3）犯规是跆拳道比赛中的一个重要因素。不仅仅因为被罚 4 分（在高水平比赛中极为罕见）意味着自动失败，仅仅 1 个罚分就可左右比赛的胜负。跆拳道犯规分两种：Kyong-go 和 gam-jeom。最常见的一种犯规 Kyong-go 或警告意味着罚 0.5 分。但是若仅有一次这种犯规则不计入罚分，除非再次犯规而累计罚 1 分。若选手抓、抱、推对方，逃避性地背对对方、假装受伤等时，则判 Kyong-go。另一种更为严重的犯规称为 gam-jeom，将被罚 1 分。其典型的犯规行为包括扔对手，在格斗中在对手双脚离地时故意将其放倒，故意攻击对手后背，用手猛击对手的脸部。

（4）选手被击倒后，裁判如拳击比赛一样开始 10 秒的读秒。在跆拳道比赛中，一方由于对手发力而使其脚底以外的其他任何部位触地则判为被击倒。裁判也可在选手无意或无法继续比赛时开始读秒。一旦出现击倒，则裁判喊"kal-yeo"，意为"暂停"，指示另一方退后，裁判开始用韩语读秒从 1 至 10。即使被击倒的选手站起来欲继续比赛，他或她必须等待裁判继续读秒至 8 或"yeo-dul"，然后裁判判定该选手是否能继续比赛。若其无法继续比赛，则另一方以击倒获胜。

（5）在除了决赛以外的其他比赛若以平局结束，则分数高的一方获胜。若双方仍旧平分秋色，则由裁判根据比赛中双方表现的主动性来决定在三回合各 3 分钟的比赛中哪一方占优。若为争夺金牌的决赛，则双方进行第四回合，即突然死亡回合的较量，率先得分者获胜，若无人得分，则裁判判定通过判断谁在该回合中占优而决定最后的胜方。

（6）比赛区域。比赛区域为大小 12 平方米的正方形场地，建于高于地面约 1 米的平台上，上面铺有弹性的垫子。为安全起见，场地外两侧平台的侧面略微向地面倾斜。场地内，正中是一个 8 平方米的蓝色正方形区域。其外边为红色的警告区，提醒选手正接近边线或平台的边缘。一旦选手的脚踏入警告区则裁判自动暂停比赛。故意进入警告区可判为 Kyong-go，而故意跨过边线将被判为 gam-jeom。

二、跆拳道比赛欣赏

（一）以腿为主，手足并用

跆拳道技术方法中占主导地位的是腿法，腿法技术在整体运用中约占 3/4。这是因为腿的长度和力量是人体中最长、最大的，其次才是手。腿的技法有很多种形式，可高可低、可近可远、可左可右、可直可屈、可转可旋，威胁力极大，是比赛时得分和实用制敌的有效方法。其次是手法，手臂的灵活性很好，可以自如地控制完成防守和进攻动作，同时也可以变化为拳、掌、肘、肩的多种用法，进行实战。在竞赛规则以外的跆拳道实战中，人体的一些主要关节部位亦可以用作进攻的武器，或防守的盾牌。这是跆拳道技术的本质，如人体的手、肘、膝、脚等关节部位，是跆拳道实战中最常用、最有效的击打武器。

（二）方法简练，刚直硬打

不论是在比赛时还是在实战中，跆拳道的进攻方法都是十分简捷而富有实效的。对抗时双方都是直接接触，以刚制刚，用简练硬朗的方法直接击打对方，或拳或腿，速度快，变化多；防守的动作也是以直接的格挡为主，随即是连续的反击动作。防守时很少使用躲闪防守法，追求刚来刚往，硬拼硬打，尽可能保持或缩短双方间的距离，以增加击打的有效性，在近距离拼斗中争取比赛或实战的胜利。

跆拳道理论认为，经过专门训练，人的关节部位能产生不可思议的威力。特别是拳、肘、膝和脚四个部位，尤以脚和手为甚。长期专门练习跆拳道，可以使人达到内外合一的程度，即内功和外力达到统一的巅峰。

（三）强调气势，发声扬威

无论品势还是竞技跆拳道，都要求在气势上给人以威严，多以发出洪亮并带有威慑力的声音来显示自己的能力。尤其是在竞技跆拳道比赛中，双方练习者都会以规则允许的发声来提高自己的斗志，借以在气势上压倒对手，甚至在出击时配合击打效果使裁判得以认可，争取在心理上战胜对手。所以，跆拳道练习者都要进行专门的发声练习。

（四）礼始礼终，强调良好道德品质

跆拳道给人们留下的较深的印象是，跆拳道练习者始终是在不同的场合行礼鞠躬。这是因为跆拳道练习者始终把"礼"作为训练内容，强调"礼始礼终"。即练习活动都要从礼开始，以礼结束，并突出爱国主义。要求跆拳道练习者在练习技术的同时，在道德修养方面也要不断提高自己。

三、跆拳道的教学方法和训练方法

（一）教学方法

（1）完整与分解教学法：由于跆拳道比赛的关键和高难度技术动作的难易不同，对于独立的每一个动作既用完整教学法，又有必要用分解教学方法。

（2）讲解和示范教学法：讲解和示范是使学生形成正确动作概念过程的基本方法。

（3）启发和分析式教学法：启发式教学法是通过讲解和语言启发，使学生对技术动作有更进一步的了解和认识。一般运用在讲解技术的攻防含义和变化规律上。

（4）纠正错误法：学生在掌握动作过程中会出现各种错误。教师要善于抓住共性的错误，组织学生集中会诊，发挥大家的智慧，启发学生分析错误的因果关系，以点带面地解决普遍性问题。还要善于发动学生，互相识别错误和纠正错误，以利于学生共同提高。

（5）组织练习法：当学生初步学会动作后，就要组织学生进一步练习。组织练习的方法通常有三种形式，即集体练习法、分组练习法和单独练习法。

（二）训练方法

（1）自我训练法：即自己进行专门的技术动作训练。常用的方法有两种：①对镜训练法，即自己面对镜子练习各种技术动作，边练习边自我观察。②模仿练习法，即模仿优秀运动员或有效技术组合进行技术练习。

（2）配合练习法：通过和教练或同伴的配合，训练基本技术和组合技术。常用的有三种方法：①听口令完成技术动作，即练习者按教练或同伴的不同口令，完成相应的技术动作。②踢脚靶练习法，即教练或同伴手持踢脚靶让练习者进行攻击性技术动作的踢击练习。③踢组合靶练习，即由 4~6 名同伴手持不同高度、不同放置角度的固定靶，站在相距每人不超过两米的两条直线上，由练习者从一端踢向另一端。

（3）增加难度训练法：即通过增加技术难度和攻防难度的练习方法，来提高技术的熟练程度和运用能力。①增加技术难度的训练方法，即在已经掌握了动作规格的基础上，在有干扰或进行其他练习时听信号突然完成技术动作的练习方法。②增加攻防难度的训练方法，即利用比正常条件困难得多的练习条件，进行技术训练的方法。

（4）利用外界条件和环境的练习方法：借助外界的不同条件和环境，进行有一定体能或心理要求的训练。①模拟比赛环境训练方法；②利用水阻练习法。

（5）踢打沙袋练习法：这是跆拳道训练的一种重要方法。通过踢打沙袋，可以提高腿法技术的完成速度和击打力度，从而提高技术训练的质量。

（6）有条件训练法：根据训练需要，进行有目的、有条件的实战训练，专门性的强化所练技术动作。同时，锻炼者在近似实战状况下，经过技术训练和运用，可以提高对抗击打的时机和准确性，积累实战经验，为实战做技术战术和心理上的准备。

（7）实战训练法：训练专项技术的目的就是实战。实战是对技术训练效果最好的有效验证和进一步的促进。

复习思考题

1. 跆拳道的基本技术有哪些？
2. 跆拳道的练习方法有哪些？
3. 如何欣赏跆拳道比赛？

塑身体育篇

第十七章　健美操运动

学习提示

学习健美操的目的是为了提高心肺有氧代谢功能，塑造匀称、健美的身材，从而不断提高健康水平和生活质量。

第一节　健美操运动概述

一、健美操的起源与发展

健美操起源于传统的有氧健身运动，是有氧运动的一种，于 20 世纪 80 年代初传到我国。健美操是以人体为对象，以健美为目标，以肢体锻炼为内容，以艺术创造为手段，融体操、舞蹈、音乐为一体的体育锻炼项目。它节奏快，时代感强，贴近生活，适应各种社会阶层、年龄结构。它不仅能培养人们的柔韧性、协调性、韵律感和优美的姿态，而且能陶冶情操，是体育教学中对学生进行体育锻炼和美育教育的一种有效手段。

健美操运动虽然发展历史不长，但已深受广大民众的喜爱。由于健美操动作丰富、变化多，其动作表现具有"健、力、美"的特征，包涵着较高的艺术因素。因此，它不仅健身的效果好，而且能够满足人们爱美的心理。同时健美操练习还有音乐伴奏，其强烈的音乐节奏令人兴奋，催人奋进，使人们在轻松、欢快的气氛中达到锻炼身体的目的。另外，健美操锻炼所需的场地和器材简单、练习形式多样、适合各年龄层次人群的特点也是健美操能够迅速发展的原因之一。

二、健美操的锻炼价值

健美操是一项具有实用锻炼价值的运动项目。长期进行健美操锻炼，能够增进健康，增强体质；改善体形体态，矫正畸形；调节心理活动，陶冶美好情操；提高神经系统机能，培养顽强的意志品质。

（一）增强体质，增进健康

健美操运动的一个重要目的就是提高身体素质。它克服了运动中的单调枯燥，显示出了循序渐进、安全合理、综合发展、愉快提高的优势。系统地进行健美操锻炼对人的力量、速度、灵敏、协调、耐力、柔韧性等身体素质的提高有较大的促进作用，也可以改善肌肉、关节、韧带和内脏器官的功能，从而达到增进健康、增强体质的目的。

（二）改善体形，培养端庄体态

健美操是具有动态的健美锻炼。其动作频率快，讲究力度，运动负荷较大，运动中消耗较大能量，消除体内多余脂肪，发展某些部位的肌肉，使人体按着健美的方向发展。健美操的独到之处，是它可以对身体比例的均衡产生积极的影响。特别是能增加胸背肌肉的体积，消除腰腹部沉积的多余脂肪，使体态变得丰满、线条变得优美。通过经常性正确的形体动作训练，还能矫正不正确的身体姿势，培养正确端庄的体态，使锻炼者的形体和举止风度发生良好的变化。

（三）缓解精神压力，陶冶美好情操

随着时代的发展和社会的进步，人们在享受科学技术所带来的舒适生活和各种便利的同时，也受到了来自方方面面的精神压力。研究证明，长期的精神压力不仅会引起各种心理疾患，而且许多躯体疾病也与精神压力有关，如高血压、心脏病、癌症等。体育运动可缓解精神压力，预防各种疾病的产生，这是科学研究已证实的事实。而健美操作为一项体育运动，以其动作优美、协调，锻炼身体全面，同时有节奏强烈的音乐伴奏而著称，是缓解精神压力的一剂良方。在轻松优美的健美操锻炼中，练习者的注意力从烦恼的事情上转移开，忘掉失意与压抑，尽情享受健美操运动所带来的欢乐，得到内心的安宁，从而缓解精神压力，具有更强的活力和最佳的心态。另外，健美操锻炼增强了人们的社会交往。目前，无论是国外还是国内，人们参加健美操锻炼的方式是去健身房，在健美操教练的带领和指导下集体练习，而参与健美操锻炼的人来自社会的各阶层。因此，这种形式扩大了人们的社会交往面，把人们从工作和家庭的单一环境中解脱出来，可接触和认识更多的人，开阔眼界，从而为生活开辟另一个天地。大家一起跳、一起锻炼，共同欢乐、互相鼓励。有些人因此成为终身的朋友。因此，健美操锻炼不仅能强身健体，同时还具有娱乐功能，可使人在锻炼中得到一种精神享受，满足人们的心理需要。

（四）医疗保健功能

健美操作为一项有氧运动，其特点是强度低、密度大，运动量可大可小，容易控制。因此，在控制好运动的范围和运动量的前提下，健美操运动除了对健康的人具有良好的健身效果外，对一些病人、残疾人和老年人而言，也是一种医疗保健的理想手段。如对于下肢瘫痪的病人来说，可做地上健美操和水中健美操的练习，以保持上体的功能，促进下肢功能的恢复。总之，只要控制好运动范围和运动量，健美操练习就能在预防损伤的基础上，达到医疗保健的目的。

第二节　健美操基本技术

一、健美操基本技术

健美操基本动作是健美操运动的基础，是最小单元的元素动作。千姿百态的健美操组合动作都是在基本动作的基础上变化和发展起来的。将健美操基本动作按一定的需要进行不同的组合和编排则会产生不同难度、不同强度、不同风格及不同视觉效果的动作。健美操基本动作并不复杂,只要我们掌握了元素动作及其变化规律,健美操的学习过程就变得简单多了。常见的健美操基本动作如下。

(一)基本步伐(图17-1至图17-5)

1. 按动作完成形式分类

(1)交替类:两腿始终做依次交替落地的动作。如踏步、走步、一字步、V字步、跑步等。

(2)迈步类:一条腿先迈出一步,重心移到这条腿上,另一条腿用脚跟、脚尖点地或吸腿、屈腿、踢腿等,然后向另一个方向迈步的动作。

(3)点地类:一腿屈膝站立,另一腿伸出,用脚尖或脚跟点地后还原到并腿位置的动作。

(4)抬腿类:一腿站立,另一腿抬起的动作。

(5)双腿类:双腿站立,身体重心在两腿之间的动作。

图17-1 踏步

图17-2 走步

图17-3 V字步

图17-4 一字步

图17-5 跑步

2. 按冲击力分类

(1)无冲击力动作:两只脚都始终不离地面,重心在两腿之间的动作。如双腿半蹲、弓步等。

(2)低冲击力动作:始终有一只脚接触地面的动作。如踏步、侧交叉步等。

(3)高冲击力动作:两只脚都离开地面,即有腾空的动作。如开合跳、吸腿跳等。

做基本步法练习时易犯的错误:

①身子姿态不够优美。

②动作没有弹性。

纠正方法:

①注意身体姿态,要"挺、直、高"。

②向前走时脚跟先落地,向后退时脚尖先走。

③做高冲击动作,落地时一定要屈膝缓冲。

(二)上肢动作

1. 手型

健美操中手型有多种,它是从爵士舞、芭蕾舞、西班牙舞、迪斯科、武术等中吸收和发展而来的。

手型的选用可以使手臂动作更加生动活泼。常见的手型如下：

（1）五指并拢的掌：五指伸直并拢（图17-6）。

（2）五指分开的掌：五指用力伸直张开（图17-7）。

图17-6 五指并拢的掌

图17-7 五指分开的掌

（3）西班牙舞手式：五指用力，小指、无名指、中指自掌指关节处依次屈，拇指稍内扣。

（4）拳式：握拳，拇指在外（图17-8）。

（5）屈指掌式：手掌用力上翘，五指用力弯曲（图17-9）。

图17-8 拳式

图17-9 屈指掌式

（6）一指式：握拳，食指伸直或拇指伸直。

（7）芭蕾手式：后三指并拢，稍内收，拇指内扣。

（8）响指：拇指与中指摩擦与食指打响，无名指、小指屈指。

2. 臂动作

形式：有臂的举（直臂、屈臂；单臂和双臂）、臂的屈伸（同时、依次）、臂的摆动（同时、依次、交叉）、臂的绕及绕环（同时；单臂和双臂；小绕、中绕、大绕）、臂的振动等。

方向：有向前、向后、向左、向右、向上、向下等。

要求：

①做臂的举、屈伸时，肩下沉。

②做臂的摆动、绕及绕环，肩拉开用力。

练习时上肢动作易犯错误：

①手指僵硬，不够灵活，芭蕾手型做不到位。

②力度不够，五指张开的掌要求力达指尖。

③上肢肌肉的收缩和关节不协调，导致动作不到位或过分僵化。

纠正方法：

①注意看教师示范。

②跟着老师的讲解多做模仿练习。

③面对镜子，进行动作定位练习。

（三）头颈动作

形式：有头颈的屈、头颈的转、头颈的平移、头颈的绕及绕环。

方向：有向前的、向后的、向左的、向右的屈和平移，向左的、向右的转和绕、绕环。

要求：做各种形式头颈动作时，节奏一定要慢，上体保持正直。

练习时易犯错误：头和身体不在一个平面，易前倾。

纠正方法：保持脖颈紧张，可以用头顶书做辅助练习。

（四）肩部动作

形式：有单肩的、双肩的提肩和沉肩，收肩和展肩，单肩的、双肩的绕和绕环，振肩。

方向：有向前的、向后的绕及绕环。

要求：

①提肩、沉肩时两肩在同一额状面尽量上下运动。

②收肩、展肩幅度要大，肩部要平。

③振肩动作要有速度、力度和弹性。

练习时易犯错误：肩部做动作时易紧张，不能充分放松。

纠正方法：站立时肩与髋保持水平，保持肩部放松。

（五）躯干动作

1. 胸部动作

形式：有含胸、展胸、振胸。

要求：练习时，收腹、立腰。

2. 腰部动作

形式：有腰的屈、腰的转、腰的绕和绕环。

方向：有向前、向后、向左、向右。

要求：

①腰前屈、转时，上体立直。

②腰绕和绕环时，速度放慢。

3. 髋部动作

形式：有顶髋、提髋、摆髋、绕髋和髋绕环。

方向：有向前、向后、向左、向右。

要求：髋部练习时，上体放松。

4. 躯干波浪动作

方向：有向前、向后、向左、向右。

要求：波浪时，动作协调连贯。

5. 地上基本姿态

形式：有坐（直角坐、分腿坐、跪坐、盘腿坐）、卧（仰卧、俯卧、侧卧）、撑（仰俯撑、跪撑）等。

要求：

①做各种坐姿时，收腹、立腰、挺胸。

②撑时，腰背紧张。

练习时易犯错误：

①含胸、展胸不够充分。

②移胸时身体易随着胸部移动。
③做体侧屈和体前屈时动作不够舒展。
④做转腰运动时效果不明显。
纠正方法：
①展胸时要充分挺胸，含胸时一定要低头。
②移胸时下肢和髋关节位置固定。
③做体侧屈和体前屈时，两腿膝盖一定要伸直。
④做转腰运动时髋关节不动。

(六) 第三套健美操（大众一级）练习套路

A 组合

1×8 拍

右脚开始一字步 2 次；1~2 拍双臂胸前屈，3~4 拍后摆，5 拍胸前屈，6 拍上举，7 拍胸前屈，8 拍放于体侧。

2×8 拍

1~4 拍右脚开始向前走三步吸腿，5~8 拍左脚开始向后退 3 步吸腿；1~3 拍双肩经前举后摆至肩侧屈，4 拍击掌，5~8 拍手臂同 1~4 拍。

3×8 拍

1~4 拍右脚开始侧并步 2 次，5~8 拍右脚向侧连续并步 2 次；1 拍右臂肩侧屈，2 拍还原，3 拍左臂肩侧屈，4 拍还原，5 拍双臂胸前平屈，6 拍还原，7~8 拍同 5~6 拍。

4×8 拍

1~4 拍左脚十字步，5~8 拍左脚开始踏步 4 次；1~4 拍手臂自然摆动，5 拍击掌，6 拍还原，7~8 拍同 5~6 拍。

第 5~8 个八拍动作同第 1~8 个八拍动作，但方向相反。

B 组合

1×8 拍

右脚开始前点地 4 次，1 拍双臂屈臂右摆，2 拍还原，3 拍左摆，4 拍还原，5 拍右臂摆至侧上举、左臂胸前平屈，6 拍还原，7~8 拍同 5~6 拍动作，但方向相反。

2×8 拍

1~4 拍右脚开始向右弧形走 270°，5~8 拍半蹲 2 次；1~4 拍两臂自然摆动，5 拍双臂前举，6 拍右臂胸前平屈，7 拍双臂前举，8 拍放于体侧。

3×8 拍

1~4 拍左脚上步吸腿向右转体 90°，5~8 拍右脚上步吸腿；1 拍双臂前举，2 拍屈臂后托，3 拍前举，4 拍还原，5~8 拍同 1~4 拍动作。

4×8 拍

1~8 拍左脚开始向侧迈步后屈腿 4 次，手臂屈肘前后摆动。

第 5~8 个八拍动作同第 1~4 个八拍动作，但方向相反。

C 组合

1×8 拍

1~4 拍右脚向右交叉步，5~8 拍左脚向侧迈步成分腿半蹲；1~3 拍双臂经侧至上举，

4拍双臂胸前平举，5~6拍双臂前举，7~8拍放于体侧。

2×8拍

1~4拍右脚开始侧点地2次（单、单），右脚连续2次侧点地（双）；1拍右臂左前举、左臂屈肘于腰间，2拍双臂屈肘于腰间，3~4拍同1~2拍动作，但方向相反，5~8拍同1~2拍动作，重复2次。

3×8拍

左脚开始向前走3步，吸腿3次；1拍双臂肩侧屈外展，2拍胸前交叉，3拍同动作，4拍击掌，5拍肩侧屈外展，6拍腿下击掌，7~8拍同3~4拍动作。

4×8拍

右脚开始向后走3步接吸腿3次。

第5~8个八拍动作同第1~4个八拍动作，但方向相反。

学生第三套一级规定动作

D组合

1×8拍

1~4拍右脚开始V字步；1拍右臂上举，2拍双臂侧上举，3~4拍击掌2次，5拍右臂侧下举，6拍左臂侧下举，7~8拍击掌2次。

2×8拍

右脚开始踢腿弹跳2次（单、单），5~8拍右脚连续弹踢2次（双）；1拍双臂前举，2拍下摆，3~4拍同1~2拍动作，5拍双臂前举，6拍胸前平屈，7拍同5拍动作，8拍还原体侧。

3×8拍

左腿漫步2次，双臂自然摆动。

4×8拍

左脚开始迈步后点地4次；1~2拍右臂经肩侧屈至左下举，3~4拍同1~2拍动作，但方向相反，5~6拍右臂经侧举至左下举，7~8拍同5~6拍动作，但方向相反。

第5~8个八拍动作同第1~4个八拍动作，但方向相反。

二、健美操基本动作练习时应注意的问题

（一）动作的规范性

动作的规范性建立在动作的标准性上。因此，练习时肢体的位置、方向及运动的路线一定要准确。此外，注意动作速度、肌肉力度和动作幅度，使肌肉充分拉长与收缩，只有这样才能达到动作的整体效果。

（二）动作的弹性

动作富有弹性是健美操特点之一。动作的弹性所涉及的身体部位有踝关节、膝关节、髋关节、肘关节、肩关节以及脊柱。在练习时应注意，肌肉的收缩与放松要有控制，使动作富有弹性，节奏均匀，避免动作过分僵硬和关节的过度伸展。在进行高冲击有氧练习和力量性的练习时，应注意调整好呼吸，使健美操运动达到完美的最佳效果。

（三）动作的节奏感

掌握好动作的节奏对健美操运动非常重要。练习者要想表现出较好的动作节奏感，必须

具有一定的肌肉控制能力、音乐节奏感及动作的完成能力。因此,在开始练习时,要重视开发、训练学生的动作节奏感,使他们在听懂音乐节奏的基础上慢慢掌握动作的节奏感。

三、健美操练习方法

(一) 弹动动作练习

身体节律性的弹动技术是指在整套动作过程中保持明确的节奏感,这种节奏感贯穿于身体的弹动中。身体的弹动主要是下肢动作通过髋、膝、踝、脚对地面作用力的反作用于脚、踝、膝、髋关节,产生依次的传递和关节的协调屈伸。大众健美操每个动作的连接转换是否流畅、自然,动作的路线方向位置是否合理、全面,都是通过步伐的流动技术来展示的。学生的弹动技术一般较差,主要原因是练习弹动技术的手段和方法不够恰当,在学习操作动作时往往把上肢动作作为重点。

学习弹动技术应从扶把练习开始。首先进行七种基本步伐练习,规范脚下动作,清晰准确地做好向前、向后、向侧以及转体的原地组合练习。然后再进行多变化步伐的流动性练习。只有这样,才能使学生在各种成套动作中准确地体现步伐特点。

(二) 素质练习

高质量的成套健美操动作要求学生具有全面的柔韧、力量、耐力、素质等。良好的柔韧性可增加动作舒展优美的造型,力量可提供动作的制动和力度,耐力可提供动作的持久性。在制动练习中应结合搬、踢、控、耗,全面的力量素质是完成各种难度动作的关键。健美操以发展下肢爆发力为主。在下肢动作力量练习中,芭蕾基本训练最为理想。通过扶把练习的蹲、小踢腿、单踢腿、起蹲、控制动作,中间的小、中、大跳及变奏等练习,在发展力量的同时可增加动作的美感,强化直膝、绷脚后背直的基本动作,提高步伐的灵活性。充沛的体力是完成动作的保证。体力练习可在完成成套动作的基础上增加练习中的主要难度动作。

(三) 表现力练习

大众健美操运动的表现力是表演中运动员内在精神气质和外在动作表现的统一,是表演艺术水平的体现。运动员的面部表情、眼神、动作的激情是提高表演和比赛成绩的重要因素。

1. 舞蹈因素

舞蹈可以有效地增加表演者的表现意识,培养学生的内在气质和富有内涵的外部动作表现,是提高学生表现力的关键。可通过舞蹈的身位、手位、脚位、上下肢的基本动作练习,提高学生灵活运用肌肉的感觉,逐步形成身体的立感,达到肌肉与动作的协调运用。在系统动作规范性练习上,掌握基本舞蹈步伐,培养动作韵律感,提高动作记忆力和造型的美感。舞姿的练习可进一步磨炼动作控制力和稳定性,对提高躯干和肢体的灵活运用与密切配合有着积极的作用,并能增进艺术感。培养姿态美和韵律感及动作力、表现力均与大众健美操的技术特点有着相辅相成的内在联系。

2. 音乐因素

音乐可对人体肌肉神经系统等方面产生良好的作用。这些积极作用通过运动员的内在心理变化展现出来。学生做动作时,受优美音乐旋律的启迪可激发艺术创造的激情,能尽情自如地展现动作、抒发情感,使动作与情感达到完美统一,从而提高动作表现力。音乐素质要通过较长时间才能逐步提高,要针对不同动作类型、特点,选择不同的乐曲。实践表明,通过音乐视听的熏陶,学生的音乐素质可得到普遍的提高,对音乐与动作的配合能逐步找到韵律的感受。因此,音乐素质的高低与学生的表现力水平是密切相关的,加强音乐素质的培养是提高大众健美操表现力水平必不可少的因素之一。

第三节 健美操规则简介与欣赏

一、健美操主要规则简介

(一) 比赛的种类

根据比赛的目的与任务,健美操比赛可分为健身健美操比赛和竞技健美操比赛两大类。健身健美操比赛是以"锻炼身体、提高参与性"为目的,以"普及"为基础的群众性比赛。因此,它的技术性要求低,群众的参与面广。而竞技健美操比赛是以"提高技术水平"和"获奖"为目的。因而竞技健美操比赛要求参赛者具有一定的身体训练水平和技术训练水平,参加人数也受到严格限制,并有较严格的规则规定。

健美操比赛的具体种类很多,有锦标赛、大奖赛、邀请赛、友谊赛、通级赛、教学比赛等。

(二) 各类比赛的特点

1. 锦标赛

锦标赛是最高水平的比赛,如世界锦标赛、全国锦标赛等。锦标赛一般是竞技健美操比赛,要求参赛运动员具备一定的技术水平和身体能力。其目的是评比出最优秀的运动员。因此,锦标赛的特点是有严格的规则限制,技术水平高,竞争激烈。

2. 大奖赛

一般也是水平较高的竞技健美操比赛。但大奖赛的特点是所设立的奖项较高,优胜者可得到数量很多的奖金和奖励。

3. 邀请赛和友谊赛

邀请赛和友谊赛可以是竞技健美操比赛,也可以是健身健美操比赛。其目的都是相互学习、交流经验,从而促进各自技术水平的提高。邀请赛和友谊赛的不同之处在于比赛的经费是由主办方承担,还是由各参赛队自己承担。如经费是由主办方承担,并邀请其他队来参加,即为"邀请赛";如经费由各参赛队自己承担则为"友谊赛"。邀请赛和友谊赛的特点是范围较小,技术水平可能不高,重在参与、交流和建立友谊。

4. 通级赛

通级赛是指比赛目的是为通过某种等级的比赛,所以有时又叫"通级测验"。如运动员技术等级的通级赛和大众健身等级的通级赛等。通级赛的特点是不以夺取名次为目的,而是以通过和未通过评估参赛者的技术水平和身体能力。通过者可获得相关单位颁发的相应级别的证书,从而对参赛者的技术水平和身体能力给予官方证明。

5. 教学比赛

教学比赛是一个单位内部的,或几个相类似单位共同举办的,旨在检验前一阶段教学效果的比赛。教学比赛的特点是水平可高可低,参加的人数可多可少,目的是使参赛者对自己的学习训练情况有所了解,并通过交流,找出差距,明确下一阶段努力的方向。

(三) 比赛的形式

按照规则规定，竞技健美操的比赛必须是徒手的成套动作。因此，其比赛形式是比较单一的。对健身健美操来说，过去我国的健身健美操比赛也多采用事先编排好的成套动作形式，相对来说也比较单一。但近年来，随着健美操运动的快速发展，参与健美操锻炼的人数越来越多，而国际交流的日益广泛也使我们进一步加深了对健美操运动的理解。因此，健身健美操的比赛形式也相应出现了多样化的趋势。如在国际上很流行的"晋级式"和"自由式"。

"晋级式"即设置若干等级，并在不同的等级中规定不同的时间与技术要求，参赛的人数也由多到少，逐级选拔直至决出优胜者的一种比赛形式。"晋级式"的特点是设立领操员，参赛者跟着做。裁判员则根据每一名参赛者的表现选出若干名优胜者进入下一级别的比赛。

"自由式"是由主办单位提供比赛音乐，并在赛前规定好每一参赛者的比赛时间（如40或20个八拍），比赛中音乐不停，参赛者依次上场的比赛形式。"自由式"的特点是更注重参赛者的表现能力和参赛的热情，可以形成很好的比赛气氛，提高参赛者和观众的情绪。同时可使比赛连续进行，节省时间，从而使更多的人能参加比赛。

(四) 比赛的内容

健美操比赛的内容有规定动作和自编动作，也有的比赛只有规定动作或只有自编动作。规定动作比赛是主办单位根据比赛的目的、任务和所有参赛对象的一般情况，在赛前已编排好的成套动作，作为参赛单位共同完成的内容来进行比赛。自编动作比赛是参赛单位按照比赛的规程和规则，根据自身具体情况，编排一套操来参加比赛。

(五) 运动员着装与仪容

运动员须穿适合运动的服装（如背心、短袖和长袖的紧身服、上下连体、分体等服装均可）和全白色的运动鞋；着装整洁、美观、大方；不允许使用悬挂饰物，如皮带、飘带和花边等；不准戴任何首饰和手表。女运动员的头发必须梳系于后，发不遮脸，允许化淡妆。

(六) 比赛程序与计分方法

(1) 比赛程序：预赛、决赛（获预赛前6名进入决赛）。

(2) 计分方法。

团体分计算：预赛中各单项成绩之和为团体总分。总分多者名次列前；分数相等时，以在单项中获高分者名次列前；名次并列，下一名为空额。

单项分计算：6组裁判员评分之和为单项得分。预赛得分与决赛得分之和即为该运动员的最后得分。最后得分多者名次列前；得分相等时，以决赛得分高者名次列前；再相等，名次并列，下一次名次为空额。

(3) 裁判员的评分精确到1分。运动员的得分精确到0.1分。

二、健美操竞赛欣赏

健美操的比赛不同于群众性的健身活动，是根据规则的要求编排而成。在观赏健美操比赛时，主要从两方面去欣赏：成套动作的艺术性和完成情况。

(1) 艺术性：动作编排设计要新颖、舒展、美观、大方；动作之间的连接要合理、巧妙；动作素材要新颖、多样化；一套动作要有好的开始和成功的结尾。动作的开始应和后面的动作很好地融合；结束动作要和前面动作相呼应；动作类型、表现应和音乐的风格相一致，协调统一。集体项目中，运动员的配合要默契，相互间要有交流；队形变换要自然、流畅、清晰并且要充分利用场地；选择的音乐要动听、优美、健康。

（2）完成情况：身体姿势要正确，技术规范，动作准确到位。力度是健美操特点之一，做动作时，不能松懈、无力。集体动作要整齐，包括动作幅度的大小都要一致，整齐划一。完成动作时的表现力也是很重要的，运动员通过自己的表演和表情去感染观众，同时激发自己的情绪。设计新颖、合体统一的健美操服装、鞋子和整洁的发式，可以展现运动员的精神面貌，使运动员的形体更加优美，可以为比赛或表演增添魅力。一套好的健美操，集健身、艺术表现为一体，使人赏心悦目，振奋精神，给人以美的享受。

学生上课自编健美操套路动作

复习思考题

1. 阐述健美操的概念。
2. 简述健美操的基本动作和要求。
3. 简述如何欣赏健美操。

第十八章 瑜伽运动

学习提示

Yoga 一字，是从印度梵语 yug 或 yuj 而来，是一个发音。其含义为"一致""结合"或"和谐"。

瑜伽是一个通过提升意识帮助人类充分发挥潜能的体系。通过瑜伽练习可以释放并缓解人们精神上的压力和紧张，使人心态平和，充满信心；塑身美体，提升气质；改善身体的柔韧性，增加身体平衡感。

第一节 瑜伽概述

瑜伽起源于印度，流行于世界。瑜伽是东方最古老的强身术之一。它产生于公元前，是人类智慧的结晶。瑜伽修持秘诀是理论和实践互相参证的法典。

瑜伽集医学、科学、哲学之成，是一门内容广泛的科学。它让人们达到内在的精神幸福和智慧，人的意识和性格都能得到改善。我们不仅要感性地，而且要理性地去实践"它"，以便拥有健美的身材、靓丽的肌肤，达到健康基础美、静态形体美、内在美、气质美、整体美五个层次的美的追求。

瑜伽神奇的效果，超凡脱俗的感觉和无限的魅力，一次又一次地得到了人们的验证。世界各地的明星、政要都把瑜伽当成首选的健身美体项目。就连美国好莱坞明星麦当娜都非常痴迷瑜伽。由于练习瑜伽，即使生过孩子以后她还保持着非常完美的体型。

瑜伽不但效果神奇，而且广泛地适用于大众练习。它不需要大蹦小跳，练习频率舒缓，而且运动强度适中。瑜伽在宁静、舒缓、祥和的气氛中，给人们带来健康、美丽、自信和快乐。

目前，瑜伽已成为时尚的最前沿，在全世界广泛传播，成为适应现今高节奏、简便、新新人类的一种新的生活方式。

古代瑜伽注重心灵与肉体的超越自我，现代瑜伽则追求身心平衡和健康优雅。瑜伽的作用简直妙不可言。因为它对人体的作用是内外兼修，也是各种健身项目中唯一能达到这一目的的运动。现代瑜伽简单说是由呼吸法、体位法、冥想法所组成，是在一种自然健康的环境下，伴随着悠扬的音乐，用意念指引着自己的肢体，通过舒缓流畅的各种练习动作，同时配合呼吸，来达到调整身心，雕塑形体、提高气质、增强体魄的作用。

瑜伽包含了许多哲理，让人们了解人生（生命）的真谛，学会如何做人。瑜伽是东方心灵哲学，通过调节内心活动，可清除人潜意识的垃圾，消除烦恼，是一剂减压和心灵美容的良方。

瑜伽是传统的生命科学，东方的身体文化，包含了动（练筋、骨、皮）、静（练精、气、神）结合的养生健身运动，适合各种年龄的人练习。瑜伽可以优化人生存的内环境，以适应生存的外环境（生活环境、人际关系）。瑜伽的姿势像柔软体操、优美的舞蹈。它更是一种心操，使人们学会关注自己的内在世界，认识自我、提升自我。

第二节　瑜伽基本技术与练习方法

一、瑜伽的呼吸

呼吸就是生命。如果没有食物和水，人的生命还可以维持几天。但是如果没有呼吸，我们在几分钟内就失去生命。在瑜伽理论中，瑜伽学者们常常形容呼吸就是吸取生命之气。"生命之气"就是精气、精力，虽然看不到，但能时时刻刻感觉到。瑜伽呼吸由三个部分组成——吸气、悬息（屏气）、呼气。人们常常认为吸气是呼吸中最重要的部分，但事实上，吐气才是最关键的部分。吐出去的废气越多，才能有机会吸入更多的氧气。所以在许多的瑜伽呼吸法中，吐气比吸气时间长。悬息会让氧气停留在体内的时间更长。如果初学者把握不好呼吸，尽量不做屏气的练习。

呼吸具有两大功能：供给脑部和血液足够的氧分，摄入生命之气，控制意识。通过瑜伽呼吸法的练习，可将个人的肉体和精神联系起来；可以洁净呼吸系统，排除身体毒素，更深地放松身体和精神；可以增加个人的精力，使其通向更广阔的精神认知领域。呼吸作为人的生理本能，是一种无意识的自然规律。平常人的呼吸在瑜伽的呼吸定义中被称为"肩式呼吸"。瑜伽的呼吸方法是一种特殊的方法，称之为"完全呼吸法"。它是同时运用腹部、胸部和肩部三合一的呼吸原则，对呼吸重新调整而达到"调息"的呼吸练习方法。瑜伽呼吸方法大约有10多种，较为简单的，也容易为初学者所掌握的有"胸式呼吸""腹式呼吸""完全呼吸""交替呼吸"等；稍复杂些的，也是程度较高的瑜伽研习者常用的有"鸣声呼吸法""语音呼吸法""风箱式呼吸法"等。

1. 胸式呼吸法

气息的吸入局限在胸的区域，气息较浅。这种呼吸适宜做针对性较强的动作（比如上背部和胸部的动作）。

方法：呼吸时，意识集中于肺部，缓缓吸气，感觉自己的肋骨向外扩张，气息充满胸腔，保持腹部的平坦；缓缓呼气放松胸腔，将气呼尽。

2. 腹式呼吸法

气息的吸入局限于腹部的区域，气息较深，横膈肌下降得较为充分。

方法：呼吸时，更多关注腹部，缓吸气，感觉腹部被气息充分膨胀，向前推出，胸腔保持不动；缓缓呼气，横膈膜上升，腹部慢慢向内瘪进。

3. 完全呼吸（胸腹式呼吸）法

它是瑜伽练习中最常用的呼吸方法，是胸式呼吸和腹式呼吸的结合。它提供给身体最充足的氧气，帮助身体消耗脂肪，并使血液得以净化，将体内的浊气、废气、二氧化碳最充分地排出体外；能够温和地按摩腹脏器官，促进其机能，增进体内循环，防止呼吸道感染；消除肌肉、内脏的疲劳，尤其对平息剧烈运动后植物神经系统紊乱、内分泌不正常的就急状态特别有帮助；提高人体免疫力，改善心理状态，控制情绪，对培养注意力都有很好的效果。

方法：呼吸时，缓缓吸入气息，感觉到由于横膈膜下降，腹部完全鼓起；随后，肋骨处向外扩张到最开的状态，肺部继续吸入氧气，胸腔完全扩张，胸部上提；吸满气后缓缓地呼出，放松胸腔，将胸部的气呼出；随后温和收紧腹部，腹部向内瘪进去，感觉肚脐去贴后背，将气完全呼尽为止。

呼吸时注意：

①意识力集中到一呼一吸上。

②一般只由鼻腔参与呼吸，因为鼻腔对灰尘和细菌有过滤作用。

③每一次吸气时，犹如品尝空气一般，缓慢深长地吸入；呼气时，犹如蚕吐丝一般，细而悠长。意识中要将体内废气排出。

④躺、跪、坐的姿势时，眼睛闭上，向内集中注意力；站立的姿势时，为了保持身体平衡，需要睁开眼睛。

⑤保持自然、轻松的呼吸即可。进行瑜伽呼吸练习，适宜在每天早上或睡前10~20分钟为最好。若以养身为目的，时间可适当延长。采用的姿势是坐姿或卧姿，宽衣松带，双手自然放置身旁，头、颈、脊柱成一直线，全身放松。

二、瑜伽的静思与冥想

瑜伽健康的实践是体位法、呼吸法、冥想法三者融为一体，达到身心合一的完美境界。瑜伽中的静思与冥想不是宗教，也不是玄学，而是现代人可以利用和学习的一种与自我心灵对话的方式。只要你能放松自己，保持内心的平和，静观一切，心中无杂念，就能进入冥想状态。这种瑜伽静思与冥想形式常会被那些有经验的瑜伽研习者采用。在体位法练习过程中也可以进行冥想。瑜伽冥想的目的在于获得内心的和平与安宁，达到无限的精神之爱、欢乐、幸福和智慧。当在练习瑜伽体位法时，每个动作完成后的静止过程中，闭上眼睛，配合缓慢深长的呼吸，用心体会动作刺激身体的所在部位，即从姿势的名称联想相应的图像。例如练习"树式"姿势时，想象身体像棵充满生机的树沐浴在阳光下，脚像有力的树根从大地汲取养分，生命变得充满活力自信。现代人的精神压力越来越大，冥想是一种很好的精神减压方式。冥想可以提高人集中精神、控制自身意识以及调节身心的能力，从而帮助人们达到内心更平静、祥和的状态。因此，冥想是真正意义上的"寻找自我、认识自我"的方式。冥想并不是在于你可以保持思想清晰和集中的时间有多长，而是在于培养反复转移注意力到某个选定目标上的能力。

这里介绍两种冥想技巧。

①注意力集中于呼吸。就是仔细观察和感受的呼吸过程，在任何情况下都不改变呼吸的节奏，也可把注意力集中在每一次呼气上。

②注意力集中到某一物体上。将一支点燃的蜡烛、一枝花或者是一块带状条纹的石头等，置于身前不远的地板上或者放在与视线等高的地方，把注意力集中在烛焰上、花上或石头上等。当注意力分散时，重新把注意力集中到这些物体上。也可闭上眼，脑子里默想着烛焰、花或石头的样子，直到它们逐渐从脑海里消失。然后睁开眼睛，再一次凝视眼前的蜡烛、花或石头。

三、瑜伽姿势（体位法）

瑜伽姿势又叫瑜伽体位法。印度瑜伽先哲帕坦迦利所著《瑜伽经》将体位法定义为

"将身体置于一种平稳、安静、舒适的姿势"。它是一种锻炼身体、强化身体，并使身体健康美丽的调身方法，与现代人的生理和心理健康有密切的关联。瑜伽体位法通过身体的前弯后仰、扭转侧弯、俯卧、仰卧等各种姿势，对人体脊柱、中枢神经、骨骼、肌肉、内脏进行全方位的刺激与按摩，配合自身的呼吸、消化、体液分泌物的运转循环，激活身体潜能，提升体内的优良素质，弥补自身的不足，增强人体的免疫力。这种配合呼吸缓慢做动作的体位法，有促进血液流通的按摩效果，可从根本上使我们的身体恢复活力，从而达到强身、健体、塑身美容的功效。瑜伽体位法是缓慢、舒适、连续完成的有氧运动，不用爆发力和反弹力，有效地避免了其他剧烈运动对身体可能产生的种种伤害（乳酸积累、精神紧张、肌肉老化等）。

四、瑜伽的松弛法

瑜伽松弛法又可称瑜伽休息术。它对身体有莫大的神益，可使大脑、心脏、自律神经系统和肢体得到深度的休息，令身体得到"充电"而恢复活力。正规的放松应该是一种主动、清醒、意念集中的放松，这样才会有松弛的感觉。松弛法因不同目的、时间和环境而有不同的练习方法。如白天练习的目的在于消除疲劳，快速补充精力，只要做15分钟的休息术便可以了，关键一点是练习过程专注自身呼吸，保持清醒，不要入睡。在晚上睡觉之前练习，时间可尽量延长，直至自己自然入睡为止。这样会感觉到睡眠质量会因此而得到很好的改善。即使睡较短的时间，早晨醒来也会非常清醒，精神奕奕。练习体位法后，可做10分钟的松弛训练，通过松弛来消除运动所产生的紧张。结束每节课或完成一组瑜伽姿势练习后，也可用此方法缓解身体的紧张，让体内的能量自由流动。具体方法如下：

（1）双眼轻闭，采取仰卧姿势，将双腿分开20～30厘米，双臂放在身体两旁，两手掌心向上，让膝盖和脚趾自然放松。

（2）深呼吸，让手臂和腿部轻轻往里和外转动几次，头部也轻轻转动几次，然后停止身体的一切动作，去感受身体的放松状态——开始让身体有融化的感觉，每一次吐气都感觉身体不断下沉。接下来让意识从下往上慢慢放松身体的每一个部分，做缓慢、平静的呼吸。

（3）放松每一个脚趾、脚背、脚底、脚踝、小腿、膝盖、大腿、髋部，随着吐气的动作，放松腰部，感觉身体下深；再继续让意识上行，放松肋骨、胸部、心脏、肩膀、上臂、下臂、手肘、手腕、手掌、手指；继续调匀呼吸，开始放松颈部、下巴、脸部肌肉、嘴、牙齿、舌头、鼻子、眼皮、眼睛、眉心、前额、太阳穴、头顶、后脑勺、整个头部；接着放松整个身体的背部：上背、中背部、下背部；放松整个脊柱；放松腰部大腿、膝盖和小腿的后侧。整个身体每一部分都变得十分放松，呼吸也随之越来越放松、越来越稳定。可根据自身情况反复2～3次，直至身心完全平静、放松。

（4）最后慢慢睁开眼睛，从右边侧身起，结束。

五、练习时的注意事项

（1）选择通风好的场地，在地上铺一块垫子或毯子。

（2）宜穿着舒适、宽松的衣服，最好赤脚，冬天可穿袜子。首饰、手表最好摘掉，不穿紧身束型衣。

（3）空腹 2~3 小时（因人而异，低血糖的人可食少量饼干、牛奶类食物来补充血糖和热量）。

（4）练习开始前可做一些简单的运动，作为热身。因为只有热身后，韧带、肌肉才会变得柔软，不容易受伤。

（5）瑜伽练完后 30 分钟之内，不洗澡、不吃食物、不做剧烈运动，以免破坏体内能量的平衡。

（6）在练习过程中循序渐进，始终保持面部表情平和轻松。练习时要将意识专注到被伸展和被刺激的部位，不可存有杂念，不可说笑。动作幅度以自己感觉舒服即可，不要同别人比，要同自己比。

（7）练习中如果肌肉颤抖或抽筋，立即停止加以按摩，放松后方可再练。

（8）每做完一个瑜伽姿势后，应马上做"无空式"来放松身心，并深呼吸 5~6 次。

（9）月经期间可选择一些较轻松的姿势来做，不做犁式、肩立式和一些增加腹压的姿势。

（10）妊娠期期间必须慎选姿势，或者只练习呼吸法。生育两个月后，必须经医生同意方可练习，大病初愈或手术后不要立即做瑜伽练习。

（11）有心脏病、高血压、糖尿病的患者以及有脊柱关节伤病的人，必须经医生同意后才可练习。

（12）选择健康食品。营养、健康、自然的食品能排除体内毒素，保持身体清洁、柔软，使人身心纯静，并能提高人体免疫力。

六、瑜伽基本动作练习方法

瑜伽包含伸展、力量、耐力和强化心肺功能的练习。它有促进身体健康、协调整个机体的功能，使人在学习如何使身体健康运作的同时也增加了身体的活力。此外，瑜伽还有助于培养心灵和谐和情感稳定的状态，引导你改善自身的生理、感情、心理和精神状态，使身体协调平衡，保持健康。

（一）鱼式（图 18-1）

做法：

（1）平躺，双腿伸直并拢。

（2）吸气，拱起背部，把身体躯干抬离地面，胸口上顶，抬头，轻轻地让头顶紧贴地面。

（3）双臂伸直，呈合十状，双脚同时抬离地面。

（二）三角转动式（图 18-2）

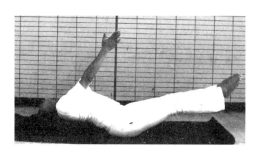

图 18-1 鱼式

图 18-2 三角转动式

做法：

(1) 自然站立，两脚宽阔分开；深吸气，举手臂与地面平行，双膝伸直，右脚向右转90°，左脚转60°。

(2) 呼气，上体左转，弯曲躯干向下，右手放于两脚之间；右手臂与左手臂呈一竖线，双眼看左手指尖。

(3) 伸展双肩及肩胛骨，保持10～30秒；吸气，先收双手，再收躯干，最后两脚收回。然后换方向进行。

（三）半莲花脊柱扭转式（图18-3）

做法：

(1) 坐立，双腿向前伸直，弯曲右腿放在左大腿上，脚心朝上。

(2) 呼气，左臂前伸，左手抓住左脚脚趾，上身转向右边，将右臂收向背部，将右手揽住腰的左侧。

(3) 吸气，然后呼气，同时头部和上身躯干尽量向右转，保持20秒自然呼吸，换另一侧。

（四）简化脊柱扭动式（图18-4）

图18-3 半莲花脊柱扭转式

图18-4 简化脊柱扭动式

做法：

(1) 坐立，两腿伸直，两手平放在地上，略微在臀部的后方，两手手指向外，把左手移过右腿，放在左腿之上。

(2) 把右脚放在左膝的外侧，右手掌进一步伸向背后，吸气，尽量把头部转向右方，从而扭动脊柱。

(3) 蓄气不呼，保持这个姿势若干秒；呼气，把躯干转回原位，换另一侧。

（五）侧角伸展（图18-5）

图18-5 侧角伸展

做法：

（1）站立面向前方，双腿尽量分开，双手侧平举与肩同高，手心向下；左脚向外打开90°，右脚收回30°；呼气，左膝弯曲，大腿与地面平行，右膝膝盖伸直。

（2）沿左腿内侧放低左手手臂，手放在脚内侧地上；脸向上转，右手臂向头侧前方伸展，上臂贴太阳穴部位。

（3）保持30~60秒，平稳地呼吸，吸气起身，换另一侧。

（六）鹭式（图18-6）

图18-6 鹭式

做法：

（1）从"棒坐"开始，坐直腰背，与头和颈成一直线。右脚屈膝，小腿内侧紧贴着大腿的外侧，作"半英雄式"坐姿。

（2）左脚屈膝提起，双手握着左脚掌，呼气，然后慢慢提起向上伸直，保持大腿、膝盖和脚拇趾成一直线，保持腰背挺直。

（3）将蹬直的脚继续拉近躯干，一边慢慢呼气，尽量将头、胸部和腹部贴着小腿及大腿。谨记是把蹬直的脚向自己身体拉近，而不是把身体向脚移近。保持这个姿势约15~30秒。完成后，换另一只脚重复上述步骤。

若你的腘绳肌太紧无法向上蹬直大腿，或双手无法捉紧脚板的话，可在脚板套上一条毛巾或瑜伽绳，改而捉紧它。也可以置一个瑜伽砖在臀部后面，帮助完成"半英雄式"坐姿。

（七）站立伸展式（图18-7）

做法：

（1）从"山式"开始。双脚稍微分开，吸气，提起双臂向上伸直伸展，手心向内。膝盖及大腿收紧。

（2）呼气，腰背挺直，伸展脊椎。盆骨向前伸展，上半身保持挺直，保持膝盖及大腿收紧。双臂保持在耳朵旁边的位置，头部、颈、脊椎和臀部形成一条直线。

（3）吸气，保持背部挺直，接着一边呼气，盆骨再慢慢向前方地面伸展，直至坐骨朝天。顺序将腹部、胸部和头部按在双脚上。双手握着脚踝后面，也可以平放在脚边，手肘贴在两侧。双脚保持蹬直以稳定身体的重心。自然呼吸。保持这个姿势30~60秒，然后倒序返回起始的"山式"姿势。

图18-7 站立伸展式

常犯错误：弯下的时候，上半身未伸展就将头部压在大腿上，令背部严重弯曲，可引致背痛；身体歪向一边，以致失去平衡；屏着呼吸；膝盖屈曲，膝盖及大腿没有收紧。

难度调整：如你的盆骨或腘绳肌僵硬，无法将躯干向前伸展，可先用墙壁来练习。面向墙，顺序完成步骤（1）和（2）。完成步骤（2）后，双手平行按在墙上，保持头、颈、脊椎和臀部成一直线。

（八）猫式（图18-8）

图18-8　猫式

做法：

（1）跪在地上，两膝打开与臀部同一宽度，小腿及脚背紧贴在地上，脚板朝天。俯前，挺直腰背，注意大腿与小腿及躯干成直角，令躯干与地面平行。双手手掌按在地上，置在肩膊下面正中位置。手臂应垂直，与地面成直角，同时与肩膊同宽。指尖指向前方。

（2）吸气，同时慢慢地将盆骨翘高，腰向下微曲，形成一条弧线。眼望前方，垂下肩膊，保持颈椎与脊椎连成一直线，不要过分把头抬高。

（3）呼气，同时慢慢地把背部向上拱起，带动脸向下方，视线望向大腿位置，直至感到背部有伸展的感觉。配合呼吸，重复以上动作6~10次。

完成步骤（3）后，再一次挺直腰背，同时抬起你的右脚向后蹬直至与背部成水平位置，脚掌蹬直，左手向前方伸展。抬起头，眼望前方，伸展背部。伸直的手和脚与地面保持平行。

（九）船式（图18-9）

图18-9　船式

做法：

（1）从"棒坐"开始。坐直腰背，背部微微向后。双脚靠拢，屈膝，脚板贴地，双手置在身后两侧。

（2）吸气，提起小腿，直至与地面平行，脚尖朝天，上半身再向后倾，与地面成45°。双手按在地上协助支撑身体，腹部收紧做整个身体的平衡重点。

（3）呼气，锁紧脚跟，双脚以45°撑展蹬直，躯干与双脚形成一个"V"形。双手提起并向前伸直与地面平行。凝聚躯干力量，挺直腰背和胸膛，双脚并拢夹紧。保持自然呼吸，维持这个姿势约10秒或更久。

（十）侧前伸展式（图 18-10）

图 18-10 侧前伸展式

做法：

（1）从"山式"开始。双手置后，手掌向内合上，置在肩胛骨之间、身体正中的位置。这合掌的动作称为"Namaska"。挺胸收腹，肩膊往后转，手肘朝后方。

（2）双脚分开约 3 英尺①半宽，蹬直，左右脚跟保持在同一直在线，脚尖向正前方。

（3）右脚向右转 90°，左脚向右转 75°~80°，右脚跟与左脚弓对齐。然后把整个身体转右，与右脚保持相同角度朝着右方，双脚位置则保持不变。肩膊与盆骨保持垂直向着前方。

（4）尽量蹬直及伸展右脚腘绳肌，收紧大腿肌肉，由脚跟支持身体的重量。左脚腘绳肌向后方用力，保持平衡。吸气，仰头，向上伸展胸部和腰腹，眼睛望向上方。保持手掌互相紧贴在背后，躯干稍微向后仰，但颈部不要过分仰后。

（5）呼气，伸展脊椎，由盆骨带动，将躯干往前伸展。由腹部开始慢慢按在前面的大腿上，接着是胸部，最后将下颌按在膝盖上。肩膊和手肘尽量朝向上方。保持双脚蹬直，尤其后腿腘绳肌用力以保平衡。自然呼吸，保持这个姿势 20~30 秒。然后倒序返回步骤（1），换另一只脚重复以上步骤。

（十一）单脚背部伸展式（图 18-11）

图 18-11 单脚背部伸展式

做法：

（1）从"棒坐"开始。左腿曲膝放在地上与右腿成 90°，将左脚跟靠在胯下位置，同时将左脚趾贴着右腿的大腿内侧。

（2）吸气，提起双臂，腰背挺直，将双手往上尽量伸展，两手手心向内。

（3）由下盆带动，呼气，身体慢慢往右脚的方向前伸展，背部保持挺直。右脚跟蹬直，脚趾朝天。拉长肩膊，不要放松双臂，应继续向前伸展，直至到达其至超越右脚掌的位置。

（4）吸气，再次挺直背脊，接着一边呼气一边慢慢将上半身向前伸展，先是腹部，然

---

① 1 英尺 = 0.304 8 米。

后顺序将胸部、脸，最后是额头贴在右小腿上。双手抓着右脚掌外侧。如果你想增加难度，可改用一只手扣着另一只手腕的方式。注意要尽量挺直你的背部，蹬直的右膝盖不可弯曲。保持这个姿势4~12次呼吸或更久，练习时以感觉舒适为限度。然后轻轻倒次序回到步骤（1），再换另一只脚重复上述步骤。

（十二）坐广角式（图18－12）

图18－12　坐广角式

做法：

（1）坐下，双手着地置后，腰背挺直，眼望前方。双脚保持蹬直，慢慢打开。然后根据自己的柔韧度尽量打开双脚，确定大腿背部紧贴在地上，脚跟向前，膝盖及脚趾指向上。

（2）吸气，提起双臂，两手掌平行向内，手指指向天花板。

（3）一边呼气，一边由下盆带动，将上身慢慢向前伸展下来。先是腹部，然后是胸部，最后是下颌贴在地上。手掌张开放在前方的地上做身体的调整，同时尽量使腹部、胸部和头贴在地上。整个过程脊椎骨必须保持挺直。保持这个姿势4~12次呼吸或更久，练习时以感觉舒适为限度。然后轻轻倒次序回到步骤（1）的坐姿休息。

（十三）头倒立式（图18－13）

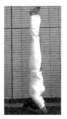

图18－13　头倒立式

做法：

（1）曲膝跪坐着，双膝并拢。双手置前，十指交叉紧扣，手肘打开与肩膊同宽，使手臂和紧扣的双手形成一个三角形，牢牢固定在地上。

（2）将头置在"三角形"内。头顶中心位置着地，后脑贴着手心，眼睛要能直线望向双脚后面的事物。无论过多看见自己的上半身，或过多看见地上，均表示你不是把头顶中心放在地上。其后，以手心包着头，慢慢蹬直膝盖，并提高臀部。

（3）将双脚完全蹬直，只以脚尖点地。双脚向自己的头部慢慢移近，直到躯干和腰成垂直状态。

（4）牢牢固定头部和手肘。收紧腹部肌肉，同时把臀部向后推。呼气，慢慢将双脚抬起直至大腿成水平状态，膝盖弯着，收紧大腿肌肉，双脚并拢。这时你身体的所有重量应由三个部分用力支撑在地上：头顶中心的位置，以及你的一双手肘。初学者应把20%身体重量放在头顶，80%身体重量放在手肘。日后慢慢增加至头顶及手肘各支撑身体重量的50%。先停留在这个动作最少20秒，保持自然呼吸。若你能轻松完成，才继续进行以下步骤。

（5）吸气，慢慢蹬直双脚，脚趾往上抬。继续收紧腹部和大腿肌肉，双脚并拢向上伸展，使整个身体都成一条垂直线。身体不要左右或前后倾斜。初学者保持这个姿势1分钟，然后慢慢增加至3~5分钟或以上。其间保持自然呼吸，脸部肌肉尽量放松，然后轻轻倒序回到步骤（1）。接着做"儿童式"作为休息姿势，令脑部及心脏恢复水平位置。

难度调整：初学者可以先用墙壁来辅助练习"头倒立式"。于离墙壁10厘米的位置跪下，按前述完成步骤（1）~（3），然后双脚提起离地，将臀部贴在墙上。双脚蹬直后再把臀部移开，只有脚跟挂在墙上。保持身体垂直，不要左右倾斜。

（十四）肩立式（图18-14）

图18-14　肩立式

做法：

（1）仰卧在地上。肩膊及背部平躺在毛毡上。毛毡大概2~3 cm厚。曲膝，双脚并拢，脚板贴地。双手放在地上，手掌向下，靠在盆骨两旁。肩膊向下转动，令手臂外侧贴地，上背稍微离地。

（2）吸气，凝聚腰腹力量，呼气，将膝盖和躯干往上抬起，随即把双手放在背上做支撑。大拇指置在腰的两侧，其余手指平均托着背部近肩胛骨位置，手指朝向臀部方向。手肘屈曲的同时，上臂应紧贴在毛毡上，两手肘与肩同宽，用力支撑身体，背部保持垂直。膝盖抬至额头上方然后停下，小腿垂直向上，脚板朝天，以肩膊和手肘支撑身体的重量。

（3）吸气，双脚慢慢向上蹬直，然后将脚趾指向上。整个身体保持垂直。两手肘的距离保持与肩同宽，可用瑜伽绳辅助。手肘不要移离毛毡上，这样才能有力地支撑整个抬高了的身体。保持自然呼吸。初学者保持这个姿势30秒至1分钟，然后慢慢增加至3分钟或以上。然后轻轻倒序回到步骤（1）的姿势休息。

（十五）骆驼式（图18-15）

做法：

（1）跪下，小腿平放在地上，膝盖打开至臀宽，脚板朝天。大腿及躯干成一直线，与地面成90°角。双手放在盆骨上方，手肘屈曲，挺直腰背，肩膊及手肘朝向后方。

图 18 - 15　骆驼式

（2）吸气，由上背开始，慢慢把身体向后弯，收紧大腿股四头肌、臀部和腹部。脸朝着天花板，不要过分伸展颈项。

（3）呼气，先把左手放在左脚跟上，手掌向下，手指向后，然后再把右手依同一方法放在右脚跟上。

（4）吸气，双手往脚掌方向用力，由此借力令上胸挺高朝天。盆骨和大腿与地面保持垂直。头部放松，保持呼吸自然。保持这个姿势 15~30 秒。然后将双手放回盆骨上方，慢慢地恢复原来姿势，然后把臀部坐在脚跟上休息。

（十六）蝗虫式（图 18 - 16）

做法：

（1）俯卧在地上，双手置在身旁两侧，手心向上，脸向下，头保持在正中位置。双脚并拢及用力向后伸展，感觉整个身体被拉长了。收紧臀部及大腿肌肉。尾椎内收然后指向脚跟。

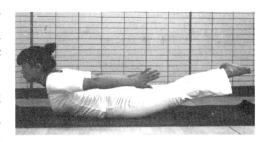

图 18 - 16　蝗虫式

（2）呼气，头、胸部、双手及双脚同时慢慢向上提起，利用腰背的力量将肋骨部位尽量向上抬，只剩下盆骨和腹部在地上支撑身体。手脚、脊骨尽量伸展。保持呼吸自然。保持这个姿势约 10 秒或更久，然后返回步骤（1）休息。

（十七）半月式（图 18 - 17）

图 18 - 17　半月式

做法：

（1）先按步骤完成"三角式"。

（2）右腿曲膝，与地面成 90°。

（3）视线转向地上右脚脚尖前方约 1 英尺位置，收起左手，放在左边盆骨上。右手往前面视线焦点移去，然后用指尖按着地面，手的拇指与脚拇趾相距约一英尺距离。身体微微向前伸展，使重心移往右脚，左脚脚跟离地，做准备提起左脚姿势。停留 2~3 秒，保持呼吸。

（4）吸气，打开胸膛，伸展脊椎骨。呼气，右脚慢慢蹬直，同时带动左脚抬离地面。以蹬直后的右脚做平衡点，左脚蹬直及提升至与地面平行，膝盖及脚趾向前。左边盆骨及左边肩膊往后移；相反右边盆骨及右边肩膊往前移，令胸部及腹部向前，整个身体成水平状态。最后左手用力向上伸直，与肩膊及右手成一垂直线。如果平衡控制得宜，把头转向上方，眼望左手。深沉而平稳地呼吸。保持这个姿势 20~30 秒，然后倒次序返回步骤（1），换另一边脚重复以上步骤。

（十八）斜支架式（图 18-18）

图 18-18　斜支架式

做法：

（1）先完成"下狗式"。将力量集中在右手，为接下来身体转向右侧做好准备。

（2）将两脚脚板和躯干右转 90°，身体挺直。左脚板叠在右脚板上，脚跟并拢。收紧大腿和腰腹肌肉，右手臂伸直按在地上，将整个身体撑起。

（3）提起左手向上伸直，掌心向前，直至左臂、肩膊和右臂成一垂直线。头朝上方看着左手。头部、躯干、双脚保持一条直线，同时保持平衡。保持这个姿势 10~20 秒，然后倒序返回步骤（1），换另一边脚重复以上步骤。

（十九）身躯转动式（图 18-19）

图 18-19　身躯转动式

做法：

（1）双腿曲膝跪坐着，臀部坐在脚跟上，膝盖并拢。挺直腰背，双手放在大腿上。

（2）把臀部移向右方地上，使两小腿贴在左边大腿外侧，脚跟抵着左边臀部，左脚板叠着右脚板。臀部不要离开地面。

（3）左手放在右边大腿下，手掌向下并紧贴在地上，手指朝向左方。右肩膊及右肩胛骨向后方转动，使右手弯向背部。吸气，挺直腰背，呼气，脊椎慢慢转动，由腹部开始将躯干转向右后方，头和视线同样转向右后方。保持臀部稳定地贴在地上。左手按着地以稳定姿势，右手则握着左手手臂。自然呼吸，保持每次吸气时，挺直背部；每次呼气时，尝试再把身躯往右后方转多些。保持这个姿势 20～30 秒，然后倒序返回步骤（1），换脚及方向重复以上步骤。

（二十）卧伸腿式（图 18－20）

图 18－20　卧伸腿式

做法：

（1）平躺在地上，伸展脊椎，双臂放在身体两旁。双脚蹬直稍稍打开，脚跟向前，脚尖向上。右脚曲膝，右手握着右脚拇趾。

（2）吸气，慢慢把右脚蹬直，尽量往上伸展，脚跟向上，脚趾朝向脸。左手按在左边大腿外侧的地上。左脚保持蹬直用力，左边盆骨紧贴地上。不要为着拉紧右脚而使背部拱起，也不要缩起或升高肩膊，两边臀部必须紧贴地面。保持自然呼吸。保持这个姿势 20～30 秒，然后换脚重复以上步骤。

第三节　拜　日　式

瑜伽"拜日式"是瑜伽的基础动作，搭配呼吸，可以使你从头到脚伸展开来一系列动作，是一种调适全身的热身运动，具有极佳的暖身作用，可以有效地避免运动伤害。拜日式能够稳定身心，柔软全身，促进血液循环，调整体质，预防神经系统、内分泌系统以及各种慢性疾病，具有强化心肺功能的效用。

（一）山式（图 18－21）

做法：双眼平视前方，自然呼吸。

（二）祈祷式（图 18－22）

做法：吸气，双臂上举，仰视看拇指。

图 18－21　山式

图 18 – 22　祈祷式

(三) 增延脊柱式 (图 18 – 23)

图 18 – 23　增延脊柱式

做法：吸气，抬头，看眉心，伸展脊柱。呼气，向前曲身，低头。

(四) 斜板式 (图 18 – 24)

图 18 – 24　斜板式

做法：吸气，身体往下放平，呼气，躯体舒展。

（五）上犬式（图18-25）

图18-25　上犬式

做法：吸气，伸展手臂，上身向前向上。

（六）下犬式（图18-26）

图18-26　下犬式

做法：呼气，双手推肩膀，臀部指向上空。

（七）收式（图18-27）

图18-27　收式

做法：吸气，双手合拢指向上空，呼气缓缓放手，恢复到自然姿态。

第四节 瑜伽竞赛规则简介与欣赏

一、瑜伽竞赛规则简介

(一) 参赛资格

(1) 参赛运动员必须是中华人民共和国合法居民。
(2) 运动员必须以俱乐部为单位进行报名。
(3) 参赛运动员必须是身体健康、无重大疾病的有自主行为能力的成年人。
(4) 参赛运动员必须保证已经购买比赛期间的意外伤害保险。

(二) 比赛分组

(1) 成年专业组。
(2) 成年业余组。

(三) 比赛规则

(1) 根据参赛选手人数抽签分为 6~10 组,每组 3 人。
(2) 预赛得分总分排名前 12 名的优胜选手将取得参加决赛的资格。
(3) 预赛每组进行规定动作 3 个,限 5 分钟内完成;自选动作 6 个,限 10 分钟内完成。
(4) 决赛分业余组 4 场,每场 3 人。每人完成规定动作 2 个及自选动作 3 个,根据得分评选出一至八名,分别给予积分和奖励。专业组单人决赛每场一人,并有口述。
(5) 所有参加决赛阶段的人员都需有预赛阶段的比赛成绩。
(6) 比赛设有主裁判、评委、记分员、计时员、检录员。
(7) 比赛时未到场视为自动弃权。
(8) 参赛选手需自备瑜伽服进行比赛。
(9) 选手禁止在腰部周围添加任何多余的衣物。
(10) 须赤脚参加比赛。

(四) 比赛要求

(1) 比赛期间,在比赛场地大声喧哗,以及有可能干扰比赛选手的行为举动均被禁止。如比赛时在场地内跑动、走动、吹哨等。
(2) 参赛选手应如实填写报名表内容,如发现有隐瞒实情将被取消比赛成绩。

(五) 评分细则

(1) 评委计分办法

去掉一个最低分、一个最高分,其余评委分数的平均分为该选手的最后得分。
每位评委打分业余组满分 10 分,专业组满分 15 分。其中,规定动作 5 分,自选动作 5 分,专业组口述 5 分。
每组比赛结束后评委进行亮分,记分员收取亮分牌,计算每人得分并做记录。
出现分数相等进行加赛,有评委指定自选动作。

(2) 规定动作评分标准(共计 5 分,以下标准各 1 分)

①起始姿势自然优美。
②体位完成准确到位。

③动作配合呼吸进行。
④具体动作优美程度。
⑤整体连接流畅自然。
（3）自选动作评分标准（共计5分，以下标准各1分）
①体位规范分：根据选手所做动作的规范程度予以评分。
②体位难度分：根据选手所选动作的难易程度予以评分。
③体位力度分：根据选手的肌肉肢体控制和力度予以评分。
④体位节奏分：根据选手的体位停留时间是否具有整体统一的节奏评分。
⑤选手表现分：要求表演顺畅，充分表现出瑜伽之美以及选手的个人风采。
（4）扣分方法
①呼吸错误每处扣0.2分。
②体位细节错误每处0.3分。
③整体错误、失误或无法完成每个体位扣0.5分。
（5）专业组口述评分标准（共计5分）
①口令清晰清楚表达动作要领。
②运用解剖学对动作进行分析。
③语言与音乐呼吸的配合。
（六）奖项设置
（1）个人单项前三名给予奖励。
（2）个人单项前八名给俱乐部积分。
（3）最佳人气奖。
（4）最具潜力奖。

二、瑜伽运动欣赏

瑜伽体系是习瑜伽者形体再造过程中一个十分重要的艺术工程师。习瑜伽者的心、身在瑜伽动作的引领下，能够进入一个无限美妙的形体再造艺术天地。所以对瑜伽形体姿势的欣赏是打造瑜伽丽人的重要基础训练内容。

我们如何才能欣赏和体会瑜伽体系的思想内容和主题呢？总的来说，就要通过瑜伽感知、感情体验、审美认识和判断这三个阶段。通过这三个心理活动的相互作用，使欣赏者（也是习瑜伽者）对瑜伽形体姿势有了具体的感知和体验，对瑜伽形象有了更准确的把握，欣赏者能够在此基础上深刻理解瑜伽形体姿势表现的深层内涵（至于瑜伽形体姿势的功能介绍，当然更可以通过解释了解姿势的内涵），并对瑜伽姿势的艺术价值做出审美判断，使欣赏者既得到精神的高度升华，又获得最大的艺术满足感，进而作用于人体，提升体态的艺术美感。

习瑜伽的感知是欣赏瑜伽姿势的感性阶段。这一阶段是欣赏者对瑜伽姿势中节奏、力度、速度、造型等瑜伽基本要素的感觉，以及对这些要素及其结构的综合形式，如平衡感、节奏感、和谐感、曲线结构、风格等的感受。包含着对瑜伽基本情感特征的初步体验和理解，如抒情、平和、安宁、愉快等。

接着就进入情感体验的阶段。表现情感是各类艺术的共同特征。在习瑜伽中，外在的客观性消失了，瑜伽与欣赏者的分离也消失了，瑜伽精灵于是透入人心与主体合而为一。就是这个原因，瑜伽成为最富于表情的艺术。不同的形体姿势组合形式、节奏感、刺激量、瑜伽精灵与心灵、形体响应等千变万化的力点组成形式，对人的心、身产生刺激，情绪上出现不同的联觉反应。如有的个体在演绎蛙式，感到蛙的呼吸悠长；别的个体同样习瑜伽蛙式时却悟到此物中气充沛。这时瑜伽形体姿势就能使欣赏者不仅调动自己平时所积累的生活经验与感情体验，而且还能与瑜伽姿势所表现的感情在基本性质上取得一致，使得瑜伽欣赏中的感情体验在辩证统一中得以充分展开。

越过这阶段后，就进入审美认识和判断的阶段了。认识即理解，判断即评价。要运用和发挥认识与判断的作用，首先就要对瑜伽形体姿势有一个理性的认识，即对姿势从形式到内容和人体意义的认识。欣赏者除了练习不同的瑜伽形体姿势以外，还有赖于对瑜伽姿势的标题、仿生灵物、灵物体态以及动、静感表现手段和方法的了解分析。例如在欣赏瑜伽树式时，我们要了解树式所处的自然环境、生存状况和仿生灵物的生长规律、心灵状况，还要对其作用于人体的力度和方法以及人体生物内在结构和气质进行理解。这样才能真正体会到瑜伽体系仿生精灵的博大情怀和崇高的精神境界。

经过理解认识阶段，对瑜伽体系仿生精灵的审美评价也会随之而出。欣赏者往往会发出一些仿生灵物美不美这样的感叹和认识。这些感悟也就是我们对仿生灵物的审美评价。比如我们在反复练习和理解了瑜伽蛙式以后，会对此式与人体的艺术创新、表现出来的伟大精神力量和生物功能给予称赞与肯定。这种称赞和肯定，又会增强欣赏者欣赏该类瑜伽形体姿势的欲望，激起欣赏者更强烈的情感共鸣。

由于欣赏者的心灵境界、艺术修养和趣味等因素的差异，其审美个性同瑜伽圣贤的审美意识不可能完全相同。因此在欣赏瑜伽形体姿势过程中，个体所理解的瑜伽形体姿势和瑜伽圣贤对姿势所表达的审美情感存在着差异性。这样，欣赏者在欣赏瑜伽形体姿势时既可以对欣赏对象入乎其中，感受、体验、理解瑜伽形体姿势，又可以出乎其外，按欣赏者自己的审美个性进行审美评价。总之，如果是基于打造瑜伽丽人为目的，那么瑜伽形体姿势欣赏应该以审美体验为目的，以陶冶性情，激励积极人生为本。

瑜伽拜日式视频

复习思考题

1. 简述瑜伽的起源与发展。
2. 练习瑜伽前需要注意哪些问题？
3. 瑜伽对身体健康的作用有哪些？

第十九章 体育舞蹈

学习提示

体育舞蹈也称"国际标准交谊舞",是体育运动项目之一。其发展过程经历了原始舞蹈—公众舞—民间舞—宫廷舞—社交舞—国际标准舞等发展阶段。体育舞蹈作为一种运动项目,除了具有一般体育活动共有的锻炼身体、增强体质的作用外,对锻炼者改善体形体态,提高韵律及身体协调性有着特殊的作用。它不仅强调"健",而且还强调"美",是体育与艺术完美结合的运动。

第一节 体育舞蹈概述

一、体育舞蹈的起源与发展

体育舞蹈起源于欧洲、拉丁美洲,由民间舞蹈演变发展而成。人们以前称它为国际标准交谊舞,原名称作"社交舞",英文为"Ballroom Dancing",为欧洲贵族在宫廷举行的交谊舞会上所用。社交舞早在14—15世纪已在意大利出现,16世纪传入法国,并在1768年在巴黎开办了第一家交际舞厅。法国革命后,Ballroom Dancing流传民间至今。第二次世界大战后,美国人将该舞蹈散播到全球各地,并形成一股跳舞热潮,至今不衰。

1924年,由英国发起的欧美舞蹈界人士在广泛研究传统宫廷舞、交谊舞及拉美国家的各式土风舞的基础上,对此进行了规范和美化加工,于1925年正式颁布了华尔兹、探戈、狐步、快步四种舞的步伐,总称摩登舞。此种舞蹈首先在西欧得到推广并进行了比赛,继而又推广到世界各国,受到了许多国家的欢迎和喜爱。

1950年,由英国ICBD(世界舞蹈组织)主办了首届世界性的大赛"BLACKPOOL DANCE FESTIVAL 1950"("黑池舞蹈节"),并把规范后的舞蹈命名为国际标准交谊舞。以后每年的五月底,在英国的黑池都会举办一届世界性的大赛。随着舞蹈在世界的不断推广,舞蹈自身也得到了发展,摩登舞中又增加了维也纳华尔兹。

1960年,非洲和拉美一些国家的民间舞经过了规范加工后,又增加了拉丁舞的比赛。摩登舞和拉丁舞风格迥异。

经历一百多年的发展,"社交舞"从"社交"发展为"竞技",将单一的舞种发展为摩登舞、拉丁舞两大系列的十个舞种,并在1904年成立了"英国皇家舞蹈教师协会"。这个组织将当时欧美流行的舞姿、舞步、方向等整理成统一标准,制定了有关舞蹈理论、技巧、音乐、服装等竞技的标准,公布为"国际标准交谊舞舞厅舞",为世界各国所遵循。英国的黑池甚至成了"国际标准舞"的圣地。

二、体育舞蹈的锻炼价值

(一) 音乐对调节精神的作用

体育舞蹈是一项"形动于外而情于内"的表演艺术。谈到艺术,人们自然想起音乐。音乐素来被人们称为舞蹈的灵魂,其强烈的感情色彩把人们带入一种无形的美的境界。由于音乐在听觉上显示出来的激情作用于人的器官,从而能激发出内心的灵感和冲动。在体育舞蹈的音乐中,优美悦耳的华尔兹舞曲可以使人振奋精神,陶冶情操;节奏强烈的探戈舞曲,可以使人智勇倍增,催人进取;音乐缠绵柔美抒情的伦巴舞曲可令人心神陶醉,体会到爱情和青春的温馨;雄壮激昂、舞姿威猛、步伐坚定的斗牛舞曲,可使人精神振奋,一往无前。不同的音乐风格、不同的音乐享受,使人们在不知不觉中调畅胸怀,舒解忧闷,调节情绪,发生自然的喜、怒、忧、思、悲、恐、惊七情的情志波动,调心养性,达到愉悦身心之效果。

(二) 体育舞蹈的健"心"效果

从艺术心理角度分析:"肢体线条的律动正是心灵意识流动的轨迹,是人的心理情感的展现。"人们在翩翩起舞中,可以达到交流思想、抒发感情、增进友谊的目的。另外,通过跳舞可以消除人们因日常工作学习和生活中的精神紧张和情绪不安。体育舞蹈活动为人们创造了一种良好气氛。美妙动听的音乐、优美动人的舞姿、轻松愉悦的气氛感染着在场的每个人,使人们在和谐的韵律中获得精神享受,使由于工作和学习造成的紧张、疲劳和紊乱的情绪得到缓解和调节,并使心情开朗,再以更高的热情投入新的生活当中,从而达到健全心理之目的。

第二节 体育舞蹈基本技术

体育舞蹈是以男女为伴的一种步行式双人舞的竞赛项目。按照体育舞蹈的风格和技术结构可将其分为两大类:摩登舞、拉丁舞;按照竞赛项目可将其分成三大类:摩登舞、拉丁舞、团体舞(队列舞)。

摩登舞包括华尔兹、维也纳华尔兹、探戈、狐步和快步舞5个舞种。拉丁舞包括伦巴、恰恰、桑巴、牛仔和斗牛舞5个舞种。这10个舞种均有各自的舞曲、舞步及风格。根据各舞种的乐曲和动作要求,组编成各自的成套动作。团体舞(队列舞)包括拉丁集体舞和摩登集体舞。

一、体育舞蹈的基本技术

体育舞蹈有10个舞种,它们的基本动作各不相同。由于篇幅有限,本节介绍摩登舞的探戈和拉丁舞的恰恰中的基本技术。

(一) 摩登舞

摩登舞包括华尔兹、维也纳华尔兹、探戈、狐步和快步舞5个舞种。这里只介绍探戈舞。

1. 常步

该舞步共分为两步(图19-1)。

节奏：SS

（1）男舞伴左足前进，女舞伴右足后退。男舞伴左足提起出步，左足落下以足跟先着地，紧接着左足全足着地。女舞伴右足提起退步，然后右足按CBMP（反身位），向左足后方退步，右足落下时，足掌先着地，紧接着右足全足着地，完成第一步。

（2）男舞伴右足前进，女舞伴左足后退。男舞伴右足提起准备出步，然后右足迈步，右足尖稍向左偏以使舞者沿曲线向左行进。右足迈步时肩引导，即右肩向前，与右足运动方向相同。右足落下时足跟先落地，紧接着全足落地。女舞伴左足提起准备退步，肩引导，即左肩向后。然后左足向后退步，左足落下，以左足掌先着地，紧接着左足全足着地，完成第二步。

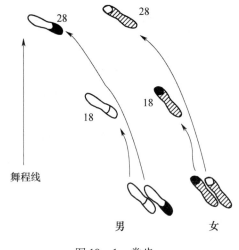

图 19-1　常步

2. 行进连接步

该舞步共有两步。

节奏：QQ

准备姿势：合位或走步第二步。

（1）男：左足 CBMP，前进。女：右足 CBMP，后退。

（2）男：右足旁步稍靠后（全足内缘），左足虚步（掌内缘），内并进位，左膝弯曲内收，身体向右转正，迅速摆头面向中央线。女：左足虚步，右足虚步，成并进位，右膝弯曲内收，身体正对男伴，迅速摆头面向中央线。

3. 并进并合步

该舞步共分四步（图 19-2）。

节奏：SQQS

准备姿势：并进位

（1）男：左足旁步。女：右足旁步。

（2）男：右足 CBMP，并进步。女：左足 CBMP，并进步，左转 1/4 至合位。

（3）男：左足旁步稍靠前（足内缘）。女：右足旁步稍靠后（掌内缘），头摆回面对壁斜线。

（4）男：右足向左足并步（全足），头摆回面对壁斜线。女：左足向右足并步（全足）。

4. 并进外侧步

该舞步共分为四步（图 19-3）。

节奏：SQQS

（1）男：左足旁步。女：右足旁步。

（2）男：右足 CBMP，并进步。女：左足 CBMP，并进步。

（3）男：左足旁步稍靠前（足内缘）。女：右足旁步稍靠后（掌内缘），头摆回面对壁斜线。

（4）男：右足 CBMP，右外侧前进头摆回面对壁斜线。女：左足 CBMP，后退。

5. 四快步

四快步的四步均为一拍一步（图 19-4）。

第十九章 体育舞蹈

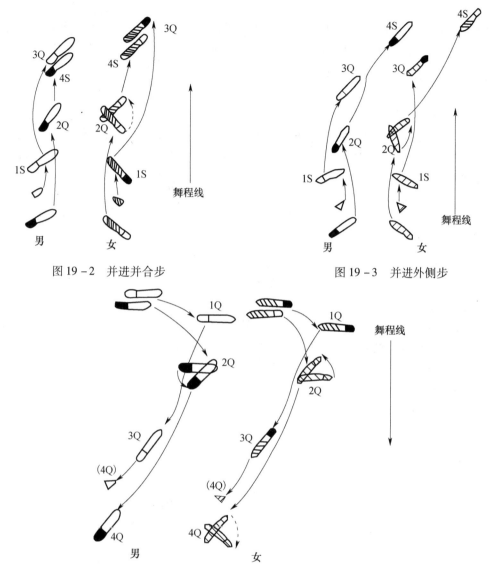

图 19-2 并进并合步　　　　　　图 19-3 并进外侧步

图 19-4 四快步

节奏：QQQQ

准备姿势：合位。

（1）男：左足 CBMP，前进。女：右足 CBMP，后退。

（2）男：右足旁步稍靠后。女：左足旁步稍靠前（全足）。

（3）男：左足 CBMP，后退。女：右足 CBMP，右外侧前进。

（4）男：右足后退，左足虚步（掌内缘）成并进位，左膝弯曲内收，摆头面对中央线。
女：左足前进，右足虚步（掌内缘）成并进位，右膝弯曲内收，摆头面对中央线。

6. 并进连接步

本舞步共有三步（图 19-5）。

节奏：SQQ

准备姿势：并进位。

（1）男：左足旁步。女：右足旁步。

（2）男：右足 CBMP，并进步，右足落地后身体开始左转。女：左足 CBMP，并进步，左足滞后于男伴右足，落地位置应较男伴右足远些，落地后以左掌为轴迅速左转。

（3）男：左足旁步、虚步（掌内缘），左膝内收，摆头面对中央斜线。女：右足旁步、虚步（掌内缘），右膝内收，摆头面对中央斜线。

7. 左转步

左转步 A 共有六步（图 19-6）。

节奏：QQSQQS

准备姿势：合位。

（1）男：左足 CBMP，前进。女：右足 CBMP，后退。
（2）男：右足旁步稍靠后。女：左足旁步稍靠前（全足）。
（3）男：左足后退（掌内缘）左肩向后。女：右足前进，右肩向前。
（4）男：右足 CBMP，后退。女：左足 CBMP，前进。
（5）男：左足旁步稍靠前（足内缘）。女：右足旁步稍靠后（掌内缘）。
（6）男：右足向左足并步（足内缘）。女：左足向右足并步（全足）。

8. 后退左转步

该舞步共四步（图 19-7）。

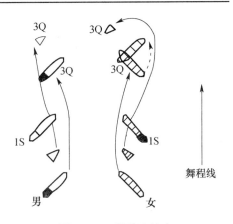

图 19-5　并进连接步

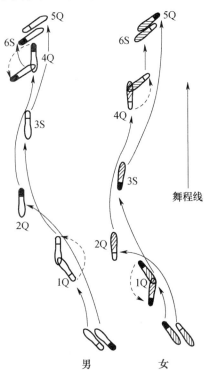

图 19-6　左转步

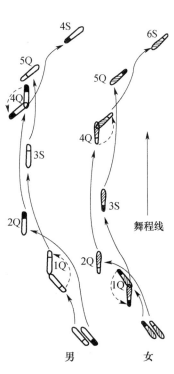

图 19-7　后退左转步

节奏：SQQS

准备姿势：合位。

（1）男：左足后退（掌内缘），左肩向后。女：右足前进，右肩向前。

（2）男：右足 CBMP，后退。女：左足 CBMP，前进。

（3）男：左足旁步稍靠前（足内缘）。女：右足旁步稍靠后（掌内缘）。

（4）男：右足向左足并步（全足）。女：左足向右足并步（全足）。

探戈舞易犯错误：

（1）脚步能踩点，但是身体的运动却不明显，给人的感觉是跳得没有节奏感。

（2）脚步能踩上点，但出脚的速度却很慢（身体运动当然也慢），跳不出探戈舞那种抑扬顿挫的感觉，跳得像慢四步。

纠正方法：

（1）跳舞时身体重心先动，然后身体快速跟上，身体和腿的运动要同步。

（2）把握好探戈舞的节奏，探戈舞中的停顿在慢步时比较明显，因为停顿的时间比较长，但在跳快步的时候就不明显了，甚至不用停顿。

（二）拉丁舞

拉丁舞包括有伦巴、恰恰、桑巴、牛仔和斗牛舞 5 个舞种。这里只介绍恰恰舞。

恰恰的舞步源自爵士舞，第 1 拍动胯，第 2 拍动脚，与伦巴有相似之处。在整体的舞蹈行为中提示注意腰胯的扭动。

恰恰是胯的节奏的练习，由斜前到旁边。基本舞步始终保持着爵士步的重心特点，即重心在直的那条腿上，这样才能跳出紧凑利索的步伐。它的脚的动作非常重要，上步后没有重心时，脚掌绷起来，脚背顶起来。

1. 时间步

节奏与数拍：1 拍，1 拍，半拍，半拍，1 拍（TWO THREE 恰恰 ONE）。

动作技术：左脚重心，右脚打开。也可以将右足放后，脚掌着地，脚背崩直。胯部动作由斜前到旁边。上身动作为：动右脚时，左手收缩，右手延伸。反之相同。

（1）将右脚收回到左脚，脚掌着地换重心到全脚掌。右脚收回时，膝盖应斜对着左脚的脚尖。

（2）左脚原地，脚掌落地换重心到全脚掌。左脚原地换重心时，膝盖也应对着右脚的脚尖。

（3）右脚向右移动，全脚掌。

（4）左脚并向右脚，全脚掌。

（5）右脚继续向右移动，左脚原地打开，脚掌着地，脚背绷直。

2. 古巴断裂步

古巴断裂步的节奏与时间步不同，而是直接跳"恰恰 ONE"。学习这个动作时必须强调的是，当上步时，大腿夹紧，重心在两腿之间，要有反身的动作，身体和脚是相反的方向，需要上身和脚的配合。右肩向前时，出左脚；左肩向前时，出右脚。后面脚的膝盖一定要抵住前面脚的后面膝盖。否则，很难学好这个动作。

节奏与数拍：恰恰 ONE，恰恰 ONE。

动作技术：右脚重心，左脚打开。换一个方向，右脚斜前方上步，做相同的动作。上身动作：左脚上步时，右手按腹，左手延伸。右脚上步时，左手按腹，右手延伸。也可以一只手收缩，一只手延伸。锁步动作幅度大，流动性强，是恰恰的一大特点，在舞步之间起到连接和左右交换脚步的作用，从而增强了舞蹈的艺术性。跳的时候膝盖外露，形成拉丁交叉的姿势。

（1）左脚斜前方上步，脚尖外转，重心在两脚之间，后面的右腿脚跟离地，膝盖紧靠在左脚上，有反身动作。

（2）右脚原地换重心右脚。

（3）左脚回来。

3. 前进锁步

4. 后退锁步

节奏与数拍：1拍，1拍，半拍，半拍，1拍，半拍，半拍，1拍，半拍，半拍，1拍，1拍，1拍，半拍，半拍，1拍，半拍，半拍，1拍，半拍，半拍，1拍（TWO THREE 恰恰 ONE 恰恰 ONE 恰恰 ONE TWO THREE 恰恰 ONE 恰恰 ONE 恰恰 ONE）。

动作技术：右脚重心，左脚打开。

（1）上左脚。

（2）右足原地换重心。

（3）退左脚，右脚在前交叉。

（4）退右脚，左脚在前交叉。

（5）退左脚，右脚在前交叉。

（6）退右脚。

（7）左脚在原地换重心。

（8）上右脚，左脚在后交叉。

（9）上左脚，右脚在后交叉。

（10）上右脚，左脚在后交叉。

5. 定点转

节奏与数拍：1拍，1拍，半拍，半拍，1拍（TWO THREE 恰恰 ONE）。

动作技术：右脚重心，左脚打开。上身动作：当上左脚时，右手收缩，左手延伸，并且利用右手收缩带动身体转。定点转了一个全圆，所以有一只脚是不动的，定在地上。向哪个方向转，就要转回到这个方向上来，共360°，做两次转来完成这个动作。一次是转了180°，重心在两脚之间转动的；一次是后2拍跳并步时转的180°，用手来带动和留头是旋转的重要环节。拉丁舞的高难度动作，难在旋转上，一个优秀的拉丁舞选手必须具备良好的旋转能力。

（1）左脚穿越身体向右上步，留头。

（2）右脚原地推上来为轴右转180°，此时重心在两脚之间。

（3）右脚后退，右转180°。

（4）左脚并向右脚。

（5）右脚向右移动，左脚打开，换右脚，做同样的动作。

6. 纽约步

纽约步的第1步重心完全放在主力腿上，重心在两脚之间，形成半重心，上步时有一个

1/16 的外开。

节奏与数拍：1 拍，1 拍，半拍，半拍，1 拍（TWO THREE 恰恰 ONE）。

动作技术：右脚重心，左脚打开，形成脚掌着地，脚背绷直。上身动作：上左脚时，左手向前延伸，右手向右斜前上方打开，注意后面的肩膀要压住，把头抬起来，手掌朝下。左脚回来时，向前延伸的手可以用力捞过来。纽约步有三个方向的转向，一个向左 1/4 转，一个向右 1/4 转，然后回中。这 6 个动作熟练后可以连起来跳。结束时，可以做一个造型动作。如上左脚穿越身体，右转 180°，右手向右上方伸展，手掌朝下，左手按腹，右脚弓步。

（1）上左脚右转 90°，右脚膝盖靠近左脚膝盖，右手向上打开，手掌朝下。

（2）右脚原地换重心。

（3）左脚回来，左转 90°。

（4）右脚与左脚并步。

（5）左脚继续向左移动，右脚打开，形成脚掌着地，脚背绷直。

（6）换右脚上步，做相同的动作。

7. 恰恰走步

节奏与数拍：1 拍，1 拍（TWO THREE FOUR ONE）。

动作技术：右脚重心，左脚向前脚掌着地。上身动作：上右脚，左手收缩，右手延伸。上左脚，右手收缩，左手延伸。上步时是由后脚推动上前的，推动上前时，同时转动胯部。

（1）右脚向前。

（2）左脚向前。

（3）依次交替前进。

8. 之字步

节奏与数拍：半拍，半拍，1 拍，半拍，半拍，1 拍（TWO AND THREE FOUR AND ONE TWO AND THREE FOUR AND ONE）。

动作技术：右脚重心，左脚打开。上身动作：收缩与延伸。第 3 步和第 6 步不要忙于移重心到后面，而要慢一点，要有延迟的感觉。重心是压在主力腿上的。跳这个动作，流动不要太大，脚要转过来。

（1）左脚穿越身体向右前侧右转 90°。

（2）右脚向右侧。

（3）左脚向后。

（4）右脚向后右转 90°。

（5）左脚向侧。

（6）右脚向前。

9. 原地换重心

这是练习恰恰舞节奏最好的方法之一，没有脚的移动，只是两脚之间重心的转换。

节奏与数拍：1 拍，1 拍，半拍，半拍，1 拍（TWO THREE 恰恰 ONE）。

动作技术：右脚重心，左脚打开。脚的练习：换重心时，由脚掌到全脚掌，膝盖向内，夹紧内侧，向里关闭，尽量体现出腿部线条的悠长。可以用 1 步 1 拍来练习，但要注意收紧腹部，胯迅速到位，保持呼吸。可以有效锻炼腰腹部，达到瘦身要求。

（1）左脚原地。

(2) 右脚原地。
(3) 左脚原地。
(4) 右脚原地。
(5) 左脚原地。
(6) 换一只脚做相同的动作。

恰恰舞易犯错误：
(1) 身体僵硬，步伐不灵活。
(2) 臀部没有摆动，膝关节交替时没有弯曲。

纠正方法：
(1) 充分活动身体各个关节，掌握恰恰节奏。
(2) 把胯部收紧，增加胯的后拉幅度，两腿之间距离不能过大。

二、体育舞蹈的练习方法

(一) 舞程向和舞程线

1. 舞程向

舞程向即整套舞蹈进行的方向。摩登舞的特点之一是在进行中完成整套动作。为了避免舞者之间相互碰撞，规定在舞场起舞时均按逆时针方向进行。

2. 舞程线

舞程线即舞者在起舞时，沿舞场四侧之一按舞程向行进的直线。在长方形场地中，长边称为 A 线和 C 线，宽边称为 B 线和 D 线。起舞时位于 A 线的起端或 C 线的起端均为最佳位置。

在舞蹈中大家必须沿着同一方向环绕进行，以避免相互碰撞。具体步法的说明，均要根据 L.O.D. (见图 19-8)。

体育舞蹈的舞程线（方向线）沿着逆时针方向行进，如图 19-8 所示的舞池里舞者可随意由哪一条线的方向开始。我们面向舞程线时：右边称为壁，左边称为中央；舞程线的右斜方向称为斜墙壁，舞程线的左斜方称为斜中央；舞程线的相反方向称为逆舞程线；舞程线的后左斜方向称为逆斜中央，舞程线的后右斜方向称为逆斜壁。

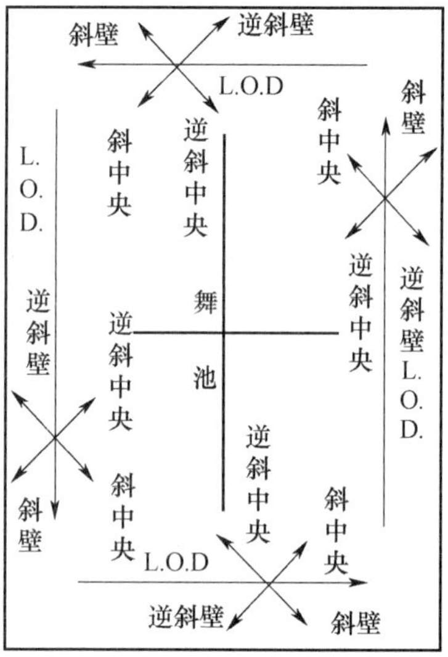

图 19-8 舞程线

(二) 角度和方位

跳每一个舞步时都要记住开始和结束时的方向角度和在旋转过程中动作的方位，只有这样才能记住和学会各种舞步。每旋转一周为360°，在不同的动作中有不同的转度。

(三) 站位、握持、舞步的练习方法

1. 站位和握持

(1) 摩登舞。在跳摩登舞时要注意握抱的姿势，这是能否跳好摩登舞的先决条件。摩登舞中除探戈外，它们的站位和握持动作都是相同的：男女舞伴相对，都以右脚尖对准对方两脚间的线，均应挺胸收腹、双膝微曲且微内扣。男士重心放在右脚上，女士重心放在左脚上。男士要感觉自己很高，尽量把身体拉高到极限。还要感觉自己身体很宽，双臂平抬，双

手肘尖与心窝成为一条直线,左小臂向斜前上方上举与左上臂成略大于90°,右小臂向斜前下方平伸。女士同样要把身体拉高,双手肘尖成为一条直线,轻轻搭在男伴的手臂上。女伴要感觉到身体成两条弧线,一条是由胸腰到头部向后仰的弧线,另一条是由胸腰到头部向左倾的弧线。

四个接触点:
①男士左手轻握女士的右手,男士的左手拇指与中指稍用力,女士用中指稍用力。
②男女双方身体的垂直中心线与身体右边线之间的重要中间线的腰部部分相重叠接触。
③男士右手掌轻托女士在左肩胛骨下,手掌平伸。
④女士左手虎口张开,放在男伴右上臂三角肌下部,拇指在内侧,其他四指在外侧,腕部和小臂放平,不得突起。

(2) 拉丁舞。

双脚并立,身体尽量伸直,使头、肩、胯三点成一线,两眼平视,脖子拉直,下颌稍微内收,使人从后可以看到后颈较直。挺胸使两肩胛骨向后向内关闭,两肩下沉同时将身体的中段(胸腰部分)向上拔起,使身体的中段和两肩有个互相顶压的力。臀部稍向内收,小腹向上拉,但不可过分使身体变形,感觉上身躯干是直的。两条大腿要稍内收,双膝要绷直,不可弯曲。大腿和小腿的肌肉要收紧,感觉是向反方向拉紧。

预备步站立姿态:左脚在前,脚尖向前方,身体重心在左脚,身体尽量伸直,使头、肩、胯三点成一线。右脚在后打开,膝盖绷直,大拇指内侧点地,脚跟向内侧下压,不要翘起来,脚面绷直。右胯向后斜45°打开,使身体从上身到右脚尖形成一条很长的直线,可以在舞蹈中表现出很漂亮的形态和体型。

第三节 体育舞蹈竞赛规则简介与欣赏

一、体育舞蹈的竞赛规则简介

(1) 团体舞锦标赛可有以下两种形式:一种是标准舞;另一种是拉丁舞。
(2) 比赛着装:标准舞要求男子服装必须为黑色或藏蓝色;拉丁舞允许男子穿彩色的服装,但每队的所有男队员必须统一服装颜色,不允许使用道具。
(3) 标准舞比赛队的动作编排必须是基于华尔兹、探戈、维也纳华尔兹、慢狐步舞和快步舞,并最多可选16小节任何其他舞,包括拉丁舞。
(4) 拉丁舞比赛队的动作编排必须是基于桑巴、恰恰、伦巴、斗牛舞、牛仔舞和任何其他拉丁节奏,并最多可选16小节其他任何舞,包括标准舞。
(5) 标准舞的每段独舞将严格限制在8小节以内,在整个舞蹈编排中最多24小节。此规则不适用于拉丁舞。在拉丁舞中,独舞通常作为一部分。两种舞中都不允许有托举动作。
注:托举动作是指一名舞者在舞伴的协助或支持下双脚同时离地的动作。
(6) 在所有比赛中,参赛队应由6或8对选手组成。在同一比赛中,任何人不得参加超过一队的比赛。
(7) 在比赛中的任何阶段,各队队员最多可以有4名替补。
(8) 比赛必须安排来自不同国家的不少于7名有团体舞经验的裁判。

（9）必须任命一名主席。他必须参加彩排并警告违反规则的队。如有参赛队在比赛中违反规则，他有权和裁判们协商后取消该队的比赛资格。比赛时，只允许使用彩排时的动作编排和音乐，不允许更换服装。

（10）当比赛参赛队超过5支时，必须举行第二轮比赛。

二、体育舞蹈欣赏

体育舞蹈是融艺术、体育、音乐、舞蹈于一体，被人们称为"健"与"美"相结合的典范。作为一种艺术形式，它有独特的观赏性。强烈的艺术感染力使它在众多的体育项目中鹤立鸡群。而作为一项体育运动，它又有极强的竞技性，使它有别于崇尚表演的舞蹈艺术。同时，体育舞蹈还是一项老少皆宜的健身和娱乐方式。对体育舞蹈我们主要从以下几个方面进行观赏：

1. 观赏形体美

体育舞蹈是一个较量美的运动项目，参加比赛的运动员，不仅技艺超群，而且形体外貌优美，优美的身体造型与音乐的协调配合使观赏者得到美的享受。

2. 欣赏音乐美

音乐是体育舞蹈的重要组成部分，体育舞蹈一定要在音乐的伴奏中进行。观看体育舞蹈比赛，要欣赏音乐与动作的有机结合，动作必须符合音乐的特点，巧妙地把技术动作、乐曲的旋律、节奏以及个人的风格和谐地组织起来。

3. 观赏动作美

体育舞蹈比赛中，运动员利用自己的身体条件和表演风格，把各自特色的精彩的难度动作组合表演得非常娴熟，加上优美动听的音乐，使观赏者陶醉在美的艺术之中，运动员在比赛中要做到动中有静，静中有动，舒展流畅，连绵不断，使外表的动作与内在的情感融为一体。

复习思考题

1. 体育舞蹈的分类有哪些？
2. 摩登舞、拉丁舞技术结构要素有哪些？
3. 请结合自身的体验谈谈：假如你有机会去欣赏体育舞蹈竞赛，如何更好地去欣赏比赛并对比赛做出比较适当的评价？

岭南特色体育篇

第二十章 拓展训练

学习提示

拓展训练，又称外展训练或体验式培训，强调的是一种体验，一种由内至外的自我教育，利用人造障碍或自然困境，发挥自身潜能，依靠团队力量，迎接各种挑战。

第一节 拓展训练介绍

一、拓展训练的起源与发展

户外拓展训练起源于第二次世界大战时期落水海员的获救经验：在第二次世界大战时，大西洋上有很多船只受到攻击而沉没，大批船员落水，由于海水冰冷，又远离大陆，绝大多数的船员不幸牺牲了，但仍有极少数的人在经历了长时间的磨难后终于得以生还，当人们深入了解这些生存下来的人的情况后，发现了一个令人非常惊奇的事实，这就是在那些能生还下来的人中，他们既不是最年轻的，也不是体格最强壮的。经过一段时间的调查研究，专家们终于找到了这个问题的答案：这些人之所以能活下来，关键在于这些人有良好的心理素质，他们意志力特别顽强，家庭生活幸福，有强烈的责任感，有丰富的生存经验，有很多常人或缺的品质，包括团队的协调和配合，当然还有一点点运气。当他们遇到灾难的时候，坚定自己的信念：我一定要活下去。而那些年轻的海员可能更多想到的是：这下我可能就完了，肯定不能活着回去了。拓展训练是一种"户外体验式学习"，源于西方英文 Outward Bound，它原是一个航海术语，是用于召唤船员的旗语。当船就要出发时，船上就会打出旗语，船员们看到后会很快回到船上整装待发。

1941 年，一位德国教育者 Kurt Hahn 和一位英国海运大亨 Lawrence Holt 爵士在威尔士的阿德伯威成立了世界上第一所拓展训练学校。这所学校最初有一个具体的任务，即让被德国潜艇轰炸的年轻英国海员心中充满较强的自立和精神韧性，同时还要摆脱传统的教学方式。Kurt Hahn 发现人们能够从充满挑战刺激的环境中赢得信心、自尊和自立，还能够形成和同伴通力合作的精神。

20 世纪 60 年代，拓展训练被 Josh Miner 引入美国，他发现性格发展对个人成功非常重要，在此基础上形成了一套课程即拓展训练，这种突破常规的教育模式也就成为体验式学习的真正权威。受到这种新颖理念和教育模式的启发，Miner 在美国发起了拓展训练运动。

拓展训练是突破传统教育思想和模式要求的一种全新学习与教育方式，其课程独具创意，融思想性、教育性、挑战性、实用性和趣味性于一体。学员通过在高山大海中接受挑战练习，变得乐于面对困难，勇于接受挑战，具有积极的心态，并能够引发学习兴趣。拓展训练的独特创意和训练方式逐渐被推广开来，训练对象由海员扩大到军人、学生、工商人员等群体。训练目标也由单纯体能、生存训练扩展到心理训练、人格训练、管理训练等，拓展训练已成为一种体系化的课程，在越来越多的领域发挥其特有的教育作用。

中国拓展训练市场还处于早期开发阶段，前景光明。现代企业面临着竞争和压力，对从业者提出了很高的要求，除了具备良好的业务素质和明确的职业规范外，还需要特别健康的心理素质、坚强的意志、敢于进取冒险创新的精神和良好的人际关系、团队意识及组织协调能力，而这些都需要在实践或强化培训中培养。由于拓展训练符合完善人格、提高素质和回归自然的要求，因此成千上万的人们热衷于此，成为素质教育的新时尚。拓展训练已成为国家机关、外资企业和其他现代化企业、各类学校的日常培训课程。

1995 年，北京某公司对新华社全体员工进行首次拓展训练，拓展训练首次进入中国。1999 年，清华大学率先将体验式教育引入 MBA 和 EMBA 的教学体系中，拓展训练首次进入高校。2002 年，北京大学开设了"体育综合素质课"，并把该课程命名为"素质拓展"。2005 年，北京体育大学成立户外运动中心，同年开始招收该专业的学生。

2008 年 9 月，广东岭南职业技术学院建成了博雅教育素质拓展基地，占地面积 4 560 平方米，如图 20-1 所示，成为首个在校内建设户外拓展基地的广东高职院校。

图 20-1 广东岭南职业技术学院博雅教育素质拓展基地高空项目

拓展运动同时也是喜爱挑战的人们闲暇时间挑战自我、锻炼自我、展示自我的重要形式。一项运动最初都是由大众娱乐游戏开始，继而发展为成熟的运动项目，拓展训练也在走这条道路。拓展训练如今成为人们的竞赛项目之一，作为一项新兴的时尚体育运动，由"拓展培训"发展演变而来，利用自然地形地貌或人工修建的体育专属设施开展的以团队、双人和个人为单位的竞速、竞距、计数和具有对抗性质的系列运动。其主要由地面项目、低空项目、高空项目、水面项目四大类项目组成。

中国登山协会自 2004 年开始在开发拓展运动方面做了大量工作，针对拓展训练具有鲜明运动元素的特点，初步确定了全国比赛项目，制定了相应的竞赛规则，并于 2006 年举办了全国首届拓展运动展示大会，2008 年和 2010 年分别成功组织了全国山地运动会拓展比赛。随着我国社会经济发展,群众体育力度加大,许多高校、俱乐部等都热衷开展此项运动,从而推动了拓展运动的发展。2010年7月底在吉林省吉林市北大湖举办的首届全国户外拓展大赛有28支代表队近200名运动员参赛,是国内首次组织开展的规模最大的一次全国性拓展运动赛事。

二、拓展训练的目的及作用

现代社会是一个高度人际互动的社会,拓展训练融合高低挑战元素,学员在个人和团队的层面,都可通过危机感、领导、沟通、面对逆境的辅导和培训而得到提升。拓展训练课程分为水上、野外、场地三类。水上课程包括游泳、跳水、扎竹筏、划艇等。野外课程包括远足露营、登山攀岩、野外定向、户外生存技巧等。场地课程是在专门的训练场地上利用各种训练设施,开展各种团队课程,如攀岩、跳跃等训练活动。

另外拓展训练项目又可分为个人挑战项目和集体合作项目:个人项目主要是通过一定难度的考验,最大限度地激发学员体能和心理潜能,从而自我挑战、自我超越以及心智模式改变。团队项目则是以复杂性和艰巨性为特征,通过所有人的相互理解合作、信任,融合学员的团队意识,学习系统思考的内涵,体验协作的真正意义和处理团队中出现的各种问题。

三、拓展训练环节

体验学习是拓展训练的基础理论架构,也是体验教育主要的学习模式,拓展训练环节主要分为四个部分,分别为体验(Experiential)、反思(Reflecting)、归纳(Generalizing)和应用(Applying),这四个部分是一个循环模式,如图20-2所示。

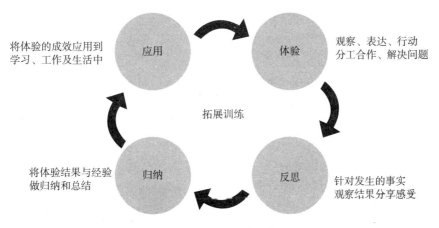

图20-2 拓展训练环节图

(一)体验阶段

体验学习是以活动来促进团队成员利用自身的能力、团队的分工合作、人际沟通、领导与被领导、面对挑战或压力、问题解决等历程,使团队成员有逻辑性且有方法地循序渐进达到活动设定的目标,并学习到有价值的观念。

(二)反思阶段

此阶段着重于此时此刻的经验与感受。就活动过程中发生的事实,带领者与参与者检视个人与团体在活动时所经历的问题状况,成员们互相分享活动感受,引起学员们内心的反思。

（三）归纳阶段

将反思的结果与经验做归纳和总结，形成概念以作为解决问题的最佳应用，是此阶段的重点。引导者一般会引导团体做如下思考：在活动中所发生的现象与事实，是否也存在于我们的生活中？过去个人在某些场合或情景中，是否曾发生类似的情形？借此转化与联结的过程，使客观的活动经验与成员的主观经历产生联结关系，出现更宽广的思考空间。

（四）应用阶段

此部分的应用焦点是需要引导者与参与者所设定的目标相配合。在这个阶段中，引导者可引导学员做思考：这个活动让我们对自己有什么认识？这个发现在面对未来的生活、工作或学业时，可以持续或改进的地方有哪些？体验者的成效，就是个人可以应用由参加活动中得来的经验，把所学到的方法、态度、知识与技能甚至是自我发现推理到外在世界并加以实践。此阶段着重在将这些活动经验应用到正确的情境，将体验学习的经验有意义地应用到个人的日常生活中。

这四个阶段是连续且随时都可以发生的，同时它也会影响未来的某一个经验。每个阶段会因环境、团队成员与引导者之间以及设施和装备等不同，彼此不断地互动，产生连贯性的交互作用。因此，如何在这多变的学习环境中，设计合适的活动与运用适宜的反思及分享方式，就成为影响探索教育成效的重要因素。

四、拓展训练的特性

拓展训练利用室内和户外多种活动形式，模拟真实情景的训练形式和良好的训练效果，在教育培训领域里保持着极大的优势，拥有以下六大特点：

（一）锻炼综合性。拓展训练的所有项目都是以体验式活动为主导，学员通过游戏的体验引发出认知、情感，激发学员与他人的沟通、交往、合作行为。活动过程中团队有明确的任务，学员要发挥自身和团队优势才能更好地完成任务，对参与者的锻炼是综合性的。

（二）体验巅峰性。在拓展训练过程中，成员和团队都要完成指定的目标，就必须克服各种困难、跨越各种防线，在活动过程中、课程完成后，学员会获得到发自内心巅峰般的胜利感和自豪感。

（三）挑战极限性。拓展训练的项目都具有一定的挑战性，在心理、生理、体能上都会经受到一定负荷的挑战，学员在活动中要不断地突破自我约束，挑战自己身心的"极限"，完成"极限"蜕变（图20-3）。

（四）自我教育性。拓展训练过程本来就是学员学习成长的过程，学员要根据引导者的课程内容和活动要求在拓展训练过程中不断学习和突破。在训练后，学员在引导者的引导下进行活动的总结归纳，在日后的学习、工作和生活中起到教育作用。

（五）集体的荣誉性。拓展训练一般需要完成各项活动以达到熔炼团队的效果，而在挑战项目

图20-3 攀岩挑战

过程中往往又会分以不同小队展开竞争，期待每位学员竭尽全力为集体争取荣誉，在团队中发挥个人能力并借助集体的力量共同解决问题，优化行为。

（六）成效显著性。往往通过短期的拓展培训后，学员日常行为举止、生理心理会受到突破性冲击，在心里受到震撼性的影响，从而会有各种显著的培训成效，例如：认识自己的潜能、克服自己的心理障碍、磨炼战胜困难的意志力、改善人际关系，等等，如图20-4所示。这也是目前企业所看重的拓展训练活动的效果。

图20-4 拓展训练中激动的泪水

第二节 拓展训练在高校的发展情况

一、高校学生的显著问题与社会对毕业生的期待

高等院校作为一个向社会过渡的学习与实践平台，它的根本任务是培养面向生产、建设、管理和服务第一线需要的"下得去、留得住、用得上"、实践能力强、具有良好职业道德的高素质技能型专门人才。但随着高等教育大众化的普及，生源结构的复杂，录取方式的多样性，"90后"学生日益凸显出以自我为中心、独立、张扬等多样化的性格特点，学生职业素养整体呈下滑趋势。部分学生在学习中，上课玩手机、实训发微博现象比比皆是；在生活中，为小事争执、为小挫折无病呻吟的现象普遍存在；在活动中，创新有限、守旧有余，好猎奇、喜刺激，格调不高；在学生组织中，沟通不畅通、团队合作意识差，重心不能下移，工作高位徘徊；走上工作岗位后，缺少吃苦耐劳、爱岗敬业的精神，只讲工资待遇，不图长远发展，"跳槽"频频出现。同时，高职院校还存在着"技能至上""能力越位"和片面追求"零距离上岗"的倾向，职业素质教育相对处于职业教育"边缘"的境地。

然而目前企业对用人的要求也在不断变化，因为在企业日常竞争中，内部团队合作能力的强弱，直接影响他们在未来参与工作的质量。企业对员工不光看重个人的硬实力（基础技能和专业技能），而更倾向于软实力（隐性的职业素养）的要求。社会中任何人才作用的发挥都离不开团队协作，小到工厂流水线，大到企业各部门间的协调，无不体现出在资源互补、多方共赢方面的社会需求。

而拓展训练作为体验式学习方式的代表，能满足高等院校学生职业素养的养成需求，纠正学生惯有的自我意识强、缺乏与人和谐相处能力等现象，培养学生的职业道德、动手能力、沟通协调能力，锻炼学生的综合素质和精神风貌，增强学生的团队精神和集体荣誉感，加强个人对自己和他人，对家庭和集体，对国家和社会所负责任的认识、情感和信念，以及与之相应的遵守规范、承担责任和履行义务的自觉态度。拓展培训进入教育体系是时代的潮流，在大学课程里加入拓展训练是一种积极的尝试。

二、高等院校开展拓展训练的形式

（一）公共体育课形式

大部分高等院校在大一、大二的学习过程中开设有公共体育课，根据大学新生的身心特点，在公共体育课里设置有拓展训练环节，有助于学生更好地适应大学环境，更快地融入大学生活。

（二）公共选修课

高等院校都开设有公共选修课，在选修课的范畴里可以尝试性地加入拓展训练类课程，如广东岭南职业技术学院就设有体验式拓展训练课，充分地利用学院的拓展基地资源，开发开设适合当代大学生的拓展训练课程。

（三）体育专业课

中国拓展训练市场正处于蓬勃发展阶段，各行各业都有内部拓展培训需求，而拓展训练开发和实施的人才紧缺，因此开设专业培养专门人才是当务之急。例如，广东体育职业技术学院、广东岭南职业技术学院等许多高职院校都在体育服务与管理专业开设有拓展训练课，直接编入人才培养方案，纳入专业课程体系里。

（四）校园趣味运动会

在校园运动会上增设趣味体育运动项目，此类项目可从拓展训练项目中演变而来，如"步调一致""同心鼓""风火轮"等，如图20-5所示。此类运动会是激发教职工工作热情、展现当代大学生精神风貌的一项重要活动。同时促进学生参加户外的"阳光体育活动"，全面提升学生的身体素质、促进学生的心理健康、加强学生的社会适应能力。

图20-5　广东岭南职业技术学院趣味运动会

（五）学生的第二课堂活动

高职院校一般都成立有各种学生部门、学生协会，拓展训练也被广泛地运用到各种培训活动当中。例如，广东岭南职业技术学院的外包学院、外语学院、博雅教育学院等学院从2014年开始，每年都会开设此类培训活动。学生的各类协会、社团不定期地开展拓展训练活动，取得了良好的效果和评价，如图 20-6 所示。

图 20-6 学生团队拓展训练

（六）高校素质拓展培训机构

南方医科大学、汕头大学、北京师范大学香港浸会大学联合国际学院、广东岭南职业技术学院等多家高校已于近几年建立起各类学生素质拓展培训机构，如汕头大学的"高级户外拓展项目团队"、北京师范大学香港浸会大学联合国际学院成立的"全人教育体验拓展中心"。广东岭南职业技术学院博雅教育学院自加强素质教育工作以来，培养了一支具有丰富经验的拓展训练教师团队，并成立了"体验式拓展训练讲师团"。

第三节 拓展训练课程推介

一、破冰课程

热身——培训术语，也叫破冰，来源于英文 Ice break。现代培训认为，培训老师与学院初次接触时会有陌生感，如同冻结的冰块，如果立刻开始授课会影响培训效果，因此应该通过特别设计的活动和游戏来消除两者之间的陌生和怀疑，然后再开始正式授课。这种通过活动和游戏消除"教"和"学"双方隔阂并调动学员学习热情的方式被称为"热身"。

破冰理念：
（1）让参加培训的学院清楚了解体验式培训的方式。
（2）清楚积极参与培训对自己、对团队、对企业的重要意义。
（3）提出团队培训对学院的要求：百分百地用心投入每一个项目的体验活动中。
（4）注重自己的项目感受，注意观察团队成员。
（5）付出就会有收获，获得的回报应该是方方面面的。

破冰的任务：加强团队文化建设对企业的发展有着一定程度上的积极意义，拓展训练是通过体验的方式，达成团队凝聚力的提升。在拓展训练中需要选好优秀的团队领导，加大团队管理的授权，并给予团队成员充分的尊重，同时建立成员间的技能互补和角色分工，培养团队的创新精神和目标行动力。通过不断地演练和深化团队危机，恰到好处地分享得失，将拓展中体会到的理念与团队建设相融合，这样团队才会更加强壮。

（一）常规的破冰游戏——团队组建
（1）全体队员分成 3~4 个小队，每队由一名培训师及助理培训师主持并配合本次拓展训练。

（2）各队推荐或自荐队长和队长秘书各一名。

（3）编队歌。可自编曲，也可原曲填词，要求简短且不带讽刺与宗教色彩。

（4）起队名，要形象、有意义。

（5）队伍口号。文字简练、朗朗上口，具有震撼力。

（6）制作队旗。共同创作，队旗要简单、蕴意深刻。要求全体队员于队旗上签名。

（7）各队相互展示。解释队名、队歌、口号、展示队旗和队伍造势。

团队组建在拓展训练中的意义有：为团队获得更高昂的士气和战斗力，减少流动率和流失率，进行更和谐的沟通。

（二）常见的趣味破冰游戏

1. 纸杯传递

活动目的：打破队伍成员之间的尴尬

活动人数：无限制

活动器材：纸杯或塑料杯、每人一支塑料吸管、若干水或乒乓球

活动场地：无限制

活动时间：5~10分钟

活动说明：每人用嘴巴含住吸管，并以顶杯的方式从第一名队员依次传递至最后一名队员，如图20-7所示。或者每人咬住一个杯子，把杯中物品依次传递到最后一名队员，如图20-8所示。若出现失误，则从失误的队员继续开始。若想增加强度，可要求失误后从第一名队员重新开始任务。

图20-7 纸杯传递1

图20-8 纸杯传递2

2. 举胖子

活动目的：挑战团队的"不可能"心理

活动人数：6~20人

活动器材：无限制

活动场地：室内室外均可

活动时间：5~10分钟

活动说明：在成员中挑选一个块头最大、体重最重的"胖子"，再由其他成员共同挑选5名最瘦小的成员负责举"胖子"。5名瘦小的队员只能用自己的1~2根手指，分别在"胖子"的身体受力点（建议是后背、腋窝、脚后跟），合力将"胖子"举起。为了营造快乐的

气氛，可以把人数增加，如图 20-9 所示。

图 20-9 举胖子

3. 共同责任

活动目的：培养团队的责任感及承认错误的勇气，营造快乐氛围

活动人数：人数不限

活动器材：无限制

活动场地：室内室外均可

活动时间：10 分钟

活动说明：列好队后，当培训师喊"1"时全体队员向左转；喊"2"时全体队员向右转；喊"3"时全体队员向后转；喊"4"时全体队员原地不动；喊"5"时后退一步。当有队员做错或做慢时判为违例，需走出队伍向大家鞠躬一次并举起右手报告"对不起，我错了"，然后归队，直到几个回合后整体动作一致为止。为营造快乐氛围，可以要求犯错的队员做简单的表演，如图 20-10 所示。

图 20-10 共同责任

4. 同心圆

活动目的：团队热身，舒展筋骨，营造快乐氛围

活动人数：人数不限

活动器材：无限制

活动场地：室内室外均可

活动时间：10 分钟

活动说明：团队所有成员围成一个圈，双手背到左右隔壁队员的背部，紧紧牵住相隔一位队员伸过来的手。培训师有一套口令"高山流水、风吹草动、花开花落"，当听到"高山"所有队员一起往上跳；当听到"流水"所有队员一起往下蹲；当听到"风吹"所有队员上身一起往左边倾斜；当听到"草动"所有队员上身一起往右边倾斜；当听到"花开"所有队员一起往后仰，此时注意拉紧伙伴的手；当听到"花落"所有队员一起往前鞠躬一次。如图 20-11 所示。

图 20-11 同心圆

二、团队项目

具体的团队项目对学员的锻炼目的不同，按项目分类的原则，对学员锻炼的针对性和拓展过程所关注的直观性进行分类，兼顾不同类别的项目都能让学员获得体验的机会，可分为高空项目、中低空项目、地面与心智项目。

（一）高空项目：空中断桥、跳出真我、毕业墙

1. 空中断桥

空中断桥是一个以个人挑战为主的项目，它属于高空类心理冲击的项目，整个过程需独立完成。"断桥一小步，人生一大步"浓缩了这个活动的精华。

人数：20~30 人/组

活动器材：安全服、相应的安全设备（动力绳、锁扣、安全带及安全帽）

活动场地：空中断桥拓展场地一处

活动时间：60~90 分钟

活动说明：

（1）安全问题，所有成员必须学会使用头盔、安全绳、锁扣。

（2）挑战者沿立柱爬上高空断桥桥面，走到桥头，两臂侧平举，然后大声问队友"准备好了吗？"当听到"准备好了"后，自己大喊"1，2，3"同时跨步跳到桥板另一端，单脚起跳单脚落地，如图 20-12 所示。

（3）桥面不允许助跑，跳跃时不许两手抓保护绳，完成后沿立柱慢慢爬下，随后进入加油队伍。

图 20-12 空中断桥

注意事项：

（1）有严重外伤病史，有严重心脑血管疾病、精神病、慢性病及并发症或医生建议不适合做此类挑战项目者，可以不参与此类挑战项目。

（2）摘除身上穿戴的所有硬物，穿安全带、戴头盔，连接止坠器时要多次检查。

（3）一名成员在挑战时，另一名成员开始穿戴安全装备并接受辅导，前一名学员完成项目后，准备下一名学员开始。

（4）上断桥后，培训师先理顺保护绳，让学员背靠立柱，并为其扣上保护绳主锁，然后摘取上升器连接主锁。多次检查学员安全带和头盔穿戴问题。

（5）学员不敢过桥时，培训师可先将其引至桥的一端，自己到另一端引导学员过桥；如果学员重心不稳、左右摇晃，可引导其放松背靠立柱，直到训练架不再共振为止。

思考与分享：

（1）站在高空断桥前，感受如何？

（2）当跨越心理障碍，完成挑战后你的感觉如何？如何帮同伴完成挑战？

（3）如何自我激励？

2. 跳出真我

跳出真我属于高空高难度项目，整个过程需严格把控，整个团队需紧密配合完成。

人数：20~30 人/组

活动器材：安全服、相应的安全设备（动力绳、锁扣、安全带及安全帽）

活动场地：空中跳台、空中单杠拓展场地一处

活动时间：60~90 分钟

活动说明：

跳出真我是一个以个人挑战为主的项目，它属于高空类心理冲击的项目，整个过程需独立完成。

（1）安全问题，所有成员必须学会使用头盔、安全绳、锁扣。

（2）挑战者沿立柱爬上空中跳台，在跳台上站稳，两臂侧平举，然后大声问队友"准备好了吗？"当听到"准备好了"后，自己大喊"1，2，3"同时舒展身体跳出平台，双手抓住前方悬挂着的单杠，如图 20-13 所示。

注意事项：

（1）有严重外伤病史，有严重心脑血管疾病、精神病、慢性病及并发症或医生建议不

适合做此类挑战项目者,可以不参与此类挑战项目。

(2) 摘除身上穿戴的所有硬物,穿安全带、戴头盔,连接止坠器时要多次检查。

(3) 一名成员在挑战时,另一名成员开始穿戴安全装备并接受辅导,前一名学员完成项目后,准备下一名学员开始。

(4) 学员不敢跳出时,培训师可先语言鼓励其平缓心情后再做尝试;如果学员重心不稳、立柱摇晃,可引导其放松平举双手保持平衡,直到训练架不再共振为止。

图20-13 "跳出真我"

思考与分享:

(1) 站在高空跳台上,感受如何?

(2) 当跨越心理障碍完成挑战之后,感觉如何?有什么经验值得分享?

3. 毕业墙

毕业墙又称逃生墙,墙体高4.2米,没有任何攀岩工具,最后学员们依靠搭人梯的方法全部学员都越过墙体,如图20-14和图20-15所示。

人数:20~200人/组

活动场地:4.2米高墙/高板一堵

活动时间:90~120分钟

图20-14 毕业墙1

图20-15 毕业墙2

活动说明:

(1) 所有学员在指定时间内全部翻越过高墙,不允许借助任何外力和工具,包括衣服、皮带等,必须沿墙面正壁爬上,不能蹬墙面。

(2) 挑战过程中只有队长一人可发话,全程任何队员不得发出任何声响(难度提高,任何人不得出声,包括队长)。

(3) 挑战前可由队长代表全队确定挑战目标。

注意事项:

(1) 有严重外伤病史,有严重心脑血管疾病、精神病、慢性病及并发症或医生建议不适合做此类挑战项目者,可以不参与此类挑战项目。

(2) 摘除身上穿戴的所有硬物,穿硬底鞋或胶钉底鞋的队员必须脱掉鞋子。

（3）如果采用搭人梯的办法，必须采用马步站桩式，不要将身体靠在墙上，注意腰部用力挺直，用手臂弯曲靠墙，以保持人梯牢固。要有人专门扶持人梯学员腰部，可以屈膝用腿支撑人梯学员的臀部。学员在攀爬过程中不可以踩人梯学员的头、颈椎、脊椎，只可以踩肩膀和大腿。

（二）中低空项目：信任背摔、蜘蛛网

1. 信任背摔

人数：8~30人

活动器材：约1米高的平台

活动场地：室内或室外场地皆可

活动时间：20~25分钟

活动说明：

（1）征求一位志愿者先开始，请他站在平台上，背部朝向团队。

（2）其他团队成员当保护者，面对面紧密排成两排，双手与对面的成员交错平举，手心向上，双脚踩弓箭步站姿。

（3）引导者需与志愿者站在一起，一方面注意志愿者所站位置，另一方面也要注意志愿者倒下的方向，适时让团队成员活动到最佳保护位置，如图20-16所示。

（4）在志愿者往后倒之前，必须要有确认口号。志愿者先说："我是某某某，你们愿意保护我的安全吗？"团队一起回答："我愿意！"志愿者再说："我要往后倒啦！"团队一起回答："请倒！"

（5）志愿者倒下的姿势要保持身体的挺直，双手紧握并放置在胸前，双脚固定放在平台上。当保护团队接到志愿者后，就慢慢温柔地降低志愿者，直到志愿者能安全地站在地上，如图20-17所示。

（6）当第一位成员完成后，就轮流让其他成员体验这种感觉。

图20-16　信任背摔1

图20-17　信任背摔2

注意事项：

（1）因为此活动的进行会距离地面有一定的高度，故引导者在带领此活动前，必须评估团队有足够支持与信任程度。另外，此活动也涉及较多个人的心理安全层面，故提醒团队成员自发性选择挑战的理念，让团队成员做好足够的心理准备再挑战此活动。

（2）提醒团队成员和志愿者做好正确的信任倒姿势，特别是确保团队要随时保持专注和紧密靠在一起,不能在活动过程中出现缺口。

(3) 提醒团队一个人的躯干比腿部还要重,必须要有比较多的人支撑躯干的部分。

(4) 在活动过程中,团队成员身上的眼镜、手表、耳环、手环等饰品都必须拿下来。

2. 蜘蛛网

这是一个经典的拓展项目,是想象与挑战的完美结合,可以用来创建团队、培养合作精神、学习冲突处理技巧、培养领袖才能。

人数:8~12人

活动器材:口哨一个、秒表一个、小夹子、小铃铛若干

活动场地:用麻绳在两根柱子或支架中编织一张蜘蛛网

活动时间:20~25分钟

活动说明:

(1) 游戏开场,模拟小组进入原始森林,唯一的通道被一张巨大的蜘蛛网封锁,必须从蜘蛛网中穿过才能获得生存。

(2) 在穿越的过程中,任何人的任何部位不能碰到蜘蛛网,否则即宣告任务失败,全部人回到原点,重新开始任务。

(3) 每个洞口只能使用一次,用了就用夹子标志不得再从此洞穿过。不同人必须从不同网洞穿越过去,如图20-18所示。

图20-18 蜘蛛网

注意事项:不要让穿越者从网洞中滑落跌倒,以免发生意外。

(三) 地面与心智项目:解手结、盲人多边形、齐眉棍、迷宫、极限时速、一字塞车、大圈绕小圈、命中目标

1. 解手结

活动说明:

(1) 先让团队围成一个圆圈。

(2) 请所有团队成员将他们的左手放到圆圈的中央,让每个人去抓圆圈中对面某个成员的左手。

(3) 接下来,再请所有团队成员的右手放到圆圈中央,然后,让每个人去抓圆圈中对

面某个成员的右手,要确定没有人是抓到同一个人的左右手,如图 20-19 和图 20-20 所示。

图 20-19　解手结 1

图 20-20　解手结 2

（4）向团队说明,这个活动的目标是在团队不能放开手的情况下,团队要一起解开这个结,所以当他们完成后,应该是要在一个大圆圈中。

注意事项：

（1）若有人的手已经被扭转或拉太紧,让他放开另一个人的手一秒,调整自己的手到一个比较舒服的姿势,然后再将手牵起来。提醒团队小心他们的背部、手肘和腰部。

（2）手结最好是有 9～10 个人共同操作,若是有超过 12 个人的团队,而没有让团队放开手,他们就会很难解开,但少于 8 个人的手结就太容易完成了。

活动变化：

当团队的人数过多时或是整个团队陷入焦灼,全部成员都已经挤在一起,这时引导者可视团队状况,给团队一些协助或支持,例如给予团队几条绳子,帮助团队看清楚活动状况并有更大空间解决问题。

2. 盲人多边形

活动人数：8～12 人

活动器材：一根 50～70 尺长的绳子、每位成员一人一个蒙眼的物品（如眼罩）

活动场地：室内或室外场地皆可,但需要较宽广的场地让团队活动

活动时间：40～60 分钟

活动说明：

（1）情境塑造：在工作上你们是否曾经有过这样的感觉,在面对一个问题或整体方案时,自己并不能看到整个局面？有没有这样的例子,在讨论计划书的时候你们都看得很清楚,但在开始完成任务的过程中,你们却是看不见的？

（2）向团队说明,此活动的目标是要所有团队成员蒙眼,将一条绳子围成一个正方形。

（3）让团队自行设定目标时间,总共需要多久来完成这项活动,在这段时间内,他们可以自由决定讨论计划书的时间。

（4）讨论完计划书后,在真正开始活动之前,所有的团队成员都必须用眼罩蒙着眼睛,要尽可能地在最短时间内围好正方形。

（5）所有团队成员都必须随时碰触到绳子,一旦他们拿到绳子就不能双手放掉或是把它再抓回来,然而他们可以在绳子上滑动他们的手做调整或是一次松开一只手。

(6) 当整个团队觉得已经完成任务，就把团队最后塑造成的形状放在地上，一旦绳子被放在地上后，团队就可以拿掉他们的眼罩，看看他们所塑造出来的形状为何，如图20-21所示。

图 20-21 盲人多边形

注意事项：

(1) 提醒团队成员，一旦蒙眼后，双手就要放在胸前，做好缓冲的姿势。

(2) 事先移走危险的障碍物，或是在团队成员接近任何危险时，先制止他们。

(3) 当有团队成员觉得戴眼罩不舒服，他们可以拿掉眼罩，安静地走出来，然后观察活动的进行。

(4) 这个活动通常实际操作起来会困难许多，所以引导者需要有时间上的限制，以确保团队不会在蒙眼太久后觉得很受挫。

活动变化：

(1) 比较容易的方式是允许一位团队成员看得到，然后指挥其他蒙眼的成员。

(2) 可以让团队塑造其他形状，任何形状都会比正方形还要困难。

(3) 可以让团队一开始就蒙眼，通常当眼睛看不见时，讨论的对话就会比较困难，因为比较难整合团队和管理对话的效率。

(4) 团队在讨论计划过程中可以用到绳子，一旦他们决定开始活动时，可以在整个团队蒙眼后再将绳子放置在某处，让团队在塑造形状前，要先找出绳子的所在，此时就要更注意每个团队成员的移动方向。

引导讨论：

(1) 如何在特殊情况下进行有效沟通？

(2) 如何处理角色定位？如何更有效地完成本职工作？

(3) 团队在处于不利情况时，如何才能消除负面影响？

3. 齐眉棍

活动人数：8~16人

活动器材：一根轻质竹竿（或轻质直棍）

活动场地：室内或室外场地皆可

活动时间：20分钟

活动说明：

(1) 让所有的团队成员面对面站成两排，请每位成员伸出右手的食指，置于胸前并指向对方。

（2）引导者将齐眉棍放在两排团队成员的食指上，使每位团队成员的食指都能托住齐眉棍，如图20-22所示。

图20-22 齐眉棍

（3）向团队说明，此活动的目标是要整个团队一起同心协力将齐眉棍放在到地上。

（4）活动的规则就是只能用食指撑住齐眉棍，不能用手指压它或勾它，如果在活动过程中，有任何一位成员的食指离开齐眉棍，则活动必须重新开始。

（5）若团队一直重新开始，引导者可以暂停活动，给团队一些时间讨论计划。

注意事项：

当引导者看到某成员食指离开齐眉棍，而要求团队重新开始时，不需要明确地指出是哪位成员，只要告诉团队有人食指离开，必须重来即可。

活动变化：

(1) 可以先让团队谈论计划，开始活动后，就不能有人说话，增加成员间的互动。

(2) 活动器材可以用呼啦圈来替代，这个方式可以让整个团队看见彼此的动作，增加成员间的互动。

引导讨论：

(1) 在整个活动过程中，发生了什么事？你们听到了什么声音？

(2) 一开始听到这个任务与真正去执行后，你们的感觉有何变化？

(3) 你们如何沟通讨论出最好的计划？

(4) 你们觉得在这个活动中最需要发挥团队的什么优点？

(5) 你们觉得一个人的努力是足够的吗？为什么？

(6) 你们认为这个齐眉棍像是生活中的什么东西吗？

4. 迷宫

活动人数：8~12人

活动器材：地上铺上9×9块巧拼的正方形、秒表

活动选地：室内或室外场地皆可，但必须要有较宽广的场地

活动时间：20~30分钟

活动说明：

（1）引导者在活动前要准备好迷宫的路径，可以用纸笔记下来。开始活动前，在地上铺上 9×9 块巧拼的正方形。

（2）向团队说明，现在整个团队都困在迷宫中，而这个迷宫只有一条路通往出口，所以团队就要合力找出那唯一的出口，让大家可以逃离迷宫。

（3）一次只能有一个人站在巧拼上找出口，出口的方向前、后、左、右或斜向都有可能，而一旦找错就换下一位成员尝试，请团队成员建立一个顺序，让每位成员轮流找，如图 20-23 所示。

图 20-23 迷宫

（4）团队可以在迷宫外讨论计划，一旦有人在巧拼上找出口时，所有人都不能发出任何声音，也不能碰触到在巧拼上面的成员。

（5）团队不能写下迷宫的路径，也不能在迷宫上留下记号。

（6）当团队发生错误时，引导者会给提示。引导者可询问团队，当发生错误时，他们希望听到什么提示。

（7）当全部团队都走出迷宫，就算完成任务。

注意事项：

要严格地执行规则，当有人站上巧拼，周围发出任何声音时，引导者就要给提示，或许一开始团队不知为何会被叫下来，可以让团队自行发现他们应该遵守的规则。

活动变化：

可以将团队分为两个小组，并讨论两个小组之间合作或竞争的程度。

引导讨论：

（1）在整个活动过程中，你们最常听到的是什么？

（2）听到引导者的提示，你们有什么样的感觉？为什么？

（3）引导者的提示像是你们生活中的什么东西吗？

（4）团队是如何找到迷宫的出口，让大家都可以走出这个迷宫的？

（5）团队的讨论和沟通如何帮助你们找出口？

（6）从这个活动中学习到什么经验，可以让你在日常生活中运用？

5. 极限时速

活动人数：8～12 人

活动器材：30 个做好的数字贴（上面标示 1～30）、秒表、一长条边界绳

活动选地：室内或室外场地皆可，但必须要有较宽广大的场地让团队成员可以奔跑

活动时间：40～60 分钟

活动说明：

（1）在围成的圆形范围里，紧贴圆圈在地上摆放数字贴，此范围要与团队讨论计划的距离约 20～30 米，让他们看不清楚摆放的数字。

（2）情境塑造，一个高团队凝聚力、表现优异的团队特质是由于团队成员们总是不断地追求进步及突破现状，以达到最好的结果。在下列活动中，队员将有五次的机会持续追求进步，任务很简单，只要用最短的时间和最好的品质，在大圈范围内完成操作，记录成绩将代表团队的整体表现。

（3）此活动的目标是在最短的时间内，由小到大碰触数字贴，如图 20 - 24 所示。

图 20 - 24　极限时速

（4）团队会有五次尝试机会，在这五次机会内，团队要不断地进步，直到可能的最佳成绩出现为止。

（5）每一次的尝试是从第一位成员踏出起始线的那一刻开始计时，到最后一个成员返回为止。

（6）每一次按照顺序碰触数字点时，都只能有一个人在范围内，如果有任何的犯规情况，团队的时间会自动加上 10 秒，以作为处罚。

（7）在每一回合结束后，告诉团队他们所花费的时间，并且给他们时间讨论修正计划。

（8）所有的讨论都只能在起始线的后面进行，而所有的数字点和界限皆不可被移动。

注意事项：

（1）因为此活动过程中会有跑步的动作，故必须注意地上如果潮湿或很滑就不适宜操作此活动，同时也要提醒团队成员注意跑步时的安全。

（2）引导者要注意团队犯规的情形，因为在活动中团队不会去注意他们的犯规行为，而要求团队做到完全诚实也是很大的挑战。

（3）团队总会想知道曾经最好的成绩，这时候引导者不要用其他团队的成绩来刺激团队的表现，应该鼓励他们找出自己最好的方法并以团队自己的成绩为努力的方向。

活动变化：

(1) 放置两个重复号码,只要还是30个号码即可。这是一个有趣的方法,让团队处理无预期的状况。

(2) 可将数字点改换成英文字母(从a到z)。

引导讨论:

(1) 为了发展有效的计划,团队是如何讨论和沟通的?

(2) 在这五个回合期间,团队的计划有改变吗?问题或改进的方式是否明确且完善地在团队里做好沟通,以达成共识改善问题呢?

(3) 团队如何做才能持续改善队员们的表现?为了达到最好的团队表现,队员们解决了什么问题?如何解决的?

(4) 团队是如何组织和使用人员配置的?每个人的贡献都是一样的吗?每个人对团队的表现都有帮助吗?

(5) 哪个最重要的因素影响团队的整体表现?

6. 一字塞车

活动人数:8~12人

活动器材:数块方板(比团队人数多一块)或就地取材

活动场地:室内或室外场地皆可

活动时间:30~40分钟

活动说明:

(1) 现将比团队成员人数多一块的方形板块排成一列,请每个团队成员任选一块站上去,左右两边人数尽量相同。中间预留一块方板,作为移动空间使用。

(2) 情境塑造:就像在日常生活中一样,团队会有两种不同层次的挑战,第一种挑战是在有限的资源及条件下,团队能提供一个两边皆可行的计划方案;第二种挑战是每一个成员都应该很熟悉计划方案,并且能像领导者一样地解释说明计划方案。

(3) 此活动的目标就是要两边的团队成员互换位置,且要保持两边成员的顺序不变,如图20-25所示。

图20-25 一字塞车

(4) 活动过程中团队成员只能前进,不能后退,一次只能一个人动。

（5）团队成员不能在移动位置后，面对同一个方向的人，也就是移动后不能看到前面成员的背。

（6）每人一次只能越过一个人，移到空下来的方板上。

（7）如果团队整个动弹不得、遇到瓶颈，可让他们循原路退回去，再重新开始。

（8）如果团队很快就完成任务，要求他们展示解决的方法，并且认真确认每个成员都了解为止，然后要求他们一次走完全程。

活动变化：

（1）可增加不能交谈的规则，不仅能够增加团队解决问题的能力，也加速了团队间默契的形成。

（2）允许团队只有在计划的时候使用纸和笔。

注意事项：

（1）在活动之前，引导者要确定自己记得解决方式，以免团队动弹不得时急切地向引导者寻求答案。

（2）团队人数即使是奇数也没有关系，只要引导者在中间留有空位，上述的解决方式还是有用的。

引导讨论：

（1）队员们一开始是如何面对这个问题的？

（2）在解决问题的过程中，队员们有看到什么或听到什么吗？

（3）做得最好的是什么地方？需要改善哪些部分？如果再给团队一次机会，觉得会更好吗？如何做才会更好呢？

7. 大圈绕小圈

活动人数：8～12人

活动器材：1～2个呼啦圈、秒表

活动场地：室内或室外场地皆可

活动时间：20～30分钟

活动说明：

（1）让团队每个人手牵手围成一个圆圈。

（2）向团队说明，这个活动的目标就是在最短的时间内，呼啦圈要穿过所有人的身体并且回到原点。

（3）活动开始时，将呼啦圈套在某两位团队成员的手之间，在活动的过程中，所有人的手都不能放开，如图20-26所示。

（4）请团队设定目标时间，让他们决定能在多快的时间内完成。

（5）在团队第一次尝试后，给团队时间讨论如何能再快一点与调整目标时间。

（6）给团队几个回合的尝试，借由不断讨论达成团队最好的目标。

注意事项：

（1）在身体穿过呼啦圈时，要注意牵起来的手不要有太大的拉力，避免造成损伤。

（2）提醒团队成员跨越呼啦圈时，小心不要被呼啦圈绊倒。

活动变化：

可让团队一次使用两个呼啦圈，以不同方向传呼啦圈，计算两个呼啦圈穿过每个团队成

图 20-26　大圈绕小圈

员并回到原点的时间。

引导讨论：

（1）本游戏的主旨是什么？

（2）通过游戏，你和同伴之间是否变得亲密有交流了？

8. 命中目标

活动人数：8~12 人

活动器材：至少每两个人一颗软大球、标示界限的物品、蒙眼的物品

活动场地：室内或室外场地皆可，必须要平坦的活动场地

活动时间：20~25 分钟

活动说明：

（1）活动开始前，用绳子围出一个活动区域。

（2）让团队分成两人一组，每组选择一个人先蒙眼，并且发给每一组一颗球。

（3）向团队说明：这个活动需要注意安全，每组会有一个人看得见，一个人蒙眼，看得见的人要负责同伴的安全。

（4）这个活动的目标是每个蒙眼的成员用球去丢其他蒙眼的成员，若看得见的人被球丢到也没有关系，但看得到的人不能碰到球、捡球或丢球，而蒙眼的成员可以捡起身边的任何球，丢其他蒙眼的成员，如图 20-27 所示。

（5）看得见的人和伙伴只能用语言沟通，不能用身体任何部位接触蒙眼的同伴。

（6）若有球丢出活动区域外，引导者可以将球丢回到活动区域内，或是增加其他球到活动中。

（7）在一段时间后，就让每一组交换角色，体验不同的感受。

注意事项：

（1）必须使用软球，避免丢伤其他团队成员，提醒团队成员球只能丢向头以下的部位。

（2）在操作这个活动之前，要评估团队成员是否已经愿意照顾其他团队成员。

（3）提醒蒙眼的成员要有缓冲姿势。

图 20-27 命中目标

（4）提醒团队成员要练习具有关怀的心，当有人弯腰下去捡球时，不能撞到该成员的头或者用球砸其他成员的头。

引导讨论：

（1）本游戏中"信任"这两个字是否做到了？沟通时的口令是否奏效了？

（2）通过游戏，你认为团队的成功关键点在哪里？

第四节　拓展活动方案设计

一、封面方案设计

广东岭南职业技术学院××部门
2017 年第×届素质拓展活动

1. 受训对象：＿＿＿＿＿＿＿＿＿＿＿＿＿＿
2. 培训时间：＿＿＿＿＿＿＿＿＿＿＿＿＿＿
3. 培训地点：＿＿＿＿＿＿＿＿＿＿＿＿＿＿
4. 培训师：＿＿＿＿＿＿＿＿＿＿＿＿＿＿＿
5. 培训主题：＿＿＿＿＿＿＿＿＿＿＿＿＿＿
6. 培训目标：

（1）消除陌生、建立自信、团结合作；

（2）强化沟通、树立集体观念；

（3）提升团队决策能力和有效执行力。

博雅培训团队
2017 年××月××日

二、训练方案设计（见表 20 – 1 和表 20 – 2）

表 20 – 1　人数少的团队拓展训练方案

活动名称	活动类型	活动器材	活动时间
1. 整体课程设计、体验教育、选择性挑战等	简单的课程简介	无	5～10 分钟
2. 曾经拥有	热身破冰活动	比团队人数少 1 的巧拼	10～20 分钟
3. 互喊名字	认识彼此活动	无	5～10 分钟
4. 大圈绕小圈	沟通活动	两个呼啦圈	20～30 分钟
5. 制定全方位价值契约	沟通活动	海报纸一张、彩色笔数支	20～30 分钟
休息时间			
6. 生日派队	沟通活动	无	15～20 分钟
7. 步步为营	沟通活动	和团队人数一样的巧拼	20～30 分钟
休息时间			
8. 身心理状况指数	分享感觉活动	无	5～10 分钟
9. 快捷兔	热身破冰活动	无	15～20 分钟
10. 疯狂气球	沟通活动	很多充气气球（至少一人一个）	30～40 分钟
11. 信任走路	信任建立活动	蒙眼的物品	20～30 分钟
12. 信任倒	信任建立活动	无	10～15 分钟
休息时间			
13. 面包工厂	问题解决活动	塑胶桶一个、运输片（每个人至少一片）	30～40 分钟
14. 平面诺亚方舟	问题解决活动	每人一块巧拼	20～30 分钟
15. 大家站起来	缓身活动	无	15～20 分钟
16. 行动计划	缓身活动	每人一支笔和一张行动计划表	5～10 分钟

表 20 – 2　人数多的团队拓展训练常见方案

	时间		类型	项目名称	主要内容	培训目的	地点	备选项目
1	8:00—8:15	15 分钟		培训开场	1. 清点人数 2. 活动前管理	做好前期准备工作	大型平地	
2	8:15—9:00	45 分钟	平地项目	1. 热身活动 2. 组建团队	1. 破冰导入 2. 分组建队 3. 团队展示	消除陌生、建立信任、团队成型、提高凝聚力	大型平地	
3	9:00—10:00	60 分钟	平地项目	"摩斯解码"	1. 交流游戏 2. 体验游戏	体验互助互信	大型平地	"信任背摔"
4	10:00—11:00	60 分钟	中低空项目	"电网"		体验分工与执行	麻绳网	"极限时速"

续表

	时间		类型	项目名称	主要内容	培训目的	地点	备选项目
5	11：00—11：30	30分钟		休息总结	心得分享	及时调整成员情况	大型平地	
6	11：30—13：30	120分钟			休息调整			
7	13：30—14：00	30分钟	平地项目	趣味热身	小游戏+按摩	消除疲劳、调动激情	阴凉平地	
8	14：00—15：30	90分钟	平地项目	"沙盘经营"	模拟游戏体验游戏	1. 创造竞争氛围 2. 加强沟通合作	拓展基地	"七巧板"
9	15：30—17：30	120分钟	中低空项目	"毕业墙"				"成功路"
10	17：30—18：00	30分钟			分享与颁奖、合影纪念			

复习思考题

1. 简述拓展训练的起源及其发展概况。
2. 组织与策划一次为期一天的拓展训练方案。

参 考 文 献

[1] 常智，姚鑫，等. 大学生体育与健康 [M]. 贵阳：贵州人民出版社，2002.

[2] 郭科跃. 大学体育与健康 [M]. 郑州：郑州大学出版社，2008.

[3] 崔龙，尹林. 新编高职体育与健康 [M]. 北京：北京理工大学出版社，2011.

[4] 体育院校教材委员会. 体育学院通用教材——运动医学 [M]. 北京：人民体育出版社，1995.

[5] 全国体育学院教材委员会，体育理论教材小组. 体育概论 [M]. 北京：人民体育出版社，2003.

[6] 杨文轩，陈琦. 体育原理 [M] 北京：高等教育出版社，2004.

[7] 颜鸿填，赵双云，等. 大学生体育与健康教程 [M]. 武汉：武汉大学出版社，2011.

[8] 林旺枢，戴文交，等. 大学生体育与健康教程 [M]. 武汉：武汉大学出版社，2014.

[9] 肖威. 大学体育健康理论与实践 [M]. 北京：北京体育大学出版社，2002.

[10] 许今刚，吴翱. 体育与健康教程 [M]. 北京：北京体育大学出版社，2006.

[11] 陈智勇. 现代大学体育教程 [M]. 北京：北京体育大学出版社，2004.

[12] 龙秋生，章德胜. 体育与健康 [M]. 广州：中山大学出版社，2005.

[13] 谢智谋，王贞懿，庄欣玮. 体验教育：从150个游戏中学习 [M]. 台北：亚洲体育教育学会，2013.

[14] 学生体质健康标准（试行方案）[M]. 北京：人民体育出版社，2002.

[15] 卢锋. 休闲体育学 [M]. 北京：人民体育出版社，2005.

[16] 殷志栋，耿志刚，陈庆合，等. 大学体育与健康 [M]. 大连：大连理工大学出版社，2006.

[17] 孙克成，徐国娟. 新编大学体育与健康教程 [M]. 北京：航空工业出版社，2014.

[18]《大学体育与健康教程》编委会. 大学体育与健康教程 [M]. 北京：人民出版社，2011.